Edward N. Luttwak

Weltwirtschaftskrieg

Export als Waffe –
aus Partnern werden Gegner

Deutsch von Reinhard Tiffert
und Renate Weitbrecht

Rowohlt

Die Originalausgabe erschien 1993 unter dem Titel
«The Endangered American Dream. How to Stop the United States
From Becoming a Third World Country and How
to Win the Geo-Economic Struggle for Industrial Supremacy»
im Verlag Simon & Schuster, New York.

Umschlaggestaltung Walter Hellmann (Fotos: Andy Caulfield /
The Image Bank and Picture Crew / Bavaria)

1. Auflage Januar 1994
Copyright © 1994 by Rowohlt Verlag GmbH,
Reinbek bei Hamburg
«The Endangered American Dream»
Copyright © 1993 by Edward N. Luttwak, Inc.
Alle deutschen Rechte vorbehalten
Satz aus der Sabon und Helvetica
(Linotype Library)
Druck und Bindung Clausen & Bosse, Leck
Printed in Germany
ISBN 3 498 03883 4

Inhalt

Danksagung

Ich danke an dieser Stelle Steven Glick, meinem früheren Studenten und jetzigen Berater; Denise Natali, einer sehr kompetenten und unermüdlichen Forscherin, und Ferrucio Tedeschi, einem begabten Nachwuchswissenschaftler. Sie alle haben mir schwer zugängliche Informationen verschafft und wertvolle Ratschläge gegeben. Für Unterstützung in jeder Form danke ich ferner allen meinen Kollegen am Center for Strategic and International Studies in Washington. Ihre große Zahl verbietet eine individuelle Namensnennung, die nur Mutmaßungen darüber auslösen würde, wer von ihnen mit meinem Urteil über die gesellschaftliche Gesamtlage oder über bestimmte Sachverhalte übereinstimmen könnte. Ich empfinde es als ein großes Glück, daß ich meinen Forschungen in einer so angenehmen und kooperativen Atmosphäre nachgehen darf.

Kapitel 1
Der neue Kampf um die industrielle Vormachtstellung

Folgen wir einem Reisenden nach New York, der, sagen wir, aus Tokio kommt, obwohl er ebensogut aus Zürich, Amsterdam oder Singapur einreisen könnte. Unser Mann steigt vor dem Bus-Terminal im Zentrum Tokios aus seinem Taxi – es ist ein ganz gewöhnliches Tokioter Taxi, sauber, in einwandfreiem Zustand, der korrekt gekleidete Fahrer trägt weiße Handschuhe – und sitzt keine fünf Minuten später in einem ebenso sauberen Flughafenbus. Sein Gepäck ist bereits aufgegeben, seine Bordkarte ausgestellt, sein Paß gestempelt. Scheinbar mühelos arbeitet hier einer dem anderen in die Hand: flinke Träger, die das Gepäck pfleglich behandeln und keine Trinkgelder annehmen, Angestellte der Fluggesellschaften, die Computer auch mit Computergeschwindigkeit bedienen können, Paßbeamte, die ihre Aufgabe darin sehen, Reisende möglichst rasch abzufertigen, und Buspersonal, das Fahrscheine verkauft, den Reisenden höflich zur Hand geht und ihre Koffer verstaut. Alle bemühen sich, die Abflugzeiten auf die Minute genau einzuhalten. Dann, nach einstündiger Busfahrt über verkehrsreiche Schnellstraßen, gelangt er in die blitzenden Hallen des internationalen Flughafens Tokio-Narita, geht an Bord seiner Maschine und trifft schließlich nach einem langen Flug über den Pazifik am Ziel seiner Reise ein. Was er hier vorfindet, hätte er aber eher in Lagos oder Bombay vermutet. Doch er befindet sich auf dem New Yorker John-F.-Kennedy-Flughafen.

Er gelangt in eine von mehreren Abfertigungshallen, die konkursgefährdeten Fluggesellschaften gehören. Hier erwartet ihn keine gepflegte Eleganz wie in Narita, Frankfurt, Amsterdam oder Singapur. Statt dessen geht er durch schmutzige Korridore, die einen neuen Anstrich nötig hätten, über zerschlissene Teppichböden und quält sich oft neben defekten Rolltreppen von einem Stockwerk zum anderen. Was hat der John-F.-Kennedy-Flughafen den ständig auf den neuesten Stand gebrachten Einrichtungen der Flughäfen in Europa und Japan entgegenzusetzen? Die hoffnungslos veralteten und nur oberflächlich und möglichst billig mit Sperrholz und Gipsplatten hergerichteten Gebäude zeugen von einem Mangel an Kapital für langfristige Investitionen – obwohl in den Jahren, in denen New Yorks internationaler Flughafen auf Dritte-Welt-Niveau absank, für «Leveraged Buyouts» und andere windige Geschäfte genug Geld vorhanden war. Die zerschlissenen Teppiche, kaputten Rolltreppen und der allgegenwärtige Schmutz zeigen auch, daß über Kapital von gestern kein weiteres angesammelt, sondern Tag für Tag aufgezehrt wurde. Gebäude und Anlagen, die nicht mehr instand gehalten werden, sind das untrügliche Zeichen für Dritte-Welt-Verhältnisse. Heruntergekommene Häuser, löcherige Bürgersteige, notdürftig gestrichene Bretterzäune und klapprige Busse prägen, für jedermann sofort erkennbar, das Straßenbild in Südasien, Afrika und Lateinamerika.

Gewiß, in den Vereinigten Staaten gibt es auch viele gepflegte Flughäfen, darunter auch einige ultramoderne. Doch selbst wenn dort das offenkundige Merkmal für Dritte-Welt-Verhältnisse – der Kapitalmangel – fehlt, so ist doch ein anderes Merkmal auch in den modernen Flughäfen der Vereinigten Staaten nicht zu übersehen: die mangelnde Professionalität des Personals, mehr noch der fehlende Fleiß, der fehlende Wille, gute Arbeit zu leisten, und zwar nicht nur für ein Trinkgeld oder um Sanktionen zu entgehen, sondern einfach aus Achtung vor der Arbeit und auch aus Selbstachtung. Falls unser Reisender noch einen Inlandsflug antritt, wird er nicht selten an Transportarbeiter geraten, die zwar dafür bezahlt werden, Koffer auf Förderbänder zu legen, die aber dennoch in rüdem Ton ein Trinkgeld verlangen wie ihre Kollegen in Nairobi oder Karatschi und manchmal sogar durchblicken lassen, daß das Gepäck unter Umständen nicht sicher ankommt, wenn das Geldgeschenk ausbleibt. Als nächstes steht unser Reisender, die Aufrufe für den unmittelbar bevorstehenden Abflug schon im Ohr, in einer nur langsam vorrückenden Schlange, während der Angestellte, der das Einchecken vornimmt, mit dem Ein-Finger-System die Tastatur seines Computers bedient. Besonders ins Auge springt das hier beschriebene Phänomen aber erst an der Zollabfertigung des John-F.-Kennedy-Flughafens, denn hier werden die hereinkommenden Gepäckstücke vom Förderband genommen und vor den Augen der entsetzten Fluggäste achtlos dorthin geworfen, wo gerade Platz ist. Doch mittlerweile dürfte unser Reisender schon zu erschöpft für eine Beschwerde sein. Er hat nicht nur einen langen Flug hinter sich, sondern womöglich auch mehrere Stunden bei der Paßkontrolle anstehen müssen.

Auch das ist ein typisches Dritte-Welt-Merkmal: chronische Organisationsprobleme bei Routinevorgängen. Heutzutage konkurriert die US-Regierung mit Ländern wie Jamaika und gibt weltweit viel Geld für Werbekampagnen aus, um Touristen ins Land zu locken (Deutschland, Japan und andere erfolgreiche Exportnationen haben nicht den Wunsch, ihre Bürger als Kellner, Zimmermädchen und Hotelpagen in Arbeit und Brot zu bringen). Nur gelingt es ihr nicht, für den reibungslosen Ablauf der einen Dienstleistung für Touristen zu sorgen, für die sie selbst direkt verantwortlich ist: eine rasche und effiziente Paß- und Zollkontrolle. Wer von den chaotischen Verspätungen hört, die regelmäßig auftreten, wenn zwei Jumbo-Jets innerhalb weniger Minuten landen, muß den Eindruck bekommen, alle Beteiligten seien von dem Ereignis völlig überrascht worden, obwohl die Flugpläne längst bekannt sind und von der Flughafenverwaltung ordnungsgemäß abgesegnet wurden. Zweistündige Verspätungen sind auf dem John-F.-Kennedy-Flughafen und anderen internationalen Flughäfen zu Spitzenzeiten (und den ganzen Sommer über) an der Tagesordnung. So mancher bedauernswerte Reisende hat nach einem anstrengenden Interkontinentalflug auf einem amerikanischen Flughafen schon vier oder gar fünf Stunden Schlange stehen müssen. Da kann nicht einmal Lagos mithalten.

Will unser Mann in ein Hotel nach Manhattan, hat er die Wahl zwischen einem schmutzigen, klapprigen Bus oder einem noch schmutzigeren und klapprigeren Taxi, das obendrein oft nicht verkehrssicher ist. Am Steuer sitzt gewöhnlich ein ungepflegter, flegelhafter Fahrer, der mehr Ähnlichkeit mit seinen Kollegen in Islamabad oder Kinshasa als mit denen in London oder Tokio hat, wo die Zulassung strenger gehandhabt und auch auf Kleidung geachtet wird. Besucher, die zum erstenmal nach New York kommen, mögen zu diesem Zeitpunkt immer noch glauben, Flughafen und Taxi seien eben unrühmliche Ausnahmen, und an ihrem Bild von einem sauberen, modernen und effizienten Amerika festhalten. Doch wer so denkt, wird schnell eines Besseren belehrt, wenn die Fahrt über holprige Schnellstraßen und baufällige Brücken geht, durch meilenweit sich hinziehende Slums und vorbei an schäbigen städtischen Mietskasernen, die von Graffiti verunstaltet sind, ganz zu schweigen von dem allgegenwärtigen Müll.

Den Szenen, die an ihm vorüberziehen, fehlt die Farbigkeit von Jakarta oder Madras, und die langen Reihen parkender Autos in den Straßen künden von einer ganz anderen Form der Armut. Dennoch werden viele beeindruckt sein, die aus europäischen oder auch asiatischen Städten kommen, wo Slums mittlerweile auf wenige abgelegene Viertel beschränkt sind. (New Yorker Reiseführer berichten, daß europäische Touristen immer häufiger den Nervenkitzel in der South Bronx suchen und nur wenig Interesse für die schönen Grünanlagen und den Zoo zeigen; sie wollen Drogenhandel auf offener Straße und ausgebrannte Häuser sehen.) Gewiß, nach diesem bestürzenden ersten Kontakt mit einem Amerika, das schon alle Merkmale eines Dritte-Welt-Landes zeigt, gelangt unser Reisender endlich in sein luxuriöses Hotel in Manhattan. Doch selbst dort ist er nicht vor Bettlern sicher, die sich, genau wie in Neu-Delhi oder Lima, gern in der Nähe des Eingangs postieren.

Ist es nur in New York so?

Der Amerikaner, der in der glücklichen Lage ist, Orte wie den John-F.-Kennedy-Flughafen meiden zu können, und der fern von New York, Los Angeles und anderen krisengeschüttelten Städten lebt, mag einwenden, die geschilderten Mißstände ergäben ein grotesk verzerrtes Bild der Vereinigten Staaten, wie er sie kennt und wie sie als Ganzes auch sind.

Und tatsächlich gibt es in Amerika Reichtum immer noch in einem Ausmaß, wie er anderswo unbekannt ist: in Palm Beach, Florida, und Palm Springs, Kalifornien, in Hilton Head, South Carolina, und Scottsdale, Arizona, in Beverly Hills, New Canaan und in vielen anderen reichen Vorstädten, schicken Urlaubsorten und noblen Alterssitzen mit ihren gepflegten Rasenflächen, geräumigen Villen, Tennisplätzen und zahllosen Swimmingpools. Immerhin umfaßt von allen amerikanischen Haushalten das halbe Prozent der reichsten, deren erster Wohnsitz im Durchschnitt auf einen Wert von 675 000 Dollar taxiert wird und die durchschnittlich über ein Vermögen von 11,1 Millionen Dollar verfügen, fast eine halbe Million Familien. Und auch das andere halbe Prozent, das zusammen mit den Superreichen die Spitze der Wohlstandspyramide bildet, zählt eine halbe Million Familien mit einem Durchschnittsvermögen von 2,8 Millionen Dollar. Diese reichsten Familien haben mehr Mitglieder als einige kleinere Staaten Einwohner. Und die Gesamtbevölkerung von über 130 Mitgliedstaaten der Vereinten Nationen reicht nicht an die Zahl jener Amerikaner heran, die zwar nicht zu den Superreichen an der Spitze der Pyramide gehören, dafür aber zu jenen zehn Prozent der Bevölkerung (8,5 Millionen Haushalte), die im Durchschnitt über 756 000 Dollar Vermögen verfügen.[1]

Für die Vereinigten Staaten spricht, daß sie einige der besten Universitäten besitzen, außerdem weltweit führende Forschungslabors, sicherlich die am besten ausgestatteten Krankenhäuser, viele der größten internationalen Unternehmen, zahllose erfolgreiche Firmen, die bei weitem größte Sammlung zeitgenössischer Kunstwerke, rund 65 000 Kilometer hervorragender Autobahnen und sogar einige sehr moderne und gut in Schuß gehaltene Flughäfen.

Und doch macht sich, allen Zeichen des Wohlstands und des Erfolgs zum Trotz, auf breiter Front ein Verlust an Lebensqualität bemerkbar, der auch jenen US-Bürgern nicht verborgen bleibt, die physisch und geistig fernab von den Dritte-Welt-Zonen in ihrem Land leben, jenen Slums, die euphemistisch «Inner Cities» genannt werden. Das Leben dort ist von Schmutz und Gewalt geprägt. Kleinkinder haben sogar eine geringere Lebenserwartung als in Costa Rica, und für Jugendliche besteht eine höhere Wahrscheinlichkeit, durch eine Schußwaffe oder ein Messer ums Leben zu kommen, als an einer Krankheit zu sterben. Reiche Inder in Bombay, Neu-Delhi oder Kalkutta lernen von Kindesbeinen an, wie man elegant über einen im Weg liegenden verkrüppelten Bettler hinwegsteigt, ohne ihn auch nur eines Blickes zu würdigen; wie man achtlos an einer hungernden Mutter mit Kind, an Obdachlosen und halbwüchsigen Waisen vorübergeht, die einen beim Betreten eines Restaurants oder einer Bank anbetteln. Auch Wegsehen kann man lernen. Redner, die Lobeshymnen auf den amerikanischen Wohlstand anstimmen, haben es sich längst zur Gewohnheit gemacht, die Armen in den Inner Cities zu ignorieren, außer wenn sie wieder einmal aufbegehren, plündern und morden, wie zuletzt im Mai 1992 in Los Angeles.

Erheblich weniger Übung im Wegsehen gehört dazu, den wachsenden Anteil der Armen in Amerika zu ignorieren, die eine Arbeit haben, denn sie sind tatsächlich fast unsichtbar, obwohl ihre Zahl die Angehörigen der Unterschicht weit übersteigt, einerlei ob sie schwarz oder weiß sind, ob sie in der Stadt oder auf dem Land leben. Touristen, die Länder wie Pakistan oder Brasilien bereisen, werden bald gewahr, daß Kellner, Taxifahrer, Hotelangestellte und Verkäufer, so bescheiden ihr Einkommen auch sein mag, im allgemeinen doch beneidet werden, denn für sie ist die größte Hoffnung und der sehnlichste Wunsch der arbeitslosen Massen bereits in Erfüllung gegangen: Sie sind das ganze Jahr über vollzeitbeschäftigt. Doch in Ländern wie Pakistan und Brasilien bietet selbst das keine Gewähr dafür, daß man nicht in tiefe Armut fällt, dann nämlich, wenn man eine Familie zu versorgen hat. Auch das ist ein typisches Merkmal für die Wirtschaft eines Dritte-Welt-Landes: Kapital ist knapp, Arbeitskräfte hingegen gibt es im Überfluß. Entsprechend niedrig sind die Löhne, so niedrig, daß sie nicht einmal für das Existenzminimum einer Familie reichen.

Nach der letzten Volkszählung waren 18 Prozent der arbeitenden Amerikaner – in ihrer überwiegenden Mehrheit unbescholtene

Bürger, die sicherlich frei waren von dem vieldiskutierten «Unterschichtssyndrom» – in ebendieser mißlichen Lage. Ihr Lohn reichte nicht aus, um eine vierköpfige Familie über der offiziellen Armutsgrenze zu halten, auch wenn sie vierzig Stunden in der Woche und fünfzig Wochen im Jahr arbeiteten.[2] Natürlich handelt es sich dabei um einen landesweiten Richtwert (12195 Dollar im Jahr 1990), der in manchen ländlichen Gegenden sehr großzügig sein mag. Doch in den meisten größeren Städten, wo nach Abzug der Miete nicht mehr viel für eine vierköpfige Familie übrigbleibt, kann er schnell tragische Konsequenzen haben. Allerdings lebte bisher nur jeder achte geringverdienende Arbeiter in Verhältnissen, die offiziell als Armut bezeichnet werden. Dies lag entweder daran, daß er keine Familie zu versorgen hatte, oder daß die Ehefrau oder die Kinder mitverdienten. Dies ändert freilich nichts an der Tatsache, daß in der amerikanischen Wirtschaft lediglich die menschliche Arbeit billiger geworden ist. Nach der letzten Volkszählung 1990 verdienten 18 Prozent der Befragten in der Stunde nicht genug (6,10 Dollar), um bei 2000 Stunden im Jahr über die Armutsgrenze zu kommen. Im Jahr 1974 waren nur 12 Prozent unter dieser Grenze geblieben. Sieht man einmal von den Jüngsten unter ihnen ab, die gerade erst ins Berufsleben getreten sind, müssen die 14,4 Millionen geringverdienenden Arbeiter zu jenen Amerikanern hinzugezählt werden, deren Lebensstandard langsam auf ein Dritte-Welt-Niveau abrutscht.

Und ihre Zahl wird weiter steigen, wenn der gegenwärtige Trend anhält. Leitende Angestellte, Rechtsanwälte, Anlageberater, bestimmte Freiberufler und Selbständige haben es sich gutgehen lassen, wie wir noch sehen werden. Aber die Mehrzahl der amerikanischen Angestellten, die keine Führungspositionen bekleiden, keine freien Berufe ausüben und nicht im Staatsdienst sind – insgesamt 75 Millionen der arbeitenden Bevölkerung Amerikas –, haben inflationsbereinigt einen geringeren Stundenlohn als im Jahr 1966.[3] Als kleine Angestellte in Industrie, Einzelhandel und nahezu allen Dienstleistungsbranchen – selbst im Bankgewerbe und in der Versicherungs- und Finanzbranche, die hoch im Kurs stehen und sicherlich keine Bulettenbrater beschäftigen – müssen sie den Gürtel enger schnallen, da ihre Arbeitskraft in einer Wirtschaft mit geringem Wachstum immer entbehrlicher wird. Der Lebensstandard in Amerika sinkt. Mehr als die Hälfte der kommenden Generation wird nicht mehr den Wohlstand ihrer Eltern erreichen. Jeder sieht die wachsende Zahl der «Wohnmobile» im ganzen Land, aber nur wenige scheinen sich zu fragen, wie viele ehemalige Hausbesitzer in ihnen leben und wie viele Kinder von Hausbesitzern es nie so weit bringen werden wie ihre Eltern.

Angelockt von hohen Löhnen, kamen Einwanderer aus Europa einst in hellen Scharen nach Amerika. Doch nach der letzten Volkszählung waren nur noch 82000 Europäer unter einer Million Einwanderer. Die meisten anderen kamen aus Lateinamerika und den ärmsten Ländern Asiens.[4] Andererseits errichten einige europäische Firmen (wie unlängst BMW) Fabriken in den Vereinigten Staaten, und zwar nicht nur mit dem Ziel, den Verkauf im Land zu erleichtern, wie es die Japaner getan haben, sondern auch wegen der niedrigen Löhne und der Bereitschaft der Amerikaner, länger zu arbeiten und sich mit weniger Urlaub zu begnügen als europäische Arbeitnehmer. Doch wenn traditionell gutbezahlte amerikanische Arbeitsplätze durch Importe und Fabrikverlagerungen von US-Firmen in Billiglohnländer vernichtet werden, so bieten die geringbezahlten Jobs in den «Schraubenzieherfabriken», die ausländische Firmen hier errichten, keinen wirklichen Ersatz.

Die Vereinigten Staaten sind dabei, zum Mexiko Europas zu werden. Dies ist nicht etwa eine unvermeidliche Folge der «Globalisierung der Weltwirtschaft», wie manche glauben mögen[5], sondern geht auf das Versäumnis zurück, diesen Prozeß im Interesse der großen Mehrheit der Amerikaner zu steuern. Eine kleine Minderheit freilich hat von diesem Versäumnis immens profitiert. Betrachtet man die drei Hauptfaktoren der «Globalisierung» – Abbau von Handelshemmnissen, stetig sinkender Anteil der Transportkosten an immer hochwertigeren Produkten und weltweite Verbreitung von Massenfertigungsverfahren –, dann hätte diese Entwicklung durch zusätzliche *Investitionen* ausgeglichen werden können und müssen. Man hätte die Aus- und Fortbildung der Arbeitnehmer vorantreiben und die Standortqualitäten verbessern müssen. Dazu gehören eine intakte öffentliche Infrastruktur, Industrieansiedlung, Maschinen und die praktische Umsetzung technischer Innovationen (die Amerikaner sind weltweit führend in der Entwicklung von Patenten, aber andere wenden sie an, angefangen vom Videorecorder bis zu Industrierobotern). Würde die US-Wirtschaft mehr in die Standortverbesserung investieren und die Qualifikation ihrer Beschäftigten stetig verbessern, müßte sie ihre Wettbewerbsfähigkeit nicht dadurch erhalten, daß sie den Wert der Arbeit drückt. Schließlich sind Japan und andere Wirtschaftsmächte der Ersten Welt zu gefürchteten Konkurrenten geworden, obwohl sie immer höhere Löhne zahlten, während die Löhne in den Vereinigten Staaten weiter fielen. Der Grund liegt darin, daß der Gesamtwert eines Produkts steigt, wenn zusätzliches Kapital und Know-how investiert werden.

Einem weitverbreiteten Vorurteil zum Trotz ist die Arbeitsproduktivität in der amerikanischen Industrie immer noch sehr viel höher als in der japanischen, nach einer neueren Erhebung um durchschnittlich 64 Prozent.[6] Doch dieser Vorsprung schrumpft gegenüber früher (1975 betrug er noch 92 Prozent), und er garantiert keine hohen Löhne mehr, wenn der Mangel an Investitionskapital in vielen Bereichen der Wirtschaft dazu führt, daß man auf die reichlich vorhandene und billige menschliche Arbeitskraft zurückgreift. Wenn die Produktivität steigt, brauchen Arbeitgeber keine höheren Löhne anzubieten, denn sie finden auch so mühelos genügend Arbeitskräfte. Und nebenbei bemerkt: Selbst ein allgemeiner Lohnkostenvorteil, der US-Waren theoretisch wettbewerbsfähiger macht, schafft keine neuen Arbeitsplätze in der Exportindustrie, wenn offene oder verdeckte Handelsbarrieren den Zugang zu ausländischen Märkten versperren. Um ein Beispiel zu nennen: Im Jahr 1988 war die amerikanische Arbeitsproduktivität im Vergleich zu Japan am höchsten bei veredelten Nahrungsmitteln (286 Prozent), Lederprodukten (238 Prozent), Holzprodukten (192 Prozent), Zellstoff und Papier (152 Prozent) und Autoteilen (137 Prozent). Aber ebendiese Produkte standen allesamt auf der 1989 herausgegebenen amtlichen Liste der Waren, deren Export nach Japan durch Handelsschranken behindert wurde.[7] Ebenfalls aufgelistet waren Aluminium, Agrarerzeugnisse, Telekommunikationsausrüstungen, Pharmazeutika, medizinische Geräte, Hochleistungsrechner, Satelliten, Großcontainer, Halbleiter, optische Fasern und Soda. Und auch in der Luftfahrttechnik, im Bauwesen und in der Versicherungsbranche herrschte kein freier Zugang. Alle betroffenen Industriezweige und Branchen wurden Opfer einer einseitigen «Globalisierung», weil in der Exportwirtschaft keine Arbeitsplätze entstanden, die den importbedingten Stellenverlust hätten ausgleichen können.

Doch «Globalisierung» ist kein Naturphänomen, gegen das man machtlos ist. Sie kann durchaus gesteuert werden. Nur wird sie von amerikanischer Seite leider allzuoft dazu benutzt, die Gewinne der Aktionäre zu steigern und die Gehälter der Firmenmanager und Spitzenkräfte in den Planungs- und Entwicklungsabteilungen anzuheben. Die Japaner haben die Globalisierung dagegen als Chance begriffen, Arbeitsplätze in der Produktion zu schaffen (ein vorrangiges Ziel in Japan) und Gewinne wieder in die Firma zu stecken. Ebenso bemühten sie sich, amerikanisches Know-how in der Fertigung zukunftsträchtiger High-Tech-Produkte nach Japan zu holen. So frohlockte im Juni 1992 das Management der Apple Computer Inc. über rapide steigende Absätze in Japan, die sich zum Teil «strategischen» Bündnissen mit führenden japanischen Computerherstellern verdankten. Der Anteil der Apple-Computer auf Japans riesigem PC-Markt war von knapp 1 Prozent 1988 auf 6 Prozent 1992 gestiegen, und Apple visierte noch sehr viel mehr an. Außerdem konnten Firmen wie Aldus, Adobe Systems, Quark und andere im Gefolge dieser Marktöffnung ihre Macintosh-Software verkaufen. Apples neue Bündnisse hatten jedoch noch einen ganz anderen Effekt, wie ein Blick auf die Produktpalette der Firma zeigt: Ihr kleinster Laptop wird nun von Sony hergestellt; ihr elektronisches Notizbuch Newton wird von Sharp produziert, und ihr neuer Multimedia-Macintosh, auf dem die größten Hoffnungen für die Zukunft ruhen, stammt aus den Fertigungshallen von Toshiba.[8] Offensichtlich sind Sony, Sharp und Toshiba eher willens und fähig als Apple, in die Produktion der Geräte und in die Ausbildung der

Mitarbeiter zu investieren. Im übrigen hat man Apple vermutlich zu verstehen gegeben, daß man die Produkte der Firma auch künftig auf die eine oder andere Weise vom japanischen Markt fernhalten werde, sofern sie nicht in Japan hergestellt würden.

Doch für die große Mehrheit der amerikanischen Arbeitnehmer und ihre Familien sieht die Zukunft ganz anders aus als für die Manager, Aktionäre und Spitzenkräfte der Firma Apple. Wenn das Wachstum der mexikanischen Wirtschaft weiter anhält, werden sich die sinkenden Einkommen der Durchschnittsamerikaner und die steigenden Einkommen der Mexikaner irgendwann auf dem gleichen Niveau treffen, womöglich sogar noch zu Lebzeiten der heutigen jungen Generation. Diejenigen freilich, die Lobreden auf den amerikanischen Wohlstand halten, wollen von solchen trüben Aussichten nichts wissen. Sie können es sich leisten, denn die Einkommen an der Spitze der Pyramide haben kräftig zugenommen.

Die Entscheidungsträger in Politik und Wirtschaft, die den amerikanischen Markt immer weiter geöffnet haben, ohne gleichzeitig mit dem nötigen Nachdruck auf die Öffnung der Märkte in den führenden Exportstaaten Asiens zu drängen, haben an dem gestiegenen Konsum, den Importe mit sich bringen, voll partizipiert und sich in keiner Weise um die Industriearbeiter gekümmert, die eben wegen dieser Importe ihre gutbezahlten Arbeitsplätze verloren haben. Und natürlich sind sie es auch, die aus dem Ausland stattliche Honorare erhalten für Managementhilfe und Dienstleistungen im juristischen und technischen Bereich und den Löwenanteil der Gewinne aus dem Export technisch hochwertiger Produkte einstreichen, bei denen die Vereinigten Staaten nach wie vor führend sind.

Amerikaner sehen sich selbst gern als großherzige, vorurteilsfreie, aber auch sehr praktische Menschen, die von Natur aus gegen Ideologien gewappnet sind. Vor seinem Zusammenbruch hatte der Marxismus-Leninismus in aller Welt Millionen von Anhängern, über Philosophen und Literaten bis hin zu nüchtern denkenden Gewerkschaftern. In Amerika gingen ihm hingegen nur wenige Exzentriker auf den Leim.

Doch inzwischen hat eine andere Ideologie in den Köpfen der

Amerikaner Wurzeln geschlagen: die Ideologie des Freihandels. Zwar sind die Angehörigen der amerikanischen Elite heutzutage keine ernsthaften Kirchgänger mehr, aber ihr unkritischer Glaube an die Wohltaten des Freihandels ist nach wie vor ungebrochen. So wie der Marxismus-Leninismus Wohlstand für alle versprach, wenn dafür alle Macht in die Hände einer allwissenden Parteiführung gelegt wurde, so wartet auch die Ideologie des Freihandels mit verlockenden Versprechen auf und fordert dafür etwas im Gegenzug: Sie verheißt größtmöglichen Wohlstand für alle und jeden in der gesamten Weltwirtschaft, vorausgesetzt, keiner der Beteiligten behindert den Warenaustausch durch Zölle oder andere künstliche Handelsbarrieren. Und wie der Marxismus-Leninismus von der Annahme ausging, daß nach der Beseitigung der Kapitalisten der Wohlstand weiterbestehen und sogar noch schneller zunehmen würde, so beruht die Ideologie des Freihandels auf der Theorie der komparativen Kosten. Wenn England Tuch kostengünstiger herstellen kann als Portugal, und wenn Portugal andererseits Wein billiger produzieren kann als England, dann liegt es im gemeinsamen Interesse, wenn England den beiderseitigen Bedarf an Tuch und Portugal den Bedarf an Wein produziert. Jeder importiert seinen ungedeckten Bedarf vom anderen.[9]

Soweit die Theorie, wie sie in jeder Wirtschaftsschule gelehrt wird und in jedem Lehrbuch nachzulesen ist. Sie ist logisch und leuchtet auf den ersten Blick auch ein. Warum sollten sich die Portugiesen bemühen, beispielsweise drei Meter Tuch zu produzieren, wenn sie mit dem gleichen Einsatz, die Gunst des Klimas nutzend, vier Faß guten Portwein produzieren, eines davon exportieren und für den Erlös fünf Meter Tuch von besserer Qualität einführen können? Für sich genommen ist die Theorie also schlüssig. Leider hat sie einen gravierenden Fehler: Sie läßt die wirtschaftliche und technologische Entwicklung unberücksichtigt. Mit einem Wort, sie blendet die Zukunft aus.

Zum einen begnügen sich die Menschen mit zunehmendem Wohlstand nicht mehr mit einer Arbeitskluft und einem Sonntagsanzug, und dies hat zur Folge, daß die Nachfrage nach Tuch im Lauf der Jahre um das Doppelte, Dreifache, ja Fünffache zunimmt. Demgegenüber steigt der individuelle Weinkonsum nur sehr wenig, wenn überhaupt. Daher stagniert die portugiesische Wirtschaft, wenn man einmal von dem höheren Bedarf aufgrund des Bevölkerungszuwachses absieht, während die englische Wirtschaft in dieser Tuch-und-Wein-Welt kräftig zulegt. Zum anderen berücksichtigt die Theorie des Freihandels in keiner Weise das sehr unterschiedliche technische Entwicklungspotential jeder Industrie. Die Tuchhersteller können ihre Produktion mechanisieren und schließlich sogar automatisieren, während die Winzer ihre Trauben immer noch mit den nackten Füßen auspressen.

Ausschlaggebend ist, wie sich jede einzelne Gesellschaft unter den Regeln des Freihandels entwickelt. Voraussetzung und Grundlage für die britische Textilindustrie mit ihren Facharbeitern, Ingenieuren, Chemikern, Designern und Managern sind vielfältige pädagogische, technische und wissenschaftliche Einrichtungen und Projekte, die ihrerseits den Anstoß für künftige industrielle Entwicklungen geben können. Die portugiesischen Winzer, Weinhändler und Grundbesitzer kommen hingegen ohne diesen technisch-wissenschaftlichen Unterbau aus. Mehr noch, die englische Textilindustrie benötigt auch Maschinen, die in einem eigenen Industriezweig hergestellt werden. Dieser wiederum ermöglicht die Entstehung weiterer Industrien, während die portugiesische Weinproduktion lediglich Küfern Arbeit und Brot gibt, die ihren Bedarf an Fässern decken.

In diesem Beispiel sind die Portugiesen also gut beraten, wenn sie sich nicht weiter um die reine Lehre des Freihandels scheren und Tuchimporte mit hohen Zöllen belegen. Importe aus England bleiben dann draußen, und im Land kann sich eine eigene Textilindustrie entwickeln. Selbst wenn die Engländer nicht mit einem Importzoll auf Wein antworten, was ihnen jederzeit freisteht, wird der Lebensstandard der Portugiesen erst einmal fallen. Hatten sie bisher guten einheimischen Wein und hochwertiges Importtuch, müssen sie nun mit kleinen Mengen Tuch schlechterer Qualität auskommen, die gegen den komparativen Kostenvorteil Portugals im eigenen Land produziert werden. Aber in einer Tuch-und-Wein-Welt können sie ihre Wirtschaft, wenn überhaupt, dann nur auf diese Weise voranbringen. Mehr noch, sie verschaffen sich so das Know-how und die Grundlagen für neue Entwicklungen in Industriebranchen, in denen sie weniger benachteiligt oder sogar konkurrenzfähig sind.

Japan war innerhalb eines Jahrhunderts zweimal in der Lage Portugals. Zum erstenmal, als Kommodore Perry mit seinen Kanonenbooten die Öffnung der japanischen Häfen erzwang. Die sich 1868 anschließende Revolution der Meji besiegelte das Ende des japanischen Isolationismus. Und zum zweitenmal 1945, als Japans Wirtschaft am Boden lag und selbst die noch intakten Industrien nach Jahren der Kriegsproduktion (Japan hatte schon 1936, lange vor Pearl Harbor, den Krieg begonnen) hoffnungslos veraltet waren. Damals waren die Vereinigten Staaten der weltweit größte Produzent von Industriegütern; bei einigen Artikeln, darunter die ersten zivilen elektronischen Geräte, hatten sie sogar das Produktionsmonopol.

Daher hätte sich Japan eigentlich damit begnügen sollen, Rohseide, Papierlaternen und niedliches Blechspielzeug herzustellen, also Produkte, bei denen es einen komparativen Kostenvorteil besaß. Und auf der anderen Seite hätte es fast alle Industriegüter importieren müssen, denn beim damaligen Zustand seiner Industrie konnte kaum etwas rentabel produziert werden. Die Japaner ließen sich jedoch nicht ins Bockshorn jagen und ignorierten die Theorie einfach. Sie bauten lieber ihre Industrie auf und stellten Rentabilität und die Erhöhung des Lebensstandards erst einmal hintan. Mit hohen Zöllen, strengen Einfuhrquoten und regelrechten Importverboten wurden ausländische Waren vom japanischen Markt ferngehalten, um einheimischen Produkten einen sicheren Absatz zu garantieren. Außerdem förderte man die schwache Industrie mit zinsgünstigen Investitionsdarlehen, Steuerfreibeträgen und direkten Subventionen.

Die Japaner zahlten also gleich doppelt für die industrielle Entwicklung ihres Landes. Erstens mußten sie zu hohen Preisen minderwertige heimische Produkte kaufen und auf qualitativ bessere und auch billigere ausländische Waren verzichten. Zweitens waren es ihre Steuergelder, die großzügig in Form von Subventionen an die Industrie verteilt wurden. Als Verbraucher und Steuerzahler wurden sie denkbar schlecht behandelt. Aber als Produzenten vollbrachten sie einen Aufschwung ohnegleichen. Die wiederaufgebauten oder völlig neuen Industriezweige boten eine Vielfalt von Beschäftigungsmöglichkeiten. Ähnliches galt für den Dienstleistungssektor, der zusammen mit der Industrie entstand: Banken, Versicherungen, Werbefirmen und dergleichen mehr. Zwar mußten die Japaner bis in die achtziger Jahre hinein warten, ehe sich ihr Lebensstandard spürbar und rasch verbesserte, aber dafür konnte praktisch jedem von Anfang an ein Arbeitsplatz geboten werden. Zu dieser elementaren Voraussetzung, ohne die es kein menschenwürdiges Leben gibt, trat im wachsenden Maße die Befriedigung über die persönlichen und nationalen Leistungen.

Nun erlaubt die Theorie des Freihandels immerhin eine Ausnahme: Für Industrien, die noch in den Kinderschuhen stecken oder die durch Zerstörungen im Krieg gelitten haben, kann ein zeitlich begrenzter Schutz vor ausländischer Konkurrenz sinnvoll sein, bis sie in der Lage sind, auf eigenen Füßen zu stehen. Doch die Politiker, Wirtschaftswissenschaftler, Regierungsbeamten und Journalisten, die an den Freihandel «glauben», lassen sich nicht eigentlich von einer Theorie leiten. Sie hängen einer Ideologie an, ohne selbständig zu denken. Daher erkennen sie nicht, welche Gefahren die rasante technologische Entwicklung birgt. Heutzutage können bestimmte Produkte in wenigen Jahren völlig veraltet sein (wer erinnert sich noch an die «Acht-Spur-Tonbänder»?), ja ganze Industrien können verschwinden (so geschehen mit der Stapelfertigung in der Stahlproduktion). Die Gefahr besteht also darin, daß heute auch ein gesunder, wohletablierter Industriezweig in kürzester Zeit zum Sorgenkind werden kann. Sieht man einmal vom momentanen weltweiten Marktführer in einer bestimmten Branche ab, so bleiben den übrigen Ländern nur subventionsbedürftige Mitkonkurrenten, die staatlichen Schutz brauchen.

Wird Hilfe aus Furcht vor dem Schreckgespenst «Protektionismus» versagt, werden technologisch überholte Industriezweige dem Untergang preisgegeben (wie mit der amerikanischen Unterhaltungselektronik geschehen). Schottet man ihre Märkte jedoch für eine befristete Zeit gegen Importe ab, können sie sich durchaus wieder erholen und ihre alte Wettbewerbsfähigkeit erlangen. Die Theorie erweist sich also in der Praxis als unzulänglich, denn die einzige Ausnahme, die sie zuläßt, nämlich für junge Industriezweige, trifft gerade auf die am schnellsten wachsenden, innovativsten und zukunftsträchtigsten Industrien zu.

Aber die Adepten des Freihandels übersehen noch mehr. So gelten in der heutigen Weltwirtschaft nicht mehr jene Regeln, die einst das provinzielle Geschäftsleben in Amerika geprägt haben. Damals war jedes Geschäft privater Natur, mußte nach Gewinn und Verlust abgerechnet werden und barg das Risiko des Bankrotts. Heute greifen Regierung und Verwaltung vieler Staaten nicht nur mit Steuern und Verordnungen regulierend in das Wirtschaftsleben ein, sondern betreiben auch staatseigene Firmen oder ganze Industriezweige. In manchen Staaten unterstützt die Regierung auch aktiv die Privatwirtschaft. Mit mehr oder weniger fairen Mitteln hält sie ausländische Konkurrenten auf Distanz, stellt detaillierte Informationen über den Markt bereit (bisweilen auch Erkenntnisse der Industriespionage) und bezuschußt Forschungs- und Entwicklungsprogramme. Sie übernimmt Kreditbürgschaften für Firmen, die in Liquiditätsschwierigkeiten sind, gewährt ausgesuchten Unternehmen in Schlüsselindustrien besonders lukrative Verträge, beteiligt sich an Investitionen in neue Maschinen und Fabriken oder teilt schlicht Subventionen aus. Nur in Stadtstaaten wie Hongkong und Macao herrscht «Freihandel» nahezu in Reinkultur. Anderswo, und die Vereinigten Staaten machen da keine Ausnahme (man denke nur an die Rettung des Flugzeugbauers Lockheed und die Kreditbürgschaften für den Autohersteller Chrysler), hat der Freihandel, für den sich Festredner immer gern ins Zeug legen, eher die Form eines «staatlich gestützten» Wirtschaftens angenommen.

Natürlich wissen das alle Beteiligten. Nur hat die Ideologie des Freihandels, wie übrigens jede Ideologie, den erstaunlichen Effekt, daß ihre Anhänger zwischen Realität und Schein nicht mehr unterscheiden können. Sie wissen durchaus, daß die Weltwirtschaft nicht nach den alten Regeln des amerikanischen Geschäftslebens funktioniert, aber sie weigern sich hartnäckig, diese Tatsache auch anzuerkennen. Im konkreten Fall werden sie sich stets gegen jede Art von Protektionismus aussprechen – als bewahrheiteten sich die Annahmen einer Ideologie auf wundersame Weise, wenn man nur fest an sie glaubt. Selbst wenn sie eindeutig mit Protektionismus konfrontiert sind, flüchten sie sich in die Behauptung, Handelshemmnisse führten dort, wo sie auftauchten, zur Faulheit und Ineffizienz. Es besteht jedoch kein Grund, weshalb inländische Konkurrenz in einer großen Volkswirtschaft nicht ausreichen sollte, die Produzenten innerhalb eines Industriezweigs auf Trab zu halten. In Japan kann trotz jahrzehntelangem Protektionismus von Lethargie und Selbstgenügsamkeit keine Rede sein.

Schließlich gibt es noch eine letzte Ähnlichkeit mit dem Marxismus-Leninismus: Eingefleischte Verfechter des Freihandels sind bereit, auf dem Altar ihrer reinen Lehre große Opfer darzubringen – Arbeitsplätze, Unternehmen, ja ganze Industriezweige werden zugunsten der ausländischen Konkurrenz aufgegeben. Manchmal gibt es keine Alternative, so etwa in Branchen, die auf billige Arbeitskräfte angewiesen sind (z. B. für die Herstellung handbedruckter Baumwollerzeugnisse). Oft ist aber zeitlich begrenzter Protektionismus gerade das Heilmittel, das der (japanische) Arzt verschrieben hätte, damit überforderte Industrien sich erholen und wieder aufblühen können. Statt dessen werden sie aufgegeben und der reinen Lehre geopfert. Von Ideologen darf man nichts anderes erwarten, gewiß, doch in diesem Fall trifft das auf einen großen Teil der amerikanischen Politiker, Wissenschaftler, Beamten, Journalisten und Meinungsmacher zu.

Die Wirklichkeit des Weltmarktes: Airbus Industrie

Die heutige Luftfahrtindustrie bietet ein krasses Beispiel, wie die Lehrsätze der Ideologie und die harte Wirklichkeit auseinanderklaffen können. Der einzige bedeutende Konkurrent für die verbliebenen beiden amerikanischen Flugzeugbauer, Boeing und McDonnell-Douglas, ist heute das europäische Firmenkonsortium

Airbus Industrie.[10] Dieses Konsortium mag auf den ersten Blick wie ein ganz normales Unternehmen aussehen, tatsächlich aber wird Airbus von den Regierungen Frankreichs, Deutschlands, Großbritanniens und Spaniens kräftig subventioniert und finanziell abgestützt. Jeder dieser Staaten hat seinen bevorzugten Flugzeugbauer, sein Paradepferd, und gemeinsam bilden sie das Airbus-Konsortium. Die französische Aerospatiale und die Deutsche Aerospace halten einen Aktienanteil von jeweils 37,9 Prozent, British Aerospace hält 20, die spanische CASA 4,2 Prozent. Diese Firmen sind weder klein noch schwach. Zählt man auch ihre militärtechnischen Bereiche hinzu, dann beschäftigten sie 1990 rund 550 200 Mitarbeiter, Boeing hingegen 161 700 und McDonnell-Douglas 121 190. Im selben Jahr betrug ihr Gesamtumsatz 84,8 Milliarden Dollar, fast doppelt soviel wie der von McDonnell-Douglas und Boeing zusammen. Was Airbus Industrie jedoch zu einem so gefürchteten Konkurrenten macht, ist die massive Unterstützung von staatlicher Seite.

Heutzutage kostet es Milliarden, ein neues Flugzeug zu konstruieren und bis zur Serienreife zu entwickeln. Dieses Geld müssen sich Boeing und McDonnell-Douglas im voraus leihen und dann über Jahre, vom Beginn der Entwicklung bis zum Verkauf des ersten kompletten Flugzeugs, tagtäglich Zinsen zahlen. Das ist eine schwere finanzielle Bürde, zumal die amerikanischen Zinssätze für Kredite mit langer Laufzeit hoch sind. Letzteres liegt zum einen am fehlenden Sparwillen der Amerikaner, zum anderen daran, daß der Staat hohe Kredite zur Deckung des Staatsdefizits aufnimmt. Solche Finanzierungsprobleme kennt Airbus Industrie nicht. Mit der Konstruktion der ersten Maschine, des Großraumflugzeugs Airbus A 300, wurde im Mai 1969 mit staatlichen Subventionen in Höhe von 800 Millionen Dollar begonnen. Daran schloß sich im Juli 1978 die Entwicklung des A 310 an, diesmal mit einer Milliarde Dollar subventioniert. Das nächste Projekt, der A 320, begann im März 1984 mit 2,5 Milliarden Dollar. Schließlich nahm man im Juni 1987 die Entwicklung des A 330 und des A 340 mit insgesamt 4,5 Milliarden Dollar an staatlichen Beihilfen in Angriff.

Zugegeben, bei den Geldern handelt es sich nicht um direkte Subventionen, sondern um staatliche Kredite, die jede Regierung ihrem bevorzugten Luftfahrtunternehmen gewährt. Nur hat noch keine Bank der Welt einen Kreditnehmer so schonend behandelt, denn erstens liegt der Zinssatz effektiv gesehen bei Null, und zweitens braucht Airbus Industrie die Darlehen erst zurückzuzahlen, wenn Gewinne gemacht werden. Bisher hat das Konsortium jedoch nur Verluste eingefahren, obwohl es bis 1990 über 700 Flugzeuge an 102 verschiedene Fluggesellschaften in aller Welt verkauft hat. Kein normales Unternehmen, auch nicht die größten Multis, die Großbanken im Rücken haben und durch Konzernverflechtungen abgesichert sind, hätte die jahrelangen Verluste von Airbus Industrie verkraftet. Ohne Zweifel besteht keine Aussicht, daß die vier Gläubigerstaaten ihr Geld jemals zurückerhalten. Nach jüngsten Berechnungen sollen sich ihre bisherigen Zuschüsse auf insgesamt 26 Milliarden Dollar belaufen.[11] Aber, so heißt es in einer Verlautbarung, Gewinn- und Verlustrechnungen seien etwas für «kleine Leute», eine Kategorie, unter die in diesem Fall auch McDonnell-Douglas und sogar Boeing fallen.

Einige europäische Wirtschaftsexperten haben sich einmal erdreistet, die hohen Kosten des Airbus für die deutschen, englischen, französischen und spanischen Steuerzahler zu monieren. Darauf gab Erich Riedl, der deutsche Koordinator für die Luftfahrtindustrie, den knappen Bescheid: «Wir lassen uns von der Kritik kleinlicher Federfuchser nicht beirren.»[12]

Gegen einen Konkurrenten, der jahre- und jahrzehntelang unterhalb der Selbstkosten verkauft und dennoch expandiert, haben Boeing und McDonnell-Douglas natürlich Marktanteile verloren. Sie wurden schlicht unterboten. Ein Manager von Airbus Industrie sagte ganz offen: «Wenn Airbus Flugzeuge kostenlos abgeben kann, dann tun wir es auch.»[13] Zwar sind bis jetzt noch keine Flugzeuge verschenkt worden, aber einige hat man den Kunden gewissermaßen gratis zur Nutzung überlassen. Denn das Konsortium war mit der Absicht angetreten, die amerikanische Flugzeugindustrie auf ihrem heimischen Markt herauszufordern. Tatsächlich gelang ihm 1978 der erste größere Durchbruch, als es dreiundzwanzig Flugzeuge vom Typ A 300 an Eastern Airlines, damals eine der führenden amerikanischen Fluggesellschaften, verkaufte und sich dabei gegen die harte Konkurrenz von Boeing und McDonnell-Douglas durchsetzte. Doch die Amerikaner hatten von vornherein keine Chance.

Beim Kampf um den Zuschlag beschränkte sich Airbus Industrie nicht darauf, den Preis möglichst niedrig zu halten. Eastern Airlines wurde auch das Angebot unterbreitet, vier der dreiundzwanzig Maschinen für genau einen Dollar pro Jahr zu leasen – nicht schlecht für einen Düsenjet mit 248 Sitzplätzen. Aber gerade an der Größe der Flugzeuge wäre der ganze Handel um ein Haar gescheitert. Der A 300 war eigentlich zu groß für Eastern Airlines, denn die Amerikaner brauchten, um auf ihren Hauptstrecken nach Florida rentabel wirtschaften zu können, ein Flugzeug mit lediglich 170 Plätzen. Die Boeing 727 wäre genau richtig gewesen, doch die Europäer machten das Rennen, weil sie Eastern Airlines eine Betriebskostenbeihilfe zahlten: «... der Verkäufer gewährt dem Käufer einen Ausgleich für die höheren Betriebskosten, die sich aus der Differenz zwischen einem Flugzeug mit den gewünschten 170 Sitzplätzen [und dem A 300] ergeben»[14], heißt es im Vertrag. Ein solcher Ausgleich stellte ein ganz und gar ungewöhnliches Entgegenkommen seitens Airbus Industrie dar: Zwanzig Jahre lang, so die durchschnittliche Lebensdauer eines Flugzeugs, sollte jährlich ein Zuschuß in die Kassen der Eastern Airlines fließen. Im Flugzeuggeschäft herrscht harte Konkurrenz, doch ein solcher Fall war bisher noch nicht vorgekommen. Und es dürfte nicht der letzte dieser Art gewesen sein.

Der Wirbel um das Geschäft zwischen Airbus Industrie und Eastern Airlines hielt sich in Grenzen. Boeing stimmte nutzlose Klagen an («Wir können mit Airbus Industrie in technischer Hinsicht konkurrieren, aber keinesfalls mit der Staatskasse von Frankreich oder Deutschland»[15]), und einzelne amerikanische Volksvertreter lieferten im Kongreß ihre obligatorischen Reden ab, ohne wirklich einschneidende Maßnahmen ergreifen zu wollen. Die Regierung Carter hielt an dem amerikanischen Glauben fest, daß der Freihandel frei sei, auch wenn er es in Wirklichkeit nicht war, und griff nicht ein. Zur Begründung hieß es, aus strategischen Erwägungen müsse mit den westlichen Verbündeten Solidarität geübt werden, auch sei Airbus Industrie, global gesehen, von geringer Bedeutung (damals besaß das Konsortium einen Marktanteil von knapp über fünf Prozent) und überdies mit vielen unverkauften Maschinen (sogenannten «whitetails») belastet. Das Konsortium selbst bestritt natürlich, in irgendeiner Weise unfair gehandelt zu haben. Und man hätte ihm wohl auch Glauben geschenkt, wenn der Hauptgeschäftsführer von Eastern Airlines, der frühere Astronaut Frank Borman – der sonst als eher nüchterner, ja prosaischer Zeitgenosse galt, wie er bei seinem Mondflug gezeigt hatte –, nach Abschluß des Vertrags mit Airbus nicht gejubelt hätte: «Wenn ihr schon nicht die französische Fahne küßt, wenn sie euch unter die Augen kommt, dann salutiert wenigstens ... Airbus ... subventioniert unsere Fluggesellschaft mit über 100 Millionen Dollar.»[16]

Damals glaubten viele, daß das Geschäft mit Eastern Airlines ein einmaliger Schachzug gewesen sei, um den Zugang zu einem neuen Markt zu erzwingen, und daß Airbus Industrie künftig taktvoller zu Werke gehen werde. Doch 1984, als das Konsortium seinen Marktanteil auf 16 Prozent vergrößert hatte – auf das Dreifache gegenüber 1978 –, bot sich eine zweite Gelegenheit, in den amerikanischen Markt einzudringen, und das Konsortium scheute sich auch diesmal nicht, seine Maschinen weiter unter Preis anzubieten, um den Zuschlag zu erhalten. Wieder war der Kunde ein in Schwierigkeiten geratenes Unternehmen: Pan Am, einst die weltweit größte Fluggesellschaft, genoß immer noch ein hohes Ansehen, obwohl sie bereits finanziell angeschlagen war und auf den Bankrott zusteuerte, der 1991 schließlich auch kommen sollte.

Airbus Industrie verkaufte Pan Am achtundzwanzig Maschinen (zwölf A 310 und sechzehn A 320) mit Optionen auf siebenundvierzig weitere – eine umfangreiche Order, die sich das Konsortium durch weitgehende Konzessionen sicherte. Wieder bot es zuerst einen kostenlosen Leasingvertrag an, diesmal für zwölf ältere A 300 (zu diesem Zeitpunkt standen vierundzwanzig «whitetails» in den Hangars der Airbus Industrie), die bis zur Lieferung der neuen A 310 und A 320 eingesetzt werden konnten. Auch die Verkaufspreise waren sehr niedrig und lagen ohne Frage weit unter den Herstellungskosten. Gekrönt aber wurde das Ganze durch eine Kreditbürgschaft. Wegen ihrer glänzenden Vergangenheit galt Pan Am immer noch als eine der führenden Fluggesellschaften. Die Bankiers kannten allerdings die Wahrheit und hätten ihr keine Kredite mehr gewährt, außer zu hohen Risikozinsen, die Spielernaturen wohl bezahlt hätten, die für eine Fluggesellschaft jedoch unkalkulierbar waren. Airbus Industrie überwand die Hürde mühelos, indem sie die Bürgschaft für die Kredite übernahm, die Pan Am für den Kauf der Flugzeuge brauchte. Pan Am konnte nun Geld zu günstigen Konditionen leihen, und zwar nicht unter Berufung auf ihre eigene zweifelhafte Kreditwürdigkeit, sondern auf die der Regierungen von Frankreich, Deutschland und Großbritannien.

Außerhalb des amerikanischen Marktes brauchte das Konsortium nicht zu solch ausgefallenen Manövern greifen, um Verkaufsabschlüsse zu erzielen. Niedrigpreise und attraktive Zahlungsbedingungen reichten im allgemeinen aus. Es versteht sich fast von selbst, daß Airbus Industrie stets eine günstigere Finanzierung anbieten kann als die amerikanische Konkurrenz, da das Unternehmen auf die Unterstützung seiner staatlichen Geldgeber rechnen darf. Flugzeuge sind teuer und werden meist auf Kredit gekauft, daher gibt ein günstigeres Finanzierungsangebot in den meisten Fällen schon den Ausschlag. Obendrein ist es nur US-Firmen gesetzlich untersagt, den Einkäufern der Luftfahrtunternehmen Provisionen zu gewähren. Dieses Verbot wird eingehalten, und sei es auch nur aus Furcht vor undichten Stellen in der Firma.

Die Regierung Reagan reagierte mit ungewöhnlicher Heftigkeit auf das Pan-Am-Geschäft – und führte tatsächlich Klage. Eine eigens für Handelsfragen eingerichtete Regierungsstelle wagte es, die Airbus-Subventionen als «unfaire Handelspraktik» zu brandmarken. Und im Jahr 1986 schlug der US-Handelsbeauftragte Clayton Yeutter gar kämpferische Töne an: «Es ist an der Zeit, daß wir uns hinsetzen und darüber reden, wie das Airbus-Konsortium eigentlich arbeitet.»[17]

Verhandlungen mit den Regierungen Deutschlands, Frankreichs und Großbritanniens begannen, dann folgten in gemächlicher Gangart weitere Gespräche mit der Europäischen Gemeinschaft. Unterdessen war der Weltmarktanteil von Airbus Industrie auf über 25 Prozent gestiegen – ein Viertel aller Flugzeugverkäufe –, und dabei hat das Konsortium bis heute noch keinen Pfennig Gewinn erwirtschaftet. Natürlich fehlte es nicht an feierlichen Versprechen, sich fürderhin fair zu verhalten, doch 1989 zahlte die deutsche Regierung 2,3 Milliarden Dollar als Ausgleich für Wechselkursschwankungen an die Firma Daimler-Benz, die über ihr Tochterunternehmen Deutsche Aerospace die deutsche Rolle im Konsortium übernahm. Die Vereinigten Staaten reagierten wieder mit der schon bekannten Entschiedenheit und legten beim GATT, dem Allgemeinen Zoll- und Handelsabkommen, Beschwerde gegen diese «unerlaubte Exportsubvention» ein. Auch in diesem Fall dauern die Verhandlungen noch an.

Auf diese scharfe Reaktion der Amerikaner – sage und schreibe acht Jahre nach dem Geschäft mit Eastern Airlines begannen nun die Verhandlungen – konnte ein Gegenangriff von Airbus Industrie nicht ausbleiben. Diesmal freilich meldete sich kein taktloser Teutone zu Wort, sondern ein britischer Gentleman, Richard Evans, der damalige Hauptgeschäftsführer der British Aerospace. «Airbus», so ließ er vernehmen, «wird den Amerikanern, einschließlich Boeing, zusetzen, bis sie bluten und schreien.»[18]

In all den Jahren warfen Sprecher des Konsortiums den Amerikanern immer wieder vor, sie betrieben Stimmungsmache gegen Airbus Industrie. Wenn die amerikanische Regierung die Luft- und Raumfahrtforschung der NASA finanziere, so ihre Behauptung, sei das ebenfalls eine Form der Subventionierung. Geflissentlich übersahen sie dabei, daß die Forschungsergebnisse der NASA zum Nutzen aller, auch der Airbus Industrie, veröffentlicht werden. Ein auf den ersten Blick stichhaltigeres Argument lautete, daß das Pentagon viel Geld in Entwicklungs- und Forschungsprogramme der Militärluftfahrt stecke und daß das dabei gewonnene technische Know-how auch den zivilen Projekten von Boeing und McDonnell-Douglas zugute komme. Das mag bis in die sechziger

Jahre hinein tatsächlich so gewesen sein. Damals waren Bomber und Tankflugzeuge konventionelle Düsenjets, die noch nicht im Überschallbereich flogen und zu Hunderten hergestellt und verkauft wurden. Zwischen dem Tankflugzeug KC-135 der Firma Boeing und einer zivilen Maschine vom Typ 707 desselben Herstellers besteht eine große Ähnlichkeit, und tatsächlich wurden beide seit Ende der fünfziger Jahre in hoher Stückzahl hergestellt. Danach aber sind mit Mitteln der amerikanischen Luftwaffe nur Überschall- und sogenannte «Stealth»-Bomber entwickelt worden, die mit Zivilmaschinen technisch nichts mehr gemein haben. Solche kostenintensiven, in kleiner Stückzahl und buchstäblich in Handarbeit hergestellten Produkte der Militärtechnik sind für kostenbewußte zivile Flugzeugbauer fast ohne jeden Nutzen.

Der Streit geht weiter, obwohl die Sache im Kern sehr einfach ist. Airbus Industrie benötigte als Konkurrent der amerikanischen Flugzeughersteller, die ursprünglich mit Rüstungsaufträgen der Regierung großgeworden waren, anfangs beträchtliche Subventionen von ihren staatlichen Geldgebern. Nun aber ist es zu einem Charakteristikum des Konsortiums geworden, daß es von diesem Subventionstropf gar nicht mehr loskommt.

Die amerikanische Luftfahrtindustrie, also Boeing und McDonnell-Douglas samt ihren Zulieferern, muß in einem hart umkämpften Markt bestehen. Sie muß drückende Lohnkosten tragen, Investitionskapital beschaffen, Zinsen für jeden geliehenen Dollar zahlen und bei der Entwicklung jedes neuen Flugzeugtyps enorme Risiken eingehen. Dagegen ist Airbus Industrie, ebenso wie die Taiwan Aerospace und die Japan Aircraft Development Corporation, den Unwägbarkeiten des Marktes genausowenig ausgesetzt wie der Vatikan. Aber selbst in dieser Situation haben die Verfechter des Freihandels für Boeing und McDonnell-Douglas keinen anderen Rat, als «noch konkurrenzfähiger zu werden» – als könnte ein privates Unternehmen gegen einen Wettbewerber bestehen, der über seine staatlichen Geldgeber sozusagen selbst Banknoten drucken kann. Im Mai 1990, als Airbus Industrie schon über zwanzig Jahre am Markt aktiv war und über 600 Flugzeuge verkauft hatte, gab ihr Präsident der Hoffnung Ausdruck, das Konsortium werde 1995 endlich schwarze Zahlen schreiben![19] Wie immer man das Konsortium auch bezeichnen mag, es ist ganz gewiß kein kommerzielles Unternehmen, gegen das normale Firmen mit unternehmerischen Mitteln ankommen können.

Sind Amerikaner Konsumenten oder Produzenten?

Gegenwärtig haben die Verfechter des Freihandels eine Antwort auf das Airbus-Problem und ähnlich gelagerte Fälle. Sie lächeln nur über die Torheit der Regierungen in Bonn, Paris, London und Madrid, das Konsortium so großzügig zu subventionieren. Sie freuen sich über die Geschenke, die Eastern Airlines und Pan Am erhalten haben, und sie würden auch weitere Verkäufe zu Kampfpreisen an andere US-Airlines nicht ablehnen, ganz im Gegenteil. Sie fordern ihre Landsleute auf, doch das Jammern sein zu lassen und statt dessen die Subventionen zu genießen, die ja tatsächlich eine Art Geschenk des europäischen Steuerzahlers an den amerikanischen Konsumenten sind. Offensichtlich vertreten sie die Ansicht, daß es töricht von den Europäern ist, sich ein so teures Spielzeug wie Airbus Industrie zu leisten, und daß es von den Amerikanern ebenso töricht wäre, ihre Geschenke nicht anzunehmen.

Für die unmittelbare Gegenwart mag diese Antwort einleuchten, aber sie verkennt, wohin die Entwicklung am Ende führen kann. Airbus Industrie hat innerhalb von zwanzig Jahren, zwischen 1971 und 1992, seinen Anteil am weltweiten Flugzeugmarkt praktisch von 0 auf 26 Prozent gesteigert. Gleichzeitig erlitt die amerikanische Luftfahrtindustrie entsprechende Absatzeinbußen, größtenteils natürlich im Überseegeschäft. Ohne die Einbußen von 26 Prozent im Flugzeugverkauf wäre das amerikanische Handelsbilanzdefizit nicht so hoch ausgefallen (nur die chemische Industrie hat einen Exportüberschuß), und Boeing und McDonnell-Douglas samt ihren Zulieferern hätten kräftigere Gewinne eingefahren, die wiederum höhere Investitionen in Forschung, Entwicklung und die Modernisierung der Fertigungsbetriebe ermöglicht hätten. Hinzu kommt, daß Airbus Industrie weiter expandiert. Ihr Hauptgeschäftsführer Jean Pierson hat das ehrgeizige Ziel des Konsortiums offen ausgesprochen: «Wenn wir keinen Fehler machen, können wir in den kommenden fünfzehn Jahren einen Marktanteil von 40 Prozent erreichen.»[20]

Sollte es tatsächlich dazu kommen, wird McDonnell-Douglas im Flugzeugbau vermutlich nicht mehr mithalten können, und auch Boeing dürfte bedeutend schlechter dastehen. Auf jeden Fall würden Zehntausende gutbezahlter amerikanischer Facharbeiter, Wissenschaftler, Techniker, Konstrukteure, Ingenieure, Manager und Vertriebsleute ihre Jobs in der Branche verlieren. Und auch die Zulieferer müßten Stellen abbauen. Jeder verlorene Arbeitsplatz aber bedeutet für die Betroffenen einen Bruch in ihrem Leben und sehr wahrscheinlich einen Verlust an Lebensqualität. Für das Land als Ganzes hieße es, daß niedrigbezahlte, wenig Qualifikation erfordernde Wartungs- und Dienstleistungsjobs in der amerikanischen Volkswirtschaft allmählich das Übergewicht bekämen. Gewiß, nicht jeder ehemalige Flugzeugbauer würde gleich als Bulettenbrater enden, aber sicher müßte so mancher Airbusse reinigen und warten.

Wer also die Subventionen begrüßt, tut dies mit Blick auf die Interessen der Amerikaner als Konsumenten, verkennt aber deren Interessen als Produzenten. Und dem Problem wird man nicht dadurch gerecht, daß man einen (japanischen) Taschenrechner hervorholt und Gewinn und Verlust bei diesem Geschäft gegeneinander aufrechnet. Auf der einen Seite stehen die zusätzlichen Konsummöglichkeiten, die durch europäische Subventionen einer bereits saturierten Konsumgesellschaft beschert werden, auf der anderen Seite die Würde, die ein Mensch aus einer sinnvollen Beschäftigung bezieht, und das befriedigende Gefühl, in einer Branche zu arbeiten, die hohe Anforderungen stellt. Eben solche sozialen Werte haben die staatlichen Geldgeber der Airbus Industrie im Auge: Mit ihren Subventionen schaffen sie begehrte Arbeitsplätze für Zehntausende von Europäern, ermöglichen ihnen eine Karriere als Flugzeugkonstrukteur oder Ingenieur und bieten Betriebswirten anspruchsvolle Posten im Management. Die wohlhabenden europäischen Steuerzahler brauchen dafür nur auf einen Bruchteil ihres Einkommens zu verzichten und ein kleines Konsumopfer zu bringen. Ist das eine törichte Entscheidung?

Aber man muß noch einen Schritt weiter in die Zukunft gehen, bis zu dem Zeitpunkt nämlich, wo für alle Geschenke bezahlt werden muß. Denn erstens kann dieser importierte Konsum, der die heimische Produktion verdrängt, selbst wenn er subventioniert ist, nur so lange fortdauern, wie es noch Wälder, Wolkenkratzer, Golfplätze, Technologien, Firmen und ganze Industriezweige zu verkaufen gibt – mit dem Ergebnis, daß die ins Ausland fließenden Dollars nicht in Schatzanweisungen oder anderen Schuldverschreibungen angelegt werden, die getilgt werden müssen. Und zweitens wird Airbus Industrie, sofern die amerikanische Regierung künftig nicht sehr viel energischer einschreitet als bisher, in nicht allzu ferner Zukunft tatsächlich imstande sein, Boeing «bluten zu lassen». Wenn das Konsortium erst einmal mit einem eigenen Großraumflugzeug (das sich momentan noch in der Planung befindet) dem Jumbo-Jet vom Typ 747 direkt Konkurrenz machen kann, dann verliert Boeing sein Monopol in dieser Flugzeugkategorie und damit auch die Fähigkeit, mit den Preisen von Airbus Industrie bei kleineren Maschinen mitzuhalten. Wenn Boeing mit den Jumbo-Jets keine großen Gewinne mehr erzielen und die Unrentabilität der anderen Verkäufe nicht mehr kompensieren kann, wird der Niedergang der amerikanischen Flugzeugindustrie nicht mehr lange auf sich warten lassen. Dann wird es keinen Wettbewerb und auch keine subventionierten Verkäufe zugunsten amerikanischer oder sonstiger Fluggesellschaften mehr geben, es sei denn, die Japaner treten auf den Plan – mit einer eigenen subventionierten Luftfahrtindustrie.

Der Airbus ist jedoch kein Einzelfall. Im Gegenteil, ähnliche Beispiele findet man in fast jedem zukunftsträchtigen Industriesektor, ob es sich nun um Computer oder Software, Biotechnik, High-Tech-Werkstoffe (Supraleiter, nichtkristallinische oder keramische), Trägerraketen für Satelliten, Telekommunikationsausrüstungen oder anderes handelt. Und wenn auch keine bestimmte Firma oder ein Konsortium wie im Falle von Airbus Industrie subventioniert wird, dann eben ein staatlich finanziertes «nationales Technologieprogramm», dessen Ergebnisse einer ganzen Industrie zugute kommen.

Geo-Ökonomie

Welche Bedeutung diesem neuen Phänomen in einem größeren Zusammenhang zukommt, dürfte klar sein. Im Gegensatz zu den Almosen, die an dahinsiechende Industrien verteilt werden, oder zu den Subventionen, die mächtige Bauernverbände und Lobbies den amerikanischen, europäischen oder japanischen Steuerzahlern aus der Tasche ziehen können, schmieden sich Regierungen regelrechte Machtinstrumente, wenn sie Firmen oder ganze Industriezweige im Hochtechnologiebereich subventionieren. Dabei handelt es sich um nichts anderes als um die Fortsetzung der alten Rivalität zwischen Staaten mit neuen Mitteln. So wie früher junge Männer in Uniformen gesteckt und dann zum Zwecke territorialer Eroberungen in den Krieg geschickt wurden, so werden heutzutage Steuerzahler dazu überredet, Mittel für industrielle Eroberungsfeldzüge bereitzustellen. Statt sich gegenseitig zu bekriegen, finanzieren Deutschland, Frankreich und Großbritannien gemeinsam die Handelsoffensive von Airbus Industrie gegen Boeing und McDonnell-Douglas. Das Ziel besteht heute nicht mehr darin, mit den eigenen Truppen möglichst tief in Feindesland vorzudringen, sondern den Weltmarktanteil bei bestimmten Produkten zu vergrößern.

Im Mittleren Osten, auf dem Balkan und in anderen bedauernswerten Regionen dieser Welt werden auch heute noch Territorialkämpfe nach altem Muster ausgetragen. Auf solchen Nebenschauplätzen der Weltgeschichte bleibt militärische Macht so wichtig wie zuvor. Und ebenso die Diplomatie in ihrer klassischen Form, die darin besteht, aus der Androhung militärischer Gewalt Macht und Einfluß zu gewinnen, sei es um Feinde abzuschrecken oder schwächeren Verbündeten den Rücken zu stärken. Doch auf dem Hauptschauplatz des Weltgeschehens, auf dem Amerikaner, Europäer, Japaner und andere moderne Industrienationen zusammenarbeiten, aber auch miteinander konkurrieren, hat sich die Situation radikal verändert. Ein Krieg zwischen ihnen ist kaum noch vorstellbar. Ein Angriff müßte entweder von ganz anderer Seite erfolgen oder bliebe lokal begrenzt, seitdem die ehemalige Sowjetunion keine Bedrohung mehr darstellt und aggressive kleinere Verbündete wie Kuba, Vietnam und Syrien keine militärische Unterstützung mehr von ihr erhalten. Mit anderen Worten, auf dem Hauptschauplatz des Weltgeschehens haben militärische Stärke und Diplomatie im klassischen Sinn ihre traditionelle Bedeutung verloren.

Aber noch ist das Zeitalter brüderlicher Liebe nicht angebrochen. Die Solidarität innerhalb eines Volkes beruht immer noch auf einer gemeinsamen «nationalen» Identität, die andere Völker ausschließt. Von «Amerikanern» zu sprechen ist nur sinnvoll, weil es auch Nichtamerikaner gibt. In vielen Fällen wird das «Wir» immer noch anhand einer kulturellen Identität von «den anderen» abgegrenzt. Franzose, Italiener oder auch Brasilianer zu sein ist spezifischer in seiner Bedeutung als das stark multikulturelle «Wir» der Amerikaner. Bisweilen geht die Abgrenzung so weit, daß die Identität wie im Falle Japans noch mit rassischen Begriffen beschrieben wird. Allerdings genügt ein Blick auf eine Menschenmenge in Tokio, wo Individuen aller Hauttönungen von Blaßrosa bis Olivgrün zu finden sind, um diese Ansicht als pure Einbildung zu entlarven. Wie immer man das Wesen nationaler Identität bestimmen mag, auch heute noch ist die Weltpolitik eine Domäne von Staaten (oder Staatengemeinschaften wie der Europäischen Gemeinschaft), die sich als ein «Wir» verstehen, das «die anderen» ausgrenzt. Staaten sind natürlich auch territoriale Gebilde, die eifersüchtig über ihre Grenzen wachen.[21] Selbst wenn sie keine Kriegsgelüste mehr hegen und tagtäglich in Dutzenden internationaler Gremien zusammenarbeiten, so beruht ihr eigentliches Wesen doch auf Gegnerschaft.

Aber Staaten und Regierungen spiegeln nicht nur eine bestimmte nationale Identität wider. Bewußt oder unbewußt zielen alle staatlichen Maßnahmen darauf ab, «nationale Interessen» zu vertreten und dabei unterschwellige nationale Gefühle zu bestärken, zu fördern und auszunutzen. Auf weltpolitischen Nebenbühnen, wo immer noch territoriale Konflikte ausgetragen werden, bieten Kriege und Kriegsdrohungen ein Ventil für feindselige Gefühle. Doch wenn Amerikaner, Europäer und Japaner aneinandergeraten, dann stehen ihnen zur Austragung ihrer Interessenkonflikte weitgehend nur wirtschaftliche Mittel zu Gebote.

Diese moderne Version der alten Rivalität zwischen Staaten habe ich «Geo-Ökonomie» genannt.[22] Darin bedeutet das Investitionskapital, das der Staat verteilt oder für bestimmte Industrien bereitstellt, soviel wie Feuerkraft; staatlich subventionierte Produktentwicklung ist das Pendant zu waffentechnischen Neuerungen; und der Vorstoß in neue Märkte mit Hilfe staatlicher Zuschüsse ersetzt Militärstützpunkte und Garnisonen auf fremdem Territorium sowie die sanftere Form der Machtausübung, den «diplomatischen Einfluß». Mit denselben Mitteln – Investitionen, Forschung und Entwicklung, Marketing – verfolgen private Unternehmen tagtäglich rein kommerzielle Zwecke. Wenn aber der Staat fördernd und lenkend in solche Wirtschaftsaktivitäten eingreift, haben wir es nicht mehr mit einem rein kommerziellen Wettbewerb zu tun, sondern mit Geo-Ökonomie.

Zu deren Arsenal zählen noch andere, teils alte und teils neue Waffen. Zölle beispielsweise können Steuern sein, die zu keinem anderen Zweck erhoben werden, als die staatlichen Einnahmen zu erhöhen; ebenso können Einfuhrquoten und -verbote Mittel sein, einem akuten Mangel an harten Devisen zu begegnen. Wenn allerdings solche Handelshemmnisse allein darauf abzielen, die heimische Industrie vor unliebsamer Konkurrenz zu schützen und ihr Wachstum zu fördern, dann haben wir es wieder mit Geo-Ökonomie zu tun.

Die Geo-Ökonomie kennt auch den Hinterhalt, eine besonders wirksame Taktik der herkömmlichen Kriegsführung. Heutzutage sind das die versteckten Handelsbarrieren. Da werden Gesundheits- und Sicherheitsvorschriften ersonnen oder besondere Anforderungen an Etikettierung, Verpackung und Recycling gestellt, um Einfuhren zu verhindern. Zwar wären drastische Zölle oder Einfuhrverbote effektiver, aber die meisten Staaten haben die GATT-Vereinbarungen unterzeichnet, dürfen also nicht mehr nach Gutdünken Zölle erheben. Daher haben sich einige Staaten auf Finessen verlegt, um Handelsschranken zu kaschieren. So wurde in Japan bis in die achtziger Jahre hinein jedes ausländische Fahrzeug einzeln darauf untersucht, ob es den japanischen Sicherheitsbestimmungen entsprach. Die staatlichen Behörden begnügten sich nicht damit, ein Exemplar eines Fahrzeugtyps zu inspizieren, wie es in allen anderen Ländern üblich war. Der Importeur mußte also eine Untersuchungsgebühr für jedes einzelne Fahrzeug bezahlen und geduldig warten, bis die Zollbeamten jedes einzelne Auto einer ganzen Schiffsladung überprüft hatten. Wäre die amerikanische Regierung ähnlich verfahren, hätte diese Maßnahme allein wohl genügt, die Flut japanischer Importautos einzudämmen.

Vor allem mit solchen Zollschikanen werden die GATT-Regeln umgangen, die willkürliche Zölle und Einfuhrquoten verhindern sollen. So beschloß die französische Regierung in den frühen achtziger Jahren, die heimische Elektronikindustrie solle den japanischen Herstellern von Videorecordern Konkurrenz machen. Da aber bei Matsushita, Victor-JVC, Toshiba, Hitachi, Mitsubishi und anderen bereits die Massenproduktion angelaufen war, konnten die Japaner immer bessere Geräte zu einem billigeren Preis anbieten. Die französische Industrie brauchte Zeit – wenigstens zwei Jahre – für die Entwicklung und anschließende Serienproduktion eigener Videorecorder. Die Lösung, auf die der französische Staat verfiel, entbehrt nicht einer gewissen Komik. Die zuständige Behörde gab eine Verwaltungsvorschrift heraus, wonach alle aus Übersee importierten Videorecorder (d. h. alle japanischen) in Bayeux den Zoll passieren mußten, einer kleinen Stadt in der Normandie, die für einen mittelalterlichen Wandteppich bekannt ist, auf dem die Überfahrt Wilhelms des Eroberers nach England dargestellt ist. Da es fortan nur noch einen einzigen Einfuhrhafen für Videorecorder gab, mußten japanische Geräte, die per Luftfracht nach Paris gekommen waren, in plombierten Containern über Land nach Bayeux gekarrt werden. Dort wurden die Container wieder entladen und die Waren vom Zoll in üblicher

Weise kontrolliert. Erst nachdem die Importfirmen die erhobenen Gebühren beglichen hatten, durften sie die Ware wieder in Empfang nehmen.

Leider war das Zollamt in Bayeux nur sehr klein und unterbesetzt, so daß gewöhnlich nur ein Inspektor Dienst tat. Und obendrein war dieser Zöllner ein gemütlicher Zeitgenosse. Er erschien nie vor zehn Uhr morgens zum Dienst, verließ aber pünktlich um halb eins das Zollgebäude und begab sich zum Mittagessen. Als Franzose und Feinschmecker ließ er sich mit dem Essen Zeit und kehrte selten eher als drei Uhr nachmittags wieder an seinen Schreibtisch zurück. Etwas ermattet von dem opulenten Menü, hielt er sich tapfer bis zum Büroschluß um fünf. Als daraufhin der Export japanischer Videorecorder nach Frankreich zum Erliegen kam, beschwerte sich die japanische Regierung zwar in aller Form, aber auch ohne großes Getöse, denn sie konnte es sich nicht leisten, einen Vergleich mit ihren eigenen Praktiken herauszufordern.

Die Japaner haben immer gern auf inoffizielle und nicht näher spezifizierte Zollhemmnisse zurückgegriffen. Sieht man einmal von gezielten Maßnahmen ab, die ganz bestimmte Importe unterbinden sollen, so behindern schon normale Kontrollen des japanischen Zolls den freien Warenverkehr. Jeder Container, jede Kiste, jede Schachtel, jede irgendwie verpackte Sendung, einschließlich Luftpostbriefen, muß für die Inspektoren geöffnet werden. (In den Vereinigten Staaten und den meisten anderen Staaten begnügt sich der Zoll mit Stichproben und verläßt sich ansonsten auf die Zolldeklaration des Exporteurs.) Wenn die Zöllner dann endlich kommen und den Inhalt überprüfen, gehört es zu ihren Pflichten, das Gesehene im Bild festzuhalten. Japan exportiert Fotoapparate in alle Welt, aber japanische Zöllner benutzen keine. Statt dessen fertigen sie eine freihändige Skizze der Importware an, und nicht selten erzielen sie dabei künstlerisch recht ansprechende Resultate. Die Verzögerungen, zu denen es dabei kommt, sind für die Importe allerdings oft fatal. Weil viele ausländische Vertreter wissen, daß die Japaner gern der Zeichenkunst huldigen, verzichten sie lieber darauf, bei ihren Besuchen Produktmuster mit sich zu führen.

Absichtliche Verzögerungen dieser Art mögen nur ärgerlich sein, andere aber sind Teil einer umfassenden Strategie. Der Import von High-Tech-Produkten, die heimische Branchen gefährden, kann nicht nur verzögert, sondern ganz gestoppt werden, wenn Geräte bestimmten technischen Standards genügen müssen. Im Hörfunk- und Fernsehbereich vergibt der Staat z. B. Frequenzen für ganz bestimmte Zwecke. Kommt ein neues Produkt auf den Weltmarkt, dem die heimische Industrie nichts entgegenzusetzen hat, kann die zuständige Behörde alle Einfuhren mit dem Hinweis stoppen, sie müsse erst noch die notwendigen technischen Standards ausarbeiten. Daraufhin konsultiert sie heimlich Vertreter der heimischen Industrie und legt Standards fest, die Importwaren oder doch wenigstens die Produkte der stärksten Konkurrenten ausschließen. Die Bekanntgabe der neuen Standards kann so lange hinausgezögert werden, bis die eigene Industrie die Voraussetzungen für eine Massenproduktion geschaffen hat. Ist es dann endlich soweit und wird der Markt mit großem Trara für alle geöffnet, können die heimischen Firmen mit dem Verkauf beginnen, während ausländische Exporteure ihre Produkte erst noch dem neuen Standard anpassen müssen. Ein solches Vorgehen konnte man erst kürzlich bei Mobiltelefonen und beim Gerangel zwischen Amerikanern, Europäern und Japanern um HDTV-Standards beobachten.

Absichtlich schwer zu erfüllende Standards, die festgelegt werden, obgleich gar kein Regelungsbedarf besteht, können Einfuhren verhindern. So verlangen die Japaner, daß Sperrholzplatten aus tropischen Harthölzern und nicht aus Kiefer oder anderen Weichhölzern hergestellt sein müssen. Einen einleuchtenden Grund gibt es dafür nicht, denn Weichholz erfüllt diesen Zweck ebensogut und ist obendrein sehr viel billiger. Offenbar geht es nur darum, die japanische Holzindustrie vor der amerikanischen und skandinavischen Konkurrenz zu schützen, die den unschlagbaren Vorteil hat, einen erheblich billigeren Rohstoff zu verarbeiten. Die Regelung hat noch einen Nebeneffekt, nämlich die unwiderrufliche Zerstörung der tropischen Regenwälder auf den Philippinen, in Thailand, Indonesien und Malaysia, ein Raubbau, der nun auch in Burma, Kambodscha und Laos fortgesetzt wird. Die amerikanische und europäische Industrie verwendet dagegen ausschließlich nachwachsende Hölzer, vor allem Kiefern. Thailändische Exportwaren werden immer noch in Kisten aus Sperrholz verpackt – Sperrholz, das in Japan aus importierten Harthölzern hergestellt wird, wenn auch nicht mehr aus den Stämmen majestätisch hoher thailändischer Teakbäume, denn die sind schon längst der Axt zum Opfer gefallen.

Handelshemmnisse dienen in den meisten Fällen dazu, den Binnenmarkt für die heimische Industrie zu reservieren, doch gelegentlich sollen sie auch zum Wachstum von Exportbranchen beitragen. Länder, die knapp an natürlichen Ressourcen sind, erheben gern Ausfuhrzölle auf Rohstoffe, nicht aber auf verarbeitete Produkte, um die Verarbeitung im Land selbst zu fördern. So dürfen in den meisten afrikanischen Staaten keine Baumstämme mehr ausgeführt werden, sondern nur noch Holz, das bereits zu Brettern und Bohlen verarbeitet wurde. Viele US-Amerikaner haben in ihrem Land eine ähnliche Regelung gefordert, doch bisher ohne Erfolg. Deshalb werden die amerikanischen Wälder weiterhin abgeholzt, damit kein Holzfäller seinen Job verliert, obwohl erheblich mehr Arbeitsplätze in Sägewerken geschaffen werden könnten, wenn der Export ganzer Baumstämme unterbliebe. Saudi-Arabien und andere erdölproduzierende Staaten greifen auf die gleiche Maßnahme zurück. Sie verkaufen Rohöl zu einem hohen Preis, während sie Raffinerieprodukte und besonders Petrochemikalien vergleichsweise billig anbieten.

Ist Geo-Ökonomie etwas Neues?

Mancher mag einwenden, daß das bisher Gesagte lediglich ein Aufguß altbekannter Ideen sei. Und es ist sicherlich richtig, daß Herrscher und Staaten schon immer wirtschaftliche Ziele verfolgt und Handelsfehden mit anderen Herrschern und Staaten ausgetragen haben. Manchmal reichten Sonderzölle, Handelsverbote oder regelrechte Blockaden aus, aber manchmal wurde der Kampf um Märkte auch mit Blut und Eisen entschieden. Vor 2200 Jahren führten Rom und Karthago Krieg um die Vorherrschaft im Mittelmeerraum. Dabei ging es ebensosehr um den lukrativen Handel in dieser Region wie um Sicherheitsinteressen und Ruhm. Schon damals waren Handelskriege seit Jahrtausenden bekannt. In den Jahrhunderten, die auf den Fall Karthagos folgten, kam es im Streit um wirtschaftliche Vorteile und wertvolle Rohstoffe immer wieder zum Krieg, wenn auch nur überzeugte Marxisten-Leninisten versuchen, jeden Krieg ausschließlich auf wirtschaftliche Gründe zurückzuführen.

Richtig ist vielmehr, daß der Streit um die Überlegenheit in Handel und Industrie in der Vergangenheit oft von anderen Fragen in den Hintergrund gedrängt wurde. Autokratische Herrscher oder Oligarchien, ehrgeizige Individuen oder ganze Kasten führten Kriege aus sicherheitspolitischem Kalkül – ein hinreichender Grund für viele Kriege – oder aus dem Streben nach Ruhm oder innenpolitischen Erwägungen. In solchen Fällen wurden die Wirtschaft und ihre Erfordernisse plötzlich hintangestellt. Die einander bekriegenden Heere durchschnitten wichtige Handelswege, und Handelsrivalen zogen plötzlich gemeinsam gegen Handelspartner ins Feld. So auch 1914, als Frankreich gemeinsam mit Großbritannien, seinem Konkurrenten im Kolonialhandel, gegen seinen wichtigsten Handelspartner Deutschland in den Krieg eintrat. Wenn zwei Staaten aus sicherheitspolitischer Notwendigkeit gegen einen gemeinsamen Feind in den Krieg zogen, so hatte dieses Bündnis, mochten die Verbündeten in Handel oder Industrie auch harte Konkurrenten sein, doch absoluten Vorrang, denn sein Zweck war das nackte Überleben und nicht nur Wohlstandsvermehrung.

Das war auch der Grund, weshalb noch jeder Handelsstreit zwischen den Vereinigten Staaten und Westeuropa – über Hähnchen, Mikrochips, Rindfleisch und anderes – oder zwischen den Vereinigten Staaten und Japan – über Textilien in den sechziger bis zu Hochleistungsrechnern in den neunziger Jahren – in der Zeit des Kalten Krieges leicht einzudämmen war. Sobald der Streit so laut wurde, daß er die Aufmerksamkeit der politischen Führer auf beiden Seiten erregte, wurde er rasch erstickt, und zwar häufig dadurch, daß der Kläger, der sich am ungebärdigsten zeigte, mit Geld zufriedengestellt wurde. Angesichts der sowjetischen Bedrohung durfte nicht zugelassen werden, daß ein eskalierender Handelsstreit die politischen Beziehungen belastete, denn dies hätte der Solidarität im Bündnis geschadet.

Mittlerweile hat jedoch für die Staaten, die das heutige Weltgeschehen bestimmen, die Bedrohung durch Militärmächte und damit auch die Bedeutung militärischer Bündnisse abgenommen. Infolgedessen werden wirtschaftliche Konflikte nicht mehr unterdrückt, sondern schieben sich in den Vordergrund. Handelskriege werden aus Furcht vor den rein wirtschaftlichen Folgen zwar immer noch eingedämmt, aber die Politiker begründen ihr Eingreifen nicht mehr mit übergeordneten strategischen Interessen. Wenn ein Staat oder eine Staatengemeinschaft für den eigenen Zusammenhalt eine äußere Bedrohung braucht, dann muß diese Bedrohung heute ökonomischer oder besser noch geo-ökonomischer Natur sein.

Ein Beleg für diesen öffentlichen Meinungsumschwung sind die (ökonomischen) Ängste vieler Europäer vor dem wiedervereinten Deutschland. Noch deutlicher wird er in der Haltung der Amerikaner gegenüber Japan. Kaum hatte Gorbatschow Mitte der achtziger Jahre die sowjetische Außenpolitik neu ausgerichtet, sah sich Japan in die Rolle von Amerikas Hauptfeind gedrängt. Belege für diese Einschätzung liefern Meinungsumfragen, Bücher, Presseartikel, ja sogar Werbeanzeigen und zahllose Redebeiträge im Kongreß. Ein ganzes Land, das eben noch die Furcht vor der militärischen Stärke der Sowjetunion geeint hatte, schien plötzlich in Japan einen geo-ökonomischen Ersatz für diese Rolle gefunden zu haben. Seit dem Sputnik-Schock Ende der fünfziger Jahre, als es sowjetischen Wissenschaftlern gelang, einen Satelliten in eine Erdumlaufbahn zu schießen und damit die Überlegenheit der UdSSR bei ballistischen Raketen zu demonstrieren, fühlten sich die Amerikaner und ihre Regierung angespornt, mehr Geld in Bildung und Wissenschaft zu investieren, um den militärisch-technologischen Wettlauf zu gewinnen. Furcht war das Motiv für gemeinsame Anstrengungen und gewisse Opfer. Heute verweisen Bildungsreformer überall in Amerika auf die Überlegenheit des japanischen Schulsystems, wenn sie mehr Unterstützung und Geld für ihre Anliegen fordern. Reale oder nur eingebildete Feinde sind allenthalben nützlich.

Befinden sich die modernen Industrieländer also auf dem Weg zurück ins Zeitalter des Merkantilismus? Ist Geo-Ökonomie nur ein überflüssiges neues Wort für eine altbekannte Wirtschaftspolitik? Gewiß gibt es unbestreitbare Parallelen, denn in beiden Fällen spornen Herrscher oder Staaten ihre Länder an, in Handel und Industrie mit anderen Ländern zu konkurrieren, statt einfach nur Handel mit ihnen zu treiben, was den Wirtschaftssubjekten vollauf genügen würde. Ziel des Merkantilismus war es, Edelmetall zu erwerben, und aus der Sicht der Könige, die stets Gold brauchten, um ihre Kriegsflotten zu finanzieren und ihren Truppen den Sold auszuzahlen, war das beileibe kein törichtes Ziel. Mit Gold konnten Regimenter aufgestellt und Kriege gewonnen werden; ohne Gold war die Niederlage unvermeidlich. Vom Besitz von Gold war es nur ein Schritt zu militärischer Stärke. Zwar konnte man es auch mit Ackerbau und Handel zu Wohlstand bringen, aber in einer Zeit, in der es weder Aktenschränke noch Computer gab, waren diese Tätigkeiten, wenn überhaupt, nur schwer zu besteuern. Der Merkantilismus war also eine zielgerichtete, wenn auch schädliche Wirtschaftsform. Das Bestreben, möglichst viel zu exportieren und nichts zu importieren, schädigte letztlich den Handel aller, aber in der Zwischenzeit wird Gold angehäuft, das über die Steuern in die Schatulle des Herrschers wandert. Der Merkantilismus war eine Wirtschaftsform mit einem eindeutig politischen Ziel.

Anders die Geo-Ökonomie. Ihr Endzweck selbst ist sozialer und wirtschaftlicher Natur und besteht darin, möglichst viele hochqualifizierte Arbeitsplätze in High-Tech-Industrien und anspruchsvollen Dienstleistungsbranchen zu schaffen. Die Mittel hierzu reichen von Forschung und Entwicklung bis zu Exportfinanzierung. Zunächst einmal strebt man technologische Überlegenheit und die Führungsposition am Markt an. Die weiteren

Konsequenzen sehen je nach Binnen- oder Außensicht anders aus. Im Innern machen Gewinne keinen Herrscher noch mächtiger, sondern sie verbessern nur die Beschäftigungslage. Was die Außenbeziehungen betrifft, so muß eine entschlossen vorangetriebene Geo-Ökonomie nicht unbedingt dazu führen, daß der Nachbar um jeden Preis niedergerungen wird, auch wenn sie zu Exportanreizen greift. Auf jeden Fall geht es bei dieser neuen Form der Rivalität zwischen Staaten nicht mehr in erster Linie darum, Gold oder Reichtum anzuhäufen, in welcher Gestalt auch immer.

Vor allem aber war im Merkantilismus die Gefahr eines Krieges stets gegenwärtig. Handelsquerelen arteten, wenn sie sich zuspitzten, in politische Konflikte aus, die wiederum Kriege auslösen konnten, was sie oft genug auch taten. Mit anderen Worten, der Merkantilismus war eine Spielart staatlichen Handelns, die jederzeit in Krieg umschlagen konnte. Über allem, was in der Wirtschaft geschah, schwebte die Möglichkeit, daß der Verlierer im merkantilistischen Wettstreit versuchen könnte, seine Verluste unter den ganz anderen Bedingungen des Krieges wieder wettzumachen. Mochte Spanien auch verfügen, daß der Handel von und nach den amerikanischen Kolonien nur mit spanischen Schiffen und nur über spanische Häfen abgewickelt werden dürfe, so hinderte das englische und holländische Kaufleute nicht daran, trotz spanischer Kriegsschiffe einträgliche Frachten für illoyale Kolonisten zu befördern. Ebensowenig ließen sich Freibeuter davon abschrecken, Schiffe mit Fracht für Spanien zu kapern. Die Holländer schickten ihre Kreuzer die Themse hinauf und unterliefen damit die merkantilistischen Verordnungen des englischen Parlaments, das ihnen den Küstenhandel mit England verbieten wollte. Schon viel früher hatten die Portugiesen arabische Handelsschiffe versenkt, mit denen sie im Indienhandel nicht zu konkurrieren vermochten.

Geo-Ökonomie hingegen ist ein Wettstreit, in den nur solche Länder treten können, die den Krieg untereinander ausgeschlossen haben. Weder können Hochleistungsrechner, deren Import eingeschränkt ist, gewaltsam mit Luftlandetruppen an Banken,

Universitäten und andere potentielle Abnehmer geliefert werden, noch ist der Konkurrenz im weltweiten Automobilmarkt dadurch beizukommen, daß mit Autos beladene Schiffe auf hoher See versenkt werden. Militärische Stärke hat ein für allemal die Rolle verloren, die sie im Zeitalter des Merkantilismus spielte, nämlich eine allseits akzeptierte, fast normale Möglichkeit der Konfliktlösung neben dem ökonomischen Wettstreit zu sein. Wenn Handelsfehden in politische Fehden übergehen, wie jetzt, da der Zusammenhalt der westlichen Allianz nicht mehr im bisherigen Maße erforderlich ist, dann müssen sie mit den Waffen des Handels ausgefochten werden: mit mehr oder weniger kaschierten Einfuhrbeschränkungen oder Exportsubventionen, mit der Finanzierung konkurrenzfähiger Technologieprojekte, der Förderung bestimmter Bereiche des Bildungswesens, Infrastrukturmaßnahmen usw.

Nicht alle Staaten sind in gleichem Maße dazu fähig, eine geo-ökonomische Politik zu betreiben. Manche wollen es auch gar nicht. Aus Gründen, die in der Politik und Ideologie, in der Geschichte und in den Institutionen eines Landes liegen, sind bestimmte Staaten für diese neue Form der internationalen Rivalität aufgeschlossener als andere. Von einigen wiederum wird sie grundsätzlich abgelehnt, wie ja auch im Zeitalter der Kriege so unterschiedliche Staaten wie die Schweiz und Burma ihre Neutralität wahren wollten. In den meisten hochentwickelten Industrienationen ist in dieser Hinsicht noch nichts endgültig entschieden. Vielmehr ist über das wünschenswerte Ausmaß geoökonomischer Anstrengungen eine erbitterte politische Diskussion entbrannt.

In den Vereinigten Staaten streiten sich Demokraten und Republikaner über «Industriepolitik». Unter diesem Stichwort geht es um die Frage, wie das Wachstum zukunftsträchtiger Industrien gefördert werden soll. In Frankreich widmet sich die herrschende Elite, die lange Zeit hochgesteckte militärische und diplomatische Ziele verfolgte, nun mit dem gleichen Ehrgeiz geo-ökonomischen Zielen – der Airbus ist dafür nur ein Beispiel. In den meisten anderen europäischen Staaten bewegt sich die Debatte zwischen dem amerikanischen und französischen Standpunkt, während nun selbst in Japan eine Kontroverse darüber entbrannt ist, ob es klug sein kann, sich einer uneingeschränkten geo-ökonomischen Politik zu verschreiben.

Kapitel 2
Das japanische Problem

Das besondere Merkmal der amerikanischen Gesellschaft ist, daß sie auf Ideen basiert und nicht auf einer nationalen Kultur oder einem ethnischen Zusammengehörigkeitsgefühl wie die meisten anderen Gesellschaften. Eine auf Ideen basierende Gesellschaft hat nur zwei Seinsweisen: entweder sie führt einen internen Streit um Ideen (bis hin zum Bürgerkrieg, und der amerikanische Bürgerkrieg war der bis dahin blutigste Krieg in der Geschichte), oder sie zeigt eine erstaunliche Einigkeit angesichts der Bedrohung durch einen äußeren Feind. Die Sowjetunion erfüllte diese Funktion über vierzig Jahre lang bestens, bis sie im August 1991 schließlich das Handtuch warf. Saddam Hussein bewarb sich mit seinem Irak freiwillig um die vakante Stelle, erwies sich aber als zu schwach, um sie auf Dauer zu besetzen. So standen die Vereinigten Staaten ohne Feind da und drohten durch Debatten über Abtreibung, sexuelle Belästigung, Diskriminierung von Minderheiten und anderes mehr gespalten zu werden.

Grundsätzlich jedoch streben die Amerikaner nach Einigkeit, ganz gleich, wie gern sie untereinander streiten. Daher entspricht es einem Grundinstinkt der amerikanischen Gesellschaft, daß sie nach einem äußeren Feind sucht, der ihren inneren Zusammenhalt gewährleisten kann – und Japan ist momentan der einzige potentielle Kandidat. Gewiß, Japan vertritt keine konkurrierende Ideologie, sieht man einmal von seinem «Entwicklungskapitalismus» ab, der freilich die amerikanischen Werte nicht unmittelbar bedroht, und ideologische Gegner eignen sich weitaus besser für Amerikas zutiefst ideologische Gesellschaft. Doch Not macht erfinderisch, und jeder aufmerksame Leser der amerikanischen Presse konnte verfolgen, wie Japan Schlagzeile für Schlagzeile in die Rolle des neuen Hauptfeinds gedrängt wurde («Japan erobert 30 Prozent des US-Automarkts» – Japan wohlgemerkt, nicht Toyota, Nissan usw.).

Die üblichen Präliminarien sind also bereits im Gange. Die Verschärfung des Kalten Krieges nach dem Zweiten Weltkrieg ging mit einer Intensivierung der Hexenjagd auf amerikanische Kommunisten (von denen einige tatsächlich Sowjetagenten waren) einher, die in den Jahren des McCarthyismus gipfelte. Und heute sind es jene Amerikaner, die für Japan die Stimme erheben und werben, die als Einflußagenten entlarvt werden. Der Zweck ist derselbe: Durch Aussonderung der illoyalen Bürger im Innern bereitet sich das Land auf den äußeren Konflikt vor.

Natürlich sind die Animositäten auf beiden Seiten gleich stark. Denn während die Japaner sich permanent über die Wirtschaftsinteressen Amerikas hinwegsetzten und alle Klagen mit taktischen Schachzügen statt mit einer vernünftigen, auf langfristige Kooperation ausgerichteten Strategie beantworteten, ignorierte die US-Regierung die politischen Interessen der Japaner und ihren absolut verständlichen Wunsch, als eine der bedeutendsten Nationen der Welt behandelt und anerkannt zu werden, etwa durch einen ständigen Sitz im UN-Sicherheitsrat neben den einstigen Weltmächten Großbritannien und Frankreich. Sie behandelte Japan wie einen zahlungskräftigen Schützling und nicht wie einen starken globalen Partner, der Respekt verdient. Kein Wunder, daß die Japaner zuweilen Geringschätzung für Amerika und die Amerikaner zeigten. Solange das doppelte Defizit, in der Handelsbilanz und in der «Respektbilanz», weiterbesteht, müssen die Zukunftsaussichten düster beurteilt werden.

Die Reibungstheorie

Seit vielen Jahren sind die amerikanisch-japanischen Beziehungen «durchschnittlich», d. h. sie sind schlechter als im Jahr zuvor, aber besser als im Jahr danach. Die ersten Spannungen, die in den sechziger Jahren auftraten – aus japanischer Sicht in einer überwundenen Wirtschaftsepoche, in der das Land einen Großteil seines Exportes noch mit Billigtextilien bestritt –, markierten den Beginn einer langen Phase der «Reibungen» in den Handelsbeziehungen zwischen den Vereinigten Staaten und Japan.

Reibung, als Begriff aus der Technik, bezeichnet ein leichtes Schleifen oder Scheuern (in dem japanischen Wort *masatsu* ist es zu hören), das bisweilen auch in einer Maschine auftritt, die sonst gut konstruiert ist und deren Teile grundsätzlich zusammenpassen. Normalerweise genügt es, die Maschine regelmäßig zu schmieren, damit sie reibungslos läuft. Diesen Satz führten Japan-Apologeten und Amerikaner, die ihre Ansichten teilten, gerne im Mund, wenn sie über das Verhältnis zwischen den Vereinigten Staaten und Japan sprachen. Das Bild sollte zum Ausdruck bringen, daß die Wirtschaftsbeziehungen, abgesehen von kleineren Irritationen und vermeidbaren Mißverständnissen, insgesamt gut waren.

Mit dieser Erklärung gaben sich viele Leute lange Zeit zufrieden. US-Politiker, angefangen bei den verschiedenen Präsidenten, übernahmen die Reibungstheorie nur zu gern, denn sie fügte sich ihren geopolitischen Prioritäten im Kalten Krieg: Japan war in erster Linie ein Verbündeter und erst in zweiter Linie ein Handelskonkurrent. Schon früh und mindestens bis Ende der fünfziger Jahre war es das vorrangige Ziel der US-Politik, den Wohlstand der Japaner zu mehren, aus Angst, sie könnten sich sonst dem Kommunismus zuwenden. Mit der Zeit aber wurde klar, daß die kommunistische Partei Japans keine ernste Bedrohung darstellte. Das Land war ein wertvoller Verbündeter, dessen Luftwaffenbasen, Häfen und industrielle Leistungsfähigkeit bereits im Koreakrieg eine bedeutende Rolle gespielt hatten. Und da die US-Wirtschaft weiter florierte, nahm man den Verlust kleinerer Marktanteile an japanische Exporteure gern in Kauf, denn er war ein kleines Opfer gemessen an dem wirtschaftlichen Aufstieg eines Verbündeten, der in der Auseinandersetzung mit der Sowjetunion immer wichtiger wurde.

Gleichwohl erregten bestimmte «Reibungen» mehr Unmut als

andere. Ein bekannter Fall reicht in die Amtszeit Richard Nixons zurück. Am 19. und 20. November 1969 hatte der Präsident im Weißen Haus mit Japans Ministerpräsident Eisaku Sato[1] Gespräche geführt. Hinterher war er der Meinung, daß Sato versprochen habe, die Ausfuhr von Billigtextilien in die Vereinigten Staaten «freiwillig» einzuschränken. Er selbst hatte im Gegenzug zugesagt, Okinawa und die übrigen Ryukyu-Inseln 1972 an Japan zurückzugeben. Für Sato war das ein großer persönlicher Erfolg. Zwar war die Rückgabe der seit 1945 von den Amerikanern besetzten Ryukyu-Inseln schon in früheren bilateralen Abkommen vereinbart worden. Doch Nixon machte ein weiteres großes Zugeständnis: Auf den verbleibenden US-Basen auf Okinawa sollten keine Atomwaffen stationiert werden.

Daß die Japaner den Export synthetischer Textilien in die USA einschränkten, war für Nixon auch deshalb so wichtig, weil sie ihm dadurch ermöglichten, ein Wahlkampfversprechen zu halten. Nicht daß ihm die Einlösung solcher Versprechen schlaflose Nächte bereitet hätte, aber mit diesem einen Versprechen hatte es eine besondere Bewandtnis: Er hatte es Senator Strom Thurmond gegeben. Thurmond war damals einer der wenigen Republikaner aus den Südstaaten und eine Schlüsselfigur in Nixons Strategie, die Hochburgen der Demokraten im Süden zu erobern und ihnen dadurch ein für allemal den Zugang zum Weißen Haus zu verbauen (ironischerweise, aber durchaus passend, war Nixons Nachfolger, Präsident Carter, nicht nur Demokrat, sondern auch Südstaatler).

Nixon reagierte daher zunehmend verstimmt, als er erfuhr, daß die Japaner in den Monaten darauf in unvermindertem Umfang synthetische Textilien exportierten. Eine mögliche Erklärung war, daß Sato sich die Zweideutigkeit der japanischen Sprache zunutze gemacht hatte. Vielleicht hatte er durch seine Wortwahl bewußt den Eindruck erweckt, er gebe ein Versprechen, während er in Wahrheit nur zusicherte, einen Versuch zu unternehmen und damit indirekt zu verstehen gab, daß seinen Bemühungen unter Umständen kein Erfolg beschieden sein würde (*Nan to ka yarimasho*, «Ich werde zusehen, was sich machen läßt», oder *Zensho shima-*

su, «Ich werde mich darum kümmern», nach Spekulationen japanischer Journalisten).[2] Denkbar war aber auch, daß Sato tatsächlich ein verbindliches Versprechen gegeben hatte, um von Nixon das Gewünschte zu erhalten, jedoch niemals die Absicht hatte, es auch einzulösen. Und in der Tat erscheint es unwahrscheinlich, daß ausgerechnet er, der ehemalige Chef des Ministeriums für Internationalen Handel und Industrie (MITI), bereit gewesen sein soll, den stetig steigenden Exporten Japans einen Riegel vorzuschieben. Die letzte Möglichkeit schließlich war, daß Sato sein Versprechen ehrlich gemeint hatte, sich zu Hause aber nicht durchsetzen konnte, da die MITI-Beamten nicht zuließen, daß ein Politiker, selbst wenn er früher MITI-Chef und obendrein der amtierende Ministerpräsident war, ihre Expansionspläne für die japanische Textilindustrie durchkreuzte.

Diese dritte Erklärungsmöglichkeit dürfte Richard Nixon am wenigsten eingeleuchtet haben, wenn man bedenkt, wie er Beamte aller Chargen herumkommandierte. Und doch ist sie die wahrscheinlichste. Im September 1969, zwei Monate vor Satos Besuch, hatte das MITI eine eigene Delegation in die Vereinigten Staaten entsandt, um die Lage vor Ort zu erkunden. Das Team war sehr kompetent, wenn vielleicht auch nicht in jeder Hinsicht besonders objektiv. Neben einigen untergeordneten Beamten gehörten ihm der Leiter des Textilbüros und die Chefs der Abteilungen Textilexport und Fasern und Spinnereien an.[3] Mit anderen Worten, die Inspektionsgruppe hatte mehr als nur ein flüchtiges Interesse am Export japanischer Textilien.

Mit seltenem detektivischem Spürsinn, der selbst einen Sherlock Holmes vor Neid hätte erblassen lassen, machten sie sich in knapp vier Tagen (15. bis 19. September) ein genaues Bild von der komplizierten Lage der amerikanischen Spinnereien und Webereien. Sie gelangten zu dem Ergebnis, daß die amerikanische Textilindustrie, entgegen dem oberflächlichen, durch Entlassungen und Betriebsschließungen hervorgerufenen Eindruck, floriere und durch Importe keinen wie auch immer gearteten Schaden erleide. Merkwürdig nur, daß die amerikanische Seite bei den Verhandlungen, die sich an das Treffen zwischen Nixon und Sato anschlossen, an ihren Forderungen festhielt und gar nicht daran dachte, den vermeintlichen Boom in der Textilindustrie gebührend zu feiern. Die Japaner wiederum folgten dem Kurs des unnachgiebigen MITI-Textilbüros und erboten sich aus purer Höflichkeit, die Exporte zu drosseln, allerdings nur für ein Jahr.

Die Folgen ließen nicht lange auf sich warten: Am 24. Juni 1970 wurde offiziell der Abbruch der Verhandlungen bekanntgegeben.[4] Eine weitere Folge war, daß Nixon sich in den Monaten und Jahren danach vehement dagegen sträubte, Japan wie einen Verbündeten zu behandeln. Sato hatte ihn vor seinen Wählern im Süden in eine peinliche Lage gebracht, und dafür sollte er büßen. Am 15. Juni 1971 schlug Nixon zurück: Außenminister William P. Rogers unterrichtete den japanischen Botschafter in Washington, Ushiba Nobuhiko, erst knapp eine halbe Stunde im voraus von der sensationellen Ankündigung, daß der Präsident auf Einladung Mao Tsetungs bald nach China reisen werde. Da Japan mit Rücksicht auf die Wünsche der Amerikaner bis dato keine diplomatischen Beziehungen zu Peking aufgenommen hatte, wäre es eigentlich schicklich gewesen, den japanischen Premier frühzeitig zu informieren. Doch Nixon genoß es, daß Sato wie ein Narr dastand.

Mit den Jahren häuften sich die Klagen amerikanischer Unternehmen und Verbände. Der Grund: Obwohl die Japaner ihnen auf dem Heimatmarkt immer erfolgreicher Konkurrenz machten, während sie selbst in Japan nichts verkaufen konnten, hielt die US-Regierung weitgehend an ihrer bisherigen Politik des Freihandels fest. In den frühen achtziger Jahren verdrängten japanische Exporte die Produkte ganzer amerikanischer Industriezweige, von Automobilen bis Gapelstaplern und praktisch die gesamte Konsumelektronik. Japan hingegen importierte aus den Vereinigten Staaten in der Hauptsache Rohstoffe und Agrarprodukte wie Holz in Form von Baumstämmen, Sojabohnen, Tabak, Baumwolle, Rinderleder, Futtergetreide usw. – und obendrein nicht einmal genug, um einen Anstieg des Handelsbilanzdefizits zu verhindern: von 10,4 Milliarden Dollar im Jahr 1980 stieg es 1981 auf 15,8 Milliarden, 1982 auf 16,9 Milliarden und 1983 auf 21 Milliarden Dollar.[5]

Auf der anderen Seite trat der Kalte Krieg in jenen Jahren in eine seiner bedrohlichsten Phasen. Erneut flammte die Angst vor einem Atomkrieg auf: Erstmals seit 1969 brachen die Supermächte alle Rüstungskontrollgespräche ab, weltweit tobte ein Propagandakrieg, die Rote Armee kämpfte in Afghanistan, Moskau finanzierte den Terrorismus in Nahost und Europa und belieferte Nicaragua und sogar das kleine Grenada mit Waffen.

Als der geopolitische Konflikt auf seinen letzten Höhepunkt zusteuerte, interessierte sich die Regierung Reagan weit mehr für Japans Rolle als Verbündeter an der Seite Amerikas denn für seine Rolle als gefährlicher Konkurrent der US-Industrie. Und davon einmal abgesehen, verbot die Lehrbuchdoktrin vom freien Welthandel – ein Glaubensartikel für die meisten Reagan-Anhänger – ohnehin jede protektionistische Alternative. Importschranken hätten den japanischen Verbündeten wirtschaftlich geschwächt und die Öffentlichkeit in Japan erzürnt. Außerdem, so glaubte die Regierung, hätten solche Maßnahmen dem Schlendrian der amerikanischen Manager Vorschub geleistet, die Gier der Gewerkschaften angestachelt und somit der US-Wirtschaft nur geschadet. Daß nicht nur Japan, sondern auch Korea und Taiwan mit wirksamen protektionistischen Maßnahmen große Erfolge erzielten, beeindruckte die US-Beamten nicht – sie verstanden von Diplomatie weitaus mehr als vom Welthandel. Gern verwiesen sie auf folgenden Fall aus der Vergangenheit: Als die Japaner die Zahl ihrer Autoexporte in die Vereinigten Staaten (angeblich freiwillig) begrenzt hatten und deshalb gezwungen gewesen waren, ihre Preise zu erhöhen, machten General Motors, Ford und Chrysler nicht etwa den Versuch, ihren Absatz durch niedrigere Preise zu steigern, sondern hoben sie ihrerseits an.[6]

Der Gedanke, daß der Staat einer Industrie, die gewissermaßen durch Tarifmaßnahmen geschützt wird, gleichzeitig auch sagen könnte, was sie im Interesse der Allgemeinheit zu tun habe (die japanische Methode), wurde natürlich nie in Erwägung gezogen – so etwas hätte die heiligen Grundsätze des freien Unternehmertums verletzt. Aber der Hauptgrund war ein anderer: Die Stärkung des amerikanisch-japanischen Bündnisses war angesichts des

Konflikts mit der Sowjetunion, der jederzeit eskalieren konnte, in den Augen der US-Regierung insgesamt wichtiger als schiere kommerzielle Erwägungen. Kein Kongreßmitglied konnte es sich leisten, eine so vornehme Geringschätzung an den Tag zu legen, wenn es mit den bitteren Klagen von Wählern konfrontiert wurde, die unter den japanischen Importen litten oder nicht nach Japan exportieren konnten (oder beides), aber die meisten teilten die geopolitischen Prioritäten der politischen Führung und deren unerschütterlichen Glauben an die Ideologie des Freihandels.

Doch daneben gab es auch klare Fehleinschätzungen. In Amerika sind Gesetze und Bestimmungen wörtlich gemeint, und was der Staat nicht ausdrücklich verbietet, ist erlaubt. So wird jede Importbeschränkung in sehr detaillierten Verordnungen veröffentlicht, und was keiner Beschränkung unterliegt, darf frei auf dem US-Markt vertrieben werden. In Japan hingegen gibt es ein Netz von ungeschriebenen Gesetzen und heimlichen Absprachen, die festlegen, was erlaubt ist – und was nicht erlaubt ist, ist verboten, darunter auch Importe, die nicht ausdrücklich erwünscht sind. Wenn also amerikanische Geschäftsleute darüber klagten, daß sie in Japan nichts verkaufen konnten, konsultierten Parlamentarier und Regierungsbeamte das japanische Zollbuch. Da sie dort aber nur niedrige oder gar keine Zölle entdeckten, sahen sie die Listen der kontingentierten oder mit einem Einfuhrverbot belegten Waren durch. Doch auch dort wurden sie nicht fündig. Daraufhin warfen sie den exportwilligen US-Unternehmen vor, sie bemühten sich nicht genügend, paßten ihre Produkte nicht dem japanischen Geschmack an, hätten es versäumt, die Landessprache zu lernen, und ähnliches mehr. Diese Vorhaltungen deckten sich natürlich mit den Ausflüchten der Japaner, vermochten jedoch nicht zu erklären, warum auch die Koreaner in Japan wenig absetzten, obwohl sie sich zweifellos große Mühe gaben, Japanisch sprachen und ihre billigen Konsumgüter sonst auf der ganzen Welt mit großem Erfolg verkauften – nur eben nicht in Japan.

In Unkenntnis der tatsächlichen Verhältnisse in Japan wiederholten US-Beamte und sogar private «Japan-Kenner» den stereotypen Rat der Japaner: In Anbetracht der großen Schwierigkeiten, auf dem japanischen Markt Fuß zu fassen, sollten amerikanische Exporteure Joint-ventures mit den neun großen japanischen Generalhandelshäusern eingehen, den *Sogoshosha* (C. Itoh, Sumitomo, Marubeni, Mitsui, Mitsubishi, Nissho Iwai, Tomen, Nichimen und Kanematsu-Gosho), und ihnen das Marketing überlassen. Jene Amerikaner, die diesen Vorschlag unterstützten, übersahen möglicherweise auch, daß jedes dieser Unternehmen in nahezu allen Industriezweigen bereits einen japanischen Partner hatte und viele Joint-ventures darin endeten, daß amerikanisches Sachwissen an den verborgenen Inlandpartner weitergereicht wurde.

Ein US-Unternehmen, das nur an einen japanischen Marketing-Partner verkauft, faßt im japanischen Markt nie wirklich Fuß. Es kann nicht mit neuen Trends Schritt halten und folglich auch keine neuen Absatzmöglichkeiten erschließen – und überläßt sie damit manchmal dem unsichtbaren Konkurrenten im Joint-venture-Bett. Um es allgemeiner auszudrücken: Joint-ventures waren eine gängige Methode, ausländische Unternehmen von Japan fernzuhalten, während man ihre Technologie oder sogar ihre Produkte und Dienstleistungen hereinließ. Die Präsenz amerikanischer Firmen, die keine High-Tech-Produkte vertreiben, ist in Japan nicht zu übersehen, und der Unkundige könnte daraus den irrigen Schluß ziehen, die US-Wirtschaft sei in den Markt eingedrungen. Tatsächlich aber sind die Verkaufsstellen von 7-Elevens, Kentucky Fried Chicken, McDonald's und anderen bis hinauf zu den Zentralen in Tokio zu hundert Prozent in japanischer Hand und führen nur die üblichen bescheidenen Lizenzgebühren an die US-Firmen gleichen Namens ab.

Viele, die den amerikanischen Exporteuren zu größeren Anstrengungen rieten, wußten zu diesem frühen Zeitpunkt tatsächlich noch nicht, daß die japanischen Hersteller von Baseballschlägern, Skiern, Kinderbekleidung und veredelten Nahrungsmitteln wirkungsvoll durch «Sicherheitsstandards» geschützt wurden, die nur das eine Ziel hatten, Importe zu verhindern. Noch war ihnen bekannt, daß der japanische Zoll Automobile, medizinische Apparate und Telekommunikationsgeräte einfach nur dadurch vom

Markt fernhielt, daß er jeden Artikel einzeln kontrollierte, anstatt, wie überall auf der Welt üblich, Bescheinigungen für den Warentyp auszustellen; daß die Einfuhr von Kommunikationssatelliten, Zigaretten und Supercomputern ganz oder teilweise durch inoffizielle Praktiken bei der Vergabe öffentlicher Aufträge verhindert wurde (in Japan gibt es ein staatliches Tabakmonopol), obwohl die Regierung bei der «Tokio-Runde» 1979 in diesem Punkt ausdrücklich Besserung gelobt hatte; daß der Import von Sodawasser, chemischen Düngern, Sperrholz, integrierten Schaltkreisen, Siliziumscheiben und Autokomponenten durch heimliche Absprachen zwischen den Mitgliedern der japanischen Großunternehmensgruppen, der sogenannten *Keiretsu*, wirksam eingedämmt wurden; daß die Regierung potentielle Textil- und Kraftstoffimporteure mit inoffiziellen «Ratschlägen» von Importen abhielt; und daß schließlich die Einfuhr von Dialyseapparaten, Schiffscontainern und anderen Gütern durch willkürliche Bestimmungen der Krankenversicherungen und ebenso willkürliche Normen in puncto Größe und Gewicht verhindert wurde.[7]

Es ist bezeichnend, daß selbst der Verfasser der Liste noch 1990 den Schluß zog: «Jetzt ist nicht die Zeit, Prinzipien des Freihandels aufzugeben [im Handel mit Japan].»[8] So groß kann die Macht der Ideologie über einen sonst nüchternen Verstand sein. Anders die Japaner: Statt die heiligen Prinzipien des Freihandels zu verteidigen, schützten sie lieber ihre real existierenden Industrien, die Arbeitsplätze ihrer Erwerbstätigen und die Stabilität von Gruppen, denen von Importen besondere Gefahr drohte, darunter Satsuma-Orangenpflanzer, Kobe-Rinderzüchter, Reisbauern in ganz Japan und viele Gemeinden, die auf eine Branche oder ein Handwerk spezialisiert waren.

Japan schützt mit seiner Handelspolitik sogar die Interessen der verachteten Eta, die heute höflich *Burakumin*, «Dorfleute», genannt werden. Dieser Minderheit gehören rund drei Millionen Menschen an, die sich von anderen Japanern äußerlich nicht unterscheiden und dennoch Verfemte sind, weil ihre Vorfahren Metzger, Lederhandwerker und Totengräber und damit im buddhistischen Sinne unrein waren. Andere Japaner heiraten sie nicht

(Hunderte von Privatdetektiven sind darauf spezialisiert, den unsichtbaren Makel ans Licht zu bringen), und kein etabliertes Unternehmen stellt sie ein. Dennoch hat der japanische Staat die Einfuhr von Lederartikeln streng kontingentiert, um ihr traditionelles Handwerk zu schützen. Der US-Regierung würde es niemals in den Sinn kommen, bei Handelsgesprächen die Interessen schwarzer oder indianischer Handwerker zu schützen, doch für die Japaner ist so etwas ganz selbstverständlich. Sie vergessen nie, daß die Wirtschaft dazu da ist, der Gesellschaft zu dienen, und nicht umgekehrt.

Japans Regierung und Großunternehmen kam die «Reibungstheorie» offensichtlich entgegen. Solange diese Theorie galt, konnte man das permanente Ungleichgewicht in der Handelsbilanz ebenso aufrechterhalten wie die zahlreichen Importbeschränkungen für US-Waren und die Behinderungen amerikanischer Firmen im Finanz-, Dienstleistungs- und Beratungssektor. Man brauchte die Maschine nur großzügig zu ölen, damit sie wieder reibungslos funktionierte, indem man etwa die Automobilexporte quantitativ (nicht aber qualitativ) etwas beschränkte, großzügig gelobte, die US-Importe bald zu steigern, mehr Geld für Lobbyisten ausgab und mit Hilfe zahlreicher amerikanischer «Japan-Experten» und Forschungsinstitute Werbung in eigener Sache betrieb und auf Japans Dilemma hinwies (hohe Bevölkerungsdichte, Mangel an landwirtschaftlich nutzbaren Flächen, fehlende Rohstoffe).

Viele bekannte Washingtoner Anwälte, ehemalige Politiker jeder Couleur, Ex-Beamte und öffentliche Funktionsträger waren ebenfalls glühende Anhänger der Reibungstheorie – denn sie waren begierig darauf, Japans Regierung und Großunternehmen das erforderliche Öl zu verkaufen. Gewöhnlich warnten sie die Japaner vor bevorstehenden Reibungen und boten dann gegen ein Honorar ihre Dienste an, und oft mit Erfolg. Soviel steht fest: Würde ein ehemaliger japanischer Regierungsbeamter dem Beispiel seiner amerikanischen Kollegen folgen und in Tokio als Lobbyist für die Amerikaner auftreten, so würde keine Persönlichkeit von Rang mehr ein Wort mit ihm wechseln.

Die Strukturtheorie

Alle guten Dinge gehen einmal zu Ende. Mitte der achtziger Jahre exportierte Japan weit mehr hochwertige Produkte, und die Amerikaner hatten endlich begriffen, daß die Handelsbilanz nicht nur ein statistischer Wert war, der ausschließlich Fachleute interessierte, sondern tiefe Auswirkungen auf den industriellen Fortschritt und die Arbeitsplätze und Einkommen in beiden Ländern hatte – einige bekamen es am eigenen Leib zu spüren. Außerdem hatten sie gelernt, daß die amerikanisch-japanische Handelsbilanz nicht wie im Handel mit Europa gemäß den Schwankungen der Wechselkurse und des Warenverkehrs mal zugunsten der einen, mal der anderen Seite ausfiel, sondern, bedingt durch Politik, die Gewohnheiten und Geschäftspraktiken der Japaner, permanent negativ blieb. Die US-Regierung hatte sich lange mit den Zusicherungen des Partners zufriedengegeben, künftig mehr zu importieren, doch nun gelangte sie zu der Überzeugung, daß eine Öffnung des japanischen Marktes nur durch tiefgreifende strukturelle Änderungen herbeigeführt werden könne. Diese Einsicht leitete eine neue Phase in den amerikanisch-japanischen Beziehungen ein.

Nach 1985 wurde offenkundig, daß der freie Handel mit Japan nicht funktionierte und daß die «Reibungstheorie» keine hinreichende Erklärung dafür lieferte. Volkswirtschaftler im allgemeinen und Japan-Lobbyisten im besonderen hatten lange behauptet, daß das Handelsbilanzdefizit zwischen beiden Ländern ausschließlich auf «makroökonomische» Faktoren zurückzuführen sei, d. h. auf das amerikanische Staatsdefizit sowie den überbewerteten Dollar, und nicht auf offene oder versteckte Importbarrieren der Japaner. Und ihre Argumente klangen recht überzeugend: Der Staat pumpte durch die immense Schuldenaufnahme nach 1981 mehr Geld in die amerikanische Wirtschaft als er an Steuern einnahm, und schuf somit eine zusätzliche Nachfrage, die nicht durch zusätzliche private Spareinlagen gedeckt war. Da das Ausland bereit war, Waren gegen Dollars in die Vereinigten Staaten zu liefern, stieg in der Folgezeit das Handelsbilanzdefizit und nicht etwa die Inflationsrate wie beispielsweise in Brasilien,

Argentinien und anderen Ländern, deren Währungen nicht als Zahlungsmittel akzeptiert werden.[9] Zudem wurden diese Leute nicht müde, darauf hinzuweisen, daß der Dollarkurs in jedem Fall viel zu hoch sei (seit 1981 war er gegenüber wichtigen Währungen um 40 Prozent gestiegen) und somit nicht nur US-Exporte nach Japan, sondern in alle anderen Länder behindere. Gestützt auf diese scheinbar überlegene Logik, verwarfen die Leuchten der Wissenschaft die Forderungen der ignoranten Protektionisten und lehnten es ab, die dubiosen japanischen Handelspraktiken genauer unter die Lupe zu nehmen – ihre schlüssigen Theorien bewiesen, daß dies überflüssig war. Die amerikanischen Exporte waren zu teuer, weil der Dollar überbewertet war, das war alles.

Als der Dollar 1985 stark an Wert verlor und ausländische Waren für Käufer, die mit Dollars bezahlten, erheblich teurer wurden, während umgekehrt US-Waren für ausländische Abnehmer viel billiger wurden, hätten die amerikanischen Exporte nach Japan – bei gleichzeitigem Rückgang der japanischen Importe – demnach drastisch zunehmen und die Lücke in der Handelsbilanz schließen müssen. Und tatsächlich bewirkte der Kursverlust im Handel mit der Europäischen Gemeinschaft das erhoffte Wunder: 1990 hatte sich das gewaltige Defizit in einen stattlichen Überschuß verwandelt. Doch obwohl der Dollarkurs von durchschnittlich 238 Yen im Jahr 1985 auf 168,52 im Jahr 1986 und schließlich auf 144 Yen im Jahr 1987 fiel, wuchs der japanische Überschuß im Warenhandel mit den Vereinigten Staaten zwischen 1985 und 1987 von 43,5 Milliarden auf den Spitzenwert von 56,9 Milliarden Dollar. 1988 lag er bei 52,6 Milliarden, 1989 bei 49,7 Milliarden und 1990, trotz einsetzender Rezession, bei 41,7 Milliarden, um 1991 dann wieder zu steigen und 1992 noch kräftiger zuzulegen.[10]

Damit war klar, daß die Ökonomen und Japan-Lobbyisten sich in zweifacher Hinsicht geirrt hatten. Erstens: Obwohl die Staatsverschuldung höher war denn je, schrumpfte das US-Defizit im Handel mit der Europäischen Gemeinschaft nach der Dollarabwertung 1985 rasch: 1986 lag es bei 22,3 Milliarden, 1987 bei 21,9 Milliarden, 1988 bei 11,6 Milliarden, 1989 bei 0,99 Milliarden und verwandelte sich 1990 in einen Überschuß von 4,9 Milliarden; seitdem wurden weitere Überschüsse erzielt. Damit hat sich die strenge Logik der «makroökonomischen» Argumentation in bezug auf den amerikanischen Handel mit Europa als irrelevant erwiesen. Zweitens: Der Kursverfall des Dollars führte in der Tat dazu, daß die US-Exporte nach Japan stiegen – aber nur wenig mehr als die japanischen Exporte in die Vereinigten Staaten: Zwischen 1985 und 1990 wuchs der Wert der US-Exporte nach Japan um 25,8 Milliarden Dollar. Das war «logisch». «Unlogisch» war hingegen, daß die japanischen Exporte in die Vereinigten Staaten im gleichen Zeitraum um 24 Milliarden Dollar stiegen, speziell seit 1986 um 8,9 Milliarden. Das bedeutet nun aber nicht, daß das Staatsdefizit und die geringen Spareinlagen unwichtig wären, ganz und gar nicht. Ebensowenig bedeutet es, daß die Wechselkurse keinen entscheidenden Einfluß auf Exporte und Importe hätten. Aber die große Entdeckung der Jahre 1985 bis 1990 war, daß es neben der wirtschaftlichen Logik auch eine Kultur gibt und daß im Falle Japans die Kultur über die Logik siegen kann.

Diese Jahre markieren den Beginn der zweiten Phase in den gespannten Wirtschaftsbeziehungen zwischen den Vereinigten Staaten und Japan. Eine völlig andere Theorie, die «Strukturtheorie», setzte sich durch. Sie besagte, daß die Maschine doch nicht so gut konstruiert sei und daß ihre Teile – speziell gewisse japanische Teile – nicht zusammenpaßten, sondern den freien Handel blockierten. Folglich war es nicht mehr damit getan, die Maschine zu ölen, vielmehr mußten die störenden Teile entfernt werden.

Die offiziellen Stellen übernahmen die Theorie bereits 1984 und 1985, also noch vor der großen Dollarentwertung. Das Resultat waren marktorientierte, sektorenspezifische Gespräche über forstwirtschaftliche Produkte, medizinische Apparate und Pharmazeutika, elektronische Produkte und Software, Telekommunikationsausrüstungen und -dienstleistungen.[11] Da aber nur sehr langsam Fortschritte erzielt wurden und der tatsächliche Nutzen der Gespräche ungewiß war, schlug die US-Regierung als nächstes allgemeinere Verhandlungen über den Abbau «struktureller Handelshemmnisse» vor, kurz SII («Structural Impediments Initiative») genannt. Ziel dabei war, verschiedene Praktiken der Japaner als Behinderungen des Freihandels zu klassifizieren und deren Abschaffung zu fordern. Langwierige Gespräche folgten.

Einige der aufgelisteten Hemmnisse sind offiziell und offenkundig, so etwa das totale Einfuhrverbot für Reis. Wie streng es gehandhabt wird, zeigte sich 1991 bei einer internationalen Lebensmittelmesse in Tokio, als Beamte des japanischen Landwirtschaftsministeriums einige Tüten US-Reis entfernen ließen und mit der Verhaftung der amerikanischen Aussteller drohten (vier Polizisten wachten darüber, daß kein anstößiger US-Reis unter den Exponaten blieb).[12] Andere Hemmnisse beruhen auf bürokratischen Entscheidungen über Lizenz- und Genehmigungsanträge amerikanischer Banken, Versicherungen, Brokerfirmen und Anwälte, in die Außenstehende keinen Einblick haben. Andere wiederum wurzeln in der herkömmlichen Struktur der japanischen Wirtschaft. Am wichtigsten sind die Beziehungen innerhalb der Keiretsu: Sie sind der Grund, warum die meisten japanischen Firmen bei anderen Mitgliedern der gleichen Großunternehmensgruppe kaufen statt bei Importeuren oder anderen inländischen Lieferanten. Doch daneben gibt es noch viele andere traditionelle Praktiken, die Ausländern den Zugang entscheidend erschweren. Die Palette reicht von ungeschriebenen Gesetzen, die den Verkauf bestimmter Waren an der Haustür verbieten (Zeitschriften dürfen verkauft werden, Bücher nicht), bis zu der geheimen Vergabe öffentlicher Aufträge an bevorzugte Bauunternehmer, die ihrerseits Politiker in Schlüsselpositionen mit riesigen Summen schmieren. Einige Handelshemmnisse schließlich beruhen sowohl auf Gesetzen wie auch auf Konsumgewohnheiten. Ein Beispiel: In Japan gibt es eine riesige Zahl kleiner Läden (1,5 Millionen nach der letzten Zählung) und eine ganze Hierarchie von Groß- und Zwischenhändlern. Sie alle können nur existieren, weil es ein spezielles Einzelhandelsgesetz gibt, das vorschreibt, daß Kaufhäuser und Supermärkte hauptsächlich nur in Innenstädten errichtet werden dürfen, und weil der japanische Verbraucher es vorzieht, täglich frische Lebensmittel zu kaufen.

Mehr oder weniger aus rhetorischen Gründen und um sich über

den amerikanischen Vorstoß etwas lustig zu machen, legte die japanische Regierung schließlich eine eigene Liste mit Handelshemmnissen vor. Unter anderem monierte sie darin das riesige und anhaltende Staatsdefizit der Vereinigten Staaten, die Unfähigkeit der amerikanischen Geschäftsleute, langfristig zu planen, den niedrigen Ausbildungsstand der Arbeiterschaft und ähnliches mehr. Washington gelobte feierlich, jeden einzelnen Punkt zu prüfen.

Da die Doktrin selbst nicht hinterfragt wurde, konnte der Fehler logischerweise nur bei den Japanern liegen. Um es einfach auszudrücken: Das Ziel der SII-Gespräche bestand darin, Japans Wirtschaft umzugestalten und mit der Doktrin in Einklang zu bringen. Aber natürlich war nach wie vor der geopolitische Kontext entscheidend: Solange der Kalte Krieg unvermindert anhielt, war Solidarität mit dem Verbündeten Pflicht. Wirtschaftliche Konflikte traten in den Hintergrund, wurden zu bloßen «Reibungen» heruntergespielt. Doch als Gorbatschow nach 1986 begann, die sowjetische Militärmacht zu demontieren, verloren die strategischen Bedenken, die bislang verhindert hatten, daß die Handelsquerelen in einen politischen Streit ausarteten, Schritt für Schritt an Bedeutung. Man mußte etwas tun, und die SII-Gespräche waren das Ergebnis.

Aber auch diese Initiative kam vielen Leuten gelegen. Wohlmeinenden Diplomaten beider Seiten liefert sie einen umfassenden Themenkatalog für jahrelange Verhandlungen. Die US-Unterhändler residieren bei ihren Tokiobesuchen im supermodernen Hotel Okura (wo der Zimmerservice auch zu mitternächtlicher Stunde in exakt dreieinhalb Minuten kalte Getränke und Speisen aufs Zimmer bringt), ihre japanischen Kollegen steigen im luxuriösen Washingtoner Hotel Four Seasons ab. Da die Amerikaner nicht länger gewillt sind, sich mit bloßen Hoffnungen und uneingelösten Versprechen, die teilweise bis ins Jahr 1966 zurückreichen, zufriedenzugeben, eröffnet SII die Aussicht, daß endlich befriedigende, konkrete Ergebnisse erzielt und die Probleme «entschlossen angepackt» werden, wie es bemerkenswert unentschlossene Beamte seit jeher fordern.

Für die japanischen Großunternehmen wiederum stellen die SII-Gespräche nur ein kleines Ärgernis, aber eine große Hilfe dar: Jetzt können sie sich auf «amerikanischen Druck» berufen, wenn sie auf die Beseitigung gesetzlicher und kultureller Handelshemmnisse drängen, die ihnen schon lange ein Dorn im Auge sind. Vor SII haben sie, obwohl an einem Ausbau ihrer Supermarkt- und anderer Einzelhandelsketten interessiert, niemals ernstlich eine Änderung des Einzelhandelsgesetzes gefordert, da sie die vielen Millionen kleinen Ladenbesitzer, Zwischen- und Großhändler nebst ihren Familien nicht gegen sich aufbringen wollten. Dank SII könnten sie nun den Amerikanern den Schwarzen Peter zuschieben, obwohl sie selbst am meisten von einer Gesetzesänderung profitieren würden.

Auch für die japanischen Reisbauern haben die Großunternehmen keine Verwendung und wären froh, wenn sie verschwänden, denn sie belasten Japans Beziehungen zu reisexportierenden Ländern, von denen zwei für die Japaner besonders wichtig sind: die Vereinigten Staaten und Thailand. Doch auch die Reisbauern sind eine politisch einflußreiche Gruppe. Die Unternehmen können es nicht riskieren, sie zu attackieren, und sind daher froh, daß die US-Regierung ihnen diese Arbeit abnimmt. Nicht umsonst ist Jiu-Jitsu eine nationale Kunst der Selbstverteidigung, bei der es darauf ankommt, den Gegner unter Ausnutzung seiner eigenen Stärke zu besiegen – nur daß sich in diesem Fall zwei Gegner gegenseitig ausschalten. Und in der Tat: Wenn man hört, wie Vertreter der Großunternehmen für eine Öffnung des Reismarktes eintreten, gewinnt man den Eindruck, daß sie bereits alles kalkuliert haben und daß es in ihren Augen viel einträglicher wäre, die Bauerndörfer niederzureißen und an ihrer Stelle Disneylands des «Alten Japan» zu errichten, mit holographischen Bildern von arbeitenden Reisbauern in ländlichen Trachten und exzellenten Tonbandaufnahmen ihrer Volkslieder.

Daß die Großunternehmen neuerdings einhellig dafür plädieren, die Reisbauern und die kleinen Ladenbesitzer zu opfern, ist nicht nur zynisch, sondern auch ziemlich unverantwortlich, da man auf amerikanischer Seite wieder einmal Erwartungen weckt, die dann nur enttäuscht werden. Ihre Fachleute wissen besser als jeder andere: Selbst wenn alle Reisfelder Japans asphaltiert und an ihrer Stelle Parkplätze für Supermärkte und Kaufhäuser gebaut werden, wird sich die Lücke im US-Handel mit Japan kaum schließen, denn die Amerikaner exportieren nur in bescheidenem Umfang Konsumgüter.

Es ist höchst bedeutsam, daß der abrupte Wechsel von der verharmlosenden «Reibungstheorie» zur «Strukturtheorie», der mit aufdringlichen Forderungen der amerikanischen Seite einherging, die beiden Regierungen oder wenigstens die üblichen Fachleute nicht veranlaßt hat, die amerikanisch-japanischen Beziehungen grundsätzlich neu zu bewerten. Dies zeugt von einer kulturellen Distanz, die im Zeitalter von Überschallflugzeugen und Telekommunikation verwunderlich ist. Implizierte die erste Theorie noch, daß bis auf ein paar unbedeutende Randprobleme alles in Ordnung sei, geht die zweite immerhin davon aus, daß tiefgreifende Veränderungen in der japanischen Gesellschaft erforderlich sind – Veränderungen, die in das Leben vieler Millionen Menschen eingreifen und die Fundamente der japanischen Kultur erschüttern würden.

Was die amerikanischen und japanischen Befürworter der SII-Gespräche schlicht als «Handelshemmnisse» definieren, sind in Wahrheit Inseln der Tradition und Ruhe in einer zutiefst verwirrten Gesellschaft, die gegenwärtig einem hektischen Wandel unterliegt. Gewiß, weniger als 4,5 Millionen Japaner leben vom Reisanbau, aber zusammen mit den Nebenerwerbsbauern, deren Zahl ebenfalls in die Millionen geht, sind sie die einzigen, die das typische, von Dörfern und Reisfeldern geprägte Landschaftsbild Japans erhalten und mit ihrer Handwerkskunst, ihren innig gefeierten Festen und ihren beliebten Volksliedern viele Seiten der kulturellen Tradition bewahren. Die Bedeutung dieser Dorfkultur für den Seelenhaushalt der Japaner – gerade auch der Stadtbewohner – ist weitaus größer als die Auswirkungen hoher Reispreise auf die stetig wachsenden Familienbudgets.

Daß kulturelle Werte den Vorrang vor wirtschaftlicher Rentabilität erhalten, ist so ungewöhnlich nicht. Was bliebe von Japan ohne den Reis-Protektionismus? Häßliche, überbevölkerte Ballungsräume, gesichtslose Betonvorstädte, Zentren des modernen Massentourismus und, natürlich, Golfplätze in ansonsten menschenleeren ländlichen Gebieten. Ein reiches Land wie Japan kann es sich leisten, seine Reisbauern zu schützen, so wie auch die Franzosen, die Deutschen und andere Europäer ihre Kleinbauern schützen. Und die Kosten für die Bewahrung des unverfälschten Landlebens lohnen sich allemal. Nur sind die Europäer nicht so albern und begründen ihren Schritt mit der Notwendigkeit, die «Ernährung sicherzustellen», wie es die Japaner getan haben. Aus ihrer Sicht bedarf der Schutz der Weinberge in der Provence, der Almen in Bayern und der Olivenhaine in der Toskana keiner zusätzlichen Rechtfertigung. In hochentwickelten Ländern, in denen weniger als 5 Prozent der Bevölkerung das Land bestellen, erinnert die Subventionierung der Landwirtschaft mehr und mehr an die Pflege von Naturschutzgebieten, und die zugrundeliegenden Motive sind dieselben.

Ähnliches gilt auch für die anderthalb Millionen zumeist winzigen Läden und die vielen tausend kleinen Groß- und Zwischenhändler in Japan. Sie stellen nicht nur ein «Handelshemmnis» für ausländische Exporteure dar (Ursache ist das System der gebundenen Kredite der Hersteller, dem nur wenige Exporteure etwas entgegensetzen können), sondern bieten Arbeitsplätze für rund sieben Millionen Japaner, die in der Mehrzahl für einen Berufswechsel zu alt sind. Wäre es wie in den Vereinigten Staaten erlaubt, fast überall ungehindert Supermärkte und Kaufhäuser zu errichten, so wären diese alten Leute zu einem sinnentleerten, müßigen Rentnerdasein in Armut verurteilt. Die Tante-Emma-Läden beleben die sonst langweiligen Straßen und dienen als lockere soziale Treffpunkte. Mit ihrem Verschwinden würde die ohnehin schon triste Stadtlandschaft weiter verarmen. Es ist keineswegs sicher, daß der Umfang der US-Exporte steigen würde, selbst wenn alle diese Läden verschwänden. Schließlich sind Japans Großunternehmen in einer viel günstigeren Startposition im Kampf um Regalplätze in den neuen Supermärkten und Kaufhäusern – die natürlich ihren eigenen Einzelhandelstöchtern gehören.

Wenn das Ziel der amerikanisch-japanischen Diplomatie und somit auch der Gespräche über den Abbau struktureller Handelshemmnisse letztlich darin besteht, die Freundschaft zwischen beiden Völkern zu vertiefen, dann hat man es auf spektakuläre Weise verfehlt. Bislang hat ausschließlich die amerikanische Seite die negativen Folgen des Ungleichgewichts in der Handelsbilanz zu spüren bekommen: Arbeitsplätze wurden vernichtet, andere sind bedroht, ganze Gemeinden und Industriezweige wurden und werden in den Ruin getrieben. Hinzu kommt das Unbehagen darüber, daß zahlreiche US-Banken, Medienfirmen, Industrieunternehmen, Montagefabriken, Bürohochhäuser, Wälder, Golfplätze, ja selbst die Baseball-Mannschaft der Seattle Mariners von Japanern aufgekauft wurden. Und nun liefern die SII-Gespräche vielen Millionen Japanern gute Gründe, gegen die Vereinigten Staaten eine ähnliche Abneigung zu fassen wie sie viele Amerikaner bereits gegen Japan hegen.

Jede Gesellschaft kann nur ein gewisses Maß an raschen Veränderungen verkraften, und die Toleranzschwelle ist allemal niedriger, wenn die Veränderungen vom Ausland aufgezwungen werden. Doch das mit der Doktrin des Freihandels unvereinbare, aber sehr japanische Rezept des «staatlich gelenkten Handels», bei dem Handelsdefizite durch politische Maßnahmen gesenkt werden, würde in den USA weder soziale Erschütterungen noch die daraus resultierenden Animositäten hervorrufen. Gleichwohl zog die US-Regierung solche Maßnahmen noch bis vor kurzem nicht einmal in Erwägung, denn sie widersprechen der Ideologie des Freihandels und dem Prinzip der wirtschaftlichen Rentabilität. Der Marxismus-Leninismus ist zusammengebrochen, weil sein Grundsatz, Kultur und Gesellschaft der Politik unterzuordnen, als inhuman erkannt worden ist. Doch die Ideologie des Freihandels triumphiert nach wie vor, obwohl sie die Rentabilität über Kultur und Gesellschaft stellt, als seien die Vereinigten Staaten und Japan hoffnungslos arme Länder und hätten keine andere Wahl.

Zwei Gesellschaften im Konflikt

Die Initiative zum Abbau struktureller Handelshemmnisse räumt der Wirtschaft Vorrang vor der Gesellschaft ein, und das macht sie zu einer törichten Politik. Doch selbst eine törichte Politik kann viele Jahre überdauern, auch wenn sie einem Land große Opfer abverlangt. Daß den SII-Gesprächen und der «Strukturtheorie» dennoch nur wenige Jahre beschieden waren, verdankte sich einem anderen Umstand: dem Zusammenbruch der Sowjetunion. Mitte der achtziger Jahre, als die Strukturtheorie die «Reibungstheorie» abzulösen begann, tobte noch der Kalte Krieg. Die neuen Verhandlungen über eine Öffnung der japanischen Märkte ließen sich wenig vielversprechend an, und die Auffassung der Amerikaner, beide Länder hätten gemeinsame wirtschaftliche Interessen, wich bald der Ernüchterung. Angesichts der sowjetischen Bedrohung galt Japan aber immer noch als wertvoller Verbündeter, und nur diesem Umstand war es zu verdanken, daß die bilateralen Beziehungen auf einem erträglichen Niveau blieben, obwohl immer häufiger offene Konflikte ausbrachen. Die «Reibungstheorie» hatte die US-Politik über fünfundzwanzig Jahre lang geprägt, die «Strukturtheorie» sollte nicht einmal fünf Jahre überdauern. Als die Sowjetunion von der Weltbühne abtrat, bestand kein Grund mehr, die Handelsquerelen zwischen den USA und Japan unter den Teppich zu kehren. Sie traten nun voll zutage und ließen sich auch dadurch nicht mehr eindämmen, daß man strukturelle Veränderungen versprach. Bis dato war der Groll der Amerikaner über den einseitigen Handel bei den Japanern weitgehend auf Unverständnis gestoßen, denn sie konnten nur schwer nachvollziehen, warum die US-Regierung unerwünschten Importen nicht, wie in Japan üblich, einfach einen Riegel vorschob.

Hätte Gorbatschow für seine Politik des langsamen Umbaus unter Führung der Kommunistischen Partei mehr Zeit gehabt, hätte er die Sowjetunion und somit zumindest einen Teil der «sowjetischen Bedrohung» erhalten, dann hätten auch die langwierigen SII-Gespräche eine Erfolgschance gehabt. Gewiß, die Japaner öffneten ihren Markt nur wenig. Doch hätte sich der Kalte Krieg hingezogen, hätten die Vereinigten Staaten ihr Hauptaugenmerk weiterhin auf den Hauptfeind in Moskau gerichtet, und selbst magere Resultate bei den SII-Gesprächen hätten genügt, um Ressentiments gegen Japan vorzubeugen.

So aber stehen die Vereinigten Staaten seit dem Zusammenbruch der Sowjetunion ohne einen tauglichen Hauptfeind da. Und darin liegt für Japan ein doppeltes Pech: Einmal ist es nun der einzige Kandidat für die Rolle der zentralen Feindfigur, zum anderen hat es hinter der Fassade einer parlamentarischen Demokratie westlichen Zuschnitts keine Regierung, die in wichtigen Angelegenheiten Entscheidungen treffen kann, wie etwa in der Frage, auf welche Weise sich ein Konflikt mit den USA vermeiden läßt. Sie kann nur Entscheidungen präsentieren, die auf einem breiten Konsens beruhen, wobei niemals sicher ist, ob ein solcher Konsens überhaupt zustande kommt, geschweige denn in der erforderlichen Zeit. Tatsächlich hat Japan, an westlichen Maßstäben gemessen, überhaupt keine Regierung.[13] Der Grund für diese politische Handlungsunfähigkeit liegt zunächst einmal in der ungewöhnlichen Unabhängigkeit der Berufsbeamten, die die maßgeblichen Ministerien und Behörden leiten – in ihrer sehr realen Macht, den Politikern, die als Minister ihre nominellen Vorgesetzten sind, die «behördliche Sicht» aufzuzwingen. In der japanischen Praxis wird die demokratische Theorie auf den Kopf gestellt, nach der gewählte Volksvertreter mit Hilfe gehorsamer Staatsdiener in Verwaltung und Militär den Wählerauftrag erfüllen sollen.

In aller Welt stehen den Staatsdienern zahlreiche Mittel zu Gebote, eine Politik, die ihnen mißfällt, zu verwässern oder zu bremsen, aber Japans Beamte nehmen eine Sonderstellung ein. In der Gesellschaft hoch angesehen, da sie streng nach Leistung ausgewählt werden, bilden sie eine selbstbewußte und häufig auch selbstherrliche Elite im Vergleich zu den korrupten und daher ungeliebten Politikern, die ihre Ministerposten gewöhnlich nur ein oder zwei Jahre bekleiden und obendrein keine Möglichkeit haben, Gefolgsleute mitzubringen und mit deren Hilfe die Berufsbeamten zu kontrollieren. Nur in den Vereinigten Staaten ernennt jede neue Regierung Tausende neuer Mitarbeiter, die im Verwaltungsapparat ihre Politik durchsetzen sollen. Und in den meisten anderen demokratischen Ländern verfügen die Minister wenigstens über ein kleines «Kabinett» aus Vertrauten, während die Regierungschefs (und der französische Präsident) Dutzende von Führungspositionen mit eigenen Mitarbeitern besetzen. Ganz anders in Japan. Dort lassen es die Berufsbeamten nicht zu, daß der Ruf ihrer Ministerien und Behörden durch Leute «beschmutzt» wird, die von Politikern ins Amt berufen wurden. Das allein schon macht es den meisten Ministern unmöglich, herauszufinden, was in ihrem Ressort eigentlich vorgeht, oder gar eine bestimmte Politik zu diktieren. Seltene Ausnahmen bilden Minister, die selbst einmal Beamte waren, noch ein entsprechend hohes Ansehen genießen und in der Bürokratie Verbündete haben.

Politiker und Beamte sind von den großen Wirtschaftsunternehmen abhängig, doch während die Politiker kaum mehr als Söldlinge sind, verstehen sich die Beamten als Lehrer und Führer der japanischen Gesellschaft, auch der Großunternehmen, die sie gleichwohl als Quelle des Wohlstands und als ihre zukünftigen Arbeitgeber respektieren. *Amakudari*, Abstieg vom Himmel, nennt man bezeichnenderweise den Wechsel von Spitzenbeamten in die Wirtschaft. Manche übernehmen einen Posten im Topmanagement, die meisten nur eine Pfründe.

Bei Fragen, die für die japanische Wirtschaft wichtig sind – und wichtig ist praktisch alles, was die USA betrifft –, halten sich die Politiker, die zufällig als Minister der amtierenden Regierung angehören, im allgemeinen an den vorgegebenen Kurs der Beamten, die sie eigentlich führen sollten, und die Beamten wiederum konsultieren Großunternehmen und Fachleute, ehe sie eine Entscheidung treffen. Da die Interessen verschiedener Branchen und Unternehmen sich für gewöhnlich aber nicht decken oder sogar widersprechen und die Sachverständigen häufig unterschiedlicher Meinung sind, halten sich die Beamten so lange bedeckt, bis ein Konsens erzielt worden ist – ein Vorgang, der Jahre in Anspruch nehmen kann, sofern überhaupt ein Konsens gefunden wird, was beileibe nicht immer der Fall ist.

Offiziell wird die neue Politik (wenn der erforderliche Konsens hergestellt ist) in interministeriellen Ausschüssen abgesteckt, denen hohe Beamte angehören. Wichtiger sind jedoch informelle Elitezirkel, die mehr oder weniger regelmäßig in Hotels, Geisha-Restaurants *(Ryotei)* und exklusiven Klubs in Tokio zusammenkommen. Ihnen obliegt die eigentliche Aufgabe der Konsensfindung.

Diese informellen Gruppen, deren Kern häufig aus ehemaligen Studienfreunden besteht (ein Zusammengehörigkeitsgefühl, das ein Leben lang anhält), bilden vielleicht die eigentliche Regierung Japans. Obwohl ihrem Charakter nach elitär, decken sie all die gesellschaftlichen Bereiche ab, aus denen ihre Mitglieder kommen. Häufig sind in ihnen Forschung, Handel, Finanzwelt und Industrie vertreten, und nicht nur Regierungsbehörden oder nur die Großunternehmen. Einige halten dieses Phänomen für undemokratisch, für eine japanische Besonderheit und für bedenklich. Allem Anschein nach vergleichen sie die japanische Praxis mit amerikanischer oder europäischer Verfassungstheorie.

Tatsächlich aber verfügt jede intakte Gesellschaft über eine Elite, und in jeder erfolgreichen Gesellschaft gibt es Treffpunkte, wo die Mitglieder verschiedener Eliten sich in einem privaten Rahmen austauschen können. Selbst in den Vereinigten Staaten, wo sonst alles publik gemacht wird, werden die Sitzungen des Council of Foreign Affairs und ähnlicher Interessengruppen durch Gespräche ergänzt, die einen informellen und vertraulichen Charakter haben. Die Briten treffen sich an den Wochenenden in ihren Landhäusern oder Londoner Klubs. Deutsche Bankiers und Industrielle bevorzugen Jagdpartien und die gemütlichen Zusammenkünfte ihrer Industrie- und Handelskammern. Und die Angehörigen der verschiedenen Eliten in Italien besuchen fleißig die großen, pompösen Konferenzen, die den öffentlichen Terminkalender füllen – und nicht der zumeist recht förmlichen offiziellen Sitzungen wegen. Die Treffen der japanischen Elite unterscheiden sich von alldem nur dadurch, daß sie in einem kleinen Kreis stattfinden. Selten nehmen mehr als ein Dutzend Personen teil, gerade so viele, wie die traditionellen Ryotei-Räume fassen können. Wenn dieser Austausch überhaupt einen demokratischen Effekt hat, dann den, daß eine Vielfalt von elitären Ingroups beteiligt wird, denn es bedarf einer großen Zahl solcher Zirkel, um den erforderlichen Konsens zu erzielen. Eines freilich ist unbestreitbar: Mehr als in jedem anderen demokratischen Land ist die offizielle Regierung im japanischen System weitgehend nur Fassade.

Im Lauf der Jahre haben US-Präsidenten japanische Ministerpräsidenten immer wieder um den einen oder anderen Gefallen gebeten, als hätten diese ähnliche Entscheidungsbefugnisse wie ihre europäischen Amtskollegen, die tatsächlich die Chefs ihrer Regierungen und Parteien sind. Japanische Premiers sind meist nur die Führer einer Fraktion der Liberal-Demokratischen Partei[14] und müssen sich die Macht mit anderen Fraktionen teilen. Und einige wie Yasuhiro Nakasone (1981–1987) und Toshiki Kaifu (1989–1991) sind nicht einmal das, sondern nur «Schattenkrieger» *(Kage musha)*, Strohmänner, die von mächtigen Fraktionsführern auserkoren wurden, die selbst auf dem heißen Stuhl nicht Platz nehmen wollen oder können, weil sie erst kürzlich in einen der zahlreichen Bestechungsskandale verwickelt waren. Selbst ein Premier, der sein eigener Herr ist, wie etwa Kiichi Myazawa, der Kaifu 1991 ablöste, kann den Mitgliedern seines Kabinetts keine Weisungen geben. Er kann sie allenfalls um ihre Unterstützung bitten, denn jeder Minister weiß eine Fraktion hinter sich und wurde nicht einfach nur ernannt wie seine Kollegen in den Vereinigten Staaten.

Darüber hinaus kann weder der Regierungschef noch irgendein Mitglied seines Kabinetts der Bürokratie Weisungen erteilen. Sie können den verschiedenen Ministerien lediglich ihre politischen Ideen vortragen, wenn sie denn welche haben, und dann warten, bis sich in einem quälend langsamen Prozeß ein Konsens herausbildet. Die meisten Politiker unternehmen gar nicht erst den Versuch, ein eigenes politisches Programm aufzustellen, sondern belassen es dabei, im Kabinett und im Parlament den Standpunkt ihrer Beamten vorzutragen – und nicht etwa weil es ihnen an Machthunger fehlen würde, sondern weil andere Dinge sie in Anspruch nehmen: die Flügelkämpfe in der Liberal-Demokratischen

Partei, gelegentliche Wahlkampagnen und ihre häufige Verwicklung in private und öffentliche Skandale. Und Bürokraten setzen natürlich mehr auf Kontinuität als auf Veränderungen. Insbesondere verabscheuen sie einschneidende Umstellungen jener Art, die erforderlich wären, um einen Konflikt mit den Vereinigten Staaten zu verhindern.

Aus diesem Grund kann die japanische Gesellschaft nur einen geraden Kurs verfolgen, und so ist sie fast zwangsläufig mit einer amerikanischen Gesellschaft in Konflikt geraten, die aktiv, wenn auch unbewußt, nach einem Feind suchte. Zwei Dinge sind an diesem so vermeidbaren Resultat bemerkenswert. Erstens: Amerikaner wie Japaner haben das überaus erfolgreiche Rezept der Europäer, auf der Basis von Vereinbarungen und nicht auf der Basis von wirtschaftlicher Rentabilität zu kooperieren, überhaupt nicht in Erwägung gezogen. Hätten Frankreich und Deutschland versucht, SII-ähnliche Eingriffe an der Handelspolitik des anderen vorzunehmen, würden sich ihre Armeen heute wahrscheinlich am Rhein gegenüberstehen. Statt dessen unterstützten – und unterstützen – sie die «Handelshemmnisse» der anderen Seite (Schwerindustrie, Landwirtschaft) durch gemeinsame EG-Behörden und zwingen so Deutsche und Franzosen in eine Interessengemeinschaft. Zum zweiten entbehrt es nicht einer gewissen Ironie, daß ausgerechnet zwei Völker wie die von Japan und den Vereinigten Staaten, die zu den am wenigsten materialistischen der Welt gehören, durch wirtschaftliche Streitigkeiten entzweit werden.

Viele Japaner und einige Amerikaner scheinen immer noch zu glauben, daß Kosten-Nutzen-Rechnungen, d. h. die Tatsache, daß japanische Waren und Investitionen wünschenswert sind, einen Zusammenbruch der amerikanisch-japanischen Wirtschaftsbeziehungen verhindern werden, auch ohne wirksame Maßnahmen zur Öffnung des japanischen Marktes. Nur leider handeln Gesellschaften, die im Widerstreit miteinander liegen, nicht wie vorsichtige Buchhalter, sonst hätte die Geschichte einen völlig anderen Verlauf genommen, und der Menschheit wären nicht nur die beiden Weltkriege, sondern auch nahezu jeder andere Krieg erspart geblieben.

Da die japanischen Politiker keine Macht über ihre Beamten haben und die Beamten selbst nicht willens sind, sich den Wünschen der Großunternehmen und anderer Gruppen aus der Wirtschaft zu widersetzen, so beschränkt deren Interessen auch sein mögen, sind die SII-Verhandlungen bislang nur quälend langsam vorangekommen, vor allem wenn man bedenkt, was noch zu tun bleibt. Der US-Handelsbeauftragte listete in seinem Nationalen Handelsbericht über ausländische Handelsbarrieren von 1989 immer noch «Hemmnisse» auf, die den Export amerikanischer Waren behinderten oder einschränkten. Zudem monierte er Behinderungen im Bau- und Ingenieurwesen, in der Versicherungsbranche sowie in den Bereichen Rechtsberatung und Raumfahrt. Ursache waren alle nur erdenklichen Barrieren, deren Zweck darin bestand, Einfuhren zu verhindern oder wenigstens zu erschweren. Einige waren ganz offiziell wie Zölle, Einfuhrquoten, ausdrückliche Importverbote, willkürliche Regelungen, das japanische Einzelhandelsgesetz usw., andere wurden kaschiert, geleugnet oder zumindest nicht zugegeben wie etwa Kungeleien zwischen Großunternehmensgruppen, Manipulationen bei der Vergabe öffentlicher Aufträge und zahlreiche informelle Restriktionen in den Bereichen Werbung, Marketing usw.

Und als hätte dies alles nicht schon genügend Zündstoff für einen Handelskrieg geliefert, prangerte der Bericht auch noch die «böswillige Arbeitsweise» des japanischen Patentamtes an, das die Bearbeitung amerikanischer Anträge routinemäßig verschleppte, um Zeit zu gewinnen, damit japanische Konkurrenten forschen und ein ähnliches Patent entwickeln konnten, ferner Verzögerungen bei der Eintragung von Handelsmarken, die aus ähnlichen Gründen erfolgten, und schließlich den unzulänglichen Urheberrechtsschutz bei Tonaufnahmen. Im Jahr 1992 begann eine dritte Phase in den amerikanisch-japanischen Beziehungen. Das Unbehagen über das enttäuschende Ergebnis der SII-Gespräche hatte endgültig einer Konfrontation zwischen den beiden Gesellschaften Platz gemacht. Ihren sichtbarsten Ausdruck fand sie in dem Japanbesuch von Präsident Bush im Dezember 1991, der zum Debakel wurde. Aber die unvollkommene Freundschaft war bereits früher in kaum verhohlene Animosität umgeschlagen, spätestens 1989. Die Episode verdient es, ausführlich behandelt zu werden, denn sie veranschaulicht, wie schwer es Amerikanern und Japanern fällt, ein Einvernehmen zu erzielen, oder, um es allgemeiner auszudrücken, wie seltsam ihr Umgang miteinander tatsächlich ist.

Die FSX oder das Ende der Geopolitik

Es paßt zu unserer höchst unromantischen Zeit, daß ein historischer Wendepunkt mit einem nüchternen Akronym verknüpft ist und nicht mit einem so klangvollen Namen wie «Französische Revolution» oder ähnlichem. FSX steht für «Fighter, Support, Experimental» und ist der Name eines für die späten neunziger Jahre geplanten japanischen Kampfflugzeugs. Der Streit um die FSX stellt deshalb einen Wendepunkt dar, weil die Vereinigten Staaten im Verlauf der FSX-Kontroverse völlig neue politische Prioritäten gesetzt haben. Dreißig Jahre lang war der US-Regierung vor allem daran gelegen, daß Japan überhaupt eine schlagkräftige Luftwaffe besaß, ganz gleich, wo die Flugzeuge gebaut wurden und von wem. Am Ende interessierte sie sich praktisch nur noch für die Auswirkungen des Projekts auf die amerikanische Wirtschaft. Anfangs weckte der umstrittene Technologietransfer vor allem die Sorge, daß zivile US-Technologie für militärische Zwecke mißbraucht werden könnte. Am Ende war es genau umgekehrt: Jetzt wurde befürchtet, daß Militärtechnik zivilen Zwecken zugeführt werden könnte.

Japan ist kein Land der Einzelkämpfer und agiert, wie man sah, auf der Basis des Konsenses. Doch als der ehrgeizige Plan, ein rein japanisches Kampfflugzeug zu entwickeln, konkrete Formen annahm, hatte das Projekt einen führenden Kopf: Tsutsui Ryozo, den damaligen technischen Direktor der «Luft-Selbstverteidigungskräfte», wie die Japaner euphemistisch ihre Luftwaffe nennen. Ryozo[15] hatte Charme und Geduld, doch beide Eigenschaften wurden auf eine harte Probe gestellt, als sein zunächst undurchsichtiger Plan die Vereinigten Staaten und Japan in eine heftige Auseinandersetzung stürzte, die geprägt war von schweren öffentlichen Vorwürfen und den schärfsten Debatten im US-Kongreß seit Jahren.

Mitte der achtziger Jahre, als das FSX-Projekt noch in seinen Anfängen steckte, waren die Unternehmen Fuji, Kawasaki und insbesondere Mitsubishi[16], die im Zweiten Weltkrieg das Gros der japanischen Kampfflugzeuge gebaut hatten, längst wieder erstarkt. Sie bildeten den Kern einer Luftfahrtindustrie, der außerdem der Autobauer Nissan, der auch Raketentriebwerke herstellte, sowie die militärtechnischen Ableger der Eletronikgiganten Fujitsu, Hitachi, Mitsubishi Electric und Toshiba angehörten, Firmen, die in erster Linie für ihre zivilen Produkte bekannt waren, mit denen sie auch den überwiegenden Teil ihres Umsatzes erzielten. Im Lauf der Jahre hatte Japans Luftfahrtindustrie selbstentwickelte Transportflugzeuge, Geschäftsreisejets, ausgefallene Amphibienflugzeuge sowie Schulmaschinen und Flugsimulatoren gebaut, doch in der Hauptsache produzierten sie im Lizenzbau amerikanische Kampfflugzeuge.[17]

Gegen Ende der fünfziger Jahre, als Japan wiederbewaffnet wurde, war dieses Arrangement für beide Seiten höchst befriedigend. Doch Mitte der achtziger Jahre stellte es keine Seite mehr zufrieden. Aus amerikanischer Sicht war der Lizenzbau in den fünfziger Jahren unerläßlich, denn Japan konnte sich den Import teurer Kampfflugzeuge nicht leisten. Die besondere Ironie dabei: Heute befürchten viele Amerikaner, daß die japanische Flugzeugindustrie, die ihre Existenz einer gezielten US-Politik verdankt, zu einem gefährlichen Konkurrenten werden könnte. Als Japan im August 1945 kapitulierte, waren seine Flugzeugfabriken weitgehend zerbombt, und an ihren Wiederaufbau war nicht zu denken: Auf Anordnung von General Douglas MacArthur, dem unbestrittenen Schogun der US-Besatzungsmacht, sollte das Land nie wieder Kriegswaffen produzieren.

Doch sein für die Ewigkeit gedachter Erlaß blieb nicht einmal fünf Jahre in Kraft. Als am Sonntag, dem 25. Juni 1950, nordkoreanische Truppen den 48. Breitengrad überquerten und in Südkorea einmarschierten, lösten sie nicht nur einen regionalen Krieg aus. Von einem Tag auf den anderen verwandelte sich der Kalte Krieg von einem politischen Kampf, der mit den Mitteln der Diplomatie, der Propaganda und geheimen Operationen ausgetragen worden war, in einen militärischen Konflikt, der auch auf Europa und andere Teile Asiens überzuspringen drohte. Die Vereinigten Staaten hatten zu diesem Zeitpunkt bereits demobilisiert. Den Armeen Stalins hatten sie nur ihre Besatzungstruppen und die Atombombe, deren Nutzen obendrein fragwürdig war, entgegenzusetzen. Also leiteten sie fieberhaft die Wiederbewaffnung[18] ein und versuchten, alle Kräfte der alten und neuen Verbündeten zu mobilisieren.

Nur eine Wiederherstellung der militärischen Stärke Japans und der europäischen Staaten konnte die Streitkräfte der Vereinigten Staaten entlasten. Und wenn die Verbündeten nicht mit Waffen aus eigener Produktion aufgerüstet werden konnten, dann eben mit amerikanischen Waffen, obwohl diese während des Koreakrieges noch knapp waren und dem amerikanischen Steuerzahler stets Kosten verursachten.[19] Um die Produktion von Flugzeugen und anderen Rüstungsgütern anzukurbeln, lieferte die US-Regierung ihren Verbündeten im Rahmen verschiedener Hilfsprogramme große Mengen an Maschinen und überließ ihnen kostenlos staatseigene Blaupausen. Sie ermutigte US-Firmen, bei Lizenzvergaben großzügig zu verfahren, verbunden mit der Bitte, detailliertes Fachwissen auf der Fertigungsebene und sogar Konstruktionspläne weiterzugeben.

Gleichzeitig forderten die Vereinigten Staaten die bereits vorhandenen, wegen fehlender Nachfrage aber stillgelegten Betriebe auf, alles zu produzieren, was für die Wiederbewaffnung von Nutzen sein konnte. Im Falle Japans sind sich die Fachleute weitgehend darin einig, daß der rapide Wirtschaftsaufschwung des Landes durch die amerikanischen Militäraufträge zwischen 1950 und 1953 in Gang gesetzt wurde. Zu den Nutznießern gehörten sowohl Leicht- wie auch Schwerindustrien vom Schiffsbau (Landungsboote) bis zur Textilindustrie (Uniformen).

Diese Maßnahmen führten zwangsläufig zu einer Stärkung der

zivilen Industrie in den verbündeten Ländern, doch das beunruhigte die amerikanischen Politiker jener Zeit keineswegs. Im Gegenteil: Je mehr die Wirtschaft eines Landes florierte, um so mehr konnte es zur Stärkung der westlichen Allianz beitragen. Unter dem Druck, Bündnisse zu schmieden, und im festen Vertrauen darauf, daß die Vereinigten Staaten ihre Position als der Welt größter Nettoexporteur von Agrarprodukten und Industriegütern in jedem Fall behaupten würden, nahm Washington – sieht man einmal von den beiden Weltkriegen ab – erstmals in der Geschichte einen beschränkten «geopolitischen» Standpunkt ein.[20]

In diesem Weltbild beherrschten militärische und diplomatische Ziele die Außenpolitik, und wirtschaftliche Überlegungen spielten nur insofern eine Rolle, als die Mittel für die Wiederbewaffnung begrenzt waren. Hinzu kam, daß solche Überlegungen in bezug auf die Zukunft der US-Wirtschaft durch keinerlei «unamerikanischen» Pessimismus getrübt wurden, wie man überhaupt sagen muß, daß eine langfristige Perspektive fehlte. Sieht man sich die Handelsbilanz in den ersten zehn Jahren nach dem Krieg an, so ist das durchaus verständlich. Immerhin erzielten die Vereinigten Staaten damals einen riesigen Handelsüberschuß und konnten nur deshalb nicht mehr exportieren, weil weltweit eine «Dollarknappheit» herrschte – wie es schien, hatte die Welt ein unersättliches Verlangen nach den Erzeugnissen amerikanischer Farmen und Fabriken. Doch als noch vor 1960 die ersten Handelsdefizite verzeichnet wurden, hielt Washington weitgehend an seinen Prioritäten fest.[21]

Später, als Japan zu einem wichtigen Exportland aufstieg und nicht mehr darauf angewiesen war, Devisen zu sparen, konzentrierten State Department und Pentagon ihre Bemühungen weiter auf das rein strategische Ziel, die japanischen Streitkräfte zu stärken, ohne Rücksicht darauf, woher die Japaner ihre Flugzeuge bezogen. Andere freilich, darunter auch eine wachsende Zahl von Parlamentariern, erhoben immer lauter Protest. In ihren Augen verhinderte der Lizenzbau den möglichen Export kompletter Flugzeuge in ein Land, das nur sehr wenig Neigung zeigte, zivile Güter einzuführen.[22]

Aus Sicht der japanischen Industrie wiederum war der Lizenzbau amerikanischer Militärflugzeuge weitaus lukrativer als die
Entwicklung eigener Maschinen. Den inländischen Konstrukteuren waren dadurch zwar die Hände gebunden, doch der Transfer
amerikanischen Know-hows brachte neben modernen Metallver-
arbeitungsverfahren auch neue Kenntnisse in der Montage kom-
plexer elektronischer und mechanischer Komponenten ins Land
und ermöglichte hohe Standards bei der Qualitätskontrolle.

Später, in den achtziger Jahren, brauchten die Japaner in puncto
Qualitätskontrolle, Metallverarbeitung oder moderner Elektronik
allerdings keine Nachhilfe mehr. Kampfflugzeuge waren technisch
noch komplizierter geworden, und Japan baute damals zwei der
kompliziertesten überhaupt: das U-Boot-Suchflugzeug P-3C und
den Jagdbomber F-15. Letzteren fertigte die Luftfahrtabteilung
der Mitsubishi Heavy Industries, Japans führender Kampfflugzeughersteller und noch heute für seine gefürchtete *Zero-sen* aus
dem Zweiten Weltkrieg bekannt.

Der Bau der F-15 und der P-3C war zwar kein Kinderspiel,
doch er unterforderte eine Industrie, die sich damals bereits höhere Ziele gesteckt hatte. Nach Schablonen, die andere entworfen
hatten, Metalle zuzuschneiden, konnte die Ingenieure von Mitsubishi nicht länger befriedigen. Sie wollten unbedingt wieder ein
eigenes komplettes Flugzeug konstruieren. Und damit nicht genug:
Ihre Kollegen von Mitsubishi Electric hatten ein modernes pha-
sengesteuertes Radar entwickelt, das reif für die Einzelfertigung
war; Fuji Heavy Industries (ein anderer Kampfflugzeughersteller
bis 1945) hatte ein neues Verfahren zum Bau von Flugzeugzellen
aus Kohlenstoffaser-Verbundwerkstoffen statt aus Aluminium
entwickelt; Ishikawajima-Harima (Japans führender Lizenzbauer
von Triebwerken) träumte davon, endlich eigene Düsentriebwerke
zu konstruieren; und die Elektronik-Giganten schließlich waren
besonders frustriert, weil sie sich mit der Montage amerikanischer
Elektronik begnügen sollten.

Aus diesem Grund unterstützten Mitsubishi und seine potentiellen Zulieferer Tsutsui Ryozo und seine Kollegen bei ihren Bemühungen, die Entwicklung eines modernen, rein japanischen

Jagdbombers anzuregen, komplett mit Flügeln und Rumpf, Triebwerken und Radar, Gefechtselektronik und Bodenausrüstung. Der Bau einer rein japanischen FSX hätte die Luftfahrtindustrie des Landes von Grund auf verändert, denn ein solches Vorhaben erfordert neben den Maschinen, Werkstätten und Montagebändern, die für die Produktion einer im Ausland entwickelten Maschine genügen, zusätzlich ein ganzes Netz aus Laboratorien, Versuchseinrichtungen, Werkstoffabriken und auf bestimmte Komponenten spezialisierte Betriebe.

Was dann folgte, war allerdings kein Jagdbomber-Programm, sondern ein turbulentes Drama in drei Akten. Den Auftakt bildete eine hitzige Debatte in Japan selbst, denn die Flugzeugindustrie und Ryozos Anhänger in der Bürokratie stießen bei den Beamten des angesehenen Außenministeriums *Gaimusho* auf heftigen Widerstand. Die Diplomaten wußten, daß ihr Land auf den strategischen Schutz der US-Regierung und den freien Zugang zu den amerikanischen Märkten angewiesen war, und fürchteten, daß der Ruf nach mehr Autarkie und der Bau eines eigenen Kampfflugzeuges die Amerikaner veranlassen könnten, in der Sicherheits- und Wirtschaftspolitik selbst auf einen unabhängigeren Kurs einzuschwenken. Die Sowjetunion stand damals noch im Zenit ihrer militärischen Macht, und deshalb war der Zeitpunkt denkbar ungeeignet, die Bereitschaft Amerikas zu unterhöhlen, Japan mit seinen Flugzeugträgern und Bombergeschwadern, seiner Marineinfanterie und seinen fragwürdigen, aber immer noch unschätzbaren Atomwaffen zu verteidigen. Und da der Hang zum Protektionismus in den Vereinigten Staaten bereits wuchs, war der Zeitpunkt ungünstig, öffentlich die Schließung eines wichtigen Marktes für US-Exporte zu fordern.

Das Gaimusho hat in Japan erheblich mehr Einfluß als Ryozos Luftselbstverteidigungskräfte, doch im politischen Ringen unterliegt es häufig einer noch mächtigeren Behörde: dem Ministerium für Internationalen Handel und Industrie (MITI). Als vermeintlicher Kopf der japanischen Industrie und wegen seiner angeblichen Rücksichtslosigkeit von Unternehmen in aller Welt gefürchtet, konnte MITI im Streit um die FSX zwischen den Luftselbstverteidigungskräften und dem Gaimusho das Zünglein an der Waage spielen.

MITI ist das nationalistischste von allen japanischen Ministerien (seine Beamten sind dafür bekannt, daß sie gern und nur halb im Scherz alte auslandsfeindliche Parolen anstimmen).[23] Mit bemerkenswerter Beharrlichkeit verfolgt es in allen Fragen einen Autarkie-Kurs und tritt innerhalb der Regierung seit jeher als eifrigster Förderer des technologischen Fortschritts in Japan auf. So war eigentlich zu erwarten, daß MITI Ryozos Plan begeistert unterstützen würde. Und sicherlich stand es auch in engem Kontakt mit Ryozo, denn obwohl ansonsten sehr zivil ausgerichtet, sprach es bei der Beschaffung von Rüstungsgütern ein gewichtiges Wort mit. Japanische Beamte halten dem Ministerium, in dem sie ihre Laufbahn beginnen (und gewöhnlich auch beenden), ein Leben lang die Treue, und deshalb hatte MITI in die wichtigen Beschaffungsämter der Streitkräfte eigene Beamte «abkommandiert», die auch im neuen Amt in erster Linie MITI-Leute blieben.

Grundsätzlich war MITI mehr an zivilen als an militärischen Industrien interessiert, aber wenn Mitsubishi eine japanische FSX entwickelte, so konnte dies den späteren Bau eines Zivilflugzeuges erheblich erleichtern. An diesem möglichen «Nebenprodukt» dürfte das Ministerium weit mehr interessiert gewesen sein als an dem Jagdbomber selbst. Auf der anderen Seite entspricht es nicht dem Stil des Hauses, auf Nebenprodukte zu hoffen: MITI-Beamte verlassen sich nicht auf die selbstregulierenden Kräfte des Marktes oder darauf, daß bei einem Rüstungsprojekt zufällig Nebenprodukte abfallen. Wenn man eine Industrie fördern will, so ihr Credo, dann muß man auch etwas dafür tun.

Auf jeden Fall befürwortete die Waffen- und Luftfahrtabteilung des Ministeriums Ryozos Vorhaben, während das ihr übergeordnete Amt für Außenhandelspolitik aus Furcht vor protektionistischen Maßnahmen der Amerikaner abwinkte. Letzteres war auch der Grund, warum MITI als Ganzes davon absah, Ryozo im Behördengerangel um die FSX zu unterstützen.

Zudem fanden die Beamten vom Außenministerium innerhalb und außerhalb der Regierung zahlreiche Verbündete. Viele lehnten das FSX-Projekt allein schon deshalb ab, weil sie grundsätzlich gegen jeden Ausbau der nach wie vor sehr kleinen Rüstungsindustrie waren (in ihr waren nur 0,1 Prozent aller japanischen Erwerbstätigen beschäftigt).[24] Viele Japaner, junge wie alte, haben eine gesunde Angst vor allem Militärischen. Sie wissen, daß japanische Behörden tendenziell über bessere Motoren als Bremsen verfügen, und sie haben nicht vergessen, daß die rasante Fahrt der dreißiger Jahre 1945 in einem verheerenden Crash endete. In diesem speziellen Fall befürchteten sie, daß ein Aufschwung der militärischen Flugzeugindustrie und ein Anstieg der Beschäftigtenzahlen in dieser Branche militärischen Interessen in der Politik des Landes zwangsläufig mehr Gewicht verleihen würden. Zwar stellt Militarismus im heutigen Japan keine wesentliche Kraft dar, aber das nur, weil er mit großer Energie bekämpft worden ist. Selbst die Grundsatzentscheidung, nicht mehr als 2000 japanische Soldaten für «friedenserhaltende» Maßnahmen der UNO abzustellen, löste heftige Kontroversen aus, und das Parlament verabschiedete das entsprechende Gesetz vom Juni 1992 erst, nachdem es zahlreiche Sicherungen eingebaut hatte (unter anderem untersagte es jede Beteiligung an Kampfeinsätzen). Heute glauben beileibe nicht nur Linke im Land, daß Tugenden wie Disziplin oder Loyalität, ebenjene Eigenschaften also, denen die japanischen Unternehmen ihre großen Erfolge verdanken, zu einer akuten Gefahr werden können, wenn man die disziplinierten und loyalen Staatsbürger bewaffnet.

Aus diesem Grund stieß das Vorhaben, eine eigene FSX zu bauen, in Japan selbst auf großen Widerstand. Doch wie so oft auch in anderen Ländern setzte sich das beschränkte Interesse der FSX-Anhänger gegen die starken, aber diffusen Bedenken ihrer Gegner durch. So war im Juni 1987 die Entscheidung, das Flugzeug-Projekt voranzutreiben, so gut wie gefallen.[25]

Damit begann der zweite Akt, und diesmal waren die Vereinigten Staaten der Schauplatz des Geschehens. Beamte des Außen- und Verteidigungsministeriums hatten gegen die FSX von Anfang an Front gemacht, sich aus Angst vor einem Affront in ihren Äußerungen jedoch sehr zurückgehalten. In ihren höflichen Gesprächen mit japanischen Kollegen unternahmen sie nicht einmal den Versuch, den Direktverkauf von US-Jagdbombern vorzuschlagen, wie von vielen Kongreßmitgliedern und Amerikanern gefordert worden war. Ein solcher Vorschlag war nach Ansicht der Japan-Experten ohnehin unrealistisch und hatte keine Aussicht auf Erfolg.[26] Statt dessen machten sie einen Kompromißvorschlag: Mitsubishi sollte den neuen Jet nicht im Alleingang entwickeln, sondern in Kooperation mit einem amerikanischen Unternehmen.

Nun war es aber undenkbar, daß die US-Regierung die Hälfte der Entwicklungskosten für ein völlig neues Kampfflugzeug übernahm, das speziell auf japanische Bedürfnisse zugeschnitten werden sollte. Folglich konnte Kooperation in der Praxis nur bedeuten, daß die beiden Partner einen bereits existierenden US-Jagdbomber modernisierten. Der aussichtsreichste Kandidat dafür war die F-16 *Falcon*, ein Flugzeug, das sich zwar bereits bewährt hatte, jedoch erheblich vergrößert werden mußte. Die Herstellerfirma General Dynamics bemühte sich schon seit langem um amerikanische oder europäische Mittel für den Bau eines neuen *Agile Falcon* mit zusätzlicher Elektronik und größeren Flügeln für eine höhere Nutzlast und eine größere Reichweite. Wenn General Dynamics die F-16 gemeinsam mit den Japanern modernisierte, so hatte das mehrere Vorteile: Die Vereinigten Staaten würden den japanischen Markt für Kampfflugzeuge nicht völlig verlieren, und die japanische Industrie müßte sich nicht mehr mit bloßem Lizenzbau begnügen. Außerdem hätte die US-Luftwaffe eine neue Option für ihre eigene Bewaffnung, und die Regierung in Washington bekäme ein neues Flugzeug für den Export (vorausgesetzt, Japan hielt an seinem Exportverbot für alle Rüstungsgüter fest). Sah man einmal von Arbeitsplatzverlusten in der Produktion ab – ein Aspekt, der allerdings nicht berücksichtigt wurde –, so versprach das gemeinsame FSX-Projekt unterm Strich ein fast ebenso gutes Geschäft zu werden wie Direktexporte nach Japan.

Als US-Beamte und Industrievertreter jedoch von ihren Kontaktleuten erfuhren, daß Japan anscheinend die Absicht hatte, die FSX im Alleingang zu bauen, waren sie mit ihrer Geduld am Ende und gaben ihre bisherige Zurückhaltung auf. Sie informierten unverzüglich einflußreiche Kongreßmitglieder. Deren Empörung war groß: Die Vereinigten Staaten leisteten so viel für Japan, und was taten die undankbaren Japaner? Statt sich für den amerikanischen Schutz und den freien Zugang zu den US-Märkten wenigstens ansatzweise erkenntlich zu zeigen, waren sie nicht einmal bereit, Kampfflugzeuge zu kaufen.

Die Stimmung wurde nicht besser, als das Gerücht nach Washington drang, demzufolge Ryozo und seine Kollegen angeblich behauptet hatten, daß eine rein japanische FSX jedem gemeinsam entwickelten Flugzeug technisch überlegen wäre – eine Behauptung, die zwar als arrogante Prahlerei abgetan werden mußte, denn schließlich hatte Japan noch nicht einmal einen Prototyp gebaut, die aber vielen Parlamentariern, die japanische Autos, Fernsehgeräte und Büromaschinen bevorzugten, durchaus glaubhaft erschien und ihren Zorn weiter schürte.

In Wahrheit war Ryozo nicht ganz so anmaßend gewesen. Er hatte lediglich behauptet, daß nur ein neues Kampfflugzeug den sehr speziellen Anforderungen Japans gerecht werden könne und daß sein Land eine Maschine benötige, die in der Lage sei, die Schiffe einer sowjetischen Invasionsflotte mit ziemlich schweren Raketen anzugreifen. Unter anderem brauche es zwei Triebwerke, um über dem Meer eine höhere Sicherheit zu garantieren – eine Ansicht, die von der US-Navy geteilt wurde. Allerdings verschwieg Ryozo geflissentlich, daß die Vereinigten Staaten bereits ein solches Flugzeug besaßen: die F/A-18 der Marine. Dieser Jagdbomber hatte nicht nur zwei Triebwerke, sondern entsprach auch in puncto Reichweite und Nutzlast den erhöhten Anforderungen der Japaner.

Wie es der Zufall wollte, war der Zeitpunkt für eine wohlwollende Aufnahme der japanischen Pläne durch den Kongreß alles andere als günstig. Die japanische Importflut war weiter gestiegen und hatte Ende 1987 das unerhörte Jahresvolumen von 85 Milliarden Dollar erreicht.[27] Gleichzeitig klagten exportwillige US-Firmen lauter denn je über Schikanen des japanischen Zolls. Bei diesen Handelsquerelen ging es um Milliarden von Dollars und Zehntausende von Arbeitsplätzen, und doch war es ein vergleichsweise unbedeutender japanischer Export im Wert von 20 Millionen Dollar, der die größte Empörung auslöste, und das, obwohl er nicht einmal in die Vereinigten Staaten, sondern in die Sowjetunion ging.

Ein Tochterunternehmen von Toshiba hatte zusammen mit der staatseigenen norwegischen Rüstungsfirma Kongsberg hochmoderne Fräsmaschinen an die Sowjetunion verkauft. Mit Hilfe dieser Maschinen ließ sich die Oberfläche komplex geformter Metallobjekte bis zum n-ten Grad glätten, und die sowjetischen Betriebe hätten mit ihnen eine Vielzahl dringend benötigter Güter bearbeiten können. Tatsächlich aber verwendete man sie dazu, die Unebenheiten an sowjetischen U-Boot-Schrauben – riesigen, tonnenschweren Gußstücken – zu beseitigen und dadurch ihr verräterisches «Kavitationsgeräusch» drastisch zu verringern. Der U-Boot-Krieg ist ein Krieg der Blinden, in dem das Boot Sieger bleibt, das am leisesten ist und die besten Sonar-Ohren hat. Das leisere Boot ist nicht nur schwerer zu orten. Hinzu kommt, daß die Leistung seiner Horchapparate weniger durch selbstproduzierte Störgeräusche beeinträchtigt wird.

Der Handel war 1981 abgeschlossen worden, und 1983 und 1985 wurden die Maschinen geliefert.[28] Gerade hatten die Kriegsflotten des Westens über plötzliche Probleme bei der Ortung der neuesten sowjetischen U-Boote berichtet, als ein japanischer Angestellter, der nicht die gewohnte Loyalität gegenüber seiner Firma zeigte, den Grund dafür enthüllte. Der Skandal kam 1987 ans Licht und sorgte dafür, daß der japanische Plan, eine eigene FSX zu entwickeln, denkbar schlecht aufgenommen wurde. Da die Firma Kongsberg im Rüstungsgeschäft weit aktiver war und deshalb vermutet werden darf, daß sie die Folgen ihres Tuns besser einzuschätzen wußte, traf sie sicherlich mehr Schuld als Toshiba. Überdies war es ein Japaner und kein Norweger, der alles ausgeplaudert hatte. Dennoch richtete sich die Wut gegen Japan, aus allzu offensichtlichen Gründen: Es ist sicherlich nicht Norwegen, das die Schwächen der US-Wirtschaft aufdeckt und ihr in einem Industriezweig nach dem anderen den Rang abläuft. Während einige Kongreßmitglieder vor den Stufen des Capitols demonstrativ Radiorecorder von Toshiba zertrümmerten, versuchten viele andere, das FSX-Projekt zu stoppen, indem sie diverse handels- und sicherheitspolitische Sanktionen androhten.

Japanische Diplomaten berichteten aus Washington über den allgemeinen Unmut der Politiker: Handelssanktionen, bislang undenkbar, waren nicht mehr auszuschließen. Gleichzeitig warnten hohe und niedere US-Beamte Tokio vor bevorstehenden Angriffen aus dem Kongreß, wobei gerade diejenigen, die den Zorn der Parlamentarier am eifrigsten geschürt hatten, eher «besorgte als ärgerliche» Töne anschlugen. Das Heer der Lobbyisten, Berater und politischen Anwälte, die im Sold japanischer Unternehmen und der rivalisierenden japanischen Behörden standen[29], hielt seine Geldgeber wie gewohnt auf dem laufenden und warnte vor einem heraufziehenden Gewitter.

Ihre Besorgnis hatte auch persönliche Gründe: In letzter Zeit hatten nicht wenige Japan-Lobbyisten bemerkt, daß ihnen zunehmend Mißtrauen entgegenschlug, wenn sie Amtsträger und Kollegen aus dem Kongreß aufsuchten, die bisher stets ein offenes Ohr für sie gehabt hatten. In Washington kursierten Listen mit den Namen prominenter Leute, die aus Japan Honorare bezogen, und wenig später erschienen Presseartikel, die weitgehend auf diesen Listen beruhten. Auf dem Titelblatt einer angesehenen Wochenzeitschrift prangte eine glutrote Sonne, die fast die gesamte Landkarte der Vereinigten Staaten überstrahlte. Der Artikel hieß «Yen für Macht», und der Vorspann faßte seinen Inhalt bündig zusammen: «In Denkfabriken, Universitäten, Unternehmen und Washingtoner Anwaltskanzleien wird mit japanischem Geld eine bestimmte Haltung in der Debatte über Handel, Industrie und Amerikas Zukunft gefördert – und ein subtiles Klima der Korruption geschaffen.» Selbstverständlich wurden auch Namen genannt.[30]

Als die eindringlichen Warnungen Tokio erreichten, sah sich das Außenministerium Gaimusho in seiner lang gehegten Befürchtung bestätigt, daß der Bau einer eigenen FSX die wertvolle Beziehung zu den Vereinigten Staaten untergraben könnte. Da MITI ungewohnt passiv blieb, mußte das *Boeicho*, das japanische Verteidigungsamt (nicht Ministerium), selbst den Kampf mit dem Gaimusho aufnehmen. Es war ein ungleicher Kampf. Obwohl der Zweite Weltkrieg bereits Jahrzehnte zurückliegt, müssen japanische Militärbehörden immer noch für die schmachvolle Niederlage von 1945 büßen und Zurückhaltung üben. Der eigentliche Grund für die bürokratische Unterlegenheit des Boeicho ist jedoch ein typisch japanisches Phänomen: die Hackordnung bei den Einstellungen. Während das Gaimusho stets in der Lage gewesen ist, seine angehenden Diplomaten unter den besten Absolventen der angesehensten japanischen Universitäten zu rekrutieren, bezieht das Boeicho seinen Nachwuchs hauptsächlich von weniger renommierten Hochschulen – und das schmälert sein soziales Prestige und seinen bürokratischen Einfluß entscheidend.

In keinem anderen Land bilden die Universitäten eine so strenge Hierarchie, angefangen bei den ehemals «kaiserlichen» Staatsuniversitäten von Tokio (Tokai[31]) und Kyoto (wenngleich ihnen die private Waseda mittlerweile scharfe Konkurrenz macht) bis hinunter zu anderen öffentlichen und privaten, staatlichen und städtischen Hochschulen. In kaum einem anderen Land zählen akademische Meriten außerhalb der Universität so viel wie in Japan. Und was noch wichtiger ist: Nirgendwo sonst hängt das Prestige von Behörden, ja sogar von Privatunternehmen in so hohem Maße von den Diplomen ihrer Mitarbeiter ab. In Japan nimmt der Respekt vor akademischen Lorbeeren fast schon religiöse Züge an, und gleich nach dem hochangesehenen Finanzministerium profitiert das Gaimusho am meisten von dieser Haltung – nicht zuletzt bei seinen häufigen Auseinandersetzungen mit dem MITI.[32]

Unter Führung des Gaimusho hatten sich die maßgebenden informellen Gruppen in Tokio im Juli 1987 darauf geeinigt, das FSX-Projekt abzulehnen. Damit war das Boeicho matt gesetzt, und nun kam es nur noch darauf an, den Konsens auch bei den nominellen Vorgesetzten der Gaimusho-Beamten, den Ministern der damals amtierenden Regierung Nakasone[33], durchzusetzen. Wie bereits erwähnt, haben nur wenige Minister oder selbst Premiers in so wichtigen Fragen, wie es das FSX-Projekt zweifellos war, wirkliche Entscheidungsbefugnisse, und wenn, dann sind es zumeist ehemalige Beamte, die sich auf ihr Ansehen und ihre Anhängerschaft in der Bürokratie verlassen können. Eine dieser Ausnahmen war Noboru Takeshita. Er sollte später in einem wichtigen Moment entscheidend intervenieren.

Eine Hauptaufgabe japanischer Spitzenpolitiker besteht darin, einflußreiche Wählerschichten (wie die Reisbauern) und kleinere Interessengruppen aus der Wirtschaft zu vertreten, die von der Bürokratie aus dem einen oder anderen Grund nicht gebührend berücksichtigt werden. Mitsubishi gehörte allerdings nicht in diese Kategorie. Zum einen war das Unternehmen als eine der führenden Keiretsu bestens vertreten, zum anderen stand es dem FSX-Projekt zwiespältig gegenüber. Hätte die gesamte Mitsubishi-Gruppe beschlossen, das hauseigene Luftfahrtunternehmen mit seiner geballten Finanzkraft und seinem Prestige zu unterstützen, dann wären die FSX-Gegner auf erheblich mehr Widerstand gestoßen, als das Boeicho und die Flugzeugenthusiasten um Ryozo jemals mobilisieren konnten.

Aber selbst die zu erwartenden Milliardeneinnahmen aus dem FSX-Geschäft in den kommenden zehn Jahren waren für Mitsubishi kaum mehr als Kleingeld: Die Mitsubishi Bank und Mitsubishi Trust and Banking rangierten, nach Einlagen gerechnet, in der Weltrangliste der größten Banken auf Platz drei und fünfzehn, und allein die drei größten Industrieunternehmen der Gruppe – Mitsubishi Electric, Mitsubishi Motors und Mitsubishi Heavy Industries – erzielten damals schon einen Jahresumsatz von über 40 Milliarden Dollar. Da protektionistische Maßnahmen der Amerikaner einen beträchtlichen Teil ihrer Exporte bedroht hätten, fiel das unternehmerische Kalkül des Hauses zuungunsten des FSX-Projekts aus. So blieb der glücklosen Regierung Nakasone die Qual erspart, in einem langwierigen politischen Kampf zum Streitobjekt von Kräften zu werden, die mächtiger waren als sie.

Der zweite Akt endete im September 1987, als Yuko Kurihara, der damalige Boeicho-Chef, bei einem Besuch in Washington erklärte, daß Japan mit einer Kooperation, wie sie US-Vertreter seit langem befürworteten, einverstanden sei. Mitsubishi Heavy Industries und seine Zulieferer sollten die F-16 *Falcon* gemeinsam mit dem ursprünglichen Hersteller General Dynamics von Grund auf modernisieren. Die amerikanische Firma sollte Lizenzgebühren für die Technologie der Originalmaschine erhalten und sich mit seinen Zulieferern an der Entwicklungsarbeit beteiligen, die für die Umwandlung der F-16 in die FSX erforderlich war. Geschätzte Kosten: über 1 Milliarde Dollar. Ferner sollte die US-Regierung freien Zugang zu den neuen, von den amerikanischen Partnern entwickelten Technologien bekommen – obwohl sie von Japan bezahlt wurden – und darüber hinaus das Recht erhalten, jede von den Japanern entwickelte technische Neuerung an der FSX käuflich zu erwerben.

Der damalige Verteidigungsminister Caspar Weinberger jubelte. Er hatte in den Monaten zuvor wiederholt mit japanischen Politikern konferiert und war nun fest davon überzeugt, daß der Sieg seinen Überredungskünsten zu verdanken sei.[34] Natürlich hatte man ihn über die japanische Politik und die FSX-Pläne informiert, möglicherweise sogar über die verschiedenen Stadien der Konsensbildung, die zwar hinter den Kulissen vonstatten gingen, gelegentlich aber in öffentlichen Stellungnahmen zum Ausdruck kamen. Doch die Verständigung zwischen verschiedenen Kulturen ist eine heikle Angelegenheit. Speziell im Hinblick auf Japan. Die Amerikaner mögen zwar erfahren, daß dies oder jenes wahr sei, doch letztlich gelingt es ihnen nicht, es auch als wahr zu akzeptieren, weil die Dinge in ihrem Land ganz anders gehandhabt werden. Wie bereits andere US-Politiker vor ihm hing wohl auch Weinberger dem Irrglauben an, daß seine japanischen Gesprächspartner ähnliche Entscheidungsbefugnisse hätten wie er. Folglich nahm er an, daß *er* gewonnen habe, und nicht die FSX-Gegner in Japan selbst.

Ryozo und seine Mitstreiter bei den Luftverteidigungskräften, im Boeicho insgesamt und in der Flugzeugindustrie waren mit dem Ausgang des zweiten Aktes natürlich alles andere als zufrieden. Doch die Sache war entschieden, und nach den jahrelangen Gesprächen war es nun an der Zeit, an die Arbeit zu gehen. Doch bevor die Ingenieure in Aktion treten konnten, hatten General

Dynamics und Mitsubishi Heavy Industries den komplizierten Vertrag auszuhandeln, in dem festgelegt werden mußte, welche Seite welche Arbeiten übernahm, welche Zahlungen sie und ihre Zulieferer erhielten und wie das erforderliche Technologie-Sharing abgewickelt werden sollte. Und diese Verhandlungen wiederum konnten erst beginnen, nachdem die beiden Regierungen ein detailliertes Abkommen aufgesetzt hatten, das Kuriharas allgemeine Zusagen vom September 1987 mit dem notwendigen Kleingedruckten versah.

Bald stellte sich jedoch heraus, daß es alles andere als einfach war, sich auf die genauen Vertragsklauseln zu einigen. Die amerikanischen Unterhändler von Pentagon und State Department stießen sich vor allem an den vagen Auskünften zu der Frage, wie groß der Arbeitsanteil jeder Seite sein sollte – Kurihara hatte den Amerikanern «35 bis 45 Prozent» in Aussicht gestellt. Zudem verlangte das Technologiekontrollamt des Pentagon unter Hinweis auf den von Toshiba und Kongsberg verschuldeten U-Boot-Skandal von Japan die verbindliche Zusage, bei der Geheimhaltung der technischen Neuerungen, die in die FSX einfließen würden, größte Sorgfalt walten zu lassen. Die japanischen Beamten, die zu den Verhandlungen entsandt wurden, mußten wiederum feststellen, daß Kurihara mit dem Versprechen, den Amerikanern freien Zugang zu rein japanischen Technologien zu gestatten, seine Kompetenzen überschritten hatte oder, was ebenso möglich war, daß die Amerikaner sein höfliches Nicken als verbindliche Zusage mißverstanden hatten (eine Zusage, die selbstverständlich nur sie geben konnten). Weinberger glaubte, er habe das Gefecht gewonnen. Er irrte. Was er für ein Gefecht hielt, war nur ein Vorgeplänkel gewesen.

Erst im November 1988, in den letzten Wochen von Reagans Amtszeit, wurde die Vereinbarung von beiden Seiten unterzeichnet. Nun endlich konnten General Dynamics und Mitsubishi die Bedingungen aushandeln, auf deren Grundlage die Ingenieure in den kommenden Jahren zusammenarbeiten sollten.

Eine Hürde galt es freilich noch zu nehmen, ehe man am Verhandlungstisch Platz nehmen konnte: Wie bei jedem Waffengeschäft, ganz gleich welcher Größenordnung, konnte der US-Senat die Vereinbarung stoppen, wenn er innerhalb von dreißig Tagen nach der offiziellen Vorlage des Entwurfs einen Mißbilligungsantrag verabschiedete. Viele Senatoren waren im ersten Akt zwar wachgerüttelt worden, doch es war unwahrscheinlich, daß das Projekt am Ende des zweiten Aktes noch einmal in Gefahr geraten würde. Immerhin hatten State Department und Pentagon viel Zeit auf die Verhandlungen verwendet. Und Reagans letzter Verteidigungsminister Frank Carlucci, der im Gegensatz zu seinem Vorgänger hohes Ansehen genoß, war ein ebenso eifriger Befürworter des Abkommens wie der nicht minder angesehene Außenminister George Shultz.

Auf jeden Fall war nach den allgemeinen Wahlen von 1988 nicht damit zu rechnen, daß der Senat sich im neuen Jahr eingehend mit dem FSX-Projekt beschäftigen würde, zumal die Anhörungen der neu ernannten Mitglieder der Regierung Bush weitaus pikanter zu werden versprachen. Tatsächlich interessierten sich im Januar 1989 die meisten Senatoren viel brennender für das Leben und die Liebesaffären des designierten Verteidigungsministers, vermeintlichen Trinkers und Schürzenjägers John G. Tower als für die Kohlenstoffaser-Verbundstoffe und die geheime Elektronik der FSX. Nur einundwanzig Senatoren sprachen sich gegen die Vereinbarung mit Japan aus – eine geringe Zahl angesichts der demokratischen Mehrheit und der Turbulenzen im Vorfeld.[35]

So rechnete eigentlich niemand mehr mit einem dritten Akt, und als er dann doch begann, war man um so überraschter, als die neuerliche Kritik an dem FSX-Abkommen aus völlig unerwarteter Ecke kam. Im Februar 1989, als Bush noch an seiner Regierung bastelte, die Mehrzahl der wichtigsten Beamten vom Kongreß noch nicht bestätigt und einige noch nicht einmal nominiert waren, erhob Robert A. Mosbacher, der neue Handelsminister, schwere Einwände gegen das Abkommen und verlangte Nachbesserungen. Sein Vorstoß löste unter Kennern der Szene zunächst Amüsement, dann Kopfschütteln aus. Das Handelsministerium genoß in Washington seit jeher nur geringes Ansehen, und seine Mitarbeiter hatten niemals über die nötige Sachkenntnis verfügt, um es in außenpolitischen und militärischen Angelegenheiten wie der FSX-Frage mit der Kompetenz von State Department und Pentagon aufzunehmen. Mosbacher selbst war ein gutaussehender Ölmillionär aus Texas. Er galt allgemein als umgänglicher, aber auch mittelmäßiger Mann, der seine Ernennung allein dem Umstand verdankte, daß er Bush im Wahlkampf als Finanzmanager unterstützt hatte. Präsidenten belohnen solche Dienste gewöhnlich mit reizvollen Botschafterposten, die mit der hohen Politik freilich wenig zu tun haben, und da Mosbacher mit dem spanischen König Juan Carlos gelegentlich einen Segeltörn unternahm, wurde erwartet, daß Bush ihn nach Madrid schicken würde. Einerseits war also bekannt, daß er mit dem Präsidenten befreundet war und daher wohl einen gewissen Einfluß ausübte, doch andererseits traute ihm niemand die nötige Sachkompetenz zu, um sich in der komplizierten FSX-Frage mit den Fachleuten im Außen- und Verteidigungsministerium anlegen zu können.

Die Japaner zeigten sich zunächst schockiert über Mosbachers Intervention, beruhigten sich aber rasch wieder, als ihre Anwälte und Berater aus Washington meldeten, daß er ein politisches Leichtgewicht sei und daß der ebenfalls mit dem Präsidenten befreundete Außenminister James Baker mit voller Unterstützung der Japan-Experten in Pentagon und State Department seine Kritik im Keim ersticken werde. Noboru Takeshita[36], Nakasones Nachfolger im Amt des Ministerpräsidenten, hörte solche Versicherungen besonders gern. Er hatte ein ganz spezielles Interesse daran, daß die Beziehungen seines Landes zu den Vereinigten Staaten durch nichts getrübt wurden.

Als Takeshita im Februar 1989 zu einem Besuch des neuen Präsidenten nach Washington flog, war es für ihn politisch noch wichtiger als sonst, welches Echo sein Auftritt als Staatsmann zu Hause finden würde: Seine Regierung war bereits tief in den Recruit-Finanzskandal verstrickt, der schließlich zu ihrem beschämenden Ende führen sollte.[37] Takeshita erklärte in Washington, daß der Kongreß dem FSX-Abkommen unbedingt noch vor dem 31. März, dem letzten Tag des japanischen Fiskaljahrs, zustimmen müsse, andernfalls könne der erste Vertrag mit Mitsubishi erst nach der Verabschiedung des neuen Haushalts, also Monate später, zustande kommen, was die Ingenieure des Unternehmens zum Nichtstun verurteilen würde. Die Japan-Experten der amerikanischen Regierung pflichteten ihm bei und warnten einhellig vor den bevorstehenden Wahlen: Eine Niederlage Takeshitas und ein Sieg der Sozialisten könnten nach vier Jahrzehnten enger Zusammenarbeit die gesamte Bündnisbeziehung mit Japan gefährden.

Auch wenn Mosbacher mit Bush befreundet war, schien es daher ausgeschlossen, daß der Präsident zu einem so heiklen Zeitpunkt weitere Vorstöße des unerfahrenen Texaners in der sensiblen FSX-Frage dulden würde. Aber genau das passierte – und die Wirkung war durchschlagend. In der Öffentlichkeit und bei Sitzungen des Nationalen Sicherheitsrats behauptete Mosbacher wiederholt, daß das Abkommen fatale Mängel enthalte, da die Unterhändler von Pentagon und State Department die FSX-Frage vorrangig als außen- und sicherheitspolitisches Problem behandelt hätten, obwohl es ebensosehr um wirtschaftliche Belange gehe.[38]

In der Sprache seiner Widersacher verwies Mosbacher darauf, daß von der Sowjetunion unter Gorbatschow eine weit geringere militärische Bedrohung ausgehe und daß man wirtschaftlichen Aspekten folglich einen größeren Stellenwert einräumen müsse – ein Umstand, dem das FSX-Abkommen in seiner vorliegenden Form nicht Rechnung trage. Speziell die dem Unternehmen General Dynamics und seinen amerikanischen Zulieferern zugesicherte Beteiligung von «ungefähr» 35 bis 40 Prozent gelte nur für die Entwicklungsarbeiten, nicht aber für die spätere Produktion des Flugzeugs. Deshalb sei das Abkommen für Amerika keine Milliarde Dollar wert, wie Weinberger nach Kuriharas Zusagen ursprünglich geschätzt habe, sondern nur die Hälfte. Mosbacher verlangte Garantien für eine 40prozentige Beteiligung an Produktion und Entwicklung. Bei 130 geplanten FSX-Jagdbombern hätte das ein Auftragsvolumen von 2 bis 2,5 Milliarden Dollar bedeutet, fast ebensoviel wie der Direktverkauf von 130 billigeren F-16.[39]

Darüber hinaus hatten Mosbacher und Unterstaatssekretär Dennis Kloske eine Schwachstelle entdeckt, die den meisten Fachleuten entgangen war: Die Frage der Produktion einmal ganz beiseite gelassen, bestand zwischen «ungefähr 35 bis 40 Prozent» und exakten 40 Prozent ein gravierender Unterschied – und nicht wegen der 5 Prozent mehr Arbeit und Umsatz für die US-Industrie. Beim Bau moderner Kampfflugzeuge verschlingen Flugwerk, Triebwerksanlage und Elektronik jeweils etwa ein Drittel der Gesamtkosten. Waren die Japaner mit 65 Prozent am Gesamtbudget beteiligt, dann konnten sie darauf bestehen, an der Triebwerksanlage, einem Großteil der Elektronik und einigen Modifikationen der Flugzeugzelle mitzuarbeiten. Bei 5 Prozent weniger blieb die Triebwerksanlage jedoch ganz in der Hand der Amerikaner – ein entscheidender Vorteil, wenn sie das gesamte Projekt kontrollieren wollten.

Schließlich verblüfften Mosbacher und seine Mitarbeiter die Experten noch mehr, als sie darlegten, welches Know-how weitergegeben werden sollte und welches nicht. Dieser Punkt war keineswegs nur eine belanglose Formalität, denn er konnte über die Zukunft der amerikanischen Luftfahrtindustrie entscheiden, der zivilen wie der militärischen. Die F-16 verfügt über eine sogenannte «Fly-by-Wire»-Flugsteuerung, und das bedeutet nicht nur, daß elektrische Leitungen die mechanischen und hydraulischen Verbindungselemente zu den Querrudern, Höhenflossen, Landeklappen und anderen Steuerrudern ersetzt haben. Solche Leitungen sind zwar erheblich leichter, billiger und viel einfacher durch redundante Systeme zu sichern, aber Leitungen allein nehmen dem Piloten nicht die Aufgabe ab, das Flugzeug durch Verstellen der Ruder auf den gewünschten Kurs zu bringen, wobei er anschließend häufig mit dem Steuerknüppel korrigieren muß, um Abweichungen der reagierenden Maschine vom erwünschten Flugzustand auszugleichen. Beim «Fly-by-Wire»-System hingegen gehen die Befehle vom Steuerknüppel nicht direkt zu den Verstellorganen an den Rudern, sondern werden in einen Flugkontrollrechner eingespeist, der ständig mit aktuellen Daten über die Bewegung des Flugzeugs in der Luft versorgt wird und deshalb die Signale vom Steuerknüppel so modifizieren kann, daß die Maschine schneller und genauer reagiert.

Dieses Juwel amerikanischer Flugzeugtechnik machte die F-16 sowjetischen Kampfflugzeugen wie der MIG-29 und der Su-27, die für den Luftkampf sonst bestens ausgestattet waren, weit überlegen. Die gleiche Computertechnologie ermöglicht zivilen Verkehrsmaschinen, sicherer und kostengünstiger zu fliegen als mit jedem manuellen System. Das Geheimnis ist nicht der Computer selbst, sondern die höchst komplizierte Software, die sogenannten «Source Codes» – und diese Technologie wollte Mosbacher ebensowenig aus der Hand geben wie das andere Prunkstück, den «Hot-section»-Kern des Düsentriebwerks. Natürlich brauchte die F-16 oder die FSX den Computer, um überhaupt fliegen zu können, aber dafür gab es eine einfache Lösung: Die Vereinigten Staaten lieferten den Computer, aber nur als Black box, die für die Benutzung durch den Piloten bereits programmiert war, und behielten die Source Codes zurück.

Mitte Februar 1989 gelang es Mosbacher gegen heftige Proteste von State Department und Pentagon, die Abstimmung über das FSX-Abkommen im Senat um drei Wochen verschieben zu lassen. Damit verschaffte er sich die nötige Zeit, um seine Kritik zu dokumentieren und Korrekturen vorzunehmen, über die mit den Japanern neu verhandelt werden sollte.[40] Anfang März hatte er den Präsidenten dazu gebracht, seinen Standpunkt zur offiziellen Politik der Vereinigten Staaten zu benennen, und am Ende desselben Monats scheiterte ein erster Verhandlungsversuch mit Nishihiro Seiko, dem stellvertretenden Boeicho-Direktor, am Widerstand der japanischen Seite.

Die Regierung Takeshita war zu diesem Zeitpunkt zwar in arger Bedrängnis, doch Mosbacher hatte die Behauptungen von State Department und Pentagon, wonach das ursprüngliche FSX-Abkommen zufriedenstellend sei, eindeutig widerlegt, und so übernahm die Regierung Bush seine Forderungen: Die Vereinigten Staaten bestanden auf einer 40prozentigen Beteiligung an der Produktion und auf der Geheimhaltung der Source Codes und des Triebwerkkerns.[41] Der öffentliche Streit, der daraufhin entbrannte, war beispiellos in den amerikanisch-japanischen Beziehungen seit 1945. Kichiro Tazawa, Generaldirektor von Boeicho und wie viele seiner Vorgänger nur kurz im Amt, beklagte sich vor der Presse bitter darüber, daß Washington ein bereits unterzeichnetes und ratifiziertes Abkommen für unverbindlich erklärt habe, und ließ durchblicken, daß Japan einer Änderung der Vertragsklauseln keinesfalls zustimmen werde.[42]

Seine Äußerungen spiegelten die Stimmung in Tokio wider. Die Industrie und Tsutsuis Clique von Do-it-yourself-Begeisterten waren über Mosbachers Zusatzforderungen so empört, daß selbst das Gaimusho mit seiner Zustimmung zögerte. Diplomaten neigen im allgemeinen dazu, vieles zu akzeptieren, aber sie akzeptieren keinen Bruch von Vereinbarungen, und nun hatten die Vereinigten Staaten ein ausgehandeltes Abkommen gebrochen und damit den wertvollen Konsens über den gemeinsamen Bau der FSX zerstört. Mit anderen Worten, diesmal hatten die Japaner Probleme, die andere Kultur zu verstehen: Obwohl sie oft genug gehört hatten, daß in den Vereinigten Staaten der Kongreß das letzte Wort hat, akzeptierten viele diese Wahrheit nicht, weil ihr eigenes Parlament im Vergleich zu jedem westlichen Parlament, insbesondere zum US-Kongreß, relativ machtlos ist.

Der Streit verschärfte sich, und Argumente für und wider füllten die Zeitungen in den Vereinigten Staaten. Einige Autoren standen unverkennbar im Sold der Japaner, andere schreckten nicht davor zurück, das Gespenst des japanischen Militarismus an die Wand zu malen.[43] Die japanische Presse wiederum übte, wie kaum anders zu erwarten, heftige Kritik an der Regierung Bush, weil sie in der FSX-Frage von Reagans Kurs abgerückt war. Vor allem aber sorgte die Flut neuer Informationen über die Einzelheiten des FSX-Geschäfts dafür, daß die Zahl der Kritiker auf dem Capitol wuchs. So waren viele Parlamentarier empört, als sie entdeckten, daß General Dynamics für jedes gebaute Flugzeug eine Lizenzgebühr von 1 Million Dollar erhalten sollte. Diese Summe war einerseits unerhört hoch, weil sie an ein Privatunternehmen fließen sollte, obwohl die F-16 ursprünglich mit Steuergeldern entwickelt worden war, andererseits war sie unerhört klein, weil in dem Flugzeug Technologien im Wert von vielen Milliarden Dollar steckten. Und das war nur einer von vielen bitteren Vorwürfen. Eine Zeitung fing die Stimmung in jenen Tagen mit folgender Schlagzeile ein: «Ein noch nicht gebautes Flugzeug könnte das amerikanisch-japanische Bündnis ins Trudeln bringen.»[44] Die Gefahr, daß das Bündnis schweren Schaden nehmen könnte, war denn auch der Grund, warum die Verhandlungen, während der öffentliche Streit seinem Höhepunkt zustrebte, rasche Fortschritte machten. Dies war in erster Linie das Verdienst des japanischen Ministerpräsidenten Takeshita, der die Frage ein für allemal geklärt sehen wollte, selbst wenn er alle Forderungen der Amerikaner akzeptieren müßte. Obwohl durch den Recruit-Skandal angeschlagen, war er für japanische Verhältnisse ein ungewöhnlich mächtiger Politiker – mächtiger jedenfalls als sein Vorgänger, der Medienstar Yasuhiro Nakasone.

Nakasones gute Kontakte zu einflußreichen Akademikerkreisen hatten die US-Presse glauben gemacht, er sei von einem ganz anderen Kaliber als frühere japanische Ministerpräsidenten – kein farbloser und schwacher Kompromißkandidat, der seinen Aufstieg lediglich den Flügelkämpfen in der Regierungspartei verdankte, sondern ein charismatischer Führer, der entschlossen seinen Standpunkt vertrete und durchaus in der Lage sei, den widerspenstigen Bürokraten seinen Willen aufzuzwingen. Ungewöhnlich groß und gutaussehend, war Nakasone in den Augen der Amerikaner wie geschaffen für diese Rolle – er sah aus wie ein politischer Führer. Hinzu kam, daß er sich gern in traditionellen Trachten fotografieren ließ, in denen er die Amerikaner an die unerschrockenen Helden aus Samurai-Filmen erinnerte.

Entsprechend groß war der Rummel, den die über die politischen Verhältnisse in Japan nicht sonderlich gut informierte Presse in Amerika um ihn machte. In zahlreichen Artikeln, die zu der Zeit erschienen und vielfach mit gut gewählten Fotos bebildert waren, zog man eine Parallele zwischen Japans neuem Status als anerkannte Wirtschaftssupermacht und Nakasones neuem Status als Staatsmann von Weltformat. Hauptsächlich deshalb suchte Ronald Reagan den freundschaftlichen Kontakt zu Nakasone wie niemals zuvor ein US-Präsident zu einem japanischen Regierungschef. Und wieder machte die Presse viel Rummel um die Beziehung zwischen «Ron und Yasu». Man erwartete große Dinge von ihr. Insbesondere hoffte man, daß nun endlich Schluß sei mit der chronischen Unfähigkeit der japanischen Premiers, sich mit ihren vermeintlichen Freihandelsideen beim MITI und der übrigen Wirtschaftsbürokratie durchzusetzen.

Doch hinter Nakasones eindrucksvollem Image verbarg sich eine traurige politische Realität: Obwohl durchaus talentiert und energisch, verfügte er einfach nicht über die Macht, um die Kollegen im Kabinett, geschweige denn die Bürokraten auf seinen Kurs zu zwingen. Tatsächlich hatte er weniger Macht als die meisten seiner «farblosen» Vorgänger. Als Chef einer sehr kleinen Fraktion der Liberal-Demokratischen Partei war er nicht sein eigener Herr. Er fungierte lediglich als Strohmann der starken Tanaka-Fraktion[45], die zu der Zeit zufällig keinen geeigneten Kandidaten für den Posten des Ministerpräsidenten in ihren Reihen hatte. Dank dieser Unterstützung blieb Nakasone außergewöhnlich lange im Amt[46], aber gleichzeitig waren ihm die Hände gebunden, denn die Tanaka-Fraktion hinderte ihn daran, entscheidenden Einfluß auf das Finanzministerium zu nehmen, und entzog ihm damit die Macht des Geldes. Infolgedessen war er nach amerikanischen oder europäischen Maßstäben kein wirklicher Regierungschef, denn eine Regierung regiert durch das Geld, sieht man einmal von jenen bedauernswerten Ländern ab, in denen die Machthaber ihren Willen mit Bajonetten oder Maschinengewehren durchsetzen.

Im Vergleich zu Nakasone hatte Takeshita zugegebenermaßen ein schlechtes Image und einen schwachen PR-Apparat, doch seine tatsächliche Macht war ingesamt größer, denn seine Fraktion kontrollierte das Kräftespiel in der Regierungspartei. Als Takeshita im April 1989 beschloß, einen Schlußstrich unter die leidige FSX-Frage zu ziehen, konnte er daher die gespaltene Bürokratie dazu zwingen, seine Entscheidung hinzunehmen.

Dennoch beruhte der neue Konsens nicht auf einem Kompromiß, der von allen rivalisierenden Behörden getragen wurde. Insbesondere Ryozo und seine Kollegen lehnten es ab, den Flugkontrollrechner als geschlossene «Black box» zu akzeptieren. Statt dessen forderten sie, daß neue Source Codes in japanischer Sprache geschrieben werden müßten. Dafür waren sie sogar bereit, eine Verzögerung des Projekts um zwei Jahre hinzunehmen (ein deutlicher Hinweis darauf, wie wertvoll diese immaterielle Technologie tatsächlich ist). Im Mai 1989 billigten die japanischen Unterhändler eine Neufassung des Abkommens, die fast alle Forderungen Mosbachers enthielt, die Verweigerung der Source Codes eingeschlossen. Der in vielen Punkten geänderte Entwurf wurde ordnungsgemäß dem Senat vorgelegt[47], und alle Welt erwartete seine rasche Verabschiedung – schließlich war er viel vorteilhafter als Weinbergers Erstfassung.

Doch damit war der dritte Akt noch nicht zu Ende. Wie sich bald herausstellte, war der erfolgreiche Abschluß der Verhandlungen nur die erste Szene gewesen. Schauplatz der zweiten Szene war der US-Kongreß, dessen Mitgliedern es noch nie an dramatischem Talent gemangelt hat. Vordergründig diskutierte man über einen Mißbilligungsantrag gegen den gemeinsamen Bau der FSX, doch der eigentliche Gegenstand der hitzigen Debatte waren die amerikanisch-japanischen Beziehungen insgesamt. Senator Byrd aus West Virginia, der frühere Mehrheitssprecher, drückte in seinem sehr persönlichen Stil aus, was viele dachten:

> Mr. President, gehen Sie ins Land hinaus und sprechen Sie mit denen, die bei Glasfasern, Kameras, Computern, Radios, Schwarzweiß- und Farbfernsehgeräten, im Schiffsbau und in der Stahlindustrie ihre Jobs verloren haben. Fragen Sie sie, wie sie heute wählen würden … Wir müssen Japan klarmachen, daß wir uns keine Beleidigungen mehr gefallen lassen. Und das müssen wir auch unseren windelweichen Diplomaten klarmachen.

Anschließend rezitierte Senator Byrd ausführlich ein Gedicht.[48] In derselben Sitzung führte Senator Riegle aus Michigan ein neues Argument gegen das FSX-Abkommen ins Feld. Während andere die Ansicht vertreten hatten, daß man allein schon deshalb für das Abkommen stimmen müsse, weil es in seinen Grundzügen bereits von der Regierung Reagan ausgehandelt worden sei, sah Riegle gerade darin einen triftigen Grund, es abzulehnen:

> Nur weil der letzte Präsident demnächst nach Japan fliegt und zwei Millionen Dollar Honorar dafür erhält, daß er eine Woche lang im ganzen Land Reden hält, dürfen wir uns nicht an eine Übereinkunft gebunden fühlen, die dieser Präsident getroffen hat. Das wäre meiner Ansicht nach ein Fehler. Japan zieht gegenwärtig Monat für Monat vier bis fünf Milliarden Dollar Reingewinn aus unserem Land heraus.[49]

Anschließend trug Riegle einen ganzen Katalog von Beschwerden vor. Er monierte Japans «räuberische» Handelspraktiken, den angeblichen Plan von MITI, die internationale Flugzeugindustrie zu übernehmen, die mutmaßliche Rolle der Japaner beim Börsenkrach im Oktober 1987, «Handelsbetrügereien» im allgemeinen, die Last der Überseeschulden und anderes mehr.

Komplettiert wurde die Liste der Vorwürfe durch mehrere Senatoren, die im Verlauf der Debatte noch einmal an die Toshiba-Affäre erinnerten (wobei sie abermals unerwähnt ließen, daß es sich um eine Toshiba-Kongsberg-Affäre gehandelt hatte) und eindringlich vor einem möglichen Verrat technologischer Geheimnisse im Zusammenhang mit der FSX warnten. Andere behaupteten gar, daß das neue Flugzeug Jagdbombern aus den USA auf dem Weltmarkt Konkurrenz machen werde, wobei sie völlig außer acht ließen, daß das selbstauferlegte Exportverbot der Japaner für alle Rüstungsgüter nach allgemeiner Auffassung fest in einem breiten politischen Konsens verankert war. Schließlich stellte Senator Dixon aus Illinois, der Wortführer der Vertragsgegner, die Idee einer Kooperation selbst, ja sogar die Lizenzproduktion in Frage:

> Ich sage: «Kauft die F-16.» Und denen ... die sagen, der Handel sei unter Dach und Fach, sage ich: «Wenn sie die F-16 nicht kaufen, werden wir ihre Kameras, Farbfernseher und Telefone nicht kaufen.»[50]

Daraufhin wechselte Dixon abrupt den Ton und fuhr mit dem Pathos des honorigen Senators fort: «... und all die anderen Dinge, die Teil des redlichen Handels zwischen unseren beiden großen Nationen sind.» Doch gleich danach kehrte Dixon zu einem rüderen Stil zurück und zitierte aus einer Zeitung: «Das ‹S› in FSX steht für *sucker* (Beschiß).»

Die Meinungsbildner unter den Gegnern des Abkommens, deren Zahl im Kongreß stetig wuchs, allen voran Senator Bingaman aus New Mexico und der Abgeordnete Mel Levine aus Kalifornien, waren als Persönlichkeiten vielleicht nicht so markant, doch dafür gingen sie mehr ins Detail. Sie trugen eine ganze Palette sicherheitspolitischer, technischer und wirtschaftlicher Argumente vor, doch ihre Hauptsorge galt der Industrie. Sie lehnten eine gemeinsame Entwicklung der FSX deshalb ab, weil sie den Japanern in ihren Augen bessere Chancen eröffnen würde, in Konkurrenz zu Amerika ein eigenes Zivilflugzeug zu entwickeln.

Oberflächlich betrachtet machten die Parlamentarier aus einer Mücke einen Elefanten, denn erstens war weder die F-16 noch die geplante FSX ein geeigneter Prototyp für eine Düsenverkehrsmaschine, und zweitens waren Japans Flugzeugbauer für Boeing und McDonnell-Douglas alles andere als gefährliche Konkurrenten. Da der japanische Binnenmarkt für Kampfflugzeuge sehr bescheiden ist und der Staat die Ausfuhr von Waffen untersagt, fehlen der Industrie jene Umsatzgarantien, auf die sich die europäischen und amerikanischen Rivalen stützen können.[51] Außerdem hat sie nicht den versteckten Vorteil, schwierige technische Probleme in der vom Staat zur Verfügung gestellten Zeit lösen zu können, indem sie kostenintensive Arbeiten dieser Art laufenden Rüstungsprojekten einverleibt. Noch kann sie von «Nebenprodukten» profitieren: Sie ist nicht in der Lage, mit Hilfe kleinerer Modifikationen (Umwandlung zur zivilen Verwendung) aus Starrflügelflugzeugen und Hubschraubern, die ursprünglich mit staatlichen Mitteln gebaut wurden, kostengünstig marktfähige Produkte zu entwickeln.[52] Von daher überrascht es also nicht, daß Japans Flugzeugindustrie bisher nicht imstande war, mit eigenen zivilen Verkehrsmaschinen Boeing, McDonnell-Douglas oder gar dem doppelt subventionierten Airbus-Konsortium Konkurrenz zu machen.

Und doch hatten Senator Bingaman, der Abgeordnete Levine und all die anderen, die in beiden Häusern ihrer Linie folgten, ein stichhaltiges Argument, auch wenn sie keinen gesteigerten Wert darauf legten, es in aller Öffentlichkeit vorzutragen: Fuji, Kawasaki und Mitsubishi könnten für Boeing durchaus zu ernsten Konkurrenten werden, und zwar nicht wegen der FSX, sondern einfach weil sie japanische Unternehmen sind. Allein diesem Umstand haben sie es zu verdanken, daß ihnen eine ebenso hochqualifizierte wie disziplinierte Arbeiterschaft zur Verfügung steht. Japan ist eine intakte Gesellschaft mit hohem Ausbildungsstand, in der das Individuum nach wie vor dazu neigt, seine Selbstverwirklichung in ordentlich getaner Arbeit und nicht im Vergnügen zu suchen. Zwar beklagen ältere Japaner, daß die junge Generation von heute mehr den Freuden der Liebe und des Mammons nachjage, statt in der Arbeit nach Vollkommenheit zu streben. Und ebenso wahr ist, daß die Darstellung der Japaner als humorlose Roboter ein rassistisches Zerrbild ist: Pflichtbewußte Manager und fügsame Fabrikarbeiter bilden nur eine Minderheit in diesem Volk, das reichlich gesegnet ist mit raffinierten Drückebergern, Lebenskünstlern aller Art, Bauern, die nur sporadisch hart arbeiten, Krämern und Wirten, deren kleine Läden und noch kleineren Trinkstuben mehr der Zerstreuung dienen, als daß sie Gewinne abwerfen, Gangstern, die ihre Faulheit demonstrativ zur Schau stellen, und Tora-san-Typen (Herr Tora, der sorglose Held vieler Filme, gutmütig, menschlich und warmherzig, aber alles andere als ein fleißiger Arbeiter, ist in Japan ein verbreiteter Typ).

Gleichwohl steht außer Frage, daß die japanischen Industriearbeiter länger arbeiten als viele ihrer Kollegen im Westen und ihre Produktivität ständig steigern (1970 lag die Durchschnittsproduktivität pro Arbeitsstunde in der US-Industrie bei 192 Prozent gemessen an der japanischen Industrie, 1988 nur noch bei 164 Prozent). Das bedeutet, daß die Arbeitskosten für Japans Industrie kaum gestiegen sind, obwohl die Löhne selbst stark angezogen (und 1987 sogar das US-Niveau übertroffen) haben. Hinzu kommt, daß die japanischen Gewerkschaften seit Ende der fünfziger Jahre überaus kooperativ sind. Sie streiken so gut wie nie und akzeptieren ausnahmslos jede neue Produktionsmethode.[53] Was für die Arbeit gilt, gilt auch für das Kapital. Wie allen renommierten japanischen Firmen steht auch den im Flugzeugbau tätigen Großunternehmen, nur weil sie japanische Unternehmen sind, reichlich langfristiges Kapital zur Verfügung. Meist erhalten sie es von ihren eigenen «Hausbanken» – Mitsubishi hat mit der Mitsubishi Bank und der Mitsubishi Trust und Banking gleich zwei, und beide sind riesig.[54] Auch renommierte US-Unternehmen können für ein, zwei oder drei Jahre viel Kapital aufnehmen. Doch für sie ist es nach wie vor schwieriger, «geduldiges» Kapital zu beschaffen, das sie in langfristige Technologie-Projekte wie etwa ein neues Flugzeug investieren können, ohne die lähmenden Forderungen nach schnellen Gewinnen der Aktionäre, der Inhaber von Schuldverschreibungen oder der ebenso ungeduldigen Geschäftsbanken befriedigen zu müssen.

Natürlich haben japanische Unternehmen wie Mitsubishi Arbeit und Kapital bislang anderweitig eingesetzt, doch allein die Tatsache, daß sie in der Lage sein könnten, eine Flugzeugindustrie von Weltrang aufzubauen, löste im Kongreß heftigen Widerstand gegen das FSX-Abkommen aus. Und obwohl Mosbacher zusätzliche Sicherungen eingebaut hatte, beunruhigte die Parlamentarier vor allem der geplante Technologie-Transfer, denn Technologie war das fehlende Element in der Triade von qualifizierter Arbeiterschaft, Kapital und Know-how, das es Japan ermöglichen würde, in die letzte Bastion der amerikanischen Industrie einzudringen.

Im Widerspruch zu den Beteuerungen der Regierung, daß weder die F-16 noch die FSX ein geeigneter Prototyp für ein Düsenverkehrsflugzeug sein können, argumentierten die Gegner im Kongreß, daß es in der Praxis wenig nütze, Source Codes oder jede andere näher definierte Technologie zurückzuhalten. Sobald Hunderte amerikanischer und japanischer Ingenieure auf beiden Seiten des Pazifiks zusammenarbeiteten, werde Japan auf jeden Fall von amerikanischem Know-how, militärischem wie zivilem, profitieren, ganz gleich, ob man es freiwillig weitergebe oder nicht, ob es die FSX betreffe oder nur beiläufig in der Fabrik oder im Labor aufgeschnappt werde.

Unter solchen Bedingungen fließt zwar Information in beide Richtungen, doch anders als die Regierung setzten Bingaman, Levine und viele andere Parlamentarier keine hohen Erwartungen in den «Rückfluß» an japanischer FSX-Technologie, der laut Vereinbarung erwartet werden durfte. Mit mehr Weitblick als mancher andere prophezeiten sie, daß Mitsubishi und seine Zulieferer alles andere als begeistert darüber sein würden, Technologien, die sie in jahrelanger Arbeit unter großem Kostenaufwand entwickelt hatten, gratis wegzugeben.

Doch trotz aller Kritik endete die zweite Szene des dritten Aktes nicht mit einem Mißbilligungsantrag im Senat. Senator Lugar aus Indiana, der überaus fähige Geschäftsführer der republikanischen Minderheitsfraktion, hatte selbst unter führenden Demokraten Verbündete für die Regierung gefunden, so etwa den hochangesehenen Senator Bradley aus New Jersey. Doch andererseits billigte der Senat das FSX-Abkommen auch nicht einfach, sondern verlangte weitere Restriktionen, die für Japan praktisch unannehmbar waren. Obwohl es im Grunde nur darum ging, die Mosbacher-Klauseln, über die bereits erfolgreich verhandelt worden war, detaillierter und klarer auszuformulieren, blieb das Abkommen abermals halbfertig liegen.

In Japan riefen die Debatte im Kongreß und ihr Ausgang große Verbitterung hervor. Das ganze Unternehmen schien jetzt endgültig gescheitert, obwohl man in den zurückliegenden drei Jahren viele Zugeständnisse gemacht hatte und schweren Herzens viele Kompromisse eingegangen war. Immerhin waren es die Amerikaner gewesen, die auf einen gemeinsamen Bau der FSX bestanden und Ryozo, Mitsubishi und die übrige Industrie gezwungen hatten, ihren Traum von einem rein japanischen Jagdbomber höchster Qualität aufzugeben. Und nun hatten sie ihren eigenen, von Japan zunächst nur sehr widerwillig akzeptierten Vorschlag verworfen.

Die japanische Industrie tröstete sich damit, daß sie nun wieder auf die Idee einer rein japanischen FSX zurückgreifen konnte. Doch der tiefe Unmut, den die zahlreichen Vorwürfe der amerikanischen Parlamentarier in der japanischen Öffentlichkeit ausgelöst hatten, ließ sich nicht so einfach beschwichtigen. Die meisten Kommentatoren in den Medien glaubten Ursache und Wirkung genau zu kennen: Schuld an der Talfahrt der US-Wirtschaft war die Maßlosigkeit der Amerikaner im privaten wie öffentlichen Bereich, doch statt den Fehler bei sich selbst zu suchen, warfen sie den Japanern aus purem Neid und völlig zu Unrecht alle möglichen Verfehlungen vor.

Im Boeicho und bis zu einem gewissen Grad sogar im Gaimusho dachten viele Beamte – vermutlich zum erstenmal – darüber nach, ob ihr Land in der Sicherheitspolitik nicht eine viel größere Unabhängigkeit anstreben sollte, als sie eine rein japanische FSX verschaffen könnte. Wenn die Haltung der Kongreßmitglieder den wahren Zustand der amerikanisch-japanischen Beziehungen *(Nichibei kankei)* widerspiegelte, dann war es möglicherweise an der Zeit, ernsthaft in Erwägung zu ziehen, ob man die langjährige Bevormundung durch die Schutzmacht Amerika nicht beenden sollte. Doch die heftigste Reaktion kam von einer Institution, die den einflußreichsten Kräften in der japanischen Gesellschaft als Forum dient: dem Verband wirtschaftlicher Organisationen *Keidanren.*

In dem Bericht eines achtzigköpfigen Komitees, in dem praktisch alle in der Rüstung tätigen japanischen Firmen vertreten sind, forderte der Keidanren mehr Geld für militärische Forschung und Entwicklung. Die Verfasser wiesen darauf hin, daß im letzten Boeicho-Etat von 1989 nur 82,8 Milliarden Yen (595 Millionen Dollar) für Forschung und Entwicklung bereitgestellt worden waren, also lediglich 2,1 Prozent des gesamten japanischen Militärhaushalts, während die USA 12,3, Großbritannien 11,7 und Deutschland 5,4 Prozent ihrer Etats abgezweigt hatten. Sie forderten die Regierung auf, teure Forschungseinrichtungen zu bauen, die sich die Privatwirtschaft nicht leisten könne, insbesondere einen Überschallwindkanal für die Entwicklung von Flugzeugzellen und eine mit Instrumenten ausgestattete Abschußanlage, um Raketen zu testen (Japans Raketen wurden auf amerikanischen Anlagen erprobt). Komitees, die aus achtzig Mitgliedern bestehen, einigen sich normalerweise auf nichts, was umstrittener ist als die Mutterschaft. Aber dieses besondere Keidanren-Komitee hatte einen Vorsitzenden, der sehr klare Ansichten vertreten haben dürfte: Masao Kanamori, Verwaltungsratschef von Mitsubishi Heavy Industries, dem Hauptpartner der Amerikaner beim FSX-Projekt. Sein lakonischer und keineswegs überraschender Kommentar lautete: «Ein einseitiger Technologiefluß ist nicht gut.»[55]

Die dritte und letzte Szene des dritten Aktes begann im August 1989 im Weißen Haus: Durch ein Veto des Präsidenten konnte die Regierung die Entscheidung des Kongresses aufheben. Nachdem man ausgiebig Köpfe gezählt und festgestellt hatte, daß das gegnerische Lager nicht über die erforderliche Zweidrittelmehrheit verfügte, um den Präsidenten zu überstimmen, wurde Veto eingelegt und damit grünes Licht gegeben für das ausgehandelte FSX-Abkommen. Taku Yamasaki, der neue Boeicho-Generaldirektor, nahm die Nachricht mit großer Erleichterung auf. Doch wie sich herausstellte, war das Drama damit immer noch nicht zu Ende. Völlig unerwartet ging es in einen vierten Akt.

Kaum hatten General Dynamics und Mitsubishi endlich die Erlaubnis erhalten, ihre Verhandlungen aufzunehmen, gerieten sie auch schon über den «Rückfluß» in Streit, der im Abkommen festgelegt war. Die amerikanische Seite erinnerte nachdrücklich daran, daß der Kongreß nur mit dem Argument gewonnen worden war, daß die Vereinigten Staaten bei der gemeinsamen Arbeit an der FSX wertvolle japanische Technologien erhalten würden. Doch aus der Sicht von Mitsubishi war es absurd, wertvolles Firmeneigentum einem anderen Unternehmen zu überlassen, noch dazu einem ausländischen.[56] Wenn vor langer Zeit einer der vielen Boeicho-Chefs (in diesem Fall Kurihara) ein Versprechen dieses Inhalts gegeben hatte, so war das einfach nur ärgerlich: Von seriösen Industriellen konnte niemand erwarten, daß sie jede leichtfertige Zusage ignoranter Politiker unterschrieben. Im Februar 1990 schien man am Ende des Weges angelangt: Die beiden Unternehmen räumten ihre Differenzen aus (General Dynamics wird für jede erwünschte Technologie bezahlen müssen), und die Ingenieure konnten endlich an die Arbeit gehen.[57]

Die Zukunft

Die amerikanisch-japanischen Beziehungen werden heute nicht durch ein chronisches Handelsdefizit, sondern auch durch ein «Respektdefizit» belastet, denn so wie die Japaner die wirtschaftlichen Interessen der Amerikaner mißachten, so mißachtet umgekehrt die US-Regierung die politischen Interessen Japans. Dies wurde einmal mehr zwischen 1990 und 1993 deutlich, als die Vereinigten Staaten zunächst mit der Sowjetunion und dann mit Rußland über Wirtschaftshilfe verhandelten. Bushs und Clintons Beamte erwähnten den Wunsch der Japaner nach Rückgabe der 1945 von den sowjetischen Streitkräften besetzten vier südlichen Kurilen-Inseln nur am Rande, obwohl von Japan erwartet wurde, daß es einen großen Beitrag zur Wirtschaftshilfe leistete. Zwar konnte man das stichhaltige Argument ins Feld führen, daß der Schutz der jungen russischen Demokratie selbst aus streng japanischer Sicht wichtiger sei als die Kurilen-Inseln. Doch das zählte nicht. Wichtig war allein, daß Tokio die Rückgabe der Inseln zur Vorbedingung für jede umfassende Hilfe an Moskau gemacht hatte und dieser Punkt vielen Japanern sehr am Herzen lag. Daß die Amerikaner diese Vorbedingung und die Gefühle des japanischen Volkes ignorierten, zeugte von einem eklatanten Mangel an Respekt, der in keinster Weise zu den Lobreden auf den Verbündeten, Freund und Partner Amerikas paßte.

Tatsächlich verstärkte die Kontroverse über die Rußlandhilfe das «Respektdefizit». Als der Irak im August 1990 in Kuwait einmarschierte und damit eine Krise auslöste, hielt es die Regierung Bush nicht für nötig, Tokio zu konsultieren, obwohl Japan in hohem Maße vom Öl aus der Golfregion abhängig war. Und sie machte alles noch viel schlimmer, als sie lautstark forderte, daß Japan 13 Milliarden Dollar zu den Kosten beisteuern solle – eine

Summe, die allein auf Schätzungen des Pentagon beruhte. Und das war nur eine Episode, denkt man an das permanente Versäumnis der Vereinigten Staaten, Japans Wunsch nach einer ständigen Mitgliedschaft im UN-Sicherheitsrat neben den USA, China, Rußland und den einstigen Großmächten Großbritannien und Frankreich zu unterstützen. Die US-Beamten redeten sich damit heraus, daß auch andere Länder, insbesondere Indien und Nigeria, einen ständigen Sitz im Sicherheitsrat forderten. Nun ist Indien zwar die größte Demokratie der Welt und trotz seiner extremen Armut in vielerlei Hinsicht ein bewundernswertes Land. Doch niemand verlangt von seiner Regierung, daß sie wie Japan einen hohen Beitrag zum UN-Haushalt entrichtet, den internationalen Umweltschutz unterstützt oder Entwicklungshilfe in jeder erdenklichen Form leistet. Und was die Forderung Nigerias anging, so war sie schlichtweg absurd. Das Land mag mehr Einwohner haben als Japan (die genaue Zahl ist nicht bekannt) und der wichtigste schwarzafrikanische Staat sein, doch auf der weltpolitischen Bühne spielt es nur eine untergeordnete Rolle. Allein der Umstand, daß amerikanische Beamte Japan mit Nigeria verglichen, verstärkte das «Respektdefizit» beträchtlich.

Die Japaner reagierten mit Spott auf die Respektlosigkeit. Amerikanische Proteste gegen unfaire Handelspraktiken wurden niemals ernsthaft geprüft, was sie eigentlich verdient hätten, sondern ins Lächerliche gezogen, und die Amerikaner selbst wurden häufig mit einer Mischung aus Geringschätzung und Furcht betrachtet. Diese Haltung spiegelt sich in der Art und Weise wider, wie bilaterale Fragen und die Vereinigten Staaten selbst in den japanischen Medien behandelt werden. Natürlich gibt es unter den Kolumnisten und Wissenschaftlern, die in der Presse veröffentlichen, auch Ausnahmen[58], doch im allgemeinen werden Handelsfragen ausschließlich durch die japanische Brille gesehen, und nur selten findet sich ein Artikel, der auf die zahlreichen künstlichen Handelsbarrieren eingeht, mit denen ausländische Exporteure in Japan konfrontiert werden. Um so mehr Aufhebens wird von den Mißständen in der amerikanischen Gesellschaft gemacht. So erklärte Yoshio Sakurauchi, ehemaliger Außenminister und Sprecher des

Unterhauses und somit ein führender Politiker des Landes, im Jahr 1991, daß «die amerikanischen Arbeiter zu faul sind. Sie wollen hohe Löhne, ohne dafür zu arbeiten. Ungefähr 30 Prozent können nicht einmal lesen, so daß die Manager ihnen keine schriftlichen Anweisungen geben können. Das ist auch der Grund, warum so viel Ausschußware produziert wird.»[59] Mit dieser Ansicht stand er beileibe nicht allein, ganz im Gegenteil. Bereits 1986 hatte Ministerpräsident Yasuhiro Nakasone vernehmen lassen, daß die Schwarzen in den Vereinigten Staaten das Intelligenzniveau drückten, und 1988 hatte Außenminister Michio Watanabe die hohe Verschuldung der amerikanischen Konsumenten damit erklärt, daß die Schwarzen verantwortungslos mit den Kreditkarten umgingen. Nach dem allgemeinen Tenor in den Medien geht es mit den Vereinigten Staaten deshalb bergab, weil sie eine in Unordnung geratene, gemischtrassige Gesellschaft seien, die speziell an einem zu hohen schwarzen Bevölkerungsanteil kranke. Nicht von ungefähr wurde über die Unruhen von Los Angeles im Mai 1992 in einem reißerischen Stil berichtet, obwohl die Ereignisse schon aufsehenerregend genug waren.

Was die Bemühungen angeht, das Handelsdefizit durch die Beseitigung «struktureller Hemmnisse» abzubauen, stellt sich die Lage ähnlich düster dar. Über viele Fragen wird noch verhandelt, und häufig werden auch Fortschritte gemeldet, doch allen Fortschritten zum Trotz halten die Japaner unbeirrt an ihrer Weigerung fest, ihrerseits die Regeln des offenen Marktes anzuwenden, die ihre Exporterfolge in aller Welt erst ermöglichen. Ein Beispiel: Nachdem Präsident Bush das Problem bei seinem Japanbesuch im Dezember 1991 aufs Tapet gebracht hatte, wurde im April 1992 mit viel Trara der Abschluß eines neuen amerikanisch-japanischen Abkommens verkündet, das den japanischen Markt für ausländische Papiererzeugnisse öffnen sollte. Im Jahr zuvor hatte Japan lediglich 3,7 Prozent seines Bedarfs an Papiererzeugnissen importiert (1,7 Prozent aus den USA), obwohl heimisches Papier wesentlich teurer war als Importware. In dem Abkommen nun versprach die japanische Regierung (d. h. MITI), den Kauf von Papiererzeugnissen im Ausland unter anderem dadurch zu fördern, daß sie Unternehmen mit einem großen Papierverbrauch empfahl, *schriftliche Einkaufsrichtlinien* herauszugeben, die gleichermaßen für ausländische wie heimische Lieferanten gelten sollten. MITI versprach, seine Bemühungen vor allem auf die Lebensmittelbranche, Kosmetik- und Arzneimittelhersteller sowie Verlage zu konzentrieren.[60] Eine gute Nachricht, wie es schien. Immerhin ließ die Vereinbarung auf eine baldige Öffnung des japanischen Marktes hoffen, diesmal für Papierprodukte. Doch dann tauchten einige naheliegende Fragen auf: Warum mußte Bush dieses Thema überhaupt anschneiden? Warum waren Sondergespräche über diese Produktkategorie nötig? Die japanische Papierindustrie ist gezwungen, einen Großteil ihrer Rohstoffe einzuführen und für billigen Zellstoff hohe Transportkosten zu bezahlen. Deshalb ist sie nicht konkurrenzfähig und kann es auch nicht werden. Aber warum hatten dann die Unternehmen ihren Papierbedarf nicht schon vorher durch Importe gedeckt, auch ohne Intervention auf diplomatischer Ebene? Und was steckte hinter dem merkwürdigen Versprechen, die Herausgabe «schriftlicher Einkaufsrichtlinien» zu empfehlen?

Warum ist es nötig, daß Regierungsvertreter private Unternehmen dazu überreden, «schriftliche Richtlinien» herauszugeben? Ob nun mit oder ohne «Richtlinien», ob in schriftlicher, mündlicher oder gesungener Form, Papiereinkäufer aus den oben erwähnten und anderen Branchen sollten eigentlich von sich aus den Wunsch haben, das von ihnen benötigte Papier jeder gewünschten Qualität zu einem möglichst günstigen Preis zu erwerben. Doch offensichtlich haben sie das nicht getan und es statt dessen vorgezogen, für japanisches Papier gleicher Qualität mehr zu bezahlen, während sie ausländischen Anbietern mitteilten, daß ihre Produkte nicht gut genug seien – ohne freilich schriftlich zu präzisieren, welchen Qualitätsanforderungen sie nicht genügt hätten. Ob Beziehungen innerhalb einer Keiretsu, Schmiergeldzahlungen heimischer Hersteller oder einfach nur Angst vor Einfuhren der Grund für diese Unlust zu importieren sind, spielt keine große Rolle. Tatsache ist, daß wir in Japan keinen freien Markt haben, sondern immer noch eine geschlossene Gesellschaft mit einem Netz von Beziehungen, die zum Beispiel Papierimporte von ausländischen Konkurrenten verhindert.

Wie wäre es um den Welthandel bestellt, wenn jeder Markt einer bestimmten Branche in jedem einzelnen Land durch politische Interventionen auf höchster Ebene und Verhandlungen über die Beseitigung versteckter Importbarrieren geöffnet werden müßte? Mußten die Vereinigten Staaten mit allen Ländern dieser Welt, von Australien bis Zaire, verhandeln, um deren Papiermärkte zu öffnen? Mußten Australien und Zaire mit jeder fremden Regierung verhandeln, um deren Märkte Branche für Branche für ihre Produkte zu öffnen? Natürlich gibt es überall Zölle und Quoten, auch in den Vereinigten Staaten, und natürlich gibt es überall in der Welt Länder, die Einfuhren beschränken müssen, weil sie knapp an Devisen sind. Doch im Falle Japans geht es nicht um Zölle und andere offizielle Importbarrieren, und ganz gewiß leidet das Land nicht unter Devisenknappheit, denn der Yen ist die härteste Währung von allen.

Was also ist der wahre Grund für diesen versteckten Protektionismus? Zunächst einmal ist er nicht das Ergebnis einer Regierungspolitik, die einen breiten Konsens in der Bevölkerung widerspiegeln würde, sondern einer Politik der Großunternehmen, die sich als nationale Eigenart tarnt. Zum anderen dient der Protektionismus nicht den ökonomischen, politischen, sozialen oder kulturellen Zielen der Allgemeinheit, sondern nur den begrenzten Interessen der Industrie, die sich in anderer Hinsicht für die Gesellschaft häufig als schädlich erweisen. Nehmen wir nur die Papierindustrie: Durch die Kungeleien der Unternehmen werden nicht etwa jene Handwerker geschützt, die Japans großartige Tradition der Papierherstellung am Leben erhalten, sondern Papiermühlen, die Luft und Wasser verschmutzen, viel Energie in Form von importiertem Öl verbrauchen und obendrein strukturell unrentabel sind.

Der gleiche auf Absprachen zwischen den Unternehmen beruhende Protektionismus herrscht auch in anderen weiterverarbeitenden Industrien, die gegenüber dem Ausland keine

Wettbewerbsvorteile haben. Die Produktpalette reicht von Sperrholz (für dessen Herstellung nur Harthölzer verwendet werden, was eine weitere Barriere darstellt und die Abholzung von Tropenwäldern zur Folge hat) über chemische Grundstoffe wie Soda bis hin zu veredelten Nahrungsmitteln. Zusammen mit den High-Tech-Sektoren, in denen ähnliche inoffizielle Importbarrieren bestehen (Telekommunikation, Supercomputer, Satelliten, medizinische Geräte usw.), ist Protektionismus der Grund für den «japanischen Unterschied», d. h. für den geringen Anteil von Fertigwaren an den Gesamteinfuhren. Nach der letzten Berechnung lag dieser Anteil in Japan bei etwa 50,9 Prozent gegenüber 76,9 Prozent in Deutschland, dem industriellen Spitzenreiter, 78,4 Prozent in Frankreich, 79,4 Prozent in Großbritannien und 78,6 Prozent in den Vereinigten Staaten.[61] Zwar ist der Fertigwarenanteil an den japanischen Gesamteinfuhren inzwischen gestiegen, doch verantwortlich für diesen Anstieg sind hauptsächlich Low-Tech-Konsumgüter mit geringer Wertschöpfung (Textilien, Kleidung, billigere elektronische Geräte) sowie Produkte, die japanische Unternehmen in ihren Fabriken im Ausland herstellen.

Leidtragende der japanischen Importbarrieren sind zunächst einmal die Millionen einfacher Japaner, die dem Druck des Auslands geopfert werden sollen: die Reisbauern und kleinen Ladenbesitzer, deren Interessen heute als bloße «Handelshemmnisse» eingestuft werden. Selbst ihre völlige Beseitigung würde an der Schieflage der amerikanisch-japanischen Handelsbilanz wenig ändern. Einmal mehr haben wir es hier mit einem taktischen Manöver zu tun, das offensichtlich nur dem einen Ziel dient, Zeit zu gewinnen und bei schlecht informierten Leuten Erwartungen zu wecken, die dann nicht erfüllt werden.

Doch die anderen Leidtragenden sind zweifellos die Unternehmen und Erwerbstätigen in Amerika, die den Verlust von Märkten, Einkünften und Arbeitsplätzen durch japanische Importwaren nicht durch eigene Exporte nach Japan wettmachen können. Im Jahr 1980 exportierten die Vereinigten Staaten Nahrungsmittel, Rohstoffe und Industriegüter im Wert von 20,79 Milliarden Dollar nach Japan, während sich die Importe auf 32,96

Milliarden beliefen. Das bedeutet, daß rund 12,17 Milliarden Dollar an Einkünften und Löhnen über den Pazifik transferiert wurden, hauptsächlich im Austausch gegen Konsumgüter, deren Produktion man vor langer Zeit eingestellt hatte. Der daraus resultierende Verlust an Arbeitsplätzen ging mindestens in die Hunderttausende. Nach dem starken Kursverlust des Dollar 1989 hätten die US-Exporte nach Japan eigentlich beträchtlich steigen und die Importe aus Japan entsprechend sinken müssen. Doch das Handelsdefizit gegenüber Japan kletterte auf 52,55 Milliarden Dollar, und Millionen von Arbeitsplätzen gingen verloren. Auch der US-Handel mit Westeuropa hatte bis dahin einen hohen Fehlbetrag aufgewiesen, doch 1989 standen Importen im Wert von 106,04 Milliarden Dollar immerhin schon Exporte im Wert von 100,27 Milliarden Dollar gegenüber, und ab 1990 verwandelte sich dieses Defizit in einen Überschuß.

Darüber hinaus ist auch der Inhalt der japanischen Importe aus den Vereinigten Staaten extrem unausgewogen. Im Jahr 1989 flossen US-Waren im Wert von 44,56 Milliarden Dollar nach Japan. Davon entfielen 19,06 Milliarden, also 42 Prozent, auf Grundstoffe wie Nahrungsmittel, Rohstoffe, Erze und andere Minerale, Treibstoffe und Nichteisenmetalle. Low-Tech-Produkte mit geringer Wertschöpfung – Halbfertigwaren, chemische Grundstoffe, Textilien, Kleidung und andere Konsumgüter – machten 26,9 Prozent der gesamten US-Exporte nach Japan aus (12,01 Milliarden Dollar). Obwohl die Vereinigten Staaten nach wie vor das modernste Industrieland der Welt sind, waren nur 30,3 Prozent ihrer Exporte nach Japan, Rüstungsgüter mitgerechnet, wertschöpfungsintensive Industrieprodukte, das heißt Maschinen und Transportgüter, Büro- und Telekommunikationsausrüstungen, Kraftfahrzeuge und Autoteile usw.

Im Gegensatz dazu lieferte Japan Waren im Wert von 97,11 Milliarden Dollar in die Vereinigten Staaten. Davon entfielen lediglich 1,12 Milliarden Dollar oder 1,1 Prozent auf Grundstoffe, 16,25 Milliarden oder 16,7 Prozent auf Low-Tech-Produkte, aber 75,93 Milliarden oder 82,2 Prozent auf wertschöpfungsintensive Industrieerzeugnisse, darunter vor allem Maschinen und Transportgüter (75,93 Milliarden), Kraftfahrzeuge und Autoteile (32,20 Milliarden) sowie Büro- und Telekommunikationsausrüstungen (26,08 Milliarden). Zu diesen letzten Kategorien gehören Waren, die Amerika mit großem Erfolg in alle Welt exportiert – nur nicht nach Japan. Tatsache ist, daß die Vereinigten Staaten bei wertschöpfungsintensiven Industrieprodukten einen Überschuß erzielen würden, wenn man den gesamten Handel mit Japan, Exporte wie Importe, außer acht ließe.[62]

Maschinen und Transportausrüstung; in Milliarden Dollar; 1989
Weltweit: US-Exporte 165,95; US-Importe 210,81; Saldo: –44,86
Ohne Japan: US-Exporte 153,62; US-Importe 134,88; Saldo: + 18,74

Andere Nichtelektroprodukte
Weltweit: US-Exporte 32,61; US-Importe 32,37; Saldo: – 0,24
Ohne Japan: US-Exporte 30,63; US-Importe 22,32; Saldo: + 8,31

Büro- und Telekommunikationsausrüstung
Weltweit: US-Exporte 47,38; US-Importe 63,20; Saldo: –15,82
Ohne Japan: US-Exporte 41,95; US-Importe 37,12; Saldo: + 4,83

Elektrogeräte und -maschinen
Weltweit: US-Exporte 14,72; US-Importe 18,13; Saldo: –3,41
Ohne Japan: US-Exporte 13,72; US-Importe 13,77; Saldo: –0,05

Kraftfahrzeuge und Autoteile
Weltweit: US-Exporte 30,85; US-Importe 78,76; Saldo: –47,91
Ohne Japan: US-Exporte 29,95; US-Importe 46,46; Saldo: –16,51

Andere Transportgüter
Weltweit: US-Exporte 30,47; US-Importe 11,94; Saldo: + 18,53
Ohne Japan: US-Exporte 28,12; US-Importe 9,48; Saldo: + 18,64

Gesamtheit der wertschöpfungsintensiven Industrieprodukte
Weltweit: US-Exporte 321,98; US-Importe 415,21; Saldo: −93,23
Ohne Japan: US-Exporte 297,99; US-Importe 264,03; Saldo + 15,96

Damit bleiben die Vereinigten Staaten auch nach langjährigen Verhandlungen über den Abbau von Handelshemmnissen für Japan weitgehend ein Rohstofflieferant und ein Abnehmer für dessen Industrieerzeugnisse, während sie selbst nicht in der Lage sind, die Produkte ihrer eigenen Industrie in vergleichbarem Umfang zu exportieren. Natürlich werden Fortschritte erzielt (Japan schottet seinen Markt nicht mehr ganz so rigoros gegen Industrieprodukte ab), aber eben so langsam, daß die Unterhändler beider Seiten, die Versprechen geben oder entgegennehmen, längst nicht mehr im Amt sind, wenn die Versprechen eingelöst werden.

Vor diesem Hintergrund läßt sich mit Recht sagen, daß die FSX-Kontroverse für die Vereinigten Staaten, Japan und die Beziehungen zwischen beiden Ländern einen historischen Wendepunkt markiert. Zu einem bestimmten Zeitpunkt, spätestens im dritten Akt, vielleicht sogar schon früher, hatten neue ökonomische Ängste die sicherheitspolitischen Prioritäten, die lange Zeit die amerikanische Außenpolitik beherrscht hatten, fast völlig verdrängt. In der produktiven Auseinandersetzung zwischen Legislative und Exekutive hatte der Kongreß, wie schon so oft zuvor, Einwände gegen geopolitische Ziele erhoben, diesmal allerdings mit erheblich größerer Wirkung. In der Exekutive selbst wurde die aus den Zeiten des Kalten Krieges herrührende Hierarchie zwischen den Ministerien neu geordnet. Zwar residiert in den mehreren tausend Räumen des Pentagon immer noch das Verteidigungsministerium, und kein amerikanisches Pendant zum japanischen MITI, doch im Verlauf der FSX-Debatte verschaffte sich das vormals so bescheidene und kaum beachtete Handelsministerium nachdrücklich Gehör. Und was von weit größerer Tragweite ist: Im Bewußtsein der Nation löste Japan die Sowjetunion als Hauptfeind ab.

Doch die rein geopolitischen Prioritäten des Kalten Krieges waren längst zu einer außenpolitischen Kultur erstarrt, die von beiden politischen Parteien weitgehend akzeptiert und an mehrere Beamtengenerationen als unantastbare Doktrin weitergereicht worden war. Und diese Kultur erwies sich als erstaunlich zählebig angesichts der Verschlechterung der Wirtschaftslage. Obwohl die US-Wirtschaft hochverschuldet und die Sowjetunion zerrüttet war, stieß jeder Versuch, die amerikanische Außenpolitik wirtschaftlichen Prioritäten unterzuordnen, bei den Profis des Kalten Krieges auf erbitterten Widerstand: bei Diplomaten und Militärs, Geheimdienstleuten, Vertragsexperten und Publizisten, strategischen Analytikern und sogar einigen «außenpolitisch denkenden» Politikern.

Viele andere hatten in der geopolitischen Auseinandersetzung gezaudert, doch sie hatten am Ende durch schiere Beharrlichkeit ihr höchstes Ziel erreicht, nämlich die sowjetische Militärmacht ohne Krieg in die Knie zu zwingen. Deshalb konnten sie sich nur schwer damit abfinden, daß dieser große Sieg, wie alle Siege, für Amerika gleichzeitig eine Niederlage bedeutete. Gerade weil es den geopolitischen Kampf gewonnen hat, steht es in der Welt heute viel schwächer da als zuvor, denn seine Fähigkeit, eine Vielzahl von Verbündeten vor einer sowjetischen Aggression zu schützen, ist wertlos geworden. Und gerade weil sich Amerika zur geopolitischen Nummer eins in der Welt aufgeschwungen hat, ist es im wirtschaftlichen Wettbewerb, der durch seinen Sieg entscheidende Bedeutung erlangt hat, nur noch ein Konkurrent wie jeder andere.

Nach wie vor ist nur eine kleine Minderheit der über 123 Millionen Japaner entschlossen, einen Wirtschaftskrieg gegen die Vereinigten Staaten zu führen – daran kommen die mächtige Elite der Wirtschaftsbürokratie und Teile der japanischen Wirtschaft (nicht die ganze) nicht vorbei. Zumindest ein Topmanager eines sehr erfolgreichen japanischen Unternehmens – nicht der trendbewußte und politisch flexible Akio Morita von Sony – hat darauf hingewiesen, daß Japans einseitige Handelspraktiken unfair und äußerst unklug seien, da sie Ressentiments weckten. Am Ende, so warnte er, könnte Japan ganz ohne Freunde dastehen, als «Waise unter den Nationen».[63]

Als Präsident Clinton 1993 die fruchtlosen Gespräche über den Abbau von Handelshemmnissen abbrach und von der japanischen Regierung rasche Maßnahmen zur Reduzierung des riesigen Handelsdefizits verlangte, erntete er laute Proteste. Japanische Beamte, allen voran Ministerpräsident Kiichi Miyazawa, verwiesen darauf, daß sie sich unmöglich in die Entscheidungen der Privatwirtschaft einmischen und die Unternehmen anweisen könnten, mehr zu importieren. Es war amüsant, wie die Erfinder des «staatlich gelenkten Handels» ihre Abscheu vor staatlicher Einmischung bekundeten, doch zumindest einige japanische Manager waren empört über die Unaufrichtigkeit ihrer Regierung. Sie erinnerten ihre amerikanischen Freunde nachdrücklich daran, daß japanische Beamte sich ständig einmischen – natürlich um Industrie und Exportwirtschaft zu fördern. Die Amerikaner haben im Handel mit Japan lange ein Verhältnis toleriert, das typisch ist für koloniale Beziehungen. Die Vereinigten Staaten respektierten einseitig die Prinzipien des Freihandels, mit dem Ergebnis, daß ganze Branchen ruiniert wurden und in der heimischen Industrie mehrere Millionen gutbezahlter Arbeitsplätze verlorengingen.

Kapitel 3
Modelle und Mythen: Preußen und Japan

Meinungsumfragen zufolge hält eine Mehrheit der Amerikaner Japan heute für «eine größere Bedrohung» als die Nachfolgestaaten der ehemaligen Sowjetunion. Dagegen bezeichnen es viele Japaner noch immer als wirtschaftliches Ziel des Staates, die USA zu überrunden, wobei offenbar der Wunsch vorherrscht, die Amerikaner zu demütigen, wenn auch nur in statistischer Hinsicht. Die Franzosen – und andere Europäer – befürchten eine ökonomische Dominanz der Deutschen, und die Briten neigen dazu, den wirtschaftlichen Erfolg anderer Nationen generell mißtrauisch zu betrachten, als ob die Prosperität anderer Völker die Ursache ihrer eigenen Schwierigkeiten sei.

Solche Empfindungen können leicht die Grenze zwischen einer stimulierend wirkenden Rivalität und offener Feindseligkeit überschreiten. Bei internationalen Sportwettkämpfen sind diese beiden Haltungen schwer zu unterscheiden, geht es jedoch um internationale Wirtschaftsbeziehungen, so läßt sich der Unterschied sehr präzise bestimmen. Selbst wenn in vielen Wirtschaftsbranchen eine scharfe Konkurrenz herrscht, können sich die Handels- oder Finanzbeziehungen zum Nutzen aller Beteiligten ungestört weiterentwickeln. Feindseligkeit hingegen beginnt, wenn der Wunsch entsteht, die andere Seite zu benachteiligen, auch wenn man dabei selbst Schaden erleidet.[1]

In der Vergangenheit konnten territoriale Gewinne nur auf Kosten anderer erzielt werden, selbst wenn es nur darum ging, eine mögliche zukünftige Expansion des Gegners zu begrenzen. Die geopolitischen Streitigkeiten des späten 19. und frühen 20. Jahrhunderts waren deshalb ihrem Wesen nach auf Gegnerschaft in der extremsten Form des «Nullsummenspiels» angelegt (d. h. die Aufrechnung von Gewinnen und Verlusten ergab folgerichtig Null). Im Gegensatz dazu kann sich heute der ökonomische Erfolg eines Landes vorteilhaft auf die Volkswirtschaften anderer Länder auswirken, *wenn das erfolgreiche Land langfristig im gleichen Maße für Importe geöffnet bleibt.* Selbst wenn die tatsächlichen Bedingungen von der idealisierten Darstellung der Freihandelstheorie in den Lehrbüchern weit entfernt sind, so läßt sich doch wenigstens feststellen, daß die internationalen Wirtschaftsbeziehungen ihrem Wesen nach keine zwischen Gegnern ausgetragenen «Nullsummen»-Kämpfe sind.

Japan wird heute als Modell angesehen. Wie Preußen nach seinem Sieg über Frankreich im Jahre 1870 in den Augen der Welt zum Modell einer Großmacht wurde, so stellt Japan heute ohne Zweifel für viele Menschen die Modellnation schlechthin dar, trotz aller Einbrüche am Aktien- und Immobilienmarkt. In den Vereinigten Staaten weisen die Banken in der Werbung für ihre Sparkonten die Öffentlichkeit gezielt darauf hin, daß die Japaner viel mehr sparen – und nehmen dabei wie selbstverständlich an, daß die Japaner die einzig richtige Norm vorgeben, wieviel gespart werden sollte. Und vermutlich ist diese Annahme sogar richtig. Wendet sich die Lobby der Telefongesellschaften gegen Gesetzesinitiativen, die ihnen Computer-Dienstleistungen verbieten wollen, so führt sie dabei das Argument an, daß solche Restriktionen in Japan unbekannt seien. Die Lobby geht davon aus, daß die Öffentlichkeit ohne weitere Fragen die Überlegenheit japanischer Praktiken akzeptieren wird. In der amerikanischen Bildungspolitik wird darüber diskutiert, ob man das einheitliche Prüfungssystem an Japans Schulen nachahmen solle (das seinerseits dem preußischen System nachgeahmt wurde). Eifrige Reformer fordern, Universitätsstudenten müßten mehr Algebra und die Infinitesimalrechnung lernen, um mit den Japanern Schritt halten zu können – als ob man auf mathematische Kenntnisse leichter verzichten könne, wenn es Japan nicht gäbe. Und natürlich versuchen auch amerikanische Unternehmen schon seit langem, japanische Management- und Produktionsmethoden zu imitieren. Mitunter übernehmen sie sogar japanische Begriffe in wörtlicher Übersetzung («Quality Circles»). Nur die japanische Zurückhaltung bei den Gehältern der Spitzenmanager nehmen sich amerikanische Konzerne nicht zum Vorbild.

Europäer fahren weniger Hondas oder Toyotas als die Amerikaner, essen seltener in einem japanischen Restaurant und werden demzufolge auch den Abend nicht in einer *Karaoke*-Bar beenden. Grundsätzlich jedoch zeigt sich in Europa ein stärkerer Einfluß des japanischen Modells. Die Europäische Gemeinschaft wie auch einige ihrer Mitgliedsstaaten favorisieren den japanischen Stil der Kooperation zwischen Staat und Wirtschaft gegenüber dem amerikanischen Muster gegnerischer Beziehungen. Die japanische Form der «Industriepolitik» stärkt bevorzugte Wirtschaftssektoren durch Zuschüsse für Forschung und Entwicklung, subventionierte Investitionen und ein gewisses Maß an Protektionismus. In Amerika wird über eine solche Industriepolitik nur diskutiert, in Europa ist sie längst akzeptiert. Es ist zwar richtig, daß es in einigen europäischen Ländern wie Frankreich und Italien eine sehr lange Tradition staatlicher Intervention in allen möglichen Wirtschaftsbereichen gibt, bis hin zur Verstaatlichung wichtiger Unternehmen. Doch nach dem weltweiten Zusammenbruch des Sozialismus hätte man von dieser Tradition der Industrieförderung zweifellos abrücken müssen, wäre ihre Gültigkeit nicht durch das japanische Beispiel bestätigt worden. Selbst jene Länder der EG, die staatliche Eingriffe früher scharf ablehnten, stimmen heute darin überein, daß die Entwicklung der Industrie nicht völlig den Launen des freien Unternehmertums überlassen bleiben dürfe.

In Ostasien wird Japans gesamte Volkswirtschaft nachgeahmt, am genauesten in Südkorea, aber auch in Taiwan und Singapur und bis zu einem gewissen Grad auch in Indonesien, Malaysia und Thailand. In China duldet die Kommunistische Partei die Ausbreitung des ganz andersartigen Hongkong-Modells eines völlig ungehinderten, freien Unternehmertums, jedoch nur in der Konsumgüterindustrie, im privaten Dienstleistungssektor und im Handel. Dagegen werden die Schwerindustrie und der öffentliche Dienstleistungssektor (wie der Luftverkehr) nach dem japanischen

Vorbild neu organisiert: Verstaatlichte, aber wettbewerbsfähige und gewinnorientierte Unternehmen treten an die Stelle der chronisch unrentablen Staatsbetriebe der Vergangenheit. Vor kurzem schaffte sogar Indien seine eigene Spielart des Sozialismus ab, nicht zuletzt um dem japanischen Vorbild besser nacheifern zu können. Das neue Schlagwort in Indien lautet Liberalisierung nach den Regeln des freien Marktes, doch die Regierung hat sich zum Ziel gesetzt, den Wettbewerb zwischen Privatunternehmen mit politischer Führung für alle zu verbinden – in Übereinstimmung mit dem japanischen Modell.

In ganz Lateinamerika werden verstaatlichte Industrien, Telefongesellschaften, Fluglinien, Eisenbahnen, städtische Wasserwerke und Kläranlagen, ja sogar Zoos privatisiert. Das freie Unternehmertum US-amerikanischer Prägung scheint vorzuherrschen, doch würden die meisten ehrgeizigen lateinamerikanischen Regierungschefs lieber dem japanischen «Entwicklungskapitalismus» nacheifern – und sei es nur, weil er die einzige Alternative zur übermächtigen Anziehungskraft des Yankee-Stils bietet. Nur die eklatante Inkompetenz der staatlichen Bürokratien hält diese Lateinamerikaner davon ab, die ökonomische Entwicklung nach dem Vorbild Japans zu steuern. Bemerkenswert in diesem Zusammenhang ist, daß der mexikanische Staatspräsident Carlos Salinas de Gortari, der in Harvard promovierte, seine Kinder auf eine örtliche japanischsprachige Schule schickt.

Natürlich wird Japan nicht von aller Welt nachgeahmt. Für die afrikanischen Länder südlich der Sahara, die zum größten Teil immer tiefer in Armut und Chaos versinken, wäre dies ein völlig unrealistischer Traum: Die Bürokratien dieser Länder kennen nur die Erhebung von Steuern, Erpressung und Diebstahl; sie sind unfähig, ihre Volkswirtschaften durch differenzierte Steuerungsmechanismen zu fördern. Für die Republiken und neu formierten ethnischen Staatsgebilde auf dem Gebiet der ehemaligen Sowjetunion geht es hingegen ausschließlich um das wirtschaftliche Überleben und nicht um Entwicklung. In vielen islamischen Staaten herrscht ein lebhafter Bedarf an Produkten aller Art aus nichtislamischen Ländern, zugleich jedoch eine aus der Unwissenheit geborene Verachtung des nichtislamischen Gedankenguts. Dies gilt vor allem für die jetzige Situation, in der religiöse Dogmen immer mehr an Bedeutung gewinnen.

Die preußische Armee wurde seinerzeit in vielen Ländern kopiert, von Chile bis Japan, überall in Europa und in den Vereinigten Staaten. Aber auch die preußischen Schulen und Universitäten fanden viele Nachahmer. Das öffentliche Schulwesen vieler Länder beruht noch heute auf dem preußischen Modell, das die strenge Durchführung eines vom Bildungsministerium vorgegebenen curricularen Programms vorsieht. Der Lehrstoff, die Schulbücher und sogar die Stundenpläne sind vereinheitlicht. Landesweit gelten dieselben Kriterien für die Notengebung; häufige Schulinspektionen und identische Prüfungen sichern den einheitlichen Standard. Auf diese Weise erhalten arm und reich, anspruchsvolle Stadtkinder und Kinder aus den entlegensten Dörfern dieselbe Schulbildung. Dieses System ist nicht darauf gerichtet, eine Minderheit zu Höchstleistungen zu führen, sondern einen hohen Durchschnittsstandard zu erzielen.

Einheitliche Schuluniformen gehörten ebenfalls zum preußischen Modell. Sie sollten verhindern, daß Einkommensunterschiede sichtbar zutage traten; vielleicht wurden sie aber auch nur eingeführt, weil man Uniformen liebte. In vielen Ländern verschwand die Schuluniform im gleichen Maße, wie sich der Individualismus durchsetzte. In Japan hingegen tragen die Oberschüler bis zum heutigen Tag die dunkelblauen Uniformen und Schirmmützen des preußischen Gymnasiums – nicht irgendeine Uniform, sondern die Originaluniform, die selbst in Deutschland längst abgeschafft worden ist. Die preußische Hochschulausbildung wurde überall zur Grundlage der modernen postgradualen Studiengänge: Ehrgeizige amerikanische Hochschulabsolventen streben nach dem Erwerb des von den Briten eingeführten *Bachelor*- oder Magister-Grades dieser oder jener Fachrichtung auch heute noch den preußischen Doktorgrad an.

Das preußische Modell der Zeit nach 1870 und das heutige japanische Modell haben trotz aller Unterschiede ein gemeinsames Charakteristikum. In beiden Systemen wird das Modell durch eine zentrale Institution verkörpert: Sie bildet gewissermaßen ihren Kern, an ihr orientiert sich jede Nachahmung. Der preußische Generalstab war vor einem Jahrhundert die meistbewunderte und meistgefürchtete Institution. Heute kommt diese zweifelhafte Ehre dem japanischen Ministerium für Internationalen Handel und Industrie (MITI), dem *Tsusho Sangyosho,* zu.

Der preußische Generalstab bildete den Gegenstand unzähliger Mythen, zahlreicher Spionageromane und ernsthafter Studien. Seit den erstaunlich schnellen Siegen über das Habsburger Kaiserreich und über Frankreich haftete ihm der Nimbus der Unbesiegbarkeit an. Viele vermuteten das Geheimnis seines Erfolgs sogar in seiner Organisationsstruktur. Aus dem Osmanischen Reich, dem fernen Lateinamerika und vielen anderen Ländern reisten Offiziere nach Berlin, um die Arbeitsweise des Generalstabs kennenzulernen. Selbst die alten und neuen Großmächte, von den Vereinigten Staaten bis zum besiegten Frankreich, kopierten aus der Ferne den Generalstab. Bis zum heutigen Tag ist die Grundstruktur des preußischen Generalstabs in den militärischen Befehlszentralen auf der ganzen Welt erhalten geblieben.

In ähnlicher Weise wurde auch MITI zum Gegenstand ernsthafter Forschung und vielfacher Nachahmung.[2] Der Grund liegt auf der Hand: Nach allgemeiner Auffassung hatte das Ministerium entscheidenden Anteil an Japans spektakulärem Aufstieg zu einer wohlhabenden Nation innerhalb einer einzigen Generation. Als die französische Regierung im Mai 1991 ein neues Superministerium für Wirtschaft gründete, erklärte die französische Premierministerin Edith Cresson, das neue Ministerium sei «besser als MITI».[3] Selbst auf dem Gebiet der Trivialliteratur kann MITI mit dem preußischen Generalstab konkurrieren: In Japan wurden mehrere Romane über die Machenschaften von MITI-Beamten zu Bestsellern – ein sehr interessanter Hinweis darauf, wo die Japaner selbst die Ursachen ihres ökonomischen Erfolgs sehen. Auch in Amerika und in Europa bietet das Wirtschaftsleben genügend Stoff für Romane, aber die Protagonisten sind stets ausgesprochen individualistische (und in Liebesabenteuer verstrickte) Unternehmertypen und keine Bürokraten.

Die Siege der preußischen Armee wurden großteils den 135 Offizieren des Generalstabs[4] als Verdienst angerechnet, obwohl Hunderttausende Soldaten und viele tausend Feldoffiziere in den Schlachten gekämpft hatten. In ähnlicher Weise leitet sich das enorme Prestige des japanischen MITI aus der aufopferungsvollen Arbeit und den Fertigkeiten vieler Millionen Arbeiter, Angestellten, Vertreter und Manager ab, die Japans industrielles Wachstum ermöglichten. Im Ausland wird das Ansehen des Ministeriums nicht in Zweifel gezogen. Dabei spielt es keine Rolle, daß MITI in Japan längst vom Finanzministerium, dem *Okurasho,* in den Schatten gestellt wurde. Das griffige Kürzel MITI steht nach wie vor für die japanische Elite von Wirtschaftsbürokraten, eine Spezies, die sich von den Angestellten und politischen Beamten auf Zeit im amerikanischen Handelsministerium grundlegend unterscheidet.

Die territoriale Illusion

Ein mythischer Ruf, auch wenn er teilweise berechtigt erscheinen mag, verstellt unweigerlich den Blick auf die komplizierte Wirklichkeit. Zugleich sagt ein solcher Ruf eine Menge aus – weniger über den wirklichen Stand der Dinge als vielmehr über die vorherrschenden Interessen und Ambitionen. Jede Generation hat ihre Mythen, an die sie glaubt und die sie verbreitet. Durch Mythen kann sie ihre Motive besser zum Ausdruck bringen. In Preußen beispielsweise glaubte man ernsthaft an den Mythos, daß militärische Macht «wissenschaftlich» nutzbar gemacht werden könne, wenn man den Methoden des Generalstabs folgte. Dieser Glaube nährte ein neues Interesse an territorialer Expansion, das aber eher abstrakt und ohne praktischen Nutzen war.

Krieg und Frieden waren unverändert geblieben, aber die weltweite Verbreitung der Dampfschiffahrt, der Eisenbahn und des Telegraphen trug dazu bei, daß Territorien besser beherrschbar wurden als je zuvor. Wie zu erwarten war, entwickelten Politiker, hochrangige Militärs, von der Macht faszinierte Intellektuelle, Literaten und Journalisten auf der ganzen Welt ein völlig neues Wunschdenken: die Eroberung immer weiterer Territorien um der bloßen Eroberung willen, ob es sich nun um menschenleere Wüsten, unerschlossenen Urwald, trostlose Inseln oder unfruchtbare Tundra handelte. Diese Territorien waren beim damaligen Stand der Technik völlig nutzlos, auch wenn später mancherorts Rohstoffvorkommen entdeckt und ausgebeutet wurden – meistens jedoch erst, nachdem diese Länder unabhängig geworden waren. Der Expansionsdrang war natürlich nicht neu, doch bis auf wenige Ausnahmen hatten frühere Eroberer ein Territorium nicht begehrt, um es zu besitzen, sondern um es zu nutzen: Gebirgszüge oder Flüsse mochten für die Verteidigung wichtig sein, Städte und Siedlungen konnten besteuert werden, fruchtbares Land, reiche Bodenschätze oder rentable Handelsposten brachten Erträge. Die neue Ära begann mit dem Drang, sich immer größere Regionen auf den Landkarten zu sichern, die man anschließend eifrig studierte und für jedermann sichtbar als ein neues eigenes Gebiet herausstellte.

Der Landkartenkult veränderte zwischen 1870 und 1914 die Einstellung der Menschen und damit die internationalen Beziehungen, ein Prozeß, der später von der pseudowissenschaftlichen Geopolitik intellektuell verherrlicht wurde. Die Geopolitik nahm für sich in Anspruch, die Geschichte als Kampf der Nationen um «Lebensraum» erklären zu können.[5] Was sich in jenen Jahren ereignete, ist ein Paradebeispiel dafür, wie sich die Massen verführen lassen, wie sonst nüchtern denkende Köpfe abstrakten Wunschvorstellungen erliegen können – ohne Rücksicht auf Menschenleben und die wahren Quellen des nationalen Reichtums, Wohlfahrt und Glück.

Unter der Herrschaft der Zaren besaßen die Russen wenig Freiheit und wenig Rechte. Doch sie rühmten sich ihrer Landkarten, die stets Moskau zum Mittelpunkt hatten und die enorme Weite Rußlands von Mitteleuropa bis an die fernen Küsten des Pazifiks veranschaulichten. Britische Schulbuben begeisterten sich bei der Entdeckung, daß auf dem Globus so viele Gebiete im Rosa des Empire aufgemalt waren. Franzosen aller Altersgruppen waren darüber erbost, daß ihr eigenes Reich demgegenüber um einiges kleiner ausfiel, und viele Deutsche nahmen zerknirscht zur Kenntnis, daß ihr Land nur ein Fleck auf der Weltkarte war. Deutschland besaß zwar einige der modernsten Industrien der Welt, einige der reichsten Städte und zweifellos die besten Universitäten. Doch das vermochte diese Deutschen nicht zu trösten. Sie wollten «einen Platz an der Sonne», oder besser mehrere Plätze – afrikanische Kolonien auch in der unbewohnbaren Savanne oder gar in der Wüste, wobei es nur darauf ankam, daß diese Gebiete auf der Weltkarte möglichst große Flächen einnahmen. Zu diesem Zweck baute Deutschland eine hochseetüchtige Marine auf, die Großbritannien erzittern ließ und in eine Allianz mit Frankreich zwang: Die Voraussetzungen für zwei katastrophale Kriege waren geschaffen.

Kleinere Länder konnten solchen Ehrgeiz nur in geringerem Maße entwickeln, doch auch sie erlagen dem Drang, Territorien zu erwerben – nur um sie zu besitzen und nicht, weil sie einen Wert darstellten. Die Italiener studierten eifrig die Landkarte Afrikas und suchten nach Gebieten, die andere Länder noch nicht beansprucht hatten. Dort investierten sie Geld in kostspielige staatliche Bauprojekte, das im verarmten Sizilien oder im hungernden Kalabrien dringend benötigt worden wäre. Selbst das kleine Belgien wurde von der Gier überwältigt, jeden Quadratmeter des Kongo zu erschließen, jenes riesigen Gebietes, das sich hinter den wenigen Flußsiedlungen erstreckte, die bislang die nutzbaren Landstriche begrenzt hatten.[6] Die Japaner, denen eben erst verboten worden war, ihre Heimatinseln zu verlassen, schielten bereits wieder nach Korea, nach der Mandschurei und Taiwan und träumten davon, ein neues Weltreich zu errichten. Und die Anhänger der Habsburger warteten ungeachtet aller Nationalitätenkonflikte, die Österreich-Ungarn bereits belasteten, begierig darauf, dem schrumpfenden Osmanischen Reich Sarajevo und den Rest des armseligen Bosnien-Herzegowina abzunehmen.

Auch Lateinamerika wurde infiziert. Die Brasilianer opferten dringende Wirtschaftsprojekte dem Wunsch, einen möglichst großen Teil des riesigen, aber noch kaum erforschten Amazonas-

Beckens zu besitzen, und nahmen Venezuela, Kolumbien und Bolivien weite Gebiete ab.[7] Argentinien war mit den außerordentlich fruchtbaren Pampas bereits bestens versorgt. Dennoch war das Land bereit, Menschenleben und Wohlstand zu opfern, um zu verhindern, daß Chile nutzlose Steppen am Rand der Anden und in Patagonien in Besitz nahm. Bis heute ist es allerdings nicht gelungen, die Erdgasvorkommen in Patagonien rentabel auszubeuten.

Aufwieglerische Politiker, sensationsgierige Journalisten, kriegslüsterne Schriftsteller und naive Schuljungen waren nicht die einzigen, die dem territorialen Wahn der Zeit zwischen 1870 und 1914 erlagen. Er befiel sogar Fachleute wie Beamte und hohe Offiziere, die eigentlich wissen mußten, welche Opfer die Eroberungsträume ihren Ländern abverlangten. Doch die Dokumente in den Amtsarchiven belegen, daß sich ihre Sichtweise von den Wünschen der Masse, so absurd diese auch sein mochten, nur unwesentlich unterschied. So war der Traum vom Bau einer transafrikanischen Eisenbahn «von Kairo zum Kap» unter britischer Flagge nicht nur ein journalistisches Schlagwort, sondern Gegenstand ernsthafter Diskussionen zwischen sonst nüchtern denkenden Beamten, Offizieren und Politikern. Auch heute noch, ein Jahrhundert später, wäre man kaum in der Lage, eine solche Eisenbahnlinie so zu bauen, daß sie die nächste Regenzeit übersteht. Noch geringer wären die Chancen, sie rentabel zu betreiben.

Sowohl das erfahrene britische Foreign Office als auch das junge amerikanische State Department richteten ihre Politik nach Erkenntnissen aus, die sie aus Landkarten mit kleinem Maßstab herauslasen. Auf diese Weise ließ sich die Angst vor einem russischen Vorstoß nach Indien untermauern, obwohl er logistisch unmöglich gewesen wäre, oder die Hoffnung nähren, daß in Übersee neue Aufgaben auf Amerika warteten. Die Herrschenden im deutschen Kaiserreich waren nach Bismarcks Entlassung geradezu versessen darauf, Menschenleben und Geld für Kolonien zu opfern, um etwas mehr deutsche Farbe in die Weltkarte zu bringen – irgendwelche Kolonien, so teuer ihr Erwerb, so nutzlos ihr Besitz, so schwierig ihre Verteidigung auch sein mochte. Auch in den französischen Archiven finden sich zahlreiche, in nüchterner Beamtensprache abgefaßte Dokumente, die belegen, daß alle Fakten mißachtet wurden, die beim bloßen Studium der Landkarte nicht zu erkennen waren. In derselben Beamtensprache ergingen auch die Befehle, mit denen Soldaten in den Dschungeln von Indochina und im Sand der Sahara in den Kampf und in den Tod geschickt wurden. Und in derselben Sprache wurde auch die skrupellose Faschoda-Expedition in Gang gesetzt, die zur Eroberung völlig nutzloser Wüstengebiete im Sudan führen sollte. Frankreich nahm in der Faschoda-Krise bewußt das Risiko eines Krieges mit Großbritannien in Kauf – nur zehn Jahre, bevor es in seinem verzweifelten Krieg gegen Deutschland dringend auf britische Hilfe angewiesen war.

Jeder vitale Staat, ob groß oder klein, wurde von diesem territorialen Denken beherrscht.[8] Was das einfache Volk beim Betrachten der Landkarte empfand, deckte sich mit der offiziellen Politik. Der gesunde Menschenverstand blieb auf der Strecke, topographische und ökonomische Faktoren wurden außer acht gelassen. Man plante überflüssige Eroberungen und phantasierte von «Invasionskorridoren», die zu durchschreiten keine Armee in der Lage gewesen wäre. Die Professionalisierung von Planung und Führung, die eigentlich dazu dienen sollte, bloße Spekulationen durch Analysen zu ersetzen und so die militärische Macht effizienter zu nutzen, wurde in den Dienst sinnloser Ambitionen gestellt. Das territoriale Denken führte zu einer fatalen Verwechslung von Realität und Wunschdenken: Man konnte nicht mehr unterscheiden zwischen der sehr realen Gefahr eines Überraschungsangriffs auf Paris und der nur eingebildeten Gefahr, daß Großbritannien ganz Afrika «beherrschen» könnte, wenn die Eisenbahnlinie von Kairo zum Kap gebaut würde (daher auch die Faschoda-Expedition). Ebensowenig konnte man unterscheiden zwischen der sehr realen Chance, in Shanghai eine einträgliche Handelszone zu errichten, und dem Hirngespinst, in den Savannen am Niger Kolonien zu gründen.

Der Massenwahn jener Zeit erfaßte nicht jeden Staat, wohl aber jeden vitalen Staat. Das verschlafene Spanien, das im Niedergang begriffene Osmanische Reich oder das zerfallende China blieben verschont. Die Krankheit befiel nur die wachsenden, dynamischen und zukunftsorientierten Staaten. Wie wir noch sehen werden, gilt das auch heute noch. Auch unsere Epoche hat ihre Täuschungen, und nur die modernsten und erfolgreichsten Staaten fallen ihnen zum Opfer.

Im Rückblick mag die damalige Sichtweise naiv erscheinen, damals jedoch wirkte sie überzeugend. Dies erklärt auch die verbreitete Faszination für den preußischen Generalstab. Dabei besaß er weder ein Geheimrezept, das den Sieg garantierte, noch arbeitete er mit Methoden, die von den Quartiermeistern, Kriegsministern, Beamten, kampferprobten Militärs und jungen Adjutanten, die Monarchen an ihren Kriegshöfen versammelten oder Feldherren für ihre Feldzüge anwarben, nicht in der einen oder anderen Weise schon ausprobiert worden wären. Das ganze Geheimnis des Generalstabs bestand darin, daß er alle Maßnahmen, die früher eher planlos und erst bei einem unmittelbar bevorstehenden Krieg ergriffen worden waren, streng systematisierte.

Zu den fest etablierten und genau geplanten Vorbereitungen für alle denkbaren Kriege, Feldzüge und Schlachten gehörte unter anderem die Ausbildung ehrgeiziger Offiziere an Militärakademien; man verließ sich nicht mehr auf die sehr unterschiedliche Unterweisung junger Kadetten. Für den Generalstab wurden jene Akademieabsolventen ausgewählt, die eine besondere Begabung für Analyse, Planung und Führungsaufgaben zeigten. Diese wenigen Privilegierten wurden den ständigen Generalstabsabteilungen Logistik, Studium fremder Heereseinrichtungen und Länder, Operationspläne und Mobilmachung zugeteilt, deren Aufgaben ebenfalls methodisch festgelegt worden waren, um Kompetenzüberschneidungen zu vermeiden und ein reibungsloses Zusammenwirken zu gewährleisten. Politiker, hohe Offiziere und Hitzköpfe aller Art durchforschten damals die Weltkarte nach Territorien, die noch niemand beanspruchte, oder strebten nach systematischer Erschließung jener Territorien, deren Nutzung bislang nur auf den kleinen, bereits erschlossenen Teil beschränkt geblieben war. Diese Personen sahen im preußischen Generalstab eine nachahmenswerte Institution.

Das geopolitische Denken überdauerte den Höhepunkt der imperialistischen Expansion in den achtziger Jahren des letzten Jahrhunderts, der durch die «Aufteilung Afrikas», die amerikanische Inbesitznahme der spanischen Kolonien und den Beginn des japanischen Kolonialismus markiert wurde. Und diese Grundhaltung wirkte auch als Antriebskraft einer Reihe großer politischer Ereignisse, so zum Beispiel im englisch-französischen Streit über die Ausgliederung der arabischen Länder aus dem Osmanischen Reich nach dem Ersten Weltkrieg, beim japanischen Vorstoß in die Mandschurei und bei der italienischen Invasion Äthiopiens in den dreißiger Jahren sowie bei der gesamten Eroberungspolitik Hitlers nach 1938 und Japans nach 1937. Letztlich wirkte das geopolitische Denken bis in die achtziger Jahre unseres Jahrhunderts nach. Die ideologische Dimension des Kalten Kriegs rechtfertigte den Kampf um die Loyalität jedes bewohnten Territoriums, so abgelegen oder arm an Ressourcen es auch sein mochte. Natürlich war der geopolitische Ehrgeiz ein Wahn, doch dies änderte nichts an der Notwendigkeit, ihm Widerstand zu leisten. Hitlers Wunschtraum eines rassistisch-feudalen Imperiums, bestehend aus SS-Aristokraten und Staatssklaven, hätte Wirklichkeit werden können, wäre er in der Realität nicht entschlossen bekämpft worden. Und das Streben der Sowjetunion nach militärischer Vorherrschaft und nach einer Etablierung marxistisch-leninistischer Regime in aller Welt – so katastrophale Folgen es für die sowjetische Gesellschaft auch haben mochte – hätte das Schicksal der Welt bestimmen können, wäre ihm nicht erfolgreich Widerstand entgegengesetzt worden. Der Wettstreit unter den Nationen, welche Form er auch annehmen und so nutzlos er auch sein mag, unterliegt immer einem Zwang.

Japan: Der Mythos

Die wirtschaftliche Leistungsfähigkeit Japans übt heute eine ähnliche Faszination aus wie die militärischen Erfolge Preußens in einer früheren Epoche. In beiden Fällen gilt die Faszination einer mächtigen, bedrohlichen, aber bewundernswerten Institution: hier dem preußischen Generalstab, dort dem japanischen MITI. Eine weitere auffallende Ähnlichkeit besteht zwischen der verbreiteten Nachahmung der preußischen Armee – ihres Drills, ihrer Uniformen und Kommandostruktur – und der oftmals sklavischen Imitation des japanischen Managementstils bis hin zur wörtlichen Übersetzung der Slogans. Und damit nicht genug: Wie einst die deutsche Gesellschaft wird heute auch die gesamte japanische Gesellschaft nach importierbaren Modellen durchforstet.

Wie schon vor einem Jahrhundert bei den Preußen, so ruft diese Nachahmung durch das Ausland heute auch bei den Japanern gemischte Gefühle hervor. Natürlich sind sie stolz auf ihre Leistungen, denen so viel Aufmerksamkeit zuteil wird. Und natürlich erfüllt es sie mit Genugtuung, wenn Ausländer ihre Institutionen zu kopieren suchen. Doch wie viele Preußen vor hundert Jahren sind heute auch viele Japaner davon überzeugt, daß jeder Versuch, sie zu imitieren, letztlich vergeblich sei, weil das eigentliche Geheimnis ihres Erfolgs in ihrer einzigartigen Kultur liege, und die lasse sich nicht nachahmen – in der kriegerischen Kultur Preußens und in der harmonischen Kultur Japans.[9]

Will man daran glauben, wie es viele Japaner anscheinend tun, muß man allerdings einen großen Teil der jüngeren Geschichte außer acht lassen, so zum Beispiel die gewalttätigen Streiks der zwanziger Jahre, die blutigen politischen Kämpfe zwischen Bürgertum und Militär in den dreißiger Jahren, die Weigerung der kaiserlichen Armee und der kaiserlichen Marine zu kooperieren (selbst in Kriegszeiten) und die erbitterten Arbeitskämpfe, die bis in die sechziger Jahre andauerten, wobei sich das Verhältnis zwischen Arbeitgebern und Arbeitnehmern erst entspannte, als die Löhne rapide stiegen. Die These von der Einzigartigkeit ist deshalb absolut falsch: Die vielbeschworene Harmonie in der japanischen Gesellschaft ist eine Folge des ökonomischen Erfolges und nicht umgekehrt.

Vor rund einem Jahrhundert versuchten ein paar Deutsche, den Erfolg ihres Landes mit der Besonderheit ihrer Rasse zu erklären. Auf diese Weise wollten sie die kläglichen Bemühungen der gemischtrassigen Amerikaner, der minderwertigen Asiaten und der dekadenten Mittelmeervölker ad absurdum führen, das deutsche Militär nachzuahmen. Eine ähnliche Haltung findet sich bei vielen Japanern, unter ihnen auch der frühere Ministerpräsident Nakasone. Eine ganze Spezialliteratur *(Nihonjinron)* hebt die einzigartigen Tugenden der japanischen Rasse und ihre perfekte Homogenität hervor – eine Überzeugung, die auch von vielen Bewohnern der westlichen Hemisphäre geteilt wird, aber kaum von jenen, die tatsächlich einmal Gelegenheit hatten, eine japanische Menschenmenge zu beobachten, in der eine reiche Vielfalt von Hautfarben und unterschiedlichen Gesichtstypen zu sehen ist.

MITI und die Systematisierung des ökonomischen Erfolgs

Der Anspruch kultureller oder rassischer Einzigartigkeit ruft selbstverständlich nur Feindseligkeit hervor und vermag nicht zu verhindern, daß bestimmte Institutionen andernorts kopiert werden, obwohl dort andere Rahmenbedingungen herrschen. Von MITI läßt sich natürlich viel lernen, selbst wenn seine Funktionen nur oberflächlich verstanden werden. Das ließ sich auch bei den Nachahmern des preußischen Generalstabs beobachten, die lediglich ständige Hauptquartiere mit hervorragend geschulten Offizieren anstelle der improvisierten Stäbe der Feldherren einführten. Wenn sich am Beispiel von MITI zeigen ließe, wie nützlich eine angesehene und mit Fachleuten besetzte Regierungsbehörde sein kann, die Exportförderung genau dann betreibt, wenn Exporte benötigt werden, so wäre schon viel erreicht. Wenn sich am Beispiel von MITI zeigen ließe, daß hervorragend ausgebildete Talente sich nicht in Anwaltskanzleien verstecken müssen, um sich mit anderen Anwälten zu streiten, sondern die Wirtschaft als Berater unterstützen können, so wäre viel erreicht. Und wenn sich am Beispiel von MITI zeigen ließe, daß die Wirtschaft durch die Versorgung mit Informationen aus aller Welt – über jeden Wirtschaftssektor und über jede Produktkategorie – gefördert werden kann, dann wäre auch in dieser Hinsicht viel erreicht.[10]

MITI begnügt sich natürlich nicht damit, die Wirtschaft zu fördern, zu unterstützen und mit Informationen zu versorgen. Das Ministerium hat auch versucht, Industrien ins Leben zu rufen und direkt zu lenken, zumindest in jenen Sektoren, die es im Rahmen seiner vielbewunderten, aber auch vielgeschmähten «Industriepolitik» als förderungswürdig auswählt. In den Äußerungen und Publikationen der amerikanischen Rechten wird seine Rolle grob verzerrt dargestellt – da wird so getan, als werde es von (inkompetenten) Bürokraten beherrscht, die eigenmächtig über Erfolg und Mißerfolg entschieden, anstatt dies dem Markt zu überlassen. Auch die Vorstellung seiner eher ahnungslosen ausländischen Bewunderer, MITI verfüge über geradezu magische Kräfte, geht an der Wirklichkeit vorbei. Seine Industriepolitik war bislang nämlich keineswegs diktatorisch und alles andere als unfehlbar. Manche japanischen Konzerne gehorchen dem Ministerium, andere ignorieren seine Interventionen (darunter Honda, dem es bekanntlich den falschen Rat erteilte, nur Motorräder zu produzieren). Einige MITI-Programme waren teure Fehlschläge, wie etwa das bekannte Projekt für Computer der «Fünften Generation», das 400 Millionen Dollar verschlang, andere verpufften wirkungslos. Dennoch steht außer Frage, daß sie in ihrer Gesamtheit viel bewirkten und Japan zu großen Erfolgen verhalfen.

Das vielleicht eindrucksvollste Beispiel für die Industriepolitik von MITI war der Aufbau der petrochemischen Industrie in Japan ab Mitte der fünfziger Jahre. Das war die Glanzzeit des Ministeriums. Damals bestand in der japanischen Wirtschaft noch die Möglichkeit, ganze Industriezweige zu schaffen und dabei eine ganze Bandbreite von Methoden anzuwenden.

Erstens stellte MITI in einer Untersuchung fest, daß Japan trotz fehlender Rohstoffe eine petrochemische Industrie aufbauen könne und solle. Das war der Beginn des angewandten «Entwicklungskapitalismus» in Japan. In den Vereinigten Staaten herrscht demgegenüber die Auffassung vor, daß Industrien als Reaktion auf die Marktkräfte spontan entstünden. Hätte man die Zukunft Japans den Marktkräften überlassen, so wäre das Land wohl heute noch von petrochemischen Importen abhängig.

Zweitens gab MITI in einer offiziellen Erklärung vom Juli 1955 seine Absicht bekannt, in Japan eine petrochemische Industrie aufzubauen.[11] Mit dieser Erklärung gewann es die Unterstützung im eigenen Land, in der Regierung wie in der Wirtschaft. Die Verfechter des freien Marktes in den Vereinigten Staaten würden eine solche Politik aus Prinzip ablehnen, auch wenn sie sich in der Praxis als höchst nützlich erwiese. Aus ihrer Sicht hatten hier wieder einmal «ahnungslose» Bürokraten einen «Gewinner» ausgewählt. Als Handelsminister Robert S. Mosbacher in den Jahren 1989 und 1990 vorschlug, Schlüsselindustrien im High-Tech-Bereich zu fördern, wurde er durch die Apologeten des freien Marktes im Weißen Haus abgeblockt («Was ist der Unterschied zwischen Kartoffelchips und Computerchips?»).

Drittens stellte die vom Staat kontrollierte Japan Development Bank den Keiretsu Kredite zu günstigen Bedingungen zur Verfügung, wenn sie bereit waren, sich in der neuen Industrie zu engagieren. Demgegenüber verfügt die US-Regierung über keine Investitionsbank. Im Gegenteil, sie konkurriert sogar mit der privaten Wirtschaft um das knappe Kapital, da sie mit geliehenem Geld die riesigen Löcher in ihrem Haushalt stopfen muß. Nur die Small Business Administration stellt kleinen Kapitalgesellschaften mit Minderheitsbeteiligungen Kapital zur Verfügung, jedoch nur sehr bescheidene Beträge, die kaum mit der Inflation Schritt halten; 1980 waren es 3,8 Milliarden Dollar, 1990 4,3 Milliarden Dollar.[12]

Viertens stellte MITI ausländische Devisen zur Verfügung und vergab Lizenzen für den Import ausländischer Maschinen und Technologien (hauptsächlich aus den Vereinigten Staaten), denn das erforderliche Know-how mußte zu 100 Prozent eingeführt werden. Doch die Industrie emanzipierte sich bald von diesen Lizenzkäufen, wenn auch nicht von «geborgter» ausländischer Technologie. Denn das japanische Patentamt *(Tokkyo Cho)* ist ein externes Amt von MITI und dessen genauer Kontrolle unterworfen. Es hat es sich zur Gewohnheit gemacht, die Bearbeitung ausländischer Patentanmeldungen manchmal jahrelang hinauszuzögern. Auf diese Weise wird Zeit für eigene, imitierende Forschungs- und Entwicklungsarbeiten gewonnen, so daß die ausländischen Patentrechte umgangen werden können.

Fünftens verlieh MITI dem neuen Industriezweig eine «strategische» Bedeutung. Das stark differenzierte japanische Steuersystem erlaubte es den Investoren, ihre Kapitalinvestitionen schnell abzuschreiben und so ihr steuerpflichtiges Einkommen zu verringern. In den Vereinigten Staaten würde diese Form der Bevorzugung bestimmter Industrien das Prinzip der Steuergerechtigkeit verletzen. In der Vergangenheit billigte der Gesetzgeber ausnahmslos jedem Steuervergünstigungen für Investitionen zu; gegenwärtig gibt es überhaupt keine Steuervergünstigungen dieser Art.

Sechstens wurden staatseigene Grundstücke, die für den Bau von Produktionsanlagen geeignet schienen, kostenlos oder zu überaus günstigen Bedingungen zur Verfügung gestellt – ein großer Vorteil in einem Land, in dem Boden knapp ist. In den Vereinigten Staaten ist Bauland billig und reichlich vorhanden. Dies wäre also das letzte Instrument, das im Rahmen einer Industriepolitik angewandt würde, obwohl auch in Amerika der Eisenbahnbau und die Gründung staatlicher Universitäten ursprünglich durch Landschenkungen erleichtert wurde. Auch heute noch bieten staatliche oder lokale Behörden kostenlos Grundstücke, um Investitoren anzulocken.

Siebtens wurden die Importe, die der neue petrochemische Industriezweig benötigte, von allen Zollabgaben und den hohen Steuern befreit, mit denen Ölprodukte belastet sind, die als Grundstoffe verwendet werden. In den Vereinigten Staaten hingegen würde auch diese Maßnahme als unzulässige Bevorzugung angesehen werden.

Achtens wurde der neue Industriezweig wirkungsvoll vor der ausländischen Konkurrenz geschützt, zum Beispiel durch Importlizenzen, direkte Verbote und Zolltarife. Später, als der japanische Markt offiziell geöffnet wurde, sorgten Absprachen unter den Großkonzernen dafür, daß unerwünschte Importe draußen blieben. Demgegenüber begünstigten die Prinzipien des freien Marktes in den Vereinigten Staaten stets den Konsumenten, niemals die Industrie.

Neuntens rief MITI eine «Petrochemical Cooperation Discussion Group» ins Leben, um die Koordination der Investitionen zu erleichtern, Überkapazitäten zu vermeiden und die Preise so zu regulieren, daß kein «störender» Wettbewerb entstand. Als diese Maßnahme erfolgte, waren die verschiedenen Unternehmen des neuen Industriezweigs bereits stark und wuchsen rapide. Im Gegensatz dazu unterstützt die US-Regierung Kartelle nicht, sondern bekämpft sie sogar nach den Regelungen einer Antikartell-Gesetzgebung, die strenger ist und rigoroser angewandt wird als in jedem anderen Land.

Mit denselben Methoden unterstützte MITI den Aufbau der Elektronikindustrie in den sechziger Jahren, der Computerindustrie in den siebziger Jahren und der Biotechnologie- sowie der Luftfahrtindustrie in den achtziger und neunziger Jahren. Gleichzeitig organisierte MITI die Schrumpfungsprozesse in der Textilindustrie, im Schiffsbau und in der Stahlindustrie und setzte so das für die neuen Industrien benötigte Kapital und Arbeitskräftepotential frei.

Die wohlwollende Aufmerksamkeit des Ministeriums wurde auch einer Vielzahl kleinerer Industrien und spezifischer Technologien zuteil, die teilweise sehr unbedeutend und hochgradig spezialisiert waren. Als beispielsweise amerikanische Firmen in den siebziger Jahren amorphe Metalle entwickelten, fand ihre Arbeit kaum Beachtung. Doch MITI erkannte schnell, welch große Bedeutung sie für viele Anwendungsbereiche in der Elektrotechnik haben konnten. Andererseits wollten die MITI-Beamten nicht zulassen, daß die japanische Elektroindustrie von amerikanischen Zulieferern abhängig wurde. Sie wollten entweder amorphe Metalle «Made in Japan» oder gar keine. Also blockierten sie die Versuche des damaligen Unternehmens Allied Signal, die Metalle in Japan zu vermarkten, indem sie «illoyalen» japanischen Unternehmen jeden Anreiz nahmen, sie zu kaufen. In einem zweiten Schritt berief MITI ein Konsortium für Forschung und Entwicklung ein, um die US-Patentrechte zu umgehen, deren Registrierung in Japan es natürlich verzögerte – während es die von den Amerikanern vorgelegten Daten dem Konsortium zuleitete.

Überzeugte Anhänger des freien Unternehmertums, die an die selbstregulierenden Kräfte des Marktes glauben, beharren darauf, daß jede «Industriepolitik» zwangsläufig fehlschlagen müsse – immer und überall. Andere ausländische Beobachter hingegen sehen in ihr eine tödliche Bedrohung ihrer eigenen Industrien, wenn ihr nichts Gleichwertiges entgegengesetzt wird. Die Wahrheit liegt *nicht* irgendwo in der Mitte. Denn die Erfahrungen in vielen Ländern, und nicht nur in Japan, belegen, daß Industriepolitik *funktioniert* – ob es nun darum geht, neue Industriezweige aufzubauen oder das Wachstum und den technischen Fortschritt anderer zu beschleunigen. Natürlich kann das Gesamtergebnis nicht konsumeffizient sein, denn dem einzelnen Japaner hätte eine spontane Produktion und häufig auch der Import der betreffenden Güter größeren Nutzen gebracht; das Ergebnis der Industriepolitik ist jedoch produktionseffizient für das japanische Volk in seiner Gesamtheit, weil es eine große Bandbreite von erstrebenswerten Beschäftigungsmöglichkeiten schafft.

Die Bürokraten können jedoch nicht einfach «Gewinner und Verlierer» sortieren, wenn sie eine Industriepolitik verwirklichen wollen. Sie müssen auch in der Lage sein, die ausgewählten Branchen oder Unternehmen materiell zu unterstützen, in vielen Fällen sowohl durch protektionistische Maßnahmen als auch mit Finanzmitteln. Nur so können sie dafür sorgen, daß ihre Voraussagen auch tatsächlich eintreten. Die amerikanischen Gegner einer solchen Politik sind davon überzeugt, daß sie grundsätzlich falsch sei und überdies in den Vereinigten Staaten niemals funktionieren könne. In den Vereinigten Staaten gebe es keine Behörde wie MITI, dessen pflichtbewußte Beamte die besten Universitäten besucht hätten und in der Lage seien, sich zu echten Experten für die verschiedenen wichtigen Industriezweige zu entwickeln. Im Gegensatz dazu verfüge das US-Handelsministerium nur über mittelmäßige Opportunisten oder politische Beamte, die für ihre Aufgaben nicht ausgebildet seien. Dieses Argument muß seltsam erscheinen, wenn man bedenkt, daß selbst das kleine Singapur dazu fähig war, nach dem Vorbild von MITI eine hochgradig effiziente Behörde aufzubauen. Außerdem fehlte es in den fünfziger und sechziger Jahren, als die globale Sicherheit angesichts der sowjetischen Bedrohung noch ein brennendes und unbestrittenes Interesse darstellte (vor Vietnam), weder dem US-Außenministerium noch dem Verteidigungsministerium an fähigen Mitarbeitern. Heute stehen geoökonomische Auseinandersetzungen im Mittelpunkt der Weltereignisse. Ein amerikanisches MITI würde mehr als genug Talente anziehen, wenn es in der richtigen Form aufgebaut würde.

Die meisten Skeptiker übersehen ein viel gewichtigeres Gegenargument: Industriepolitik setzt eine alle Bereiche umfassende effektive Koordination und die Unterstützung seitens der Finanzinstitute voraus. Das japanische MITI war in der Lage, die Finanzierung favorisierter Industriezweige durch Banken sicherzustellen, die entweder staatlicher Kontrolle unterlagen oder einfach nur kooperationswillig waren. Es wäre schwierig oder gar unmöglich, so etwas in den Vereinigten Staaten nachzuahmen. MITI konnte diktieren, welche Importe gefördert und welche behindert wurden, während in den Vereinigten Staaten die Entscheidungen über Zölle, Einfuhrquoten oder die (sehr seltenen) Importverbote vom Kongreß getroffen werden. In Japan war MITI in der Lage, mit Hilfe von Zollbeamten dafür zu sorgen, daß Importe selbst dann blokkiert wurden, wenn sie offiziell zulässig waren. Es konnte das Bildungsministerium dazu bewegen, seine Bemühungen im Bereich Forschung und Entwicklung zu unterstützen, und sicherte sich auch die Kooperation des eigenen Patentamts. In den Vereinigten Staaten hingegen geht jede Behörde ihren eigenen Weg und hält sich dabei buchstabengetreu an die Gesetze. Mit anderen Worten: MITI operiert in einem ausgesprochen günstigen Umfeld, das in den Vereinigten Staaten nicht vorhanden wäre, selbst wenn ein amerikanisches MITI eingerichtet werden sollte.

Statistische Illusionen

Wie sehen die neuartigen Hoffnungen und Befürchtungen aus, die Menschen heute veranlassen, dem japanischen MITI gar mythische Qualitäten zuzuschreiben? Im Falle des preußischen Generalstabs war es das territoriale Denken jener Zeit, das die Zeitgenossen dazu bewegte, den rigorosen Methoden des Generalstabs eine übertriebene Bewunderung entgegenzubringen und sie für fadenscheinige Zwecke zu mißbrauchen. Heute herrscht eindeutig eine andere Haltung vor, aber auch sie ist durch eine Faszination für abstrakte Ziele gekennzeichnet, die losgelöst sind von den greifbaren Realitäten.

Wir starren zwar nicht mehr auf die Weltkarte, prüfen aber besorgt internationale Statistiken, halten unsere Zahlen und die des Auslands nebeneinander, vergleichen Arbeitsproduktivität, Wachstumsraten, Lebenserwartung und vieles andere – und doch wird uns durch all diese nackten Zahlen die komplexe ökonomische Wirklichkeit ebensowenig deutlich, wie damals Landkarten im kleinen Maßstab über unpassierbare Gebirgszüge, unerschließbares Ödland oder Völker, die sich jeder Zivilisierung widersetzten, Auskunft geben konnten. Dem Drang jener Zeit, die eher zufällig gezogenen Grenzen um den wirklich wertvollen Besitz systematisch zu erfassen und zu erweitern, entspricht unser heutiger Drang, die ökonomischen Aktivitäten so zu organisieren, daß die erwünschten statistischen Daten maximiert werden können – natürlich immer im Vergleich mit anderen Ländern. Denn die eifersüchtige Rivalität, die einst dazu antrieb, nutzlose Kolonien zu erweitern, manifestiert sich heute in einem internationalen statistischen Wettbewerb.

Wenn Sie Südkorea besuchen, sollten Sie sich nicht darüber beklagen, daß Seoul durch das explosionsartige, unkontrollierte Wachstum zu einem gigantischen Ballungsraum geworden ist, in dem 17 Millionen Menschen leben, mehr als ein Drittel der Bevölkerung des Landes. Die meisten wohnen in eng nebeneinander gebauten grauen Betonblocks, die nur durch die riesigen Zahlen an den Wänden unterschieden werden können. Andere sind noch schlechter untergebracht. Dennoch werden Sie bemerken, daß die Koreaner besorgt die neuesten statistischen Daten über das Wirtschaftswachstum studieren, um festzustellen, ob sie ihren Weltrekord verteidigen konnten. Thailand eifert längst dem chinesischen Trio Hongkong, Singapur und Taiwan nach und strebt nach rapidem Wirtschaftswachstum, und auch China verfolgt teilweise dieses Ziel, so daß die Koreaner einer starken Konkurrenz gegenüberstehen. In all diesen Ländern, auch in Südkorea, kommt die Wohnqualität in den Städten ebenso zu kurz wie der Schutz von Luft, Wasser und Boden, und zwar aus gutem Grund: Nur durch Industrieansiedlung und Wirtschaftswachstum kann eine ausreichende Zahl menschenwürdiger und lukrativer Arbeitsplätze geschaffen werden.

Doch auch in Frankreich beschäftigt man sich intensiv mit den statistischen Daten. Dieses Land bietet vielen Menschen ein ungewöhnlich gutes Leben. Das Nahrungsmittelangebot ist besser als überall sonst auf der Welt, und Millionen von Familien besitzen ein Zweitwohnung auf dem Lande (und vielleicht sogar eine dritte in einem der Skigebiete). Doch dieser Überfluß wird gerade von den privilegiertesten Franzosen nicht erwähnt, wenn sie über Frankreich sprechen. Vielmehr verweisen sie auf statistische Vergleiche, wonach die Franzosen bereits hinter die Deutschen zurückgefallen sind und noch weiter zurückfallen werden. (Unmittelbar nach der deutschen Wiedervereinigung machte man noch eine andere unangenehme Entdeckung: Nun, da die deutschen Sportler aus Ost und West in einem Team antraten, waren sie bei den nächsten Olympischen Sommer- und Winterspielen kaum noch zu schlagen.)

Die Deutschen wiederum bejubeln den statistischen Zuwachs, nachdem die ostdeutschen Zahlen hinzugekommen sind – wenn sie nicht gerade besorgt die Auswirkungen der Vereinigung auf das Pro-Kopf-Einkommen berechnen. Obwohl sie auch weiterhin in denselben Wohnungen leben, dieselben Autos fahren und ebensoviel konsumieren wie zuvor, fallen die Daten über den allgemeinen Lebensstandard zwangsläufig schlechter aus, wenn die ärmeren Ostdeutschen hinzugerechnet werden. Italien könnte man durchaus den neuen Namen *Quinta Potenza* geben, denn der Begriff *quinta potenza industriale* (fünftgrößte Wirtschaftsmacht) wird in der öffentlichen Diskussion ständig benutzt – als ob es etwas bedeute, im statistischen Vergleich die fünftgrößte Wirtschaftsmacht der Welt zu sein. Und als ob es für die Italiener etwas bedeute, die im armen Süden des Landes leben, wo das organisierte Verbrechen regiert, oder im wohlhabenden Industriegürtel des Nordens, in dem die Umweltverschmutzung voranschreitet, oder in der Toskana, wo weder Armut noch ein Übermaß an Industrialisierung das angenehme Leben beeinträchtigen. Gleichzeitig stöhnen die Briten über die Schmach, daß Italien in der Statistik vor ihnen rangiert, ein Land, zu dem aufzublicken ihnen ganz besonders schwer fällt. Und sogar die Schweden waren bestürzt über den vom Erdöl beförderten statistischen Aufstieg Norwegens, solange er anhielt – wenn bei armen Verwandten plötzlich der Reichtum ausbricht, ist das immer ein besonderes Ärgernis.

Die Japaner, die statistisch schon sehr viel länger als die Amerikaner erfaßt wurden, unterscheiden sich auch in dieser Hinsicht von den anderen. Gleichwohl sind die meisten glücklich über die hervorragenden Daten, auch wenn sie knietief in den unwillkommenen Konsequenzen des Wachstums stecken. Ihr Glück wird nur dann getrübt, wenn sie feststellen müssen, daß die Wachstumsraten Südkoreas noch eindrucksvoller ausfallen als die eigenen. Ministerpräsident Kiichi Miyazawa verhielt sich ausgesprochen typisch, als er 1991 erklärte, seine Regierung werde dem Wirtschaftswachstum geringere Bedeutung beimessen und sich statt dessen verstärkt der Verbesserung des Lebensstandards in Form von Wohnungen, öffentlichen Verkehrsmitteln usw. widmen. Gleichzeitig verlieh er seiner Hoffnung Ausdruck, daß Japan die «Supermacht des Lebensstils»[13] werde. Möglicherweise wollte er damit gar nicht andeuten, daß Japan erneut eine Spitzenposition in der Statistik anstrebte. Aber es ist doch interessant anzumerken, daß in der japanischen Presse plötzlich zahlreiche Statistiken erschienen, in denen das Land mit Amerika und einigen europäischen Staaten verglichen wurde. Sie enthielten Daten zur «durchschnittlichen Wohnungsgröße», zum «Anteil der Wohnungen mit Zentralheizung», zum «Anteil der Wohnungen mit Toiletten mit Wasserspülung», zur «öffentlichen Parkfläche pro Einwohner» usw. Da Japan bei all diesen Vergleichen schlecht bis sehr schlecht abschneidet, hellten die meisten Zeitungen das düstere Bild durch Vergleiche der Lebenserwartung und der Kriminalitätsraten auf, denn hier kann Japan bessere Zahlen vorweisen (wie viele «Vergewaltigungen je 100 000 Einwohner» wiegen 100 Quadratmeter Parkfläche pro Einwohner auf?).

Es ist natürlich richtig, daß hinter den vergleichenden Statistiken, die in den Medien heute mit einiger Besessenheit angeführt und in zahllosen Privatgesprächen beklagt oder freudig kommentiert werden, wichtige Tatsachen stehen. Manche können sogar nützliche Warnungen geben oder stimulierend und ermutigend wirken, auch wenn häufig schon bei der Datenerfassung Fehler unterlaufen und Vergleiche, bei denen Daten aus verschiedenen nationalen Quellen einander gegenübergestellt werden, in mehrfacher Hinsicht unzuverlässig sind. Nützlich sind sie vor allem dann, wenn sich die Daten auf wichtige Kategorien beziehen (der Niedergang der Sowjetunion beispielsweise wurde lange Zeit durch die hervorragenden Produktionsziffern für Roh-, Guß- und Schmiedeeisen verschleiert – auch noch im Zeitalter des Siliziumchips). Aber auch dann, wenn die aufgezeigten Unterschiede so groß sind, daß Berechnungsfehler vernachlässigt werden können, oder wenn sie von saisonalen, konjunkturellen oder anderen temporären Schwankungen unberührt bleiben.

Ähnlich verhielt es sich mit den Landkarten im Zeitalter des Kolonialismus. Auch sie enthielten unbestreitbar wertvolle Informationen, die nützlich für die Politik hätten sein können, wenn man die nackten geographischen Tatsachen sorgfältig und vorsichtig interpretiert hätte. Der blutrote Pfeil auf den Landkarten, der einen weiteren französischen Vorstoß in die Sahara kennzeichnete, hatte zwar für die Einwohner von Hamburg oder Hannover keinerlei Auswirkungen, und doch ärgerten sie sich über den Landgewinn der Franzosen, auch wenn er nur illusorisch war. Demgegenüber stellte jeder deutsche Pfeil, der in Richtung der belgischen Häfen zeigte, für Großbritannien eine echte Bedrohung dar. Für internationale statistische Vergleiche der wirtschaftlichen Leistungsfähigkeit gilt das, was auch für den französischen Vorstoß in die Sahara gilt: Sie stehen möglicherweise für den Gewinn eines anderen Landes, aber selten für Verluste des eigenen. Und nur für wenige internationale Statistiken – und es müssen nicht unbedingt vergleichende sein – gilt das, was aus Sicht der Briten für den deutschen Vorstoß nach Belgien gilt: Der Gewinn des anderen kann der Grund für eigene große Verluste sein.

Grobe Hinweise auf die langfristige Entwicklung nationaler Ökonomien im Vergleich zu anderen liefern trotz schwankender Wechselkurse die Daten zum Bruttosozialprodukt, sofern das Ausgangsjahr nicht grob verfälschend wirkt (wie zum Beispiel bei den Vergleichen zwischen den Vereinigten Staaten und Europa und zwischen den Vereinigten Staaten und Japan für die Zeit von 1950 bis 1990, bei denen die Besonderheiten des frühen Nachkriegsjahres 1950 außer acht blieben). Aber im Falle der Vereinigten Staaten ist es absurd, über die Wachstumsraten des Bruttosozialprodukts zu klagen, so schlecht sie auch ausfallen mögen, und gleichzeitig alle offenkundigen Hinweise darauf zu ignorieren, daß die Gesellschaft im Innern in einem höchst bedauerlichen Ausmaß fragmentiert ist. In gleicher Weise haben auch die immer populärer werdenden sozialen Statistiken (Säuglingssterblichkeit, Lebenserwartung usw.) nur wenig Aussagekraft, denn im Grunde zählen nicht die amerikanischen Durchschnittswerte, sondern die enormen Abweichungen, die von ihnen überdeckt werden.

Internationale Wirtschaftsstatistiken können unter bestimmten Umständen auch eine unmittelbare Bedeutung für den einzelnen haben. Die Monatsdaten der Handelsbilanz werden in Presse und Fernsehen heute als Topmeldung behandelt. Amerikaner, die in einem der vielen Industriezweige arbeiten, die gegen die internationale Konkurrenz ankämpfen müssen, können von der Handelsbilanz Rückschlüsse auf die Sicherheit ihres Arbeitsplatzes ziehen. In gleicher Weise haben japanische oder italienische Touristen vor der Abreise ins Ausland allen Grund, über die Zahlungsbilanz oder die relativen Zinsraten zu klagen, aus denen sich ein Wertverlust ihres Yen oder ihrer Lira voraussagen läßt.

Trotz dieser Einschränkungen erinnert die Besessenheit, mit der man sich momentan auf vergleichende Wirtschaftsstatistiken stürzt, an den Landkartenwahn vor einem Jahrhundert. Zwischen der konkreten Lebenswirklichkeit und einem Großteil der Daten besteht keinerlei Verbindung. Und doch üben die Daten trotz ihres abstrakten Charakters einen ebenso starken politischen Zwang aus wie früher die Karten aus Papier. Daher besteht auch die gleiche Gefahr, daß durch falsches Handeln wahres Wohlergehen und wahre kulturelle Befriedigung der rein numerischen Darstellung des Erfolgs geopfert werden könnten.

Kapitel 4
Wann werden die USA ein Dritte-Welt-Land?

Buenos Aires zählte früher zu den führenden Metropolen der Welt, und die Argentinier konnten sich Steaks zu jeder Mahlzeit leisten. Dieses Leben im Wohlstand dauerte bis in die fünfziger Jahre, und niemand hätte sich damals träumen lassen, daß das Land in den kommenden vierzig Jahren in Armut versinken würde. Auch das Volk der Vereinigten Staaten – noch immer mit Abstand das reichste Land der Welt – hat noch nicht begriffen, welche Veränderungen seit mindestens zwanzig Jahren stattfinden und welche Zukunft dem Land bevorsteht, wenn sich die gegenwärtigen Trends fortsetzen. Doch alle relevanten Daten weisen auf einen Niedergang hin und legen eine ernüchternde Prognose nahe.

Es steht außer Frage, daß ökonomische Statistiken leicht in die Irre führen können, vor allem wenn internationale Vergleiche angestellt werden. (Eine gängige Redewendung lautet: «Es gibt Lügen, schlimme Lügen und Statistiken.») Aber der Alltag liefert die deutlichsten Hinweise auf Dritte-Welt-Verhältnisse, auch wenn sich diese Hinweise statistisch nicht erfassen lassen. Selbst jene Amerikaner, die in den soliden bürgerlichen Stadtvierteln, hübschen Vororten und ruhigen Kleinstädten wohnen, werden in Läden, Banken und Werkstätten mit einem Mangel an Fachkompetenz konfrontiert, der in zunehmendem Maße einfach hingenommen wird. Auch am eigenen Arbeitsplatz wird dieser Mangel deutlich, denn dort liefern die jüngsten Absolventen der High Schools jeden Tag aufs neue den Beweis, daß der Schulabschluß mit geringen Lese- und Schreibfertigkeiten und ohne jegliche mathematische Kenntnisse erworben werden kann. Es mangelt an Fleiß und dem Willen, eine Arbeit gut und vollständig zu Ende zu

führen. Und dies treibt amerikanische Manager, die von Posten in
Singapur oder Zürich in die Heimat zurückkehren, in die Arme
von Streßberatern. Japanische Manager, die aus Brasilien oder
Malaysia in die Vereinigten Staaten versetzt werden, fragen sich,
wie weit Amerika noch von den Zuständen in diesen Ländern
entfernt ist. Das ist natürlich die Kehrseite der Medaille sinkender
Reallöhne für die breite Masse der Erwerbstätigen, von denen
selbst die amerikanischen Eliten noch immer abhängig sind. Die
nackten Sperrholzverkleidungen und Gipsplatten am John-F.-Ken-
nedy-Flughafen symbolisieren den Zustand der amerikanischen
Volkswirtschaft, die nun auch noch zum Schauplatz unheilvoller
Versuche wird, einen amerikanischen Kapitalismus neuen Stils zu
praktizieren: Kapitalismus ohne Kapital.

Die Daten

Wann also wird aus den Vereinigten Staaten ein Dritte-Welt-Land?
   Das hängt davon ab, wie wir diesen beklagenswerten Zustand
definieren. Folgt man gewissen Schätzungen, so könnte dies bereits im Jahre 2020 eintreten. Es bleibt also nicht mehr viel Zeit,
wenn man bedenkt, wie entsetzlich lange man für die Durchführung von Reformen braucht, die so tiefgreifend sind, daß sie die
Zukunft Amerikas zum Besseren wenden können. Optimistischere
Prognosen geben dem Land noch 10 bis 15 Jahre mehr. Wie auch
immer: Wenn die gegenwärtigen Trends anhalten, werden die
Amerikaner mit Ausnahme einer kleinen Minderheit schon bald
verarmen und sich verzweifelt nach dem goldenen Zeitalter des
amerikanischen Wohlstandes zurücksehnen. Gewiß, Fehler bei der
Erfassung von Daten in einzelnen Ländern können manchmal zu
grotesken Verzerrungen im statistischen Vergleich führen. Und natürlich läßt sich mit dem Vergleich von Wachstumsraten, beispielsweise aus dem Jahr 1950, die mitunter angeführt werden, nichts
beweisen.[1] Damals begannen sich die europäischen Ökonomien
und die japanische Volkswirtschaft eben erst von den kriegsbe-
dingten Zerstörungen zu erholen. Da es jedoch sehr viel einfacher

ist, ganz neu aufzubauen, als auf einem hohen Niveau Fortschritte zu erzielen, wirkt die amerikanische Wirtschaftsleistung in den fünfziger und sechziger Jahren geradezu miserabel, obwohl sie in Wahrheit recht beachtlich war. Doch 1970 war der Wiederaufbau längst abgeschlossen, so daß mindestens die durch ihn bedingten Verzerrungen in der Statistik entfielen. Jeder statistische Maßstab wirkt auf irgendeine Weise irreführend, und deshalb sollte keiner allzu ernst genommen werden.

So sind auch die im folgenden angeführten Daten zum Bruttosozialprodukt ein irreführender Maßstab: Ein Autounfall trägt zur Steigerung des Bruttosozialprodukts bei, weil die Kosten für den Abtransport der Verletzten, ihre Behandlung im Krankenhaus und die Reparatur der beschädigten Wagen als Leistungen in das Bruttosozialprodukt eingehen. Wird aber der Zigarettenkonsum aus Gesundheitsgründen eingeschränkt, so sinkt das Bruttosozialprodukt, weil der Absatz der Tabakfirmen und die Tabaksteuereinnahmen zurückgehen. Keine internationale Vergleichsstatistik ist völlig frei von kleinen und großen Irrtümern, welches Kriterium auch angelegt wird, weil die Konsumenten in verschiedenen Ländern unterschiedliche Präferenzen haben: Der Preis für frischen Kalmar interessiert die Japaner mehr als die Amerikaner, trotz der zahlreichen Sushi-Restaurants, die sich in Amerika von einer Küste bis zur anderen ausgebreitet haben. Und in Frankreich spielt Rotwein im Haushaltsbudget einer Familie eine viel größere Rolle als in Japan. Doch bei allen möglichen und auch berechtigten Einwänden ist es sehr aufschlußreich, wenn alle relevanten Daten in dieselbe Richtung weisen. Dies allein zählt, nicht die einzelnen Zahlen mit ihren groben oder gar grotesken Verzerrungen. Wenn *alle* Statistiken in dieselbe Richtung weisen, und zwar nicht ein oder zwei, sondern zehn oder zwanzig Jahre lang, läßt sich ihre Aussage nicht mehr einfach ignorieren.

Im Jahre 1970 waren die Vereinigten Staaten noch immer das produktivste Land. Das Bruttosozialprodukt belief sich auf 1 014 750 000 000 Dollar – 1 Billion 14 Milliarden und 750 Millionen Dollar. Dies entspricht 4950 Dollar pro Mann, Frau oder Kind bei der damaligen Gesamtbevölkerung von 205 Millionen Menschen. Im selben Jahr betrug das japanische Bruttosozialprodukt pro Kopf nur 1950 Dollar, das der Europäischen Gemeinschaft 2360 Dollar. Nach diesem sehr groben Maßstab für die volkswirtschaftliche Gesamtleistung lag die Produktivität der Amerikaner im Durchschnitt also doppelt so hoch wie die der EG-Bürger, und der Vorsprung vor den Japanern war noch größer.[2] Aber innerhalb eines Jahrzehnts zeichnete sich bereits ein wirtschaftlicher Niedergang ab. Zwar lag das amerikanische Bruttosozialprodukt pro Kopf 1980 bei 12000 Dollar und damit immer noch weit über dem der Europäischen Gemeinschaft (9760 Dollar) und Japans (9870 Dollar), aber der Abstand hatte sich halbiert.

Zu diesem Zeitpunkt hätte schon eine einfache Projektion mittels einer geraden Linie (für die man nichts weiter benötigt als Bleistift, Lineal und ein Blatt Millimeterpapier) gezeigt, daß die Vereinigten Staaten innerhalb des folgenden Jahrzehnts sowohl von Japan als auch von den reicheren europäischen Ländern überholt werden würden. Wirtschaftsstatistiker bespötteln zwar solche groben Vereinfachungen (sie erinnern gern an Prognosen aus der Zeit vor der Erfindung des Automobils, wonach die Städte im Kot der Kutschpferde versinken würden), aber der Trend setzte sich tatsächlich fort: 1989 lag das Bruttosozialprodukt pro Kopf in den Vereinigten Staaten bei 21000 Dollar, während es in Japan auf 23810 Dollar gestiegen war. Der Durchschnittswert in der Europäischen Gemeinschaft betrug nur 15980 Dollar oder 76 Prozent des amerikanischen Niveaus, wurde jedoch durch den Beitritt der drei ärmeren Länder Griechenland, Portugal und Spanien verzerrt. Deutschland lag mit 20750 Dollar fast gleichauf mit den USA, während die Schweiz, das produktivste Land in Europa, mit 30270 Dollar die Spitze hielt.

Diese Zahlen belegen eindeutig, daß wir es hier nicht mit einer kurzen Konjunkturflaute zu tun haben, sondern mit einem relativen Niedergang, der sich über zwanzig Jahre erstreckte. Deshalb sollte man darüber nachdenken, wie diese Zahlen in Zukunft aussehen werden, wenn die Vereinigten Staaten ihren gegenwärtigen Kurs fortsetzen. Das Jahr 2000 ist nicht mehr weit, wenn man bedenkt, wieviel Zeit für die Bewältigung ernster nationaler Probleme erforderlich ist. Japans Bruttosozialprodukt pro Kopf wäre dann beinahe doppelt so hoch wie das der Vereinigten Staaten, und der Vorsprung der reichsten europäischen Länder wäre auf 50 Prozent angewachsen. Ein weiteres Jahrzehnt später wäre die Produktivität pro Einwohner in Japan dreimal, in den nördlichen Ländern Europas beinahe zweimal so hoch wie in den Vereinigten Staaten. Sie investieren jedenfalls genug, um dieses Ergebnis zu erreichen.[3]

Im Jahre 2020 schließlich, wenn die Kinder der heutigen Amerikaner mittleren Alters selbst in diesem Alter sein werden, wäre die Produktivität pro Kopf in den führenden europäischen Ländern mehr als doppelt so hoch wie in Amerika. Das Verhältnis zu Japan würde 1 zu 5 betragen und damit ungefähr dem Verhältnis entsprechen, das 1980 zwischen Brasilien und den Vereinigten Staaten bestand. Damit wären die Vereinigten Staaten endgültig ein Entwicklungsland – zumindest nach japanischen Maßstäben. Auf jeden Fall aber würden diejenigen Amerikaner, die nicht zur Elite zählen, nicht einmal mehr das Niveau des Durchschnittseuropäers erreichen.

Dieser Trend ist bereits eine anerkannte Tatsache. In den fünfziger Jahren konnten selbst amerikanische Studenten, die mit bescheidenen Mitteln nach Europa reisten, in den guten Hotels absteigen und in den guten Restaurants essen. Sie kamen aus einer viel produktiveren Gesellschaft und entdeckten bald, daß sie mit ihrem Taschengeld, das sie sich mit Ferienjobs verdient oder von den Eltern erhalten hatten, in Europa ein komfortables Leben führen konnten. Auch heute noch reisen amerikanische Studenten nach Europa, doch klagen sie darüber, daß ihnen aufgrund der hohen Preise allenfalls noch Jugendherbergen und billigste Übernachtungsquartiere offenstehen. In London, Paris und Rom treffen sie sich bei McDonald's, aber nicht, weil sie Heimweh hätten, sondern weil sie sich kein anderes Restaurant oder auch nur eine Trattoria leisten können. Luxushotels, die einst auf amerikanische Touristen setzten, werden heute von Japanern und Europäern besucht, denn nur die reicheren Amerikaner können die Zimmer noch bezahlen. Wenn die Prognose für das Jahr 2020 Wirklichkeit wird, werden die meisten Amerikaner nur noch als Gastarbeiter nach Europa reisen können, so wie heute die Armen aus Lateinamerika und der Karibik nach Kalifornien oder Florida kommen, wo sie sich als billige Erntehelfer verdingen oder die schlechtesten Jobs annehmen.

Schon heute leben in Japan Zehntausende junger Amerikaner als illegale Einwanderer. Viele unterrichten Englisch und verdienen sich damit ihren Lebensunterhalt, aber viele andere arbeiten in Bars oder Nachtclubs oder als Models aller Art, jedoch nicht immer in der Mode- und Werbebranche. In Tokio sind amerikanische Mädchen als Bardamen oder Callgirls inzwischen so häufig anzutreffen, daß ihre Dienste keinen Sondertarif mehr rechtfertigen (wegen Aids sind amerikanische Callboys nicht mehr gefragt). Wenn es mit der Wirtschaft eines Landes bergab geht, verliert nicht nur seine Währung an Wert, sondern auch seine Menschen.

Richtig ist, daß es sehr in die Irre führen kann, den bisherigen Trend einfach zu verlängern und daraus eine Zukunftprognose abzuleiten. Unerwartete Veränderungen könnten die gleichmäßige Entwicklung stören. Aber zumindest bisher schien der Weg gerade genug – und führte geradewegs bergab.

Es ist ferner richtig, daß der internationale Vergleich der Bruttosozialprodukte oder ähnlicher Statistiken leicht durch plötzliche Wechselkursschwankungen verzerrt werden kann: Ein Grund für die erstaunliche Pro-Kopf-Produktivität der Schweiz von 30270 Dollar im Jahre 1989 war die Tatsache, daß der Schweizer Franken damals sehr hoch bewertet wurde. Aber auch ohne solche Schwankungen verzerren Wechselkurse jeden Vergleich, denn sie spiegeln nur das internationale Angebot an und die Nachfrage nach Kapital, Gütern und Dienstleistungen wider – wie auch Spekulationen und die Manipulationen der Zentralbanken –, nicht jedoch die viel größere Menge der Käufe und Verkäufe im Inland.

Währungen können deshalb im Verhältnis zu ihrer tatsächlichen Kaufkraft auf dem Heimatmarkt stark über- oder unterbewertet sein. Das ist jedem Touristen vertraut, der in Mexiko für einen Dollar sehr viel mehr kaufen kann als in der Schweiz – oder auch nicht, wenn der Peso eine Woche oder einen Monat später plötzlich durch steigende Ölpreise, starke Zuströme von Investitionen oder einfach durch Wechselkurs-Spekulationen einen Höhenflug erlebt.

Der US-Dollar wird in der Tat seit 1985 bewußt unterbewertet. Damals schlossen die führenden Industrienationen das sogenannte «Plaza»-Abkommen mit dem Ziel, die US-Exporte zu fördern. Amerikanische Güter und Dienstleistungen sollten im Ausland billiger, Importe hingegen für Amerikaner teurer werden. Doch der Wohlstand einer Nation kann durch Exporte von hoher Qualität und zu hohen Preisen gesichert werden, nicht aber durch Preissenkungen. Mit der Unterbewertung ihrer Währung wird auch die Arbeit der Amerikaner unterbewertet.

Dieser Versuch, das Problem der hohen Handelsbilanzdefizite in den achtziger Jahren zu lösen, hätte aus den Lehrbüchern stammen können. Jedenfalls war vorauszusehen, daß er im Handel mit den Europäern weit besser funktionierte als im Handel mit den importunwilligen Japanern oder Koreanern. Deshalb besteht das Handelsbilanzdefizit weiter, aber als Folge der Unterbewertung sank der Wechselkurs des Dollar so tief, daß heute im Inland für einen Dollar viel mehr gekauft werden kann als in den meisten europäischen Ländern oder in Japan.

Wird jedoch diese spezifische Verzerrung durch den Maßstab der «Kaufkraftparität» korrigiert, so schneiden die Vereinigten Staaten im internationalen Vergleich viel besser ab. Im Jahre 1988 betrug das Bruttoinlandsprodukt pro Kopf in den Vereinigten Staaten 19558 Dollar, im damaligen Westdeutschland 14161 Dollar, in der Schweiz, dem europäischen Spitzenreiter, 16700 Dollar und in Japan 14288.[4] Legt man aber für das Jahr 1988 die aktuellen Wechselkurse zugrunde, so lag das Brutto*sozial*produkt Japans mit 20960 Dollar pro Kopf bereits über dem der Amerikaner mit 19820 Dollar.[5] Die bereinigten Zahlen erscheinen den Amerikanern der Mittelschicht gefühlsmäßig sicher realistischer, vor allem wenn sie ihre geräumigen Häuser mit den engen Zweizimmerwohnungen der meisten Bewohner von Tokio oder Osaka vergleichen (in den ländlichen Gebieten Japans gibt es genügend große Häuser) oder wenn sie daran denken, wieviel weniger sie im Vergleich mit Deutschen oder Italienern für die Ernährung ausgeben müssen. Werden jedoch die düsteren Prognosen, die allein auf den Wechselkursen beruhen, dadurch hinfällig? Keineswegs. Zwar ist die inländische Kaufkraft ein besserer Indikator für den Lebensstandard. Doch wenn der Wechselkurs einer Währung gesenkt werden muß, um die Handelsbilanz zu verbessern, so beweist dies nur, daß die Leistungsfähigkeit des Landes im Vergleich zu seinen Konkurrenten sinkt. Dann wird über kurz oder lang auch der Lebensstandard sinken. Schließlich kann sogar Bangladesch exportieren, wenn seine Preise nur niedrig genug sind. Außerdem werden bei der zentralen Frage der internationalen Wirtschaftsbeziehungen – wer verkauft was an wen? – stets Daten miteinander verglichen, die auf den aktuellen Wechselkursen beruhen. Dazu gehören auch Kleinigkeiten wie etwa die Frage, welche Seite sich den Kauf der besten Stücke anderer (offener) Volkswirtschaften leisten kann, und welche Seite Gebäude, Golfplätze, Wälder oder ganze Konzerne mit Milliardenumsätzen verkaufen muß, damit sie ihre Importe bezahlen kann. Wenn Produktivvermögen verkauft wird und Kredite aufgenommen werden müssen, um den täglichen Zufluß von importierten Gütern und Dienstleistungen, unnützem Kram und Spielzeug zu finanzieren, wird auch die Freude über den hohen Lebensstandard nicht mehr lange währen.

Doch selbst wenn wir die Kaufkraft entsprechend dem Bruttoinlandsprodukt als Maßstab heranziehen, werden wir entdecken, daß der Trend ebenso ungünstig verläuft, obwohl hier die Vereinigten Staaten noch immer in Führung liegen. Im Jahre 1970 lag die Pro-Kopf-Zahl in den Vereinigten Staaten bei 4922 Dollar; Westdeutschland erreichte 3380 Dollar, Italien 2848 Dollar und Japan 2765 Dollar. Anders ausgedrückt: Die Vereinigten Staaten waren fast 1,5mal produktiver als Deutschland und 1,8mal produktiver als Japan. Aufgrund der hohen Inflationsraten in den folgenden Jahren lagen die Zahlen für 1988 sehr viel höher. Während sich jedoch das amerikanische Bruttoinlandsprodukt pro Kopf knapp vervierfachte (es lag 3,97mal höher, um genau zu sein), legte Westdeutschland deutlich mehr zu (um das 4,18fache), und Italien noch mehr (um das 4,55fache) – trotz der notorischen Unterbewertung, die seinerzeit durch die italienische Schattenwirtschaft verursacht wurde. Japans Zuwachs schließlich war mehr als 5mal so groß (5,16mal).[6]

Ein weiterer, besonders sorgfältiger Vergleich geht vom Bruttoinlandsprodukt pro *Erwerbstätigem* aus. Dieser Berechnungsmethode zufolge erreichte das damalige Westdeutschland 1970 61,9 Prozent des amerikanischen Bruttoinlandsprodukts und steigerte sich bis 1990 auf 79,1 Prozent. Frankreich verbesserte sich im selben Zeitraum von 63,9 auf 89,7 Prozent, Italien von 63,6 auf 88,4 Prozent und Japan von 47,3 auf 76,9 Prozent.[7] Die Vereinigten Staaten liegen also noch immer in Führung, aber ihr Vorsprung schrumpft – und es gibt keine Anzeichen für eine Trendwende.

Das Bild hellt sich auf, wenn man die Daten zur Kaufkraft heranzieht. Diese Entdeckung mag beruhigend wirken, doch auch hier wird der relative Abwärtstrend offenkundig. Während dieses Buch geschrieben wird, setzt sich dieser Trend fort, auch wenn der Einbruch am Aktien- und Immobilienmarkt Japan in eine Rezession treibt und die Vereinigten Staaten sich gleichzeitig mühsam von einer Rezession erholen. Im Mai 1992 wurde dem Wirtschaftsausschuß des US-Kongresses eine äußerst vorsichtige Schätzung vorgelegt, der zufolge die jährlichen Wachstumsraten des amerikanischen Bruttosozialprodukts zwischen 1990 und 1995 bei 2 Prozent liegen werden, während die wirtschaftliche Gesamtleistung Japans um 3,75 Prozent pro Jahr wachsen wird.[8] Diese Wachstumsrate mag niedrig erscheinen, wenn man sie mit den berauschenden Jahresraten von 8 oder 10 Prozent in den sechziger Jahren vergleicht, und auch der Unterschied zwischen den beiden Ländern mag gering erscheinen. Doch braucht eine Volkswirtschaft bei einem 2prozentigen Jahreswachstum 36 Jahre, um ihre Gesamtleistung auf das Doppelte zu steigern. Bei einer 3,7prozentigen Wachstumsrate erreicht sie dieses Ziel schon nach 19,5 Jahren – und für den einzelnen ist eine zusätzliche Wartezeit von 16,5 Jahren alles andere als nebensächlich. Es ist daher durchaus verständlich, wenn einige mit spürbarer Genugtuung das Ende des japanischen Wirtschaftswunders verkünden – schließlich sollte man meinen, das langsamere Tempo bringe den Vereinigten Staaten Vorteile. Wahrscheinlicher ist jedoch, daß dadurch die ohnehin schon notorische Importunwilligkeit Japans weiter zunehmen wird. Zwar kann die japanische Volkswirtschaft die außergewöhnlichen Wachstumsraten der Vergangenheit nicht mehr erreichen, doch wie es scheint, werden auch die Vereinigten Staaten nicht an ihre früheren Leistungen anknüpfen können, so bescheiden sie auch waren. In der erwähnten Schätzung wird prognostiziert, daß die US-Wirtschaft zwischen 1995 und 2000 lediglich mit 2,3 Prozent jährlich wächst – und diese Zahl bedeutet eine beklagenswert niedrige Wachstumsrate pro Kopf von 1 Prozent, wenn das für diesen Zeitraum erwartete Bevölkerungswachstum berücksichtigt wird.[9] Mit einem solchen Wachstum würde es 72 Jahre, also beinahe zwei ganze Arbeitsleben dauern, bis sich das Sozialprodukt pro Kopf verdoppelt hätte. Sollte sich diese Schätzung als realistisch erweisen, wäre es angebracht, den nationalen Mythos neu zu definieren: Das «amerikanische Wunder» verblaßt, selbst wenn Clintons Steuererhöhungen die zunehmende Konzentration des nationalen Gesamtvermögens in der Hand von immer weniger Amerikanern stoppen sollten. Dafür allerdings gibt es gegenwärtig keinerlei Anzeichen.

Die Auseinandersetzung um untergeordnete Fragen geht weiter, doch die große Debatte, die in den ausgehenden achtziger Jahren begonnen hatte, ist zu Ende. Heute steht zweifelsfrei fest, daß die Vereinigten Staaten im Vergleich mit den führenden Industrienationen in einem äußerst spektakulären ökonomischen Niedergang begriffen sind.

Natürlich bedeutet es nicht das Ende der Welt, wenn anhand verschiedener Daten nachgewiesen wird, daß andere entwickelte Ökonomien aufholen. Auch ist dies kein Beweis dafür, daß die Vereinigten Staaten zu einem Dritte-Welt-Land werden. Im Gegenteil: Selbst eine erschreckend niedrige Wachstumsrate bedeutet schließlich immer noch Wachstum und würde die Vereinigten Staaten – das bei weitem reichste Land der Welt – zu einem noch reicheren Land machen. Im folgenden sollen die Daten zum Bruttosozialprodukt und Bruttoinlandsprodukt deshalb nicht mehr erwähnt werden – es sei denn in Form spöttischer Kommentare über die Versuche, solche Zahlen miteinander zu vergleichen, als seien sie genaue Maßstäbe.

Unglücklicherweise ist die langsam wachsende US-Wirtschaft zugleich von einer zunehmenden Fragmentierung gekennzeichnet. Die Superreichen, die 1 Prozent der Bevölkerung ausmachen, sind sehr schnell noch reicher geworden, und auch die wohlhabendsten 20 Prozent der Bevölkerung konnten ihren Anteil am Gesamteinkommen steigern.[10] Die übrigen 80 Prozent der Amerikaner tragen die Kosten für das langsame Wachstum, und mehr als das – ein beträchtlicher Teil der Bevölkerung ist verarmt.

Die Vereinigten Staaten werden also nicht nur weiterhin zur Ersten Welt gehören, sondern auch das reichste Land bleiben. Dennoch geht die Reise für eine deutliche Mehrheit der Amerikaner bergab. Für sie haben sich die Dritte-Welt-Verhältnisse im Land bereits in einem neuartigen amerikanischen Phänomen manifestiert: Wenn der Sohn ins Arbeitsleben eintritt, bleibt er unter dem Lebensstandard seiner Eltern. Weder kann er sich ein vergleichbares Haus noch vergleichbare Ferienreisen leisten, noch verfügt er über ein vergleichbares Maß an Freizeit, da er jetzt mehr arbeiten muß, um zu versuchen, den geringeren Verdienst auszugleichen. Bereits heute verbringt der durchschnittliche amerikanische Industriearbeiter mit 1847 Stunden pro Jahr viel mehr Zeit am Arbeitsplatz als sein Kollege in Deutschland, Schweden, Frankreich, Italien oder Großbritannien. Nur die Japaner arbeiten noch länger, obwohl ihre Löhne ständig ansteigen. Vierwöchige Sommerferien wie in Europa kennt ein amerikanischer Arbeiter nicht.[11] Viele finden in der Industrie keine Beschäftigung mehr und nehmen deshalb Jobs an, die traditionell von den Unterschichten übernommen wurden – als Hausmeister, Lagerarbeiter, Putzkraft, Platzwart auf Sportplätzen und Nachtwächter –, Jobs der untersten Kategorie also, die früher vor allem den Schwarzen den Einstieg ins Arbeitsleben ermöglichten. Wer so die soziale Leiter hinunterfällt, steigt sie nur schwer wieder hinauf.

Die Unterschichten in den Städten und auf dem Land machen höchstens 6 Prozent der Bevölkerung aus.[12] Sie leben bereits heute in Dritte-Welt-Verhältnissen, ohne sich freilich mit tropischen Sonnenuntergängen oder mit dem Zusammenhalt der Familie trösten zu können, der in traditionellen Kulturen auch in extremer Armut bestehenbleibt. Im häufig ungeordneten Leben der unterprivilegierten Amerikaner fehlt hingegen jede Hoffnung. Der Werdegang ihrer Kinder ist geprägt von einer miserablen Schulausbildung, Arbeitslosigkeit, Kriminalität, Drogen, Gewalt und Gefängnisstrafen. Dies gilt für 14 Millionen Amerikaner, denen es moralisch, wenn auch nicht materiell, besser ginge, wenn sie in Nepal oder Thailand geboren worden wären. Weitere 28 Millionen Amerikaner leben offiziellen Statistiken zufolge an oder bereits unter der Armutsgrenze.[13] Legt man den weltweiten Durchschnittsstandard zugrunde, so sind sie zwar keineswegs arm, aber sie verarmen so rapide, daß sie auf das Dritte-Welt-Niveau der Brasilianer oder gar der Inder zusteuern. Und dieses Schicksal droht immer mehr Amerikanern, wenn sich der gegenwärtige Trend fortsetzt. Wie sollte es auch anders sein: Schließlich erhalten heute acht von zehn Amerikanern, die in der freien Wirtschaft beschäftigt sind, einen realen Stundenlohn, der niedriger ist als vor 20 Jahren.

Diese Verarmung ist ein deutlicher Indikator für die Annäherung an Dritte-Welt-Verhältnisse. Aber jedem, der ein Land der Dritten Welt bereist, wird auch eine besondere Form von Wohlstand auffallen, die ein Charakteristikum unterentwickelter Gesellschaften darstellt. Am Ende einer ungeteerten Straße, die von Hütten gesäumt ist und an der barfüßige Kinder spielen, steht eine umzäunte Villa mit gepflegtem Garten, durch Ausgrabungen illegal angeeigneten Kunstschätzen, Privatzoo (ein lateinamerikanischer Spleen), modernen Kunstwerken, Satellitenschüssel und den neuesten Errungenschaften der japanischen Unterhaltungselektronik. Angesichts der vielen Gärtner, Diener, Köche und Hausmädchen braucht man allerdings weder im Garten noch im Haushalt oder in der Küche arbeitssparende Geräte. Die Besitzer der Villa sind ein reizendes Ehepaar, erst kürzlich von einem Einkaufstrip aus Paris oder Miami zurückgekehrt, gebildet oder wenigstens auf Zeitschriftenniveau belesen. Nur zu gern unterhalten sie sich stundenlang mit dem Besucher, führen ihn zu den örtlichen Sehenswürdigkeiten und zeigen sich dankbar für die Ablenkung, denn Zeit haben sie mehr als genug. Selbstverständlich sind sie nationalistisch eingestellt und betonen, wenn auch höflich-kultiviert, die Liebe zu ihrem Land.

Aber fragen Sie nicht, warum die Kinder draußen an der Straße keine Schule besuchen oder warum solche Straßen wie auch die meisten anderen im Land noch nicht asphaltiert wurden. Denn ihre Gastgeber verdanken ihren besonderen Reichtum keiner wirklichen Arbeit, und deshalb sind sie an einer Verbesserung des Bildungswesens ausgesprochen desinteressiert, denn das würde «neue» Steuern bedeuten. Sie selbst können nur Gärtner, Diener, Köche und Hausmädchen gebrauchen – je ungebildeter und gefügiger, desto besser. Asphaltierte Straßen wären zwar angenehm und würden auch den Mercedes oder Range Rover schonen. Doch auch dies wäre «neue» Steuern nicht wert, denn weder wird die Straße für die tägliche Fahrt zum Büro benutzt noch stehen eine Fabrik oder Lagerhallen an ihrem Ende, die mit Lastwagen beliefert werden müssen. Eigentlich gibt es so gut wie keine öffentliche Investition, für die Ihre Gastgeber Steuern bezahlen wollen. Warum auch, leben sie doch auf ihrem Landsitz von den Mieteinnahmen aus ihren städtischen Wohnungen, von Aktien und Wertpapieren, Investmentzertifikaten und Bankguthaben, die sich allesamt im sicheren Ausland befinden. Diese «Rentiers» unterscheiden sich grundlegend von den *arbeitenden* Reichen, die – ob sie nun als Selbständige oder Industrielle tätig sind – neben anderen öffentlichen Dienstleistungen qualifizierte Angestellte und gute Straßen brauchen.

Nach der jüngsten Erhebung wie auch der besten Schätzung zufolge besaß das reichste Prozent der Privathaushalte in den Vereinigten Staaten Mietobjekte im Wert von 1,25 Billionen Dollar, 1,12 Billionen Dollar in Aktien und Schuldverschreibungen, 221,9 Milliarden Dollar in Investmentzertifikaten und 524,6 Milliarden Dollar in Bank- und anderen Guthabenkonten. Die Summe der

Vermögenswerte dieser Privathaushalte belief sich somit auf 3,1 Billionen Dollar; in ihren eigenen Unternehmen hatten sie jedoch nur 2,5 Billionen Dollar investiert. Das Einkommen aus dem Vermögen dieser Gruppe betrug etwa die Hälfte ihres Gesamteinkommens von 503 Milliarden Dollar.[14] In dieser Hinsicht gleichen sie den Reichen der Dritten Welt, obwohl die nordamerikanischen «Rentiers» mit wenigen Dienern auskommen müssen. Ein solcher Reichtum erzeugt Armut.

Konsequenzen

Amerikas ökonomischer Abstieg wird, auch wenn er nur relativ ist, nicht auf den ökonomischen Bereich beschränkt bleiben. Kunst, Forschung und die gesamte Kultur können unter den Bedingungen der Verarmung nicht blühen und gedeihen. Nur durch wachsenden Wohlstand können amerikanische Universitäten, Forschungszentren, Bibliotheken, Museen, Theater, Orchester, Balletttruppen und Künstler jeder Art ihre weltweite Spitzenstellung behaupten. Italienische Kaufleute und Bankiers kamen für den Lebensunterhalt von Gelehrten, Malern, Bildhauern, Architekten und Dichtern auf, die uns ihrerseits die Renaissance bescherten. Als jedoch die Handelsströme auf den Weltmeeren an Italien vorbeiflossen, konnten es sich die verarmten Kaufleute und bankrotten Finanziers nicht mehr leisten, Künstlern Aufträge zu erteilen oder die Arbeit der Gelehrten zu bezahlen. Viele emigrierten und verschönerten Paris, Sankt Petersburg sowie zahlreiche andere europäische Städte und wurden an den Fürstenhöfen im Ausland gerngesehene Gäste. So folgte dem ökonomischen Niedergang Italiens bald die Verödung von Kunst und Wissenschaft.

In Amerika führt die Kürzung der Zuschüsse dazu, daß viele wissenschaftliche und kulturelle Institutionen schrumpfen, statt zu wachsen. Einige der berühmtesten Einrichtungen werben im Ausland um Spenden und treten dabei in einen beschämenden Wettbewerb mit Hilfsorganisationen, die den Hunger in der Dritten Welt bekämpfen. Im September 1991 beklagte sich Arima Tatsuo, der wichtigste außenpolitische Berater des japanischen Minister-präsidenten, über Dutzende von Bettelbriefen amerikanischer Universitäten und Forschungszentren, die sich auf seinem Schreibtisch stapelten. Er hatte in den fünfziger Jahren in den reichen und selbstbewußten Vereinigten Staaten studiert und war peinlich berührt von der würdelosen Bettelei ehemals angesehener Institutionen.

Auch die Demokratie wird brüchig, wenn die Hoffnungen auf ein besseres Leben ständig enttäuscht werden. Dies öffnet den verführerischen, aber falschen Heilslehren der Demagogen Tür und Tor. Erweist sich eine Politik, die den Überfluß für alle propagiert – den «amerikanischen Traum» –, für die meisten Amerikaner als unrealistisch, wird eine Politik, die Rassismus, Ausländerfeindlichkeit oder Klassenhaß predigt, verstärkten Zulauf erhalten. Denn sie verspricht lediglich emotionale Befriedigung, und die kann selbst eine verarmte Regierung leicht verschaffen.

Hoffen ist menschlich. Einen gerechten Anteil am wachsenden Wohlstand zu erwarten, ist hingegen ausgesprochen amerikanisch. Wenn diese Erwartung bitter enttäuscht wird, muß das fast zwangsläufig katastrophale Folgen haben. Schließlich besitzen die Amerikaner keine gemeinsame Kultur wie die Franzosen oder Italiener – in ihrer pluralistischen Gesellschaft gibt es viele und verschiedenartige Kulturen. Sie können sich auch nicht, wie die Japaner von sich behaupten, auf ethnische Solidarität berufen – sie haben viele unterschiedliche ethnische Wurzeln. Sie besitzen jedoch bestimmte gemeinsame Überzeugungen. Vor allem glauben sie an Chancengleichheit beim Streben nach Reichtum. Man wird nicht erwarten können, daß das demokratische Regierungssystem es überleben würde, wenn alle Amerikaner verarmten – mit Ausnahme einer Minderheit von glücklichen Erben, talentierten Selbständigen, brillanten Geschäftsleuten (oder solchen, die einfach nur Glück hatten), 700000 oftmals habgierigen Rechtsanwälten und ein paar gerissenen Finanzspekulanten.

Kapitel 5
Kapitalismus ohne Kapital

Gestern noch, so scheint es, haben die ewigen Optimisten in Amerika auf die ungebrochene Vorherrschaft der US-Wirtschaft in so verschiedenen Bereichen wie der Unterhaltungsindustrie, der Biotechnologie, der Computer- und der Luftfahrtindustrie verwiesen und alle Unkenrufe zum Schweigen gebracht, obwohl die Unterhaltungselektronik bereits nicht mehr existierte, die Automobilindustrie schwere Schlappen einstecken mußte, die Stahlproduktion drastisch abnahm und auch der Werkzeugmaschinenbau, die Grundlage aller anderen Industrien, im Niedergang begriffen war. Seitdem sind die Columbia Pictures, in deren Studios zahlreiche berühmte Filme entstanden sind, an Sony verkauft worden. Die japanische Firma hatte 1987 schon CBS Records erstanden und kaufte 1991 RCA/Columbia Home Video sowie die Culver Studios für eine Gesamtsumme von 6,195 Milliarden Dollar. MCA, das führende amerikanische Medienunternehmen, ob es sich um Film- und Fernsehproduktionen oder Musikaufnahmen handelt, wurde für 6,125 Milliarden Dollar an Matsushita verkauft. Auch Metro-Goldwyn-Mayer (MGM) gehört mittlerweile einer französischen Bank. Zu den regelrechten Verkäufen kommen noch die Beteiligungen: 12 Prozent von Time Warner, wozu auch Home Box Office (HBO) gehört, sind für die hübsche Summe von 1 Milliarde Dollar in den Besitz von Toshiba und C. Itoh übergegangen (der Vertrag schließt die Verpflichtung ein, technische Ausrüstung bei Toshiba und nicht bei amerikanischen oder anderen Firmen zu kaufen). Ein Aktienanteil bei den kleinen, aber sehr regen Carolo Pictures, die *Basic Instinct* und *Terminator 2* produziert haben, ging für 75 Millionen Dollar an die japanische Firma Pioneer

Electronic. Selbst das ungemein erfolgreiche Disney-Unternehmen, lange Zeit der Star der Wall Street, verkaufte seine Eigentumsrechte am profitablen Disneyland in Japan an dortige Investoren und lieferte damit ein weiteres Beispiel für die neue amerikanische Spielart eines Kapitalismus ohne Kapital.

Zwar verkaufen sich Platten von Michael Jackson weiterhin in Millionenauflage in der ganzen Welt, und amerikanische Filme beherrschen nach wie vor den Weltmarkt, aber die Gewinne, die Möglichkeit, Kapital zu bilden und damit die Fähigkeit zu weiteren Investitionen im In- und Ausland, gehen nun in fremde Hände über. Alle, die behaupten, daß der Verkauf von MCA, Columbia usw. die amerikanische Volkswirtschaft nicht erschüttere, da das Geld und MCA, Columbia usw. in den Vereinigten Staaten verblieben, übersehen den springenden Punkt, daß nämlich die Gewinne von heute das Kapital von morgen bilden. Da die Japaner in der Automobilfertigung und in vielen anderen Produktionszweigen besser sind als die Amerikaner, kaufen amerikanische Verbraucher japanische Autos und viele andere Erzeugnisse. Japanische Firmen investieren die Gewinne, die sie auf dem amerikanischen Markt erzielen, wiederum in die Produktion und verbessern damit ihre Position noch weiter. Keiner produziert weltweit Unterhaltung für ein Massenpublikum besser als die Amerikaner. Aber Japaner brauchen MCA, Columbia, Carolo und CBS nicht mehr zu erwerben, sie brauchen keine Filme beim Kabelfernsehproduzenten Home Box Office oder CD-Platten bei amerikanischen Firmen zu kaufen, sondern nur noch bei Firmen, die sich ganz oder teilweise in japanischem Besitz befinden und ihre Waren unter anderem auch in den Vereinigten Staaten vertreiben. Die Gewinne, die diese Filme und Platten in Japan oder auf jedem anderen Markt einspielen, wandern teilweise oder in voller Höhe in die Kassen japanischer Firmen und fördern ihr weiteres Wachstum. Was einmal US-Exporte nach Japan waren, wird in der amtlichen Statistik auch weiterhin unter der Rubrik US-Exporte geführt, aber die abfließenden Gewinne bewegen sich in einem rein japanischen Kreislauf.

Für die Verfasser ökonomischer Lehrbücher ist das oben Gesagte ohne Belang. Schließlich, so würden sie sagen, sind MCA, Columbia usw. nicht gestohlen, sondern gekauft worden, so daß rund 13,4 Milliarden Dollar von Japan in die Vereinigten Staaten geflossen sind. Ein hübsches Sümmchen, das produktiv angelegt wiederum für neue Einkünfte sorgen wird. Die Leitartikler des *Wall Street Journal* mögen sich eine Welt vorstellen, in der die Geldströme am Ende genau dort ankommen, wo sie zum größeren Ruhm weltwirtschaftlicher Effizienz immer schon landen sollten. Die früheren Eigentümer von MCA, Columbia usw. werden, so denken sie, ihre 13,4 Milliarden Dollar schon anlegen, und als Zeitgenossen mit ökonomischem Sachverstand auch gewinnbringend. Denn wenn sie MCA, Columbia usw. verkauft haben, dann doch wohl deshalb, weil sie für das Geld eine bessere Verwendung sahen. Ebenso wie die japanische Wirtschaft zweifellos von den Gewinnen aus MCA, Columbia usw. profitiert, wird auch die US-Wirtschaft als Ganzes ihren Vorteil aus den Gewinnen jener Unternehmungen ziehen, die mit den 13,4 Milliarden Dollar begonnen oder erweitert wurden.

Leider sieht die Wirklichkeit ganz anders aus. Erstens schlossen die Vereinigten Staaten in den Jahren 1987 bis 1992, als der Ausverkauf Hollywoods stattfand, mit einem erheblichen Defizit in ihrer Handelsbilanz ab, insgesamt rund 550 Milliarden Dollar; zwischen 1987 und 1990 belief sich das Defizit im Handel mit Japan auf 199 Milliarden Dollar, hauptsächlich verursacht durch die Einfuhr von Konsumgütern.[1] Mit anderen Worten, die Gewinne, die MCA, Columbia usw. abwerfen, werden noch viele Jahre in japanische Kassen fließen, lange nachdem die Autos, Motorräder, Videorecorder, Uhren, Farbfernseher, Spielwaren und Kosmetika im Wert von mehr als 13 Milliarden Dollar auf irgendwelchen Speichern gelandet, in Mülltonnen geworfen oder bereits recycelt sind. Um es in einem Bild auszudrücken: Japan hat einen Baum erworben, der lange Früchte tragen wird, während die Vereinigten Staaten lediglich Frischobst gekauft haben.

Natürlich gibt es keine verläßlichen Informationen darüber, wie die früheren Aktionäre das Geld für ihre Anteile an MCA, Columbia usw. angelegt haben. Manche haben vielleicht in andere

Hollywood-Geschäfte investiert, in biotechnologische Projekte oder sogar in traditionelle Industriebranchen, die unter Kapitalmangel leiden. Doch in Anbetracht der verlockenden Möglichkeiten, ohne Risiko hohe Zinsen mit Schuldverschreibungen zu erzielen, die das US-Schatzamt in großer Zahl herausgibt, um das wachsende Staatsdefizit zu decken, wurde ein Großteil des Geldes wohl u. a. dazu verwendet, nicht weniger kurzlebige Projekte wie die Operation «Wüstensturm» und das Gesundheitsfürsorgeprogramm für Bürger über fünfundsechzig zu finanzieren.

Ein unbekannter, aber großer Teil des aus Japan stammenden Geldes fand sicherlich eine schlichtere Verwendung: Er wurde von den Anteilseignern fröhlich verpulvert. Nicht wenige Ehemänner dürften sich jene Börsenhaie zum Vorbild genommen haben, die damals mit sogenannten feindlichen Übernahmeangeboten von sich reden machten. Und wenn sie selbst kein unstillbares Verlangen nach Luxus hatten, so ließen sie sich von ihren ungeduldigen Gattinnen dazu verleiten, die Mindestausstattung für ein feineres Leben zusammenzukaufen: Ein Privatjet, um einmal rasch über den großen Teich fliegen zu können, gehörte zum absoluten Muß für alle, die dem Club der Superreichen angehören wollten (wie sollte man auch sonst die Modellkleider der Saison aus Paris heimbringen?). Ebenso unerläßlich war ein Chalet in Aspen, Colorado, für die Skiferien, eine kalifornische Ranch ohne ein Stück Vieh, ein im Stil französischer Lustschlösser gebautes Landhaus in Connecticut, zu dessen Ausstattung mindestens ein französischer Impressionist neben anderen signierten Gemälden zählen mußte, von Kleinigkeiten wie einem Ferrari oder Rolls-Royce gar nicht zu reden. Sicherlich waren die ehemaligen Aktionäre von MCA, Columbia usw. nicht so unamerikanisch und legten ihr Geld einfach auf die hohe Kante. Schließlich leben sie in einem Land, in dem niemand mehr sparen will und in dem die Investitionsrate pro Kopf 1989 bei nur 3000 Dollar lag (im Gegensatz zu 7000 Dollar in Japan).[2] Der Ausverkauf Hollywoods hatte noch einen anderen Effekt. Filme zeichnen sich vor anderen Produkten dadurch aus, daß sie auch politische Botschaften übermitteln können – bisweilen sogar sehr eindringliche Botschaften. Wenn nun führende

Filmstudios fest in japanischer Hand sind, wirft das Fragen auf, die beim Verkauf eines Wolkenkratzers in Manhattan oder eines bekannten Golfplatzes nicht entstehen. Die Antwort liegt eigentlich auf der Hand: Die neuen Eigentümer nehmen automatisch auch Einfluß auf die Inhalte, selbst wenn sie sich nicht direkt in die inhaltliche Debatte einschalten, ja gerade, wenn sie sich in Schweigen hüllen. Das Unternehmen Matsushita wurde kurz nach dem Erwerb von MCA bezichtigt, auf das Drehbuch eines Filmes Einfluß genommen zu haben, in dem es um amerikanische Baseballspieler in Japan ging. Angeblich soll Kritik am Sozialverhalten der Japaner (rassistische Töne in den Schlachtrufen der japanischen Fans usw.) gestrichen worden sein. Daraufhin versicherte die Unternehmensleitung von Matsushita durchaus glaubhaft, daß sie keine Anordnungen in diesem Sinn erlassen habe. Die ganze Diskussion ging jedoch am Kern des Problems vorbei: Stille Autorität ist allemal wirkungsvoller als lautes Poltern.

Hollywood-Produzenten sind bekannt dafür, daß sie sich gern auf den Grundsatz der künstlerischen Freiheit berufen. Wer aber selber so empfindlich in diesem Punkt ist, kann nicht über die Empfindlichkeiten jener Leute hinwegsehen, die für ihre Villen in Beverly Hills, ihre Rolls-Royces und ihre Kauforgien zahlen. Es ist kein Zufall, wie die gute alte *Prawda* formuliert hätte, daß die japanfeindliche Stimmung des Publikums nicht mit antijapanischen Filmen vermarktet wird. Noch ist es ein Zufall, daß keines der in japanischem Besitz befindlichen Studios sich auch nur im geringsten bemühte, die Rechte für den Bestseller des Jahres 1992, Michael Crichtons *Nippon Connection,* zu erhalten. Dieser ausgesprochen antijapanische Thriller wird vermutlich nicht in die Literaturgeschichte eingehen, aber er kam in die Auswahl für das Beste Buch des Monats und hätte daher von höchstem Interesse für die führenden Hollywood-Studios sein müssen. Bisher hatten sie sich noch nie zurückgehalten, wenn ein Bestseller zur Verfilmung angeboten wurde.[3]

Natürlich wäre es töricht, den Japanern diese einschneidenden wirtschaftlichen und politischen Folgen zum Vorwurf zu machen. Sie haben nur gekauft, was ihnen freiwillig angeboten wurde.

Auch deutet nichts auf eine finstere Verschwörung hin, die von den Weisen des Reiches der aufgehenden Sonne in ihrem Hauptquartier tief unter dem kaiserlichen Palast in Chiyoda-Ku von langer Hand geplant worden wäre. Abgesehen von der völlig normalen Kooperation zwischen dem Industrieunternehmen Toshiba und der Handelsgesellschaft C. Itoh war auf japanischer Seite nichts abgesprochen. Im Gegenteil, Matsushita und Sony sind daheim und auf ausländischen Märkten harte Konkurrenten, und die Einkäufe in Hollywood verschärfen diesen Konkurrenzkampf noch. Das für seine nationalistische Gesinnung bekannte Matsushita-Management und der nicht weniger berühmte, undurchsichtige Herr Akio Morita von Sony (Mitverfasser eines – auf japanisch geschriebenen – antiamerikanischen Pamphlets und zugleich unermüdlicher Lobredner auf die Vereinigten Staaten, wenn er englisch spricht) haben sich keineswegs verbündet, um gemeinsam an der Spitze eines Kommandos, mit dem Schwur Sieg oder Tod auf den Lippen, MCA, Columbia usw. zu erobern. Vielmehr war das Ganze nur eine Frage des verfügbaren Kapitals für langfristige Investitionen, und gerade daran fehlt es in Amerika.

Jedes Kind weiß, daß die amerikanische Unterhaltungsindustrie den Weltmarkt fest in der Hand hat. Ausnahmen, die die Regel bestätigen, sind ein paar französische Filme, die gut genug sind, um eingeschworene Cineasten in die Kinosäle zu locken. Und ab und zu gelingt es auch einem englischen, schwedischen oder israelischen Popsänger, eine erfolgreiche CD auf den Markt zu bringen. An amerikanischen Interessenten hätte also kein Mangel herrschen dürfen, als MCA, Columbia usw. zum Kauf angeboten wurden. Es handelt sich durchweg um vorzügliche Häuser, die zwar Höhen und Tiefen durchlebt haben (Filme können beim Publikum durchfallen, Popstars können plötzlich nicht mehr gefragt sein), aber auf längere Sicht gesehen zweifellos profitabel sind, zumal die Menschen über immer mehr Freizeit verfügen und folglich die Nachfrage nach Unterhaltung steigen wird.

Aber da liegt der Hase im Pfeffer. In den Vereinigten Staaten herrscht Kapitalmangel, weil zuviel konsumiert und zuwenig gespart wird und weil die Regierung, statt Steuern zu erheben, zuviel über immer neue Kredite finanziert. Was aber vor allem fehlt, ist «geduldiges» Kapital für langfristige Investitionen. Selbstverständlich muß jede wirklich produktive Investition immer auf lange Sicht angelegt sein: Fabriken werden nicht an einem Tag gebaut und neue Flugzeugtypen nicht in einem Jahr entwickelt. Daher sollte die wichtigste Funktion der Wall Street und ihrer Dependancen im ganzen Land darin bestehen, die kleinen Bäche und Flüsse der privaten Spargelder, der Pensionseinlagen, der reinvestierten Dividenden und Zinserträge und der ausländischen Anlagen mittels Aktien, Schuldverschreibungen und Darlehen in einen Strom langfristiger Investitionen zu verwandeln, um Geld bereitzustellen für Bauherren, die bauen wollen, für Unternehmen, die Fabriken und Maschinen erneuern wollen, und für Projekte im Bereich Forschung und Entwicklung.

Doch so, wie das System gegenwärtig funktioniert, ist es mit einem grundsätzlichen Fehler behaftet: Die «Investmentbanker» haben gar kein Interesse an langfristigen Investitionen, wie überhaupt an jedweder langfristigen Planung. Sie verdienen ihr Geld auch nicht mit Dividenden, Zinsen oder Gewinnbeteiligungen im produzierenden Gewerbe, sondern mit den bei jeder Transaktion anfallenden Provisionen. Wenn sie eine Bankfinanzierung arrangieren, eine neue Effektenemission oder neue Schuldverschreibungen garantieren, bei einer Fusion, Übernahme oder einem feindlichen Übernahmeangebot assistieren oder bei der Abwehr eines solchen Ansinnens behilflich sind, so erhalten sie jedesmal Provisionen für ihre Bemühung. Gewöhnlich bewegen sich die Provisionen in Millionenhöhe, manchmal ist es sehr viel mehr. Bei der bekanntesten und bisher größten Übernahme, als der Lebensmittelkonzern RJR Nabisco für rund 25 Milliarden Dollar den Besitzer wechselte, erhielt die Investmentbank Drexel Burnham Lambert dafür, daß sie die Überbrückungsfinanzierung in Höhe von 3,5 Milliarden Dollar mehrerer Geschäftsbanken arrangierte, die stattliche Provision von 227 Millionen Dollar. Weitere 109 Millionen Dollar gingen an Merrill Lynch für ein zweites Überbrückungsdarlehen (um die Lücke zwischen der Übernahme und dem Verkauf eines Teils von Nabisco gegen Bargeld zu schließen);

ein Konsortium von 200 Banken, die selbst 14,5 Milliarden Dollar liehen, erhielt 325 Millionen Dollar Provision, während Morgan Stanley und Wasserstein Perella jeweils 25 Millionen Dollar allein für ihre Beraterdienste erhielten. Schließlich verdiente Drexel Burnham Lambert nochmals kräftig mit der Bereitstellung mehrerer Millionen Dollar Bargeld für die Übernahme. Sie brachten die Summe auf, indem sie ihre mittlerweile berühmt-berüchtigten «Junk Bonds» oder Risikopapiere emittierten und an Finanziers (die sie nur kauften, weil sie Junk Bonds für ihre eigenen Geschäfte brauchten), Bausparkassen und Pensionskassen verkauften, denen es nicht erlaubt war, Geld in solche Risikopapiere zu stecken.[4]

Wenn auch die Provisionen im allgemeinen geringer sind, so werden hier doch in wenigen Stunden und Tagen Millionen verdient. Außerdem erhalten die Investmentbanker selbst noch Geld in Form von Gehältern und Vergütungen. Wohingegen produktiv angelegtes Geld für die Banker nutzlos ruht. Was sie brauchen, sind Transaktionen – je mehr, desto besser. Für sie sähe der Idealfall so aus, daß eine Publikumsgesellschaft zuerst übernommen wird, am besten in Form eines feindlichen Übernahmeangebots (wobei auf beiden Seiten Provisionen fällig werden). Nach dem Geschäft muß der Gewinner einen Teil der teuren Darlehen zurückzahlen, die er zum Kauf der Gesellschaft aufgenommen hatte. Dazu verkauft er seine Abteilungen oder Teile des Gesellschaftsvermögens und zahlt zugleich eine Verkaufsprovision an die Bank. Dann sollte der Gewinner rasch daran denken, neue Aktien zu emittieren (neue Bankspesen werden fällig), um Kapital an der Börse abzuschöpfen, statt auf Betriebsgewinne zu warten (bei denen es keine Bankspesen zu kassieren gibt). Wenn die Gesellschaft dann wieder an die Börse geht, sollte gleich der nächste Übernahmeversuch starten, damit der Kreislauf von neuem beginnen kann.

Wie sieht das Fazit dieser Transaktionen aus? Milliarden Dollar, die an Bauherren, Maschinenbauer oder Forschungsteams hätten gehen können, landen auf den Privatkonten von Investmentbankern, die zwar einen Teil dieser Gewinne wieder produktiv anlegen, aber das meiste doch für standesgemäßen Luxuskonsum ausgeben.

Schlimmer noch, kaum ist der letzte Börsenkrach und der letzte Skandal vorüber, kaum sind die Anklagen, Debakel und Bankrotte vergessen, greift die Gier nach dem schnellen Geld in der Geschäftswelt wieder um sich. Investmentbanker und ihre professionellen Tipgeber warten nicht darauf, daß man mit Angeboten bei ihnen anklopft. Ehe F. Ross Johnson, Generaldirektor von RJR Nabisco, sein Unternehmen ins Spiel brachte und dabei mit einem selbstinszenierten Leveraged Buyout[5] scheiterte, hatten ihm provisionshungrige Investmentbanker ständig mit Angeboten zugesetzt.[6] Sie redeten ihm ein, seine Privatjets, seine zahlreichen Residenzen, seine berühmten Golfturniere, auch sein fürstliches Gehalt und die garantierte jährliche Pension von 700000 Dollar (oder 49 Millionen Dollar Abfindung, für den Fall, daß er das Unternehmen verlassen sollte) seien nur ein Klacks verglichen mit dem, was er für sich persönlich aus RJR Nabisco herausholen könnte, wenn er die Aktionäre erst einmal loswäre. Ross Johnson war auch keine Ausnahme. Die Direktoren großer und kleinerer Unternehmen im ganzen Land wurden von ihrer eigentlichen Aufgabe, nämlich die Geschäfte ihres Unternehmens zu leiten, ständig abgelenkt, als die Wall Street ihren letzten Boom erlebte, und beim nächsten Boom wird es nicht anders sein.

Wer sich nicht dazu verführen ließ, Leveraged Buyouts selbst zu veranstalten, konnte sich dennoch nicht um Entwicklung, Produktion und Verkauf kümmern, weil er ständig von feindlichen Übernahmeangeboten bedroht wurde, die es zu parieren galt (mit sogenannten «Giftpillen»). Eine unrühmliche Rolle spielten dabei sogenannte «Raider», die mit der Übernahme drohten und Aktienpakete der Gesellschaft einzig zu dem Zweck aufkauften, sie alsbald wieder an das Management, das dem Unternehmen treu bleiben wollte, zu verkaufen. Viele US-Firmen haben sich verschuldet, haben Labors und Fertigungsanlagen geschlossen, Arbeiter entlassen und ganze Abteilungen verkauft, um zu überhöhten Preisen Aktien von Raidern zurückzukaufen. Infolge der Insiderskandale der Jahre 1989 bis 1991 und der fallenden Inflationsrate (die die Schulden eindämmt) hat sich das Fieber an der Wall Street, so schien es dem Verfasser beim Schreiben dieses Buches, wohl vorübergehend gelegt. Doch solange Investmentbanker und ihre Gefolge von Transaktionen leben, wird die amerikanische Finanzwelt weiterhin auf schnelle Geschäfte aus sein, auch wenn der Handel mit Junk Bonds und das Übernahmefieber der achtziger Jahre zum Zusammenbruch geführt haben.

Das also waren die Gründe, weshalb keine amerikanischen Interessenten mit langfristigen Investitionszielen mitboten, als MCA, Columbia usw. an japanische Firmen verkauft wurden. Die Leitartikelschreiber des *Wall Street Journal* und alle, die an den «vollkommenen Markt» glauben, wie sie ihn ehrfürchtig nennen, zeigen sich natürlich unerschüttert. Wenn «die Zahlen» gestimmt hätten, so behaupten sie, hätten amerikanische Käufer gewiß zugegriffen. Wenn sie es nicht taten, so deshalb, weil MCA, Columbia usw. eben über dem Marktpreis angeboten worden seien. Vielleicht wurden sie das auch, und die Japaner waren so töricht, einen überhöhten Preis zu zahlen. Und vielleicht ist sogar alles richtig, was sie sagen. Aber wie viele US-Firmen oder Investoren handeln heutzutage nach Maßgabe von 10-Jahres-Wachstumsplänen und nicht nach dem vierteljährlichen Gewinnausweis? Auf die Frage, warum sein Unternehmen die erstaunliche Summe von 500 Millionen Dollar für einen Anteil von sechs Prozent an Time Warner gezahlt habe, kleidete ein Topmanager von C. Itoh seine Antwort in jene Form des Selbstwiderspruchs, den Japaner so lieben: «Finanzielle Gründe waren nicht das Ausschlaggebende ... Wir haben uns damit einen existierenden Markt gesichert, keinen potentiellen.»[7] Nebenbei bemerkt hat Matsushita anscheinend eine Art 250-Jahres-Plan und erfüllt momentan wohl eine 25-Jahres-Tranche. Der Hase jagt dem schnellen Profit nach. Die Schildkröte strebt geduldig dem Ziel der Marktbeherrschung entgegen.

Die biotechnologische Industrie hat nicht mit diskreter Zensur aus dem Hintergrund zu kämpfen. Im Lauf der Jahre hat sie sich zum klassischen Hort dynamischer Kreativität und kühnen Unternehmertums entwickelt und sollte eigentlich alle Schwächen der amerikanischen Wirtschaft vergessen machen. Doch auch in dieser Branche rumort es. Die Namen der Käufer und Verkäufer sind zwar bei weitem nicht so bekannt wie die der Akteure auf den

Unternehmenshochzeiten in Hollywood. Auch sind die Summen, um die es bei diesen Geschäften geht, sehr viel bescheidener (z. B. kaufte Chugai die amerikanische Firma Gen-Probe für 100 Millionen Dollar). Dennoch ist auch hier der Ausverkauf in vollem Gang. Regelrechte Eigentümerwechsel sind eher selten bei Firmen, deren wichtigstes Kapital das Talent ihrer Forscher ist und die in gemieteten Labors arbeiten. Doch US-Firmen haben dutzendweise «Kooperationsverträge» mit japanischen Unternehmen unterzeichnet. Ein Untersuchungsbericht der National Academy of Sciences aus dem Jahr 1992 brachte an den Tag, daß bei neun von zehn solcher Verträge der Technologietransfer einseitig von den Vereinigten Staaten nach Japan geht, und das für vergleichsweise geringe Beträge. Weiterhin heißt es in dem Bericht: «Wenn die Regierung, die Industrie oder die Universitäten keine Maßnahmen ergreifen ... [um solchen Geschäften Einhalt zu gebieten], wird die biotechnologische Industrie der Vereinigten Staaten ihre Führungsrolle verlieren.»[8]

Der Untersuchungsbericht hätte auch ein Wort zu den «Risikofinanziers» sagen können, die gewöhnlich das Startkapital für neue biotechnologische Firmen beschaffen. Oft wollten sie nämlich nicht warten, bis das Enzym, der Impfstoff oder woran auch immer gearbeitet wurde, zu einem getesteten und anerkannten Produkt herangereift war. Statt dessen drängten sie ihre Partner zu Ankündigungen wie: Man stehe vor einem Durchbruch in der Forschung, in naher Zukunft werde es ein Heilmittel gegen Krebs, Schnupfen oder Pickel geben. Dann konnten sie nämlich die ersten Aktien zum Verkauf an der Wall Street anbieten und ihre eigenen Anteile abstoßen oder aber die Japaner (oder Schweizer, Deutsche und andere Interessenten) dazu bewegen, die Firma oder Teile von ihr aufzukaufen. Als sich dann herausstellte, daß viele Mikroorganismen schwer in den Griff zu kriegen und viele versprochene Arzneimittel noch weit von der Zulassung entfernt waren, kam es 1991 und 1992 an der Wall Street bei den Biotechnik-Aktien zu einem Kurseinbruch. Darauf weigerten sich immer mehr Wissenschaftler, dieses Spiel länger mitzumachen, sei es aus Respekt vor der Wahrheit, aus Furcht vor akademischen Sanktionen oder weil sie dem Vorwurf mangelnder Seriosität entgehen wollten. Sie wendeten sich Geldgebern zu, die mehr Geduld hatten und auch mehr Verantwortung zeigten. Dazu gehörten auch amerikanische und europäische pharmazeutische Firmen, vor allem aber japanische, die für ihren langen Atem bekannt sind.

Die japanische Zeitschrift *Business Tokyo* brachte unlängst einen Artikel über die amerikanische Industrie. Der süffisante Ton beim Thema US-Wirtschaft ist mittlerweile üblich: «Jeden Tag kommen Amerikaner und betteln wie Mönche um ein Almosen. Sie gehören zur internationalen Forschungselite in Fachgebieten wie Genetik und Krebsforschung oder Proteinherstellung. Manche kommen von führenden Universitäten, andere von kleinen, mit Risikokapital finanzierten Firmen. Alle arbeiten in einer Disziplin, der eine große Zukunft vorausgesagt wird. Und alle fragen sie nach Geld. ‹Ob sie bei uns anrufen, ein Fax schicken oder persönlich vorstellig werden, wir können uns vor Anfragen nach finanzieller Unterstützung von seiten amerikanischer Wissenschaftler gar nicht mehr retten›, sagt Akira Furuya, Generaldirektor von Kyowa Hakko Kogyo Co., einer Firma für großtechnische Mikrobenkultur.»[9]

Im folgenden liefert der Artikel Einzelheiten über die letzten japanischen Übernahmen und schließt mit der höchst beunruhigenden Versicherung, daß die amerikanische Führungsrolle in der Grundlagenforschung unangefochten bliebe. Die Forschung auf Feldern wie Genetik und Biophysik kann zu großartigen Entdeckungen führen und ganz im Dienst der Menschheit stehen, aber Forschung heißt auch reine Kosten. Sie zahlt sich erst aus, wenn nutzbare Produkte entwickelt worden sind. Und hohe Gewinne können nur in der Produktion erzielt werden – durch Firmen, die die Mikroorganismen industriell herstellen. In der biotechnologischen Industrie passiert heutzutage immer wieder das gleiche: Amerikaner leisten nach wie vor den größten Teil der Forschung und einen erheblichen Teil der Entwicklung, da sie aber zu Hause nicht genügend Kapital finden können, um die notwendige großtechnische Produktion aufzubauen, verkaufen sie an japanische oder europäische Firmen. So erhalten sie Lizenzgebühren in Millionenhöhe für Produkte, deren Absatz einmal Milliarden einbringen kann (Prognosen für das Jahr 2000 sprechen von einem Markt für biotechnologische Produkte in der Größenordnung von über 50 Milliarden Dollar gegenüber 2 Milliarden Dollar im Jahr 1990).

Leider können nur die Lizenzgebühren in Millionenhöhe – und nicht die Milliarden aus dem künftigen Absatz, für den ausländische Firmen sorgen – besteuert werden und so die Kosten für die Grundlagenforschung und alle anderen staatlichen Zuwendungen teilweise kompensieren. Die Vereinigten Staaten gaben 1990 rund 5 Milliarden Dollar für biotechnologische Forschung aus, Japan hingegen nur 1,7 Milliarden Dollar.[10] Dennoch machen gerade die japanischen Anbieter industrieller Mikrobenkulturen mit Produkten gute Geschäfte, die zum größten Teil in den Vereinigten Staaten und auf Kosten der amerikanischen Steuerzahler entwickelt wurden.

Gleiches wiederholt sich beim Verkauf von US-Biotechnologie an Europäer, so etwa im Jahr 1991, als der Schweizer Pharmariese Sandoz für 391,8 Millionen Dollar 60 Prozent an SyStemix erwarb.[11] Das ist gewiß keine kleine Summe, aber man beachte auch, was gekauft wurde. SyStemix war vier Jahre zuvor von Wissenschaftlern der Stanford University und Risikofinanziers gegründet worden. Das Ziel war, ein Verfahren zu entwickeln und patentieren zu lassen, mit dem sogenannte Stammzellen vom Knochenmark getrennt werden können. Eine solche Trennung ist äußerst schwierig, verspricht aber Erfolge bei der Krebsbehandlung. Sollte sich diese Hoffnung bestätigen, würde der kommerzielle Wert des Verfahrens in die Milliarden gehen. Nicht von ungefähr gehört die Stanford University zu jenen Einrichtungen, die gerade für dieses Forschungsgebiet am meisten staatliche Zuschüsse erhalten.

Wo und wie haben diese Spitzenforscher gelernt, wie Zellen geteilt werden können? Es ist unwahrscheinlich, daß ihnen der zündende Einfall erst nach der Gründung von SyStemix gekommen ist, zumal die Firma eigens für die Entwicklung des Trennungsverfahrens bis zur Patentierung eingerichtet wurde. Ob das

Verfahren von SyStemix einmal Krebskranken helfen wird oder nicht, ist noch ungewiß. Den kühnen, aber ungeduldigen Investoren hat SyStemix auf jeden Fall schon geholfen, denn sie konnten ihre 2,67-Dollar-Aktien zum Stückpreis von 70 Dollar an Sandoz verkaufen. Auch für eine vierjährige Wartezeit ist das ein ordentlicher Gewinn.[12] Alle Beteiligten haben großes Talent in der Kunst des Trennens bewiesen. Auch wenn es ihnen nicht gelingen sollte, Stammzellen von Knochenmark zu trennen, eines ist ihnen jedenfalls bereits gelungen: Sie haben private Profite von den öffentlichen Geldern getrennt, ohne die diese Forschungen gar nicht möglich gewesen wären. Außerdem haben sie die US-Wirtschaft, von der die Stanford University ebenfalls unterstützt wird, um 60 Prozent der Einkünfte gebracht, die künftig zu erwarten sind.

Auch in der Computerindustrie und in der Datenverarbeitung allgemein sind die Vereinigten Staaten nicht mehr so dominant wie einst bei der Herstellung von Großrechnern im Main-frame-Bereich. Das überrascht keineswegs, denkt man an die massive staatliche Unterstützung, mit der das japanische Unternehmen Fujitsu zu einem ebenbürtigen Konkurrenten für IBM auf allen Märkten der Welt gemacht wurde. Ein solcher Aufstieg war nur möglich durch jahrelange Zollschranken, billige Kredite für Käufer heimischer Computer (aber nicht für importierte Computer), den Erwerb teurer neuer Anlagen durch den Staat, ob sie nun rentabel waren oder nicht, und Zuschüsse für Forschung und Entwicklung. Aber die Vereinigten Staaten sind auch am anderen Ende des Marktes, bei den Personalcomputern, auf dem Rückzug, auch wenn im Innern eines gewöhnlichen, in Taiwan hergestellten No-name-Produkts ein amerikanischer Mikroprozessor arbeitet und womöglich auch die abgekupferte Software von einer US-Firma stammt.

Dieser Rückzug ist jedoch nicht tragisch. Die klassischen Großrechner mit ihren Magnetbändern und blinkenden Signallämpchen, ja selbst die vielgepriesenen Hochleistungsrechner, sind nicht mehr auf der Höhe der Zeit, weil die gleiche Rechenleistung ebensogut, wenn nicht noch besser, mit vernetzten kleineren und erheblich preiswerteren Personalcomputern zu erbringen ist. Die durchschnittlichen Personalcomputer sind mittlerweile so leicht aus Komponenten herzustellen, daß die Preise dramatisch sinken, die Gewinnspannen immer mehr schrumpfen und die ganze Industrie vor der Implosion steht. Selbst Laptops, die anfangs um vieles gewinnträchtiger waren als gewöhnliche Personalcomputer, sind zum Massenartikel geworden, der nach Gewicht verkauft wird. Auch sie werden am besten in Taiwan hergestellt, und in Thailand und China noch um einiges billiger.

Allerdings beherrschen US-Firmen nach wie vor die wichtigsten Sektoren der Computerindustrie, in denen die Entwicklung am schnellsten voranschreitet und die höchsten Gewinne erzielt werden. Dies gilt für jede Art von Software (der Erfolg von Microsoft ist ein bleibendes Phänomen) und bei der Hardware für die zwischen Main-frame und PC angesiedelten «Workstations». Schließlich gehören hierzu auch viele Peripheriegeräte mit Ausnahme von Laserdruckern und Lesegeräten für optische Platten, bei denen die japanischen Computerriesen die Nase vorn haben. Wie mittlerweile jeder weiß – selbst IBM konnte sich dieser Einsicht nicht verschließen –, zählt in dieser Branche Kreativität mehr als schiere Größe. Die unkoordinierte Forschung und Entwicklung von buchstäblich Tausenden mittlerer und kleiner US-Computerfirmen läßt spielend die Großforschungseinrichtungen der japanischen und europäischen Konkurrenz hinter sich, die es nur auf eine eher gemächliche Gangart bringt.

Doch wie im Fall der Unterhaltungsindustrie wurde höhere Kreativität nicht dazu genutzt, die Grundlage für künftige Exporte zu legen. Statt dessen wurden Käufer für Anteile oder ganze Produktionsfirmen angelockt. Es gibt keine Erhebung darüber, wie viele US-Produzenten von Hardware, Software oder Peripheriegeräten teilweise oder ganz in europäische Hände übergegangen sind, aber allein schon die Liste der japanischen Erwerbungen ist beeindruckend. Dies um so mehr, als die verhältnismäßig bescheidenen Summen, die in einigen Fällen bezahlt wurden, jedermann deutlich machen, daß die Käufer keineswegs Leute sind, die mehr Geld als Verstand besitzen.

Die Japaner müssen über ausgezeichnete Späher verfügen, möglicherweise sogar über einen richtiggehenden Nachrichtendienst, denn allein 1991 machte der Riese Mitsubishi Corporation (120 Milliarden Umsatz im Jahr 1990) die Cymer Laser Technologies ausfindig, einen Zwerg der High-Tech-Branche, und erwarb für 2 Millionen Dollar einen Anteil an dieser Firma, die Laserlithographie für Halbleiter entwickelt.

Neben drei anderen kleinen Plazierungen erwarb Mitsubishi für 750 000 Dollar einen Anteil an einer der klassischen Silicon-Valley-Firmen, der Tera Microsystems – die kleinste Erwerbung, die überhaupt in die Liste aufgenommen wurde. Die Sumitomo Corporation, ein anderer Handelsriese (133 Milliarden Dollar Umsatz im Jahr 1990), hat ebenfalls einen scharfen Blick für kommende Entwicklungen: Nachdem sie bereits die Rechte für Ostasien an der einmaligen Halbleiterproduktionstechnologie der Firma Prometrix aus Santa Clara erworben hatte, ging sie auf das Angebot ein, sich mit einer Million Dollar am Stammkapital der Firma zu beteiligen. Ein lächerlich kleiner Betrag, den aber kein amerikanischer Investor ausgeben mochte. Genauso kaufte Nichimen, ebenfalls eine Handelsgesellschaft (43 Milliarden Dollar Umsatz im Jahr 1990), für 1,3 Millionen Dollar einen Anteil an Navigation Technologies, dem Hersteller hochentwickelter computerunterstützter Kartierungssysteme. Selbst Toshiba, ein Unternehmen, das stolz auf seine eigene Technologie ist, gönnte sich einen zusätzlichen Innovationsschub von außen und kaufte für 19,4 Millionen Dollar Vertex Semiconductors. Damit erwarb es mit einem Schlag dessen Verfahren zur Herstellung von ASIC-Chips.

Im Jahr 1991 gingen noch mehr Verkäufe von Anteilen oder von ganzen Firmen über die Bühne (Paradigm Technology, C-cube Microsystems, Maxoptic usw.), andere Geschäfte, die nicht an die Öffentlichkeit kamen, gar nicht mitgerechnet. Allerdings kann ein ganzer Industriezweig nicht häppchenweise verkauft werden. Nippon Electronic Corporation (NEC) erwarb 1987 Honeywells gesamte Computerherstellung für 250 Millionen Dollar; TDK kaufte 1989 Silicon Systems, einen Halbleiterhersteller, für 200 Millionen Dollar; im gleichen Jahr kaufte Hitachi die US-Firma National Advanced Systems (die übrigens die Bezeichnung «National» in ihrem Namen behielt) für 199 Millionen; Konica kaufte 1986 Royal Business Machines für 93,6 Millionen Dollar; Canon investierte 1989 aus freien Stücken 100 Millionen Dollar in das NEXT-Projekt des Apple-Pioniers Steve Jobs; Nissei Electronic kaufte 1989 den Druckerhersteller Dataproducts für 80 Millionen Dollar; und so geht es immer weiter. Das vorerst letzte Glied in dieser Kette: Zwei japanische Firmen erwarben 87 Prozent des kalifornischen Halbleiterherstellers Therma-Wave Inc. durch ein Jointventure; die verbliebenen 13 Prozent sollen 1995 folgen.[13]

Vielleicht haben ja die Adepten des freien Marktes recht, und diese Verkäufe fallen gar nicht ins Gewicht – die US-Computerindustrie sei groß genug, so daß selbst Verkäufe in einer Größenordnung von 200 Millionen immer noch genug Substanz für die Zukunft übriglassen, um noch mehr Importe von Autos, Uhren usw. zu bezahlen. Und tatsächlich wächst dieser Industriezweig weiter, auch wenn es bezeichnend ist, daß selbst bescheidene Neugründungen von ausländischen Unternehmen offensichtlich leichter Kapital erhalten können als von einheimischen (so war es auch bei den 750000 Dollar der Tera Microsystems). Sind denn alle anderen Regierungen auf der Welt töricht, wenn sie nicht zulassen, daß ihre Firmen Spitzentechnologie an ausländische Konkurrenten für vergleichsweise kleine Summen veräußern? Huldigen sie einem überholten Wirtschaftsnationalismus und verstehen nicht, daß wir im Zeitalter der Globalisierung leben? Wenn dem so wäre, dann hätte auch Apple gleich zu Beginn an eine weitsichtige Firma wie Fujitsu verkauft werden können, womit die ganze Revolution der Personalcomputer zu einer japanischen Angelegenheit geworden wäre. Oder Microsoft hätte für beispielsweise 500000 Dollar in die Hand von Siemens übergehen können, ehe es zu dem milliardenschweren Unternehmen wurde, das mehrere Tausend hochqualifizierte Amerikaner beschäftigt, die Computerprogramme für Benutzer in der ganzen Welt schreiben.

Das gleiche Los bleibt nun auch der amerikanischen Luftfahrtindustrie nicht erspart, ohne deren Nettoexporte in Höhe von 30,8 Milliarden Dollar das Handelsbilanzdefizit der Vereinigten Staaten noch erheblich dramatischer ausfallen würde.[14] Obwohl sie den überwiegenden Teil der in aller Welt fliegenden Verkehrsmaschinen gebaut hat, angefangen von den Verkaufsschlagern Boeing 727 und DC-9 bis hin zu den Jumbo-Jets, hat sogar diese prosperierende Branche Schwierigkeiten, zu Hause das nötige Investitionskapital zu bekommen. Selbst die mächtige Firma Boeing kann es sich nach den großen finanziellen Anstrengungen für die neuen Typen 757 und 767 nicht mehr leisten, die Planung und Entwicklung für ihr nächstes Flugzeug allein durchzuführen. Da unter den kapitalschwachen US-Flugzeugbauern kein Partner zu finden war, wandte sich Boeing an ein japanisches Konsortium[15], das nun mit 20 Prozent haftendem Kapital an der Entwicklung der künftigen Boeing 777 beteiligt ist. Einem weitverbreiteten Vorurteil folgend, wittern hier viele die finsteren Machenschaften des japanischen Ministeriums für Internationalen Handel und Industrie (MITI). Dessen Beamte stehen in dem – mittlerweile überholten – Ruf, sie seien die eigentlichen Planer des japanischen Aufschwungs. Doch in diesem Fall hat MITI sein Ziel, eine auf dem Weltmarkt konkurrenzfähige japanische Luftfahrtindustrie aufzubauen, nie verhehlt und zu diesem Thema sogar Streitschriften in Englisch veröffentlicht.

Wie ist MITI diesem Ziel immer näher gekommen? Ganz einfach: Die Regierung kauft Herstellern, die Probleme haben, rechtzeitig Flugzeuge ab, für die eigentlich gar kein Bedarf besteht – eine Idee, auf die niemand in den Vereinigten Staaten kommen würde.[16] Und sie gewährt großzügige Subventionen für Forschung und Planung in der zivilen Luftfahrtindustrie, was in Amerika unter dem Bann der Ideologie des Freihandels verpönt ist. Vor allem aber vermittelt sie Kredite von Privatbanken zu sehr günstigen Konditionen, was in Amerika undenkbar wäre. Japan besaß vor dem Zweiten Weltkrieg eine Flugzeugindustrie, die in der Lage war, eine ganze Palette von Transport- und Kampfflugzeugen herzustellen, darunter eines der bekanntesten Jagdflugzeuge der Luftfahrtgeschichte überhaupt, die *Zero-sen* von Mitsubishi, die über eine erstaunliche Reichweite verfügte. Nach Krieg und Besatzung mußte die japanische Flugzeugindustrie wieder bei null beginnen, doch heute hat sie einen Punkt erreicht, an dem die verschiedenen

Hersteller alle drei Fertigungssparten beherrschen: Flugwerke und Fahrgastzellen für Flugzeuge und Hubschrauber, Düsentriebwerke und den größten Teil der Avionik für zivile und militärische Zwecke. Wie wir gesehen haben, ist die japanische Flugzeugtechnologie mittlerweile so weit fortgeschritten, daß Japan im Rahmen des FSX-Projekts die Entwicklung eines eigenen Jagdbombers in Angriff nehmen wollte.

Es ist kein Geheimnis, daß MITI und die japanische Industrie nach mehr Unabhängigkeit in der Flugzeugindustrie streben. Ebenso ist bekannt, daß es sich bei den Mitgliedern des Firmenkonsortiums, das mit Boeing kooperiert, eben um die potentiellen Träger einer unabhängigen japanischen Flugzeugindustrie handelt: Kawasaki Heavy Industries, Fuji Heavy Industries und die schon jetzt mit der Federführung beauftragten Mitsubishi Heavy Industries.[17] Wegen des Kapitalmangels in den Vereinigten Staaten war Boeing also genötigt, seinem künftigen Konkurrenten den neuesten Stand der Flugzeugtechnologie zu vermitteln und noch einiges mehr. Denn als haftender Partner hat das japanische Konsortium Einblick in jede Phase des Projekts, von den ersten Entwürfen über die Fertigung bis hin zu internationalen Vermarktungsstrategien. Wie im Fall der Biotechnologie und der Datenverarbeitung muß sich eine führende US-Branche, deren technologischer Vorsprung sich der Grundlagenforschung verdankt, die auf die eine oder andere Weise vom amerikanischen Steuerzahler finanziert wurde[18], stückweise ans Ausland verkaufen, statt lediglich ihre Produkte zu verkaufen.

Wenn ein Bauer Teile seines Ackers veräußern muß, statt nur die Ernte zu verkaufen, wird niemand über sein zukünftiges Los im Zweifel sein. Aber der Vergleich kann wohl so nicht stimmen, denn obwohl der Acker immer kleiner wird, sprudelt ein nicht enden wollender Strom neuer Technologien aus dem scheinbar unerschöpflichen Reservoir an Kreativität, mit der unsere pluralistische, multikulturelle, undisziplinierte, aber ach so dynamische Gesellschaft gesegnet ist. Man beachte jedoch, um was für bescheidene Summen es geht, und lasse sich von der mit viel publizistischem Tamtam gemachten Ankündigung eines weiteren

Beispiels dieser sagenhaften Kreativität nicht täuschen. Kaum hatte der in Korea geborene Chefentwickler des *digitalen* HD-TV der Öffentlichkeit kundgetan, daß die kleine US-Firma General Instrument, für die er tätig sei, alle japanischen Elektronik-Giganten mit ihrem analogen HD-TV überholt habe, da teilte der Firmenbesitzer mit, er werde gar nicht erst den Versuch unternehmen, das zur Produktion und Vermarktung nötige Investitionskapital zu beschaffen, vielmehr wolle er die Produktionslizenz an etablierte Fernsehgerätehersteller, also an die japanischen Elektronik-Giganten, verkaufen.

In geradezu pathetischem Tonfall – so jedenfalls empfanden es die Zuhörer, die Zeugen des unabwendbaren Niedergangs eines Unternehmens wurden – rechnete der Firmensprecher hoch, daß bei einem jährlichen Absatz von 20 Millionen HD-TV-Geräten die Tantiemen von 10 Dollar pro Stück sich zu 200 Millionen Dollar im Jahr summieren würden. Das ist ein hübsches Sümmchen für eine kleine Firma, und doch allenfalls Kleingeld, verglichen mit den 20 bis 25 *Milliarden* Dollar, die die Hersteller jährlich verdienen werden – und zwar größtenteils mit Exporten in die Vereinigten Staaten.[19] Doch nach diesem Muster laufen mittlerweile die Geschäfte in einem Kapitalismus ohne Kapital, wie er heute in den Vereinigten Staaten praktiziert wird. Ein weiteres Beispiel: Die US-Firma Ampex entwickelte als erste die Technologie des Videorecorders, die dann für eine bescheidene Lizenzsumme an Matsushita, Sony und die übrigen Großexporteure verkauft wurde. Später flossen die Gewinne aus den Exporten wieder in die Vereinigten Staaten zurück, als CBS Records, Columbia Pictures und MCA aufgekauft wurden. Auch hier waren keine boshaften Ausländer am Werk, die Amerikaner um die Früchte ihrer Arbeit bringen wollten, sondern die Amerikaner erwiesen sich als unfähig, ihre Technologien selbst auszubeuten, da sie ein Volk sind, das lieber unterwegs ist und Geschäfte macht, als Geld langfristig und produktiv anzulegen, wenn es nicht schlicht für den raschen Konsum ausgegeben wird.

Wenn die Verkäufe amerikanischer Firmen und Technologien Anlaß zur Sorge geben, so deshalb, weil diese Art der «Globalisierung» eine Einbahnstraße ist. Japanische Interessenten könnten jederzeit 40 Prozent von McDonnell-Douglas (oder gleich die ganze Firma) erwerben, selbst 40 Prozent von Boeing wären möglich, so wie bis heute schon viele «Juwelen» der amerikanischen Wirtschaft verkauft wurden. Ein amerikanischer Käufer hätte größere Chancen, 40 Prozent der Sixtinischen Kapelle zu erwerben als 40 Prozent von Mitsubishi Heavy Industries. Schon früher haben japanische Beamte Übernahmeversuche in weit weniger sensiblen Bereichen unterbunden, indem sie den Aktionären nahelegten, von ihren Verkaufsabsichten abzulassen. Zwar gehorchen sie nicht immer aufs Wort (offiziell gibt es eine solche Politik nicht), aber in aller Regel tun sie es doch. Wie auch immer, tatsächlich befinden sich alle japanischen Firmen, die als «Juwel» zu bezeichnen sind, im Besitz von Banken und anderen Unternehmen, an denen sie wiederum selbst beteiligt sind. In Amerika und in weiten Teilen Europas gehören selbst sehr verschachtelte Holdinggesellschaften am Ende doch Privatpersonen, einem Herrn oder einer Frau Soundso, die einen Teil oder die Gesamtheit der Aktien ihr eigen nennen und sie folglich auch verkaufen können. Nicht so in Japan. Dort schließt sich die Kette der Eigentümer zum Kreis. Der ursprüngliche und eigentliche Zweck solcher kreuzweisen Beteiligungen besteht darin, *japanische* Außenseiter aus einer illustren Firmengesellschaft fernzuhalten, z. B. Parvenüs, die mit Grundstücksspekulationen oder anrüchigen Geschäften zu ihren Milliarden gekommen sind und nun respektable Industrielle werden möchten. Ausländische Kaufinteressenten trifft der Ausschluß unbeabsichtigt. Wirkungsvoll ist er trotzdem.

Gewiß, niemand verwehrt den Amerikanern, in Japan Abfüllanlagen für alkoholfreie Getränke oder Bürogebäude zu erwerben, und selbst High-Tech-Branchen stehen offiziell ausländischen Interessenten offen (z. B. die Computerindustrie, die allerdings von Fujitsu, Hitachi, NEC und Toshiba beherrscht wird). Aber für Unternehmen, die in technologischer Hinsicht strategischen Wert besitzen, gilt ein anderes Reglement. Sollte eine amerikanische Firma wirklich versuchen, Fujitsu, Hitachi, NEC, Toshiba oder ähnliche Firmen (Kyocera, FANUC usw.) zu übernehmen, würde sie auf entschlossenen und wirkungsvollen Widerstand stoßen. Die untereinander verflochtenen Eigentümer würden sich schlicht weigern zu verkaufen. MITI-Beamte betrachten die amerikanische Politik der Offenheit für ausländische Investitionen mit amüsierter Verwunderung, die auch nach Jahren nicht geringer geworden ist. Einige Japaner haben jedoch eine Erklärung parat. So hat Mano Teruhiko, ein im ganzen Land bekannter Berater der bedeutenden Bank of Tokyo, japanischen Investoren zu bedenken gegeben, daß die Vereinigten Staaten nicht von Dummköpfen regiert werden, wie es vielleicht den Anschein haben mag, und daß Enteignungen nicht auszuschließen sind.[20] Herr Mano ist einfach ein netter Mann, der nicht antiamerikanischer ist, als vertretbar erscheint, um einen bekannten Ausdruck zu paraphrasieren. Daß er zu solch einer Erklärung greift, zeigt nur, wie befremdend die Japaner das Verhalten der Amerikaner finden.

Der Mythos der «Japan-AG», hinter der eine Verschwörung der Bürokratie und der Konzernriesen zur Eroberung der Weltwirtschaft vermutet wird, ist lediglich ein Phantasieprodukt, das an die antisemitischen Parolen der jüngeren Vergangenheit erinnert. Unbeschadet davon hat die in Japan durchaus übliche Verquikkung von Politik und Wirtschaft zur Folge, daß Ausländer von Schlüsselbereichen der Industrie ferngehalten werden.

Wenn also US-Unternehmen in Japan keine Firmen aufkaufen können, so steht doch rein theoretisch nichts entgegen, dort Tochtergesellschaften zu gründen, wie dies ausländische Unternehmen in den Vereinigten Staaten tun. Das bekannteste Beispiel für diesen Trend sind die Montagewerke («Schraubenzieherfabriken»), die Automobilkonzerne auf der grünen Wiese errichten lassen. Damit vermeiden sie Probleme mit den Gewerkschaften und mit einer älteren Stammbelegschaft, deren Krankheitskosten höher liegen als bei jungen Arbeitnehmern. Fernab von den städtischen Ballungsräumen gehen sie auch der schwarzen Bevölkerung aus dem Weg, mit der viele ausländische Manager nichts zu tun haben wollen. Viele US-Firmen haben es überall in der Welt ebenso gehalten, obwohl Werksgründungen in bestimmten Ländern sehr viel leichter sind als in anderen. Tatsächlich ist es fast überall sehr viel leichter, eine bestehende Firma aufzukaufen, sie nach den Bedürfnissen des neuen Eigentümers einzurichten und eventuell grundlegend umzugestalten, als bei Null zu beginnen.

Bei industrieller Fertigung im Ausland besteht der erste Schritt im Erwerb von Grundstücken, und schon hier kann das größte Hindernis liegen: In nicht wenigen Staaten ist es Ausländern verboten, Land zu erwerben; in anderen wird nur sehr wenig Land gleichzeitig angeboten oder der Preis bewußt in unerschwingliche Höhen geschraubt. Im dichtbevölkerten Japan gelten strenge Richtlinien bei der Landvergabe, und die staatliche Raumordnung sorgt dafür, daß Flächen, auf denen hochsubventionierter Reisanbau betrieben wird, selten für andere Zwecke freiwerden. Fast alle Flächen, die für Industrieansiedlungen geeignet wären, sind aber schon bebaut oder werden für den Reisanbau genutzt. Für bestimmte Zwecke ist das kein entscheidendes Hindernis, denn bereits bestehende Fabriken, Lagerhäuser oder Bürogebäude können gekauft werden. Wenn aber eine ganze Fertigungsanlage, etwa zur Automobilmontage, benötigt wird, sind die Chancen, ein geeignetes Grundstück auf bereits bebauten Flächen zu finden, äußerst gering. IBM baute 1960 die sehr erfolgreiche Tochtergesellschaft IBM-Japan ohne vorhandene Infrastruktur auf, und andere haben es ebenfalls geschafft. Für die meisten anderen Unternehmen stellt es jedoch ein großes Hindernis dar, funktionierende Betriebe zu erwerben.

Wegen dieses Mangels an Gegenseitigkeit beunruhigen die japanischen Investitionen in US-Industrien und High-Tech-Branchen, denn die Folgen sind ungleich gewichtiger als der Erwerb des Rockefeller Centers oder einiger Golfplätze. Nach der letzten Erhebung hatten europäische Unternehmen in den Vereinigten Staaten weit mehr direkte Investitionen getätigt als japanische Firmen (262 Milliarden gegenüber 69,7 Milliarden Dollar).[21] Hinter den weitverbreiteten Ängsten vor der japanischen und nicht etwa der europäischen Wirtschaftsmacht steht aber kein Rassismus, wie selbst gutunterrichtete Japaner allen Ernstes glauben. Der größte Teil der europäischen Investitionen fließt in Grundbesitz, Gebäude und Land, keineswegs in marktführende Technologiefirmen. Außerdem rangieren bei den Investitionen britische Firmen an erster Stelle, und Großbritannien huldigt einer Politik der Marktöffnung, so daß für Gegenseitigkeit gesorgt ist. Japan steht mit seinem Protektionismus auch nicht allein da – ganz im Gegenteil. Korea ist z. B. noch restriktiver, ja sogar offen fremdenfeindlich, wie es Japan seit den dreißiger Jahren nicht mehr gewesen ist. Die Koreaner wollen, daß amerikanische Truppen sie schützen, aber sie verwahren sich dagegen, daß amerikanische Investoren koreanische Firmen kaufen und so vom boomartigen Wachstum der koreanischen Wirtschaft profitieren. Bis 1992 war es US-Bürgern nicht einmal erlaubt, öffentlich angebotene Aktien koreanischer Gesellschaften zu erwerben. Auch in führenden europäischen Staaten, von Großbritannien einmal abgesehen, das alles auf dem Altar des Freihandels geopfert hat (und wo es nun auch ausländische Eigentümer mit der englischen Arbeiterschaft zu tun bekommen), wird Industriepolitik von regen Wirtschaftstechnokraten betrieben. Auch sie wollen verhindern, daß die «Juwelen» einer Branche in ausländische Hand geraten.

Die Deutsche Aerospace ist eine private Firma (sie gehört zum Daimler-Benz-Konzern), zugleich ist sie aber auch Deutschlands Trumpfkarte in der Flugzeugindustrie. Aus Sicht der Deutschen wäre es ein Unding, sie an einen ausländischen Käufer zu veräußern. Das gleiche gilt für Aerospatiale, zumal die Firma sowieso im Besitz des französischen Staates ist, und viele andere deutsche und französische Firmen von ähnlicher Bedeutung. Als in Italien Alfa Romeo, der berühmte, aber arg in Bedrängnis geratene Automobilhersteller, vom italienischen Staat zum Verkauf angeboten wurde, kamen ausländische Bieter gar nicht erst in die engere Wahl. Ein solches Verhalten ist nicht ungewöhnlich. Es kann soweit gehen, daß sogar europäische Übernahmeinteressenten abgeblockt werden. Das mußte auch der Generaldirektor von Olivetti, Carlo de Benedetti, genannt der *Ingegniere,* erfahren, als er begehrliche Blicke auf die Société Générale warf. Die größte Geschäftsbank Belgiens, der eine Industrieholding mit weitverzweigten Beteiligungen angeschlossen ist, stellt eine nationale Institution dar, neben der vielleicht nur noch die Monarchie bestehen kann.

Das belgische Establishment ließ nichts unversucht, um den *Ingegniere* zu stoppen, und hatte schließlich auch Erfolg.

In Anbetracht des immer gravierenderen Kapitalmangels in der US-Wirtschaft hätten ohnehin keine großen Investitionen in Japan oder Korea getätigt werden können. Von der nicht sehr beeindruckenden Gesamtsumme von 158 Milliarden Dollar, die zwischen 1980 und 1989 aus den Vereinigten Staaten als Nettoinvestition ins Ausland ging, flossen nur 1,3 Milliarden nach Korea und 13 Milliarden nach Japan.[22] Der Grund dafür ist nicht nur Geldmangel, auch nicht die schon notorische Kurzsichtigkeit der US-Wirtschaftsriesen. Jedes Schulkind weiß, daß die Wirtschaft beider asiatischer Länder seit Jahren geboomt hatte und somit das Terrain für Investitionen besser nicht hätte sein können. In dieser Phase zeigte sich die überholte geopolitische Fixierung der US-Regierung: Gegen Ende 1991 unterbrach sie ihren geplanten Truppenabzug aus Korea, ohne auch nur den Versuch zu unternehmen, bessere Investitionsmöglichkeiten oder eine Lockerung der restriktiven Importregelungen zu verlangen.[23] Bei solchen Gelegenheiten können die Amerikaner beobachten, wie ihre unterbezahlten Beamten sich in der Verachtung für alles Kommerzielle überbieten.

Für die gläubigen Adepten des Freihandels und der «Globalisierung» ist die ganze Diskussion über ausländische Investitionen in den Vereinigten Staaten und die Hemmnisse für amerikanische Investitionen im Ausland schlichtweg verfehlt. Sie halten nämlich das hier angesprochene Problem bereits für die Lösung. Ausländische Investitionen, so werden sie nicht müde zu wiederholen, «bringen dem Land Arbeitsplätze». Dadurch werde die negative Konsequenz ihrer Freihandelsdoktrin, der importbedingte Verlust von Arbeitsplätzen, hinreichend kompensiert. Weiterhin würden amerikanische Investitionen im Ausland Arbeitsplätze exportieren. Wenn also andere Staaten so töricht seien, sich dagegen zu sperren (und folglich auf Arbeitsplätze und das Know-how der Amerikaner verzichteten), würden entgangene potentielle Gewinne für die Kapitalseite[24] wenigstens durch den Erhalt von Arbeitsplätzen in den Vereinigten Staaten ausgeglichen. Beide Aussagen sind für sich genommen richtig, nur lassen sie die weitreichenden Folgen außer acht, die sich aus den ausländischen Investitionen in den Vereinigten Staaten und den Hemmnissen für US-Investitionen im Ausland ergeben.

Erstens einmal bieten viele von ausländischem Kapital abhängige Industrien in den Vereinigten Staaten nur eine bestimmte Kategorie von Arbeitsplätzen. Wenn etwa die amerikanischen Automobilhersteller durch die Produkte ausländischer Montagewerke im Land in Bedrängnis geraten, dann wird die Pyramide aller Beschäftigten, angefangen beim Management, den Entwicklungsingenieuren, den Fertigungsplanern, Konstrukteuren und diversen anderen Führungskräften, radikal gestutzt, und übrig bleiben nur die Fließbandarbeiter und einige Posten auf der unteren Führungsebene. Selbst wenn den ausländischen Investoren der beste Wille unterstellt wird, besteht doch kaum Aussicht, daß vor Ort angestelltes Personal jemals über die Ebene der Werkleitung hinaus aufsteigt, und sei es nur deshalb, weil nur wenige Amerikaner bereit sind, Japanisch oder Deutsch zu lernen. Montagewerke bieten einen Ausgleich für importbedingte Arbeitsplatzverluste (das ist ein Kapitel für sich), aber wie sehen diese Arbeitsplätze aus? Sind es die Arbeitsplätze, die wir unseren Kindern wünschen?

Gewiß, nicht alle ausländischen Tochtergesellschaften auf amerikanischem Boden sind bloße Montagewerke, in denen nur Arbeiter im blauen Anton beschäftigt werden. Einige betreiben auch Forschung und Entwicklung und bieten gutdotierte Stellen für Wissenschaftler, Ingenieure und andere Fachleute. In anderen fehlen lediglich das zentrale Management und die Finanzabteilung, ansonsten ist die Führungspyramide komplett vorhanden. Aber gerade diese Bereiche sind die wichtigen, ja entscheidenden: Sie stellen den Kern der Unternehmensmacht dar. In den meisten Fällen sind die Werke eben doch bloße Fertigungsstraßen mit reduzierter Personalstruktur, in denen Amerikaner keine Chance haben, in qualifiziertere, besser bezahlte und entwicklungsfähige Positionen im Management aufzusteigen – mithin sich auch sozial zu verbessern. Ein Land, in dem mit ausländischem Kapital Montagewerke errichtet werden, sinkt zu einem Land zweiter Klasse ab. Schulabgänger mit mittlerem Bildungsabschluß werden Arbeit finden, nicht jedoch Akademiker und Ingenieure. Damit aber ist die amerikanische Gesellschaft den Dritte-Welt-Verhältnissen wieder einen Schritt näher gekommen.

Selbst wenn die US-Töchter ausländischer Konzerne tatsächlich die komplette Führungspyramide bieten, bleibt die Unternehmensmacht selbstverständlich in der Zentrale in München oder Nürnberg, Nagoja oder Tokio konzentriert. Wenn die Zentrale gestern beschloß, in den Vereinigten Staaten ein Montagewerk zu errichten, kann sie heute entscheiden, das Werk wieder zu schließen und die Fertigung nach Mexiko oder Thailand auszulagern, wo die Löhne billiger sind. Die Zentrale entscheidet, ob das neue Forschungszentrum in Los Angeles oder in Lyon seinen Standort erhalten soll; sie entscheidet, ob die neueste Technologie der flexiblen Produktion im amerikanischen Montagewerk oder in Malaysia erprobt werden soll; und sie entscheidet, ob amerikanische Führungskräfte in die Geschäftsleitung der Zentrale aufsteigen dürfen oder auf Leitungsfunktionen in der US-Tochtergesellschaft beschränkt bleiben. Unternehmensmacht zeigt sich in vielerlei Hinsicht, was alle diejenigen verkennen, die nur auf die Gleichung «Investitionen = Schaffung von Arbeitsplätzen» schauen.

Mit Blick auf die meist inoffiziellen, aber wirksamen Hemmnisse gegen direkte amerikanische Investitionen in Form von Montagewerken und Entwicklungszentren im Ausland wird gelegentlich behauptet, die solchermaßen auf den heimischen Markt verwiesenen US-Unternehmen würden in die heimische Produktion investieren und folglich auch mehr Stellen in der Zentrale schaffen. Auf diese Weise wirkten sie der Proletarisierung der amerikanischen Gesellschaft entgegen, die durch die Errichtung ausländischer Werke im Land drohe. Doch davon einmal abgesehen: Wenn Investitionshemmnisse amerikanische Firmen von lukrativen Märkten fernhalten, dann schadet das nicht nur den investitionswilligen Firmen, sondern der ganzen amerikanischen Volkswirtschaft. Die Folge eines offenen oder versteckten Protektionismus sind hohe Inlandspreise und große Gewinnspannen für die heimischen Hersteller. Durch die Gewinne im Inland gestärkt, können sie auch erfolgreich in die Vereinigten Staaten exportieren. Manchmal ist die Wirkung unmittelbar zu spüren. Waren, die zu hohen Preisen auf dem heimischen Markt verkauft werden können, werden zu Kampfpreisen in die Vereinigten Staaten exportiert und verdrängen die amerikanischen Konkurrenten vom Markt. Die nicht abreißende Serie von «Dumping-Fällen», die vor die Bundesbehörde für den Außenhandel kommen, ist Beweis genug für diese Praktik (1992 wurden an erster Stelle japanische Minibusse angeführt, im Jahr zuvor waren es Mikrochips). Theoretisch könnten die Preise, sobald die gesamte amerikanische Produktion vom Markt verdrängt worden ist, ungestraft wieder angehoben werden, aber freilich gibt es noch andere ausländische Mitbewerber am Markt. Die «Japan-AG» beherrscht den größten Teil des amerikanischen Marktes für Unterhaltungselektronik – Fernsehgeräte, Hi-Fi-Anlagen, Videorecorder, schnurlose Telefone, Anrufbeantworter usw. –, aber es wäre verfehlt, von einer japanischen Verschwörung zu sprechen, denn Matsushita, Victor-JVC, Toshiba, Hitachi, Mitsubishi, Sony und Sharp liefern sich weiterhin einen harten Konkurrenzkampf. Während der europäische Konkurrenzdruck von Marken wie Philips und Grundig nachläßt, steigen Produkte aus Taiwan, Korea, Hongkong und neuerdings auch aus China auf der Qualitäts- und Preisleiter langsam nach oben.

Wichtiger als die direkte ist die indirekte Wirkung von Investitionshemmnissen und Protektionismus. Hohe heimische Gewinne können in neue Maschinen investiert werden, die für amerikanische Unternehmen zu kostspielig sind, da sie keinen gegen ausländische Konkurrenten geschützten Heimatmarkt haben und daher im Inland nicht das notwendige Investitionskapital bilden können. Wenn US-Firmen im Ausland keine Tochtergesellschaften errichten dürfen, die hochprofitable Güter und Dienstleistungen verkaufen, dann ist das für sie in zweifacher Hinsicht ein Verlust. Erstens entgehen ihnen Gewinne aus dem ausländischen Markt, die die Kapitalbasis zu Hause stärken würden, und zweitens werden sie um die Möglichkeit gebracht, ebendiese Gewinne den ausländischen Konkurrenten auf ihrem Heimatmarkt streitig zu machen, um deren Position als Mitbewerber auf dem US-Markt zu schwächen. Die Japaner haben vollkommen recht, wenn sie unverblümt darauf hinweisen, daß viele amerikanische Manager, verglichen mit ihren japanischen Kollegen, profitgierig und hoffnungslos kurzsichtig sind und daß die Wall Street und die amerikanischen Aktionäre im allgemeinen schnelle Gewinne aus dem investierten knappen Kapital erwarten. Ebenso richtig ist aber auch, daß offener oder versteckter Protektionismus in Form von Investitionshemmnissen den japanischen und koreanischen Unternehmen eine sichere Heimatbasis verschaffen, von der aus sie so erfolgreich den amerikanischen Markt erobern.

In diesem Zusammenhang ist ein neues Phänomen womöglich noch bedeutsamer. Spitzenunternehmen müssen heutzutage sowohl als Hersteller als auch als Anbieter in den drei großen Wirtschaftsregionen der Erde – Nordamerika, Europa und Japan – Korea – Taiwan – vertreten sein.[25] Sie brauchen den Kontakt mit den Kunden vor Ort, denn nur so können sie mit den Trends Schritt halten und sich auf neue Kundenwünsche und Marktkonstellationen einstellen. Zu verschiedenen Zeiten übernimmt mal die eine, mal die andere Region eine Vorreiterrolle in puncto Geschmack und Nachfrage in bestimmten Marktsektoren. Daher ist das Unternehmen, das den Markt in allen drei Regionen genau beobachtet und sofort auf Veränderungen bei der Nachfrage reagiert, am besten gewappnet, wenn die gleichen Trends etwas später auch auf den übrigen Märkten spürbar werden. Spitzenunternehmen müssen in der jeweiligen Region auch produzieren, denn nur dann können sie sich die relevanten neuen Technologien zu eigen machen, die vor Ort entstanden sind, und flexibel auf die veränderte Nachfrage reagieren. Daher sind die US-Firmen, die absichtlich oder unabsichtlich vom japanischen Markt ferngehalten werden, in einer deutlich schwächeren Position. Genaugenommen zählen sie nicht mehr zur internationalen Spitze, auch wenn sie auf dem amerikanischen Markt noch einen anderen Eindruck erwecken mögen.

Daher sollten eigentlich die Alarmglocken schrillen, wenn es bisher keiner amerikanischen und zumindest von Amerikanern geleiteten Firma gelungen ist, mit Gütern wie Stahlerzeugnissen, Textverarbeitungsgeräten, integrierten Schaltungen, Industrierobotern und Werkzeugmaschinen, Farbfernsehern und Videorecordern, Autos, Motorrädern, Uhren, Kosmetik und Bier oder mit Dienstleistungen wie Werbung in Japan Fuß zu fassen, wohingegen japanische Firmen in ebendiesen Branchen in den Vereinigten Staaten nicht nur verkaufen, sondern auch produzieren. Produzierende US-Firmen in Japan beschränken sich auf die Erdölgesellschaften, IBM (mit 24,2 Prozent Marktanteil bei Großcomputern und 7 Prozent bei Personalcomputern) und Unisys (10,3 Prozent bei Großcomputern). Ford ist Miteigentümer beim Autohersteller Mazda (7,8 Prozent Marktanteil bei der letzten Erhebung), gehört aber nicht zur Unternehmensleitung, daher ist der Technologietransfer von Mazda zu Ford eher spärlich geblieben.[26]

Schließlich bringen Investitionshemmnisse die US-Wirtschaft um einen noch subtileren, aber heutzutage sehr wichtigen Vorteil. Technologien, also das Wissen, wie bestimmte Waren herzustellen sind, können von kompetenten Personen mit entsprechender Ausbildung leicht nachvollzogen werden. Gleichwohl gibt es immer noch gewisse Verfahren, die ein hohes Maß praktischer Erfahrung voraussetzen oder durch Patente geschützt sind. Wenn kleine Firmen bei der Herstellung ausgesuchter Materialien oder Komponenten für komplexe Produkte ein Spezialwissen erworben haben, können sie damit die Position der Unternehmen, die sie beliefern, in ungeahntem Maße stärken. So wie europäische und japanische Unternehmen sich gewöhnlich Zugang zu umfassend verwendbaren Technologien verschaffen, indem sie hochspezialisierte US-Firmen zu vergleichsweise bescheidenen Summen aufkaufen,[27] so würden auch die Amerikaner im Ausland verfahren, vor allem im industriell hochentwickelten Japan.

Obwohl angeschlagen, könnte es sich General Motors ohne weiteres leisten, die eine oder andere japanische Firma aufzukaufen, die bei der Herstellung von Autoteilen und der Entwicklung von Werkstoffen im Motorenbau eine internationale Spitzenstellung einnimmt. Und selbst ein so notorisch kurzsichtiges Management wie dasjenige von General Motors könnte geneigt sein, solche Übernahmen ins Werk zu setzen. Aber das ist einfach nicht möglich: Selbst wenn die japanische Regierung ihre Erlaubnis gäbe, würden ausländische Bieter an den heimlichen Bündnissen und Überkreuz-Beteiligungen, wie sie für die gesamte japanische Industrie typisch sind, scheitern. Gleichzeitig müssen amerikanische Autohersteller mit japanischen Importen und Montagewerken konkurrieren. Hinzu kommt, daß auch am amerikanischen Standort fast jede moderne Stahlfabrik, die Bleche für die Automobilproduktion herstellt, ganz oder teilweise in japanischer Hand ist[28], wie übrigens auch Dutzende von Zulieferern und zwei der größten Reifenhersteller (dem japanischen Unternehmen Bridgestone gehört Firestone, und Sumitomo Rubber hat Dunlop übernommen). Gegen diese geballte Wirtschaftsmacht steht als schwache protektionistische Maßnahme die mengenmäßige Beschränkung der Autoimporte. Dies hindert die Konkurrenz aus Asien nicht, Autoteile in großen Mengen in die USA einzuführen und in den dortigen Montagewerken zu fertigen Autos zusammensetzen zu lassen.

Alles bisher Gesagte sollte nicht so verstanden werden, als seien der Expansionsdrang japanischer Unternehmen oder ausländische Investoren im allgemeinen schuld an den Gebrechen der amerikanischen Wirtschaft. Nach Jahrzehnten einseitiger Marktöffnung und einer Politik der offenen Tür für ausländische Investoren ist das US-Unternehmertum geschwächt und leidet unter Kapitalmangel. Doch wäre es töricht, wollte man dem Ausland die Schuld an der verfehlten US-Handelspolitik und an amerikanischer Selbsttäuschung in die Schuhe schieben. Das japanische MITI hat niemals Abordnungen nach Washington gesandt, um den einseitigen Zugang zum amerikanischen Markt und zu amerikanischen Technologien zu fordern. Es ist nicht Tokios Schuld, wenn es die US-Regierung versäumt, auf Wechselseitigkeit im Handel zu bestehen, und ihr Heil statt dessen in endlosen Verhandlungen sucht, die nur in läppischen Ergebnissen enden.

Die negativen Nebenwirkungen ausländischer Investitionen und die Hindernisse, auf die amerikanische Investoren im Ausland stoßen, sollten weder übersehen noch unterschätzt werden. Doch statt die Japaner oder andere Ausländer für die Malaise der amerikanischen Wirtschaft verantwortlich zu machen, sollte die Einsicht wachsen, daß sie die größten Mängel der US-Wirtschaft sogar noch gemildert haben: Kapital und Arbeit erfüllen nicht die Anforderungen der Zeit, die da heißen: Kapital muß *langfristig* angelegt werden, und die Erwerbstätigen müssen *gewissenhaft* ihrer Arbeit nachgehen. Die Ausländer haben Geld ins Land gebracht und dem Kapitalmangel abgeholfen. Und sie haben den Arbeitenden im Land ein gutes Beispiel gegeben, das sie anspornen sollte. Mittlerweile ist es ein abgegriffenes Wort, daß die ausländische Konkurrenz im allgemeinen und die japanische im besonderen wesentlich dazu beigetragen hat, die Selbstzufriedenheit und Faulheit des Managements zu verringern und die Arbeitnehmer zu mehr Qualität anzuhalten.

Um es noch einmal zu betonen: Die europäische und japanische Konkurrenz trifft keine Schuld an der Misere, die in Amerika Dritte-Welt-Verhältnisse einkehren läßt.

Die Ausländer haben nichts zu tun mit der originellsten Erfindung amerikanischer Staatskunst seit der Verfassung: «Representation without Taxation» – und das bei immer größeren Defiziten. Die ohnehin schon geringen Sparguthaben einer Bevölkerung, die zuviel konsumiert, werden vom Staat für Kredite gebraucht, mit denen er seine täglichen Ausgaben bestreitet. Da bleibt nichts übrig für produktive Investitionen in neue Fabriken und Maschinen, in kommerzielle Planung und Entwicklung, in Infrastrukturmaßnahmen wie Flug- und Seehäfen, Straßen, Brücken, Schulen und anderes mehr.

Die Ausländer haben auch nicht einer Deregulierung das Wort geredet, der nichts mehr heilig ist. Das Ergebnis ist nun, daß eine skrupellose Moral, die man eher in Las Vegas vermutet hätte, in die Wall Street und die Vorstandsetagen im ganzen Land Einzug gehalten hat. Mit ihr stiegen diejenigen zu Helden auf, die sich dadurch hervortaten, daß sie künftiges Wachstum für schnelle Profite verspielten.

Nicht die Ausländer haben sich in den Klassenzimmern breitgemacht, die Disziplin untergraben und positive Werte diskreditiert, die für jede Erziehung unabdingbar sind. Auch haben sie nicht die «multikulturellen» Inspektoren ernannt, die Arithmetik mit Rassismus gleichsetzen und aus Geschichte eine Art Gruppentherapie machen, indem sie abstruse Vorstellungen über den wahren Ursprung der griechischen Kultur (Ägypten = Afrika) salonfähig machen. Schließlich hindern Ausländer die Amerikaner nicht daran, ein Schulsystem einzuführen, das einen gleichmäßig hohen Standard überall in Stadt und Land garantiert und jedem Kind die gleichen Bildungschancen bietet.

Sie haben nicht die vorbildlichen amerikanischen Rechtsgrundsätze in einen grotesken Legalismus verkehrt, der mittlerweile 700000 Rechtsanwälte (bald wird es eine Million sein) beschäftigt.[29] Diese Anwälte haben nichts Besseres zu tun, als jede staatliche Vorschrift und jeden privaten Vertrag über Gebühr zu verkomplizieren und jede Gelegenheit zum Rechtsstreit zu nutzen. Sie verursachen immense Kosten mit Schadensersatzklagen, hinter denen die Sucht der Anwälte nach Erfolgshonoraren steht.

Schließlich haben nicht Ausländer die skandalös antisozialen «Sozialprogramme» ersonnen, die eine Mischung aus Minderheitenpolitik und krudem Rassismus darstellen.[30] Es gibt nur wenige Afro-Schweden, und doch werden in Schweden, weil das Land sehr großzügige Regelungen für ledige Mütter hat, 50,9 Prozent aller Kinder unehelich geboren, im Vergleich zu 25,7 Prozent in den weniger großzügigen Vereinigten Staaten und nur 1 Prozent im notorisch strengen Japan, wo 99 Prozent aller Kinder immer noch mit Vater und Mutter aufwachsen.[31] Aber das muß wohl wieder eine dieser exotischen japanischen Praktiken sein, hinter denen die finsteren MITI-Bürokraten stecken … Dabei wird die Wettbewerbsfähigkeit eines Landes gewiß dadurch am meisten gestärkt, daß der überwiegende Teil der Bevölkerung aus intakten Familien besteht, die sich selbst um die Erziehung ihrer Kinder kümmern können.

Kapitel 6
Die Armen und die Superreichen

Daß Amerika allmählich in Dritte-Welt-Verhältnisse abgleitet, wird deutlich, wenn man einen Blick auf die demographischen Fakten wirft: Der Anteil der Armen steigt, die Konzentration des Vermögens in den Händen der Superreichen, die 1 Prozent ausmachen, nimmt zu, während der Anteil jener Amerikaner, die über genügend Einkünfte und Vermögen verfügen, um sich dem Mittelstand zuzurechnen, beständig abnimmt. Damit aber nähert sich Amerika dem typischen Muster von Dritte-Welt-Gesellschaften, in denen eine kleine reiche Oberschicht über die Masse der Armen herrscht, während zwischen ihnen nur eine dünne Mittelschicht existiert.

Obwohl die wachsende Zahl der Armen das gesellschaftliche Gefüge der Vereinigten Staaten verändert, ist die Armut bislang fast unsichtbar geblieben. Denn arm sind nicht nur ledige schwarze Mütter, die von der Sozialhilfe leben und im statistischen Mittel 2,5 Kinder haben, arm sind nicht nur Dauerarbeitslose, die von der Hand in den Mund leben, und arm sind auch nicht nur Jugendliche aus den «Inner Cities», deren Zukunftsaussichten entweder Gefängnis oder früher Tod durch Drogen, Schuß- und Stichwaffen oder Aids heißen. Vielmehr ist die überwiegende Anzahl der Armen weiß, bezieht keine Sozialhilfe, sondern arbeitet ganzjährig in Vollzeitbeschäftigungen und hält sich an die geltenden Gesetze wie andere auch. Der enorme Anstieg der Kriminalität und die Eskalation der Gewalt, wie erst kürzlich bei den Unruhen im Mai 1992 im Süden von Los Angeles zu beobachten, sind der Grund, weshalb Amerikaner beim Stichwort Armut zuerst an die aus Schwarzen und Latinos bestehende

Unterschicht denken. Zwar lebt die innerstädtische Unterschicht bereits in Dritte-Welt-Verhältnissen, doch sie allein kann nicht das Absinken der gesamten amerikanischen Gesellschaft auf Dritte-Welt-Niveau bewirken, denn sie macht höchstens drei Prozent der Bevölkerung aus.[1] Dagegen ist der Anteil der *arbeitenden* Armen aller Hautfarben sehr viel höher, und deshalb werden sie die Zukunft der Vereinigten Staaten auch viel entscheidender prägen. Gleichwohl wird ihre Existenz nach wie vor von Sozialkritikern und Politikern übersehen, die gebannt auf die «innerstädtischen» Armen starren, wie die gängige Sprachregelung lautet.

Bis vor kurzem noch war von den «arbeitenden Armen» nur sporadisch und vage die Rede. Aus den nun vorliegenden Zahlen des Statistischen Bundesamtes geht aber hervor, daß der prozentuale Anteil der ganzjährig Vollzeitbeschäftigten (vierzig Stunden in der Woche, fünfzig Wochen im Jahr), die nicht genug verdienten, um eine vierköpfige Familie über der offiziellen Armutsgrenze zu halten (12 195 Dollar im Jahr 1990), von 12 Prozent im Jahr 1979 auf 18 im Jahr 1990 gestiegen ist. Mit anderen Worten, knapp ein Fünftel aller vollzeitbeschäftigten Amerikaner ist betroffen.[2] Gewiß, ein Jahreseinkommen von 12 195 Dollar bedeutet nur dann Armut im Sinne der behördlichen Definition, wenn wirklich eine vierköpfige Familie vorhanden ist. Von allen Beschäftigten dieser Kategorie lebten daher nur 12,9 Prozent tatsächlich unterhalb der Armutsgrenze. Die verheirateten weiblichen Beschäftigten, die 3,9 Millionen der Geringverdienenden ausmachen (und, wenn man 2000 Jahresarbeitsstunden zugrunde legt, weniger als 6,10 Dollar pro Stunde verdienen), hatten in der Regel einen Ehemann, der ebenfalls arbeitete, daher lebten tatsächlich nur 5,5 Prozent von ihnen unterhalb der Armutsgrenze. Andererseits hatten viele der 2,9 Millionen geringverdienenden Ehemänner keine berufstätigen Ehefrauen. 21,4 Prozent rutschten daher unter die Armutsgrenze. Dieser Anteil wurde nur noch von den 1 025 000 Millionen vollzeitbeschäftigten Frauen mit eigenem Haushalt übertroffen, die keinen Ehepartner hatten und von denen 27,8 Prozent nicht nur unterhalb der Armutsgrenze, sondern wirklich in tiefer Armut lebten, sofern sie mehr als ein Kind zu ernähren und Miete zu bezahlen hatten.[3]

Gewiß, die offizielle und landesweit gültige Armutsgrenze definiert Bedürftigkeit recht willkürlich, denn mit 12195 Dollar Jahreseinkommen kann im ländlichen Tennessee oder in Pueblo, Colorado, selbst eine vierköpfige Familie gut leben. Doch die gleiche Summe reicht schon nicht mehr für eine Familie mit einem Kind, die mitten in New York oder zur Hauptsaison in Palm Beach, Florida, wohnt. Für einen naturverbundenen Mann, der an den klaren Wassern des Alabama River lebt und mit Angeln, Fallenstellen und einem Gemüsegarten seine Lebenshaltungskosten niedrig hält, sind 12195 Dollar Nettoeinkommen ein hübsches Sümmchen, das ihm, selbst wenn er Familie hat, einen bukolischen Lebensstil erlaubt. Das gleiche Einkommen bedeutet für einen Großstadtbewohner wirkliche Armut, denn er könnte sich allenfalls eine Mietwohnung in einem Slum leisten.

Obwohl die meisten also nicht wirklich arm sind, deutet der steigende Anteil der Geringverdienenden bereits auf Dritte-Welt-Verhältnisse hin: Eine respektable Anstellung zu haben und dennoch nicht genug zu verdienen, wenn eine Familie ernährt werden muß, ist das übliche Los eines brasilianischen Arbeiters oder eines indischen Staatsbediensteten. Geringverdienende Arbeiter, Personen, die unter der offiziellen Armutsgrenze leben, und die gesamte Unterschicht machen die beunruhigende Entwicklung nicht nur deutlich, sondern beschleunigen sie auch noch – nicht weil sie arm oder fast arm sind, sondern wegen der Auswirkungen auf die Erziehung der Kinder in einem Land, das über kein wirklich funktionierendes Bildungssystem verfügt.

Von den 31,5 Millionen Amerikanern, die bei der letzten Volkszählung unterhalb der offiziellen Armutsgrenze lebten, waren 12 Millionen unter achtzehn Jahre alt (waren also «Kinder» nach der staatlichen Definition), weitere 4 Millionen gehörten zur Kategorie der Fast-Armen. Zusammengenommen bilden sie beinahe ein Viertel der gesamten Bevölkerung unter achtzehn Jahren.[4] Künftig werden sie ein Viertel der Bevölkerungsgruppe zwischen achtzehn und vierundzwanzig Jahren ausmachen, die im Jahr 1995 als Berufsanfänger ins Wirtschaftsleben eintritt.[5] Für jeden, der die internationale Wettbewerbsfähigkeit der Vereinigten Staaten nüchtern beurteilen will, ist dies das ausschlaggebende Faktum.

Viele Kinder und Jugendliche, die heute in bedrückenden Verhältnissen aufwachsen und in den vernachlässigten Schulen der ärmeren Stadtviertel oder in den heruntergekommenen der «Inner Cities» in aller Regel eine sehr mangelhafte Ausbildung erhalten, müssen sich in einer Wirtschaft behaupten, die immer weniger Arbeitsplätze für Ungelernte anbietet. Viele High-School-Abgänger können kaum lesen und schreiben, geschweige denn rechnen. Da sie oft schon in jungen Jahren Eltern werden und mehr Kinder in die Welt setzen als die Wohlhabenden, reproduziert sich die Armut und nimmt, wie in früheren Jahrzehnten der amerikanischen Geschichte, sogar noch zu.

Der wachsende Anteil geringverdienender Arbeiter markiert einen bedenklichen Wendepunkt in der Geschichte eines Landes, in dem selbst die Angehörigen der untersten Lohngruppen lange an den «amerikanischen Traum» geglaubt haben. Im Jahr 1964 verdiente fast ein Viertel (24,1 Prozent) der ganzjährig Vollzeitbeschäftigten nicht genug, um eine vierköpfige Familie über der Armutsgrenze (damals 3144 Dollar) zu halten. Hinter diesem Durchschnittswert verbargen sich krasse Unterschiede. So war der Anteil der männlichen Beschäftigten mit 16,5 Prozent sehr viel niedriger als der Anteil der Frauen (45,2 Prozent). Darin spiegelte sich der niedrige Status der Frauen in der damaligen Wirtschaft wider. Zwischen den Rassen waren die Unterschiede zu einer Zeit, als die Bürgerrechtsbewegung gerade erst begonnen hatte, sogar noch gravierender. Fast die Hälfte, genau 48,4 Prozent, der ganzjährig vollzeitbeschäftigten Schwarzen verdiente nicht genug, um eine vierköpfige Familie über der Armutsgrenze zu halten. Bei den Männern lag der Anteil bei 38, bei den Frauen bei 69,9 Prozent. Die Erhebung erfaßte viele Hausangestellte und Arbeiter auf der untersten Sprosse der Beschäftigungsleiter.

Nach zehn Jahren raschem Wirtschaftswachstum, mehreren Sozialprogrammen und einem erfolgreichem Kampf für die Gleichberechtigung der Frauen und der Schwarzen hatte sich die

Situation erheblich verbessert. Im Jahr 1974 verdienten nur noch 12 Prozent der ganzjährig Vollzeitbeschäftigten nicht genug, um eine vierköpfige Familie über der Armutsgrenze (4843 Dollar in jenem Jahr) zu halten. Bei den Männern lag der Anteil bei 7,4 Prozent. Bei den Frauen betrug er 22,1 Prozent und lag damit sogar unter der Zahl für alle Vollzeitbeschäftigten aus dem Jahr 1964. Auch die Schwarzen profitierten von der Entwicklung: 1974 war der Anteil derer, die eine vierköpfige Familie nicht über der Armutsgrenze halten konnten, von 48,4 im Jahr 1964 auf 18,1 Prozent gefallen. Damit war er zwar immer noch deutlich höher als bei den weißen Beschäftigten, die auf 11,4 Prozent kamen, aber der Unterschied war nicht mehr ganz so eklatant. Bei den weiblichen Schwarzen sank der Anteil sogar drastisch von 69,6 im Jahr 1964 auf 24,5 Prozent.

Aus diesen statistischen Angaben ergibt sich das Bild einer Gesellschaft, in der immer mehr Menschen aus eigener Kraft die Kosten für Grundbedürfnisse wie Wohnung, Ernährung, Gesundheitspflege und Erziehung bestreiten konnten. Das hatte positive Auswirkungen auf das Sozialverhalten. Beschäftigte, die zwischen 1964 und 1974 die Fähigkeit erwarben, für sich und ihre Familie aufzukommen, verspürten eher die Neigung zu heiraten, Kinder zu haben und als verantwortungsvolle Eltern in geordneten häuslichen Verhältnissen zu leben. Von 1960 bis 1970 stieg die Heiratsrate bei Männern über fünfzehn Jahren von 2,5 auf 3,1 Prozent, was einen signifikanten Anstieg darstellt.[6]

Doch dann kam dieser ermutigende Fortschritt zum Stillstand. Von zwei Seiten wurden die Armen in die Zange genommen: Einerseits verschlechterte sich das Bildungssystem ständig, andererseits sank die Nachfrage nach ungelernten Arbeitern. Im Jahr 1980 betrug der Anteil der Armen laut offizieller Statistik 13 Prozent. Seitdem schwankte ihr Anteil je nach Konjunkturverlauf (mit einem neuen Höchstwert von 15,2 Prozent im Rezessionsjahr 1983), fiel aber nie unter 13 Prozent.[7]

Zwischen 1979 und 1990 verdoppelte sich die Zahl der ganzjährig Vollbeschäftigten, die nach der behördlichen Definition arm sind, von 7,8 Millionen auf 14,4 Millionen. Unter den weiblichen

Beschäftigten nahm der Anteil nicht so stark zu, offensichtlich weil die Forderung nach «Gleichberechtigung» dort den Druck des neuen Trends milderte. So lag der Anteil bei den Frauen 1990 bei 24,3 Prozent, verglichen mit 20,4 Prozent im Jahr 1979. Allerdings hatten die Frauen damit schon wieder den Stand von 1974 (22,1 Prozent) überschritten und bewegten sich auf den von 1969 (27,6 Prozent) zu.

Noch verheerender wirkte sich der negative Trend für schwarze Arbeiter aus. Nach den großen Fortschritten zwischen 1964 und 1974, als der Anteil der Armen um weit über die Hälfte von 48,4 auf 18,1 Prozent zurückgegangen war, kam die Entwicklung erst einmal zum Stillstand. Dann, 1984, stieg der Anteil wieder auf 21,5, hielt sich einige Zeit auf diesem Niveau und erreichte im Rezessionsjahr 1990 sogar 25,3 Prozent. Mit anderen Worten, jeder vierte Schwarze, der ganzjährig vollbeschäftigt ist, muß offiziell als arm angesehen werden. Bei weiblichen Schwarzen betrug der Anteil 28,5 Prozent, bei männlichen Schwarzen 22,4 Prozent. Für Männer wie Frauen war das ein deprimierender Rückschlag. Bürger, die sich genau an die Spielregeln hielten, nicht arbeitslos waren, keine Sozialhilfe bezogen, keine Haftstrafe verbüßten, sondern das ganze Jahr über einer Vollzeitbeschäftigung nachgingen, sahen keinen Erfolg in ihrem Leben.

In jeder Gesellschaft wird es Arme geben, entscheidend ist nur, wie viele. In anderen Ländern der Ersten Welt sind es selten mehr als 5 Prozent. Für die große Mehrheit der Amerikaner, die nicht arm sind, steckt der Teufel in solchen Prozentzahlen. Im harten internationalen Wettbewerb wird die Mannschaft, die beim Kampf um den Ball mehr fußkranke Spieler mitschleppen muß, kaum Siegeschancen haben.

Viele Arme scheitern heute bei der Erziehung ihrer Kinder trotz vernünftiger Lebensweise und guter Absichten, weil die Schulen in einem so heillosen Zustand sind. Noch tiefer, in der untersten Schicht der Gesellschaft, in den «Inner Cities», wächst eine ganze Generation von Kindern heran, deren Leben schon genauso perspektivlos ist wie das der Straßenkinder von Rio de Janeiro. Der neugeborene Sohn einer ledigen fünfzehnjährigen Mutter, der eine

Großmutter in den Dreißigern und eine Urgroßmutter in den Vierzigern hat – allesamt unverheiratet, ohne richtige Ausbildung und meist ohne feste Anstellung –, ist im heutigen Amerika beileibe kein Einzelfall mehr. Von früh an ist er dazu verurteilt, sich auf der Straße herumzutreiben und zwischen episodischen Schulbesuchen, Gelegenheitsarbeiten, Drogenkonsum, Straftaten und Gefängnishaft sein Leben hinzubringen.

Solche Verhältnisse sind gewiß extrem, sie treten aber so häufig auf, daß sie nicht ohne schlimme Konsequenzen für die gesamte amerikanische Gesellschaft bleiben können. Die Volkszählung von 1990 brachte an den Tag, daß von den 14,3 Millionen Amerikanern zwischen sechzehn und neunzehn, aus allen Rassen und sozialen Schichten, fast eine Million weder zur Schule ging oder einen High-School-Abschluß besaß noch in der Armee diente oder in einer zivilen Einrichtung tätig war.[8] Eine Million Pensionäre und Rentner können ein Leben in Wohlstand oder Elend führen, ohne daß dies große Konsequenzen für die Gesellschaft hat. Aber eine Million beschäftigungslose und kaum verwendungsfähige Jugendliche auf der Höhe ihrer physischen Kraft, mit hohen Ansprüchen und ohne Erziehung zur Mäßigung, sind sozialer Sprengstoff.

Diese Jugendlichen tragen wesentlich zum gegenwärtigen sozialen Klima in den Vereinigten Staaten bei, das von einer allgegenwärtigen Kriminalität geprägt ist, wie sonst in keiner anderen hochentwickelten Industrienation, wohl aber in Staaten wie Nigeria. Das hat unvermutete Nebeneffekte: Amerikanische Multis haben keine Schwierigkeiten, Mitarbeiter aus New York oder Los Angeles zu finden, die bereit sind, Geschäftsreisen zu ihren Tochtergesellschaften in Städten wie Lagos oder Nairobi zu machen oder sich sogar dorthin versetzen zu lassen. An ein Klima der Gewalt gewöhnt, arbeiten sie unbeeindruckt weiter und genießen sogar die Abwechslung. Hingegen stellen europäische und japanische Multis fest, daß ein beträchtlicher Teil der Mitarbeiter, die sie in Städte der Dritten Welt schicken, dort aus ständiger Angst nicht so effektiv arbeiten oder sich schlicht weigern, ihren Vertrag zu erfüllen. Den Amerikanern erwächst hier ein Wettbewerbsvorteil, den sie sich kaum gewünscht haben.

Amerikaner sind an ein Leben in ständiger Unsicherheit gewöhnt. Um so sprachloser sind Besucher aus Europa und Südostasien, wenn sie zum erstenmal erleben, was Amerikaner als selbstverständlich hinnehmen: In den Innenstädten heulen nachts ständig Polizeisirenen; fast in allen Stadtvierteln schrillen immer wieder die Alarmanlagen von Privathäusern; in Großstädten fliegen regelmäßig Hubschrauber in niedriger Höhe und suchen mit Scheinwerfern nach Flüchtigen; in den «eingezäunten» Wohnvierteln patrouillieren Angehörige privater Sicherheitsdienste, die Anlieger zuvorkommend behandeln, Fremde mit falscher Kleidung, falscher Hautfarbe und falschem Akzent jedoch barsch anfahren und vertreiben. Noch mehr verblüfft Besucher aus der Ersten Welt, wie sich Amerikaner auf die allgegenwärtige Kriminalität eingestellt haben: Sie nähern sich auf dunklen Parkplätzen vorsichtig spähend dem eigenen Auto, warnen die Besucher vor dem Betreten ganzer Stadtteile, berichten ohne erkennbare Emotion von Gewaltakten, bei denen sie Zeuge oder selbst das Opfer waren, oder raten dazu, bei einem Überfall Brieftaschen und Armbanduhren möglichst rasch und ohne Murren herauszugeben, auch oder gerade dann, wenn die Räuber noch halbe Kinder sind.

Viele Amerikaner mögen es abstreiten, doch im Grunde genommen sind sie über das Ausmaß des permanenten Aufstands im ganzen Land nicht mehr wirklich schockiert. Dabei sind die Zahlen, die bei der letzten Erhebung ermittelt wurden, nämlich 8 Millionen Diebstähle, 3 Millionen Einbrüche, 1,6 Millionen Fahrzeugdiebstähle, 1 Million bewaffnete schwere Raubüberfälle, 639000 weitere Raubdelikte, 102000 Vergewaltigungen und 23000 Morde, in der Zwischenzeit um phänomenale 6 bis 10 Prozent gestiegen. Auch hat die Welle der Kriminalität schon längst die Vorstädte und einst friedliche Kleinstädte erreicht. In dem letztlich vergeblichen Versuch, die einschläfernde Wirkung bloßer statistischer Zahlen zu vermeiden, hat das FBI sogar eine «Verbrechensuhr» veröffentlicht, die in dramatischer Weise das ganze Ausmaß der Plage deutlich macht. Danach geschieht in den Vereinigten Staaten jede zweiundzwanzig Minuten ein Mord, jede fünf Minuten eine Vergewaltigung, jede neunundvierzig Sekunden ein Raubdelikt, jede dreißig

Sekunden ein bewaffneter Raubüberfall, jede zehn Sekunden ein Einbruch und so weiter.[9] Und dabei haben Amerikaner immer noch Bedenken, nach Neapel zu reisen, weil dort gelegentlich Autos gestohlen werden, und das Außenministerium in Washington (Einwohnerzahl 1990: 606900; FBI-Index der schweren Verbrechen: 65389) gibt nach wie vor «Reisehinweise» heraus, in denen von Fahrten nach Israel, Nordthailand und Kolumbien abgeraten wird, wo in den letzten zehn Jahren zusammengenommen weniger Touristen getötet, ausgeraubt oder zusammengeschlagen wurden als kürzlich in einer einzigen Sommersaison in Washington.

Ungezählt bleiben die vielen Verbrechen, die nicht angezeigt werden, Gewaltakte, die übergangen werden, weil es keine Toten gibt oder niemand ernsthaft verletzt wurde. Unberücksichtigt bleiben auch die demütigenden Drohungen und Einschüchterungen, die Millionen von Stadtbewohnern, vor allem ältere Menschen, täglich hinnehmen müssen. Viele leben regelrecht in Angst und Schrecken. Doch selbst ohne diese Grauzone, die in keine Statistik eingeht, hat Amerikas permanente Intifada ungeheure Ausmaße angenommen.

Amerika, ein Land mit 248 Millionen Individualisten, verschiedenen und gelegentlich aneinandergeratenden Rassen und einer langen Geschichte gewalttätiger Auseinandersetzungen, konnte sich nie mit dem autoritätsgläubigen Japan, dem fest zusammenhaltenden Finnland, der sauberen Schweiz oder jedem anderen Staat der Ersten Welt vergleichen. Doch für die jüngste Entwicklung gibt es selbst in seiner eigenen Vergangenheit keine Parallele: Zwischen 1980 und 1989 hat sich die Zahl der Insassen in den Bundes- und Staatsgefängnissen von 329821 auf 710054 mehr als verdoppelt. Mittlerweile ist die Millionengrenze überschritten, wenn die Insassen von Jugendstrafanstalten und Untersuchungshäftlinge mitgezählt werden.[10] Und selbst diese Zahl steigt weiter – 1990 wurden fast 9 Millionen Amerikaner aus den unterschiedlichsten Gründen in Haft genommen, gegenüber 6,8 Millionen im Jahr 1981.[11] Oder sollten die Gefängnisse einen Teil jener Menschen aufgenommen haben, für die die Wirtschaft keine Verwendung mehr hat?

In dieses beklemmende Bild paßt, daß gerade die Hauptstadt das frappierendste Beispiel für den Anstieg der Kriminalität in den sogenannten «Inner Cities» liefert. Im Jahr 1992 waren *42 Prozent* der männlichen schwarzen Einwohner des Stadtbezirks Columbia im Alter von achtzehn bis fünfunddreißig Jahren entweder im Gefängnis oder auf Bewährung entlassen, oder sie erwarteten ihren Prozeß.[12] Da es in Washington eine breite schwarze Mittelschicht gibt, bestehend aus gutbezahlten Regierungsangestellten und Freiberuflern, die alle in geordneten Verhältnissen leben, müssen die 42 Prozent einen erschreckend hohen Anteil der jungen Unterschichtsschwarzen ausmachen, die bei nur einem Elternteil aufwachsen – genauer müßte man wohl sagen, die von jungen ledigen Müttern in die Welt gesetzt wurden. Im Jahr 1988 wurden in Amerika etwas über eine Million Kinder aller Rassen unehelich geboren (darunter 53,7 Prozent Weiße). Von diesen Kindern hatten 312500 Mütter im Alter von fünfzehn bis neunzehn Jahren (9900 hatten Mütter unter fünfzehn).[13] Ohne Zweifel werden viele das Heer der 7,5 Millionen Kinder und Jugendlichen vergrößern, die bereits heute von Sozialhilfe leben, und nur wenige werden die Chance haben, zu gutausgebildeten, arbeitsfähigen und gesetzestreuen Bürgern heranzuwachsen.[14]

Dennoch werden nicht die untersten Schichten oder die Randgruppen das Schicksal der amerikanischen Gesellschaft bestimmen – auch nicht das phänomenale Ausmaß der Kriminalität, das schon heute ernste Konsequenzen für die Wirtschaft hat, angefangen bei den hohen Sachversicherungsprämien bis zu den jährlichen Kosten in Höhe von 21,3 Milliarden Dollar für die Verwahrung von 710054 Gefängnisinsassen. Da überrascht es nicht, daß «Angestellte und Beamte im Strafvollzug» neben den Programmierern die am schnellsten wachsende Berufsgruppe bilden.[15]

Ausschlaggebend ist etwas anderes. Was in der Vergangenheit selbst bitterarmen Slumbewohnern häufig noch gelang, daran scheitern heute die meisten Armen, nämlich Kinder aufzuziehen, die nach einer Ausbildung an öffentlichen Schulen den sozialen Aufstieg schaffen. In vielen Ländern Europas, in Japan, Korea oder Taiwan ist das nach wie vor möglich. Dort sorgt ein zentralisiertes staatliches Schulsystem, das keineswegs «Gruppenzwang» ausübt, für eine kostenlose und allgemeine Ausbildung und Erziehung. Öffentliche Schulen garantieren in den Stadtvierteln mit einkommensschwacher Bevölkerung und in abgelegenen ländlichen Regionen feste Maßstäbe und demokratische Gleichbehandlung. Sie garantieren feste Maßstäbe, weil sie einen landesweit gültigen Bildungsstandard bieten. Dafür sorgen einheitliche Prüfungen, regelmäßige Schulinspektionen und nicht zuletzt gutausgebildete und entsprechend bezahlte Lehrer. Abweichungen von diesem Standard sind nicht erlaubt: Im ganzen Land müssen die gleichen Klassen im gleichen Zeitraum den gleichen vorgeschriebenen Stoff lernen. Zugleich bürgen die Schulen für demokratische Gleichbehandlung, denn sie lösen alle Kinder, ob von reichen oder armen Eltern, aus ihrer häuslichen Umgebung, versetzen sie in die gleiche Lernsituation und gewähren ihnen die gleichen Lernhilfen. In manchen Ländern gelten obendrein strenge Kleiderordnungen oder sogar Uniformzwang (die Uniformen werden kostenlos gestellt), um Unterschiede zwischen Arm und Reich zu verwischen. Eltern, die ihre Kinder vernachlässigen, erhalten Besuch von der Schulbehörde, die sie ermahnt, sich mehr um ihre Sprößlinge zu kümmern, aber auch zusätzliche Betreuung am Nachmittag anbietet. Alle diese Maßnahmen sind dazu geeignet, den schulischen Lernzielen über die familiären, sozialen und regionalen Unterschiede hinweg Geltung zu verschaffen, statt auf zufällige lokale Gegebenheiten Rücksicht zu nehmen. Die Lehrer stehen in hohem Ansehen, was sich auch in ihrem hohen sozialen Status als gutbezahlte Beamte zeigt. Auf Disziplin, das versteht sich von selbst, wird in solchen Systemen großer Wert gelegt.

Gegen dieses auf amerikanische Gemüter autoritär und beinahe totalitär wirkende Erziehungssystem setzen die Vereinigten Staaten ihre lokalen Schulbehörden, die oft aufstrebenden Lokalpolitikern als erstes Forum dienen. Je nach Schulbezirk fallen die Finanzen der Schule üppig oder kümmerlich aus, die Verwaltung arbeitet entweder korrekt oder sie ist notorisch bestechlich, vor allem aber sind die schulischen Maßstäbe sehr unterschiedlich. In dieser Vielfalt gibt es nur eine Konstante: Diejenigen Kinder, die von zu Hause kaum Zuwendung und Ermutigung erfahren und daher am meisten gestützt und betreut werden müßten, erhalten die schlechteste schulische Ausbildung.

Neben der Armut, die sich selbst reproduziert und weiter um sich greift, ist die zunehmende Konzentration des Reichtums in immer weniger Händen ein weiteres Merkmal für Dritte-Welt-Verhältnisse in den Vereinigten Staaten. Auch das ist ein eindeutiges Zeichen für Degeneration, ja in mehrfacher Hinsicht ist es sogar noch alarmierender als die wachsende Armut. Wie allgemein bekannt, können auch in Ländern der Dritten Welt gewaltige Privatvermögen angehäuft werden. Als Staaten bleiben diese Länder jedoch arm, weil eine verschwindende Minderheit den kleinen Kreis der Superreichen bildet, während die überwältigende Mehrheit des Volkes in großer Armut lebt. Die Mittelschicht ist wiederum zu dünn und zu schwach, um wie in den Ländern der Ersten Welt den Staat zu tragen. Weniger Zustimmung findet die Einsicht, daß die Konzentration des Reichtums in den Dritte-Welt-Ländern nicht nur eine Folge der Unterentwicklung ist, sondern auch eine ihrer Ursachen.

Die Mittelschicht ist dünn, weil sie in der unterentwickelten Wirtschaft kaum Betätigungsmöglichkeiten findet und weil sie von den Reichen systematisch um die wenigen vorhandenen Chancen gebracht wird. Die reiche Minderheit braucht nicht wie in den Staaten der Ersten Welt auf eine breite Mittelschicht Rücksicht nehmen und verfügt daher auch über große politische Macht – nicht nur über unverhältnismäßig viel, sondern fast über die ganze Macht. Ihr stehen Mittel und Wege zu Gebote, ihren Reichtum weiter zu vermehren oder zumindest die Privilegien zu schützen, denen sie ihren Reichtum verdankt.

Während die überwältigende Mehrheit der Bevölkerung den täglichen Kampf ums Überleben bestehen muß und kaum in der Lage ist, die politische Entwicklung zu verfolgen, geschweige denn auf sie Einfluß zu nehmen, widmet sich allein die reiche Minderheit der Politik und übt aus diesem Grund auch die Herrschaft aus. Nur die Reichen können politische Parteien mit Spenden unterstützen, falls es überhaupt eine parlamentarische Demokratie gibt, oder sich den Diktator gewogen machen, indem sie Angehörigen der Führungsclique lukrative Posten anbieten, Heiraten arrangieren oder einfach nur Bestechungsgelder zahlen. Auf diese Weise sichern sich Unternehmer in Dritte-Welt-Staaten alle öffentlichen Aufträge und stellen Mitbewerber kalt; reiche Importeure erhalten die wenigen Importlizenzen; reiche Geschäftsleute sorgen dafür, daß strenge Richtlinien mögliche Konkurrenten fernhalten; Grundbesitzer blockieren Landreformen, die sie zwingen würden, ihr Land mit armen Bauern zu teilen; und Geldbarone beeinflussen Planung und Bau der langersehnten Küstenstraße, damit ihr Luxushotel an das Verkehrsnetz angebunden wird und Hunderte Hotels niederer Kategorie links liegen bleiben.

Gewöhnlich werden die Fäden jedoch diskret im Hintergrund gezogen, wenn es gilt, die Reichen noch reicher zu machen und die Mittelschicht klein zu halten. Nehmen wir an, ein ehrgeiziger junger Mann möchte ein neues Geschäft gründen, mit dem er es anderswo zu bescheidenem Wohlstand bringen könnte. Will er beispielsweise einen Düngemittelhandel eröffnen, wird ihm nahegelegt, von seinem Vorhaben abzulassen, denn die reiche und am Ort sehr einflußreiche Familie X betreibt bereits einen Düngemittelhandel und wünscht keinen Konkurrenten. In dieser Lage geben Banken keine Kredite, Grundbesitzer verpachten keine Grundstücke, Lieferanten verweigern die Lieferung. Wenn der junge Unternehmer über mehr Stehvermögen verfügt als gewöhnlich (die meisten geben rasch auf), ist alles möglich. Gehört es zu den Gepflogenheiten der lokalen Größen, ihren Willen auch mit Gewalt durchzusetzen, so kann das Geschäft oder der Unternehmer selbst zur Zielscheibe junger Schläger werden, deren Taten der Polizeichef des Ortes nicht verfolgen will. Wird hingegen Wert auf äußere Korrektheit im Umgang mit dem Gesetz gelegt, tauchen plötzlich staatliche Inspektoren auf, die man noch nie in der Gegend gesehen hat. Sie durchsuchen das Geschäft, finden Hinweise auf Gesetzesübertretungen, verhängen Geldstrafen oder verfügen einfach die Schließung des Geschäfts, wobei sie erheblich gravierendere Verstöße in der Geschäftsabwicklung der Familie X geflissentlich übersehen. Doch in den meisten Regionen und in den meisten Fällen sind solche Repressalien oder gar Rechtsbeugungen gar nicht nötig. In Saudi-Arabien etwa würde kein Geschäftsmann, der alle seine Sinne beisammen hat, sich erdreisten, in offene Konkurrenz mit einem Unternehmen zu treten, dessen Eigentümer ein Prinz ist – und es gibt rund 5000 saudische Prinzen, von denen die meisten Handel treiben.

Wenn sich Reichtum wie in der Dritten Welt auf eine kleine Minderheit konzentriert, dann hat das zur Folge, daß allen, die noch nicht reich sind, von vornherein die Chancen zum Aufstieg beschnitten werden. Damit aber bleibt der Reichtum in den Händen der wenigen Reichen.

Und das ist auch der Grund, warum die wachsende Konzentration des Reichtums in den Vereinigten Staaten als böses Omen betrachtet werden muß. In den achtziger Jahren füllten plötzlich Reportagen über das Leben der Superreichen und der Prominenten die Klatschspalten und Fernsehmagazine. Ihr extravaganter Lebensstil erinnerte bisweilen an den legendären J. P. Morgan. Von ihm stammt der Ausspruch: Wer fragen muß, wieviel eine Yacht koste, der kann sie sich nicht leisten. (Mit diesem Ausspruch löste Morgan einen regelrechten Yacht-Fimmel aus. Selbst für Finanziers, die nichts für die Seefahrt übrig hatten, wurde es zu einer Frage der Kreditwürdigkeit, eine Yacht zu besitzen.) Wie Morgan haben auch die neuen Superreichen einen vorgegebenen extravaganten Lebensstil angenommen. Dazu gehören zuallererst palastartige Suiten und zahlreiche Villen in ansprechender Umgebung. Zur großzügigen Architektur muß eine Ausstattung mit erlesenen Kunstwerken kommen – nicht J. P. Morgans chinesische Keramiken, Gobelins und Alte Meister, sondern Werke zeitgenössischer Künstler, die von schicken Magazinen gerade hochgejubelt werden, auch wandfüllende viktorianische Gemälde – Platz ist ja genügend vorhanden – und die unverzichtbaren französischen Impressionisten. Anders als Morgan braucht der heutige Superrreiche auch eine zweite Frau, ein «Vorzeigeexemplar», etwa eine Modedesignerin oder eine ehemalige Stewardeß, möglichst groß, superschlank und mit ausgezeichneten Umgangsformen, wenn auch nicht über die Maßen gebildet.

Noch etwas anderes unterschied Morgan von den heutigen Superreichen. Morgan machte zu seiner Zeit sagenhafte Profite, aber auch der Wohlstand der Gesellschaft insgesamt stieg rapide. Sein Vorbild war den anderen Ermutigung und verhieß eine noch glänzendere Zukunft. Der Aufstieg der neuen Superreichen hingegen fällt mit immer düsteren Aussichten für alle anderen zusammen. Mittlerweile liegen auch exakte Zahlen vor, die belegen, daß dieser Eindruck richtig ist. Den genauen Wert eines Privatvermögens festzustellen ist schwieriger als das Einkommen. Das liegt zum Teil daran, daß Kunstwerke, Stilmöbel und vor allem Grundbesitz erst dann genau taxiert werden können, wenn sie zum Verkauf kommen. Darüber hinaus ist oft nicht klar, wem was gehört. Wie dem auch sei, einer sorgfältigen Studie zufolge, die bis heute nicht widerlegt worden ist[16], hielt das eine Prozent der reichsten Amerikaner im Jahr 1983 31,3 Prozent des Privatvermögens aller Haushalte im Land. Dieser beträchtliche Anteil stellte schon ein erhebliches Ungleichgewicht in der Vermögensverteilung dar und stand im Widerspruch zu der weitverbreiteten Ansicht der Amerikaner, die Vereinigten Staaten befänden sich in der Hand einer breiten Mittelschicht. Doch bis 1989 stieg der Anteil der Superreichen am gesamten Privatvermögen auf 36,2 Prozent an. Das ist höchst ungewöhnlich für ein Land der Ersten Welt, aber durchaus üblich in Ländern, in denen die Massen ausgebeutet werden und eine kleine Minderheit sich aller Privilegien erfreut, wie etwa auf den Philippinen. Mit 6,14 Billionen (6140 Milliarden) Dollar war das gesamte Vermögen, über das das eine Prozent der Superreichen verfügte, größer als das Vermögen, über das die «unteren» 89,9 Prozent aller amerikanischen Familien verfügten, die es zusammen auf 5,2 Billionen brachten. Diese 83,8 Millionen Familien, die nicht reich genug waren, um sich zu den oberen 10 Prozent zählen zu können, besaßen erheblich weniger – fast eine *Billion* weniger – als die 932000 Familien innerhalb des magischen Kreises der Superreichen.

Noch frappierender ist, nach derselben Studie, die Konzentration des Reichtums innerhalb der oberen 10 Prozent. Im Jahr 1983 besaßen die 7,5 Millionen Familien in dieser damals schon sehr vermögenden Schicht insgesamt ein Vermögen von 3,6 Billionen Dollar, 400 Milliarden mehr als die obersten 840000 Familien (3,2 Billionen). Aber 1989 verfügten die 8,4 Millionen Familien, die zu den 9 Prozent unterhalb der absoluten Spitze gehören, insgesamt über 5,6 Billionen Dollar und somit über 530 Milliarden *weniger* als die Superreichen. Mit anderen Worten, die reichsten amerikanischen Familien sind selbst verglichen mit der reichen Minderheit an der Spitze der Vermögenspyramide noch reicher geworden.

Für dieses Abdriften in typische Dritte-Welt-Verhältnisse bei der Einkommensverteilung, gekennzeichnet durch eine arme Mehrheit, eine reiche Minderheit und eine dünne Mittelschicht, gibt es nun auch Belege. Nach einer Studie des Statistischen Bundesamts aus dem Jahr 1992 stieg der Anteil der amerikanischen Familien mit geringem Einkommen (18576 Dollar und weniger) von 19,9 Prozent im Jahr 1969 auf 14,7 Prozent im Jahr 1989[17], d. h. die Armen und in der Armutszone Lebenden werden immer mehr. Der Anteil der Besserverdienenden (74304 Dollar) nahm ebenfalls zu, von 14,7 auf 22,1 Prozent, doch das Bezeichnendste an dieser Studie ist wohl, daß der Anteil der amerikanischen Familien mit mittlerem Einkommen (zwischen 18576 und 74304 Dollar) von 71,2 auf 63,3 Prozent gesunken ist. Im Zeitraum von zwei Jahrzehnten ist die breite Mittelschicht in den Vereinigten Staaten beträchtlich geschrumpft, während sie in allen anderen hochentwickelten Industrienationen weiter wächst.

Selbst diese Zahlen geben noch kein wirkliches Bild der extremen Unterschiede in der Vermögensverteilung, denn nunmehr steht fest, daß auch die Kluft zwischen den Superreichen und den «nur» Reichen immer tiefer wird. Im Jahr 1983 besaßen jene Familien, die das obere halbe Prozent der reichsten Amerikaner ausmachen, knapp ein Viertel (24,1 Prozent) des gesamten Privatvermögens. Diese 419968 Familien verfügten über ein Vermögen von durchschnittlich 5,86 Millionen Dollar. Im Jahr 1989 besaß das halbe Prozent an der Spitze, 477361 Familien, 29,1 Prozent des gesamten Privatvermögens, wobei sich ihr Vermögen im Schnitt mit 10,3 Millionen Dollar fast verdoppelt hatte.

Die Ergebnisse der Studie zeigen aber auch, daß sich der Trend zu einer ungleichen Vermögensverteilung beschleunigt. In den sechs Jahren von 1983 bis 1989 fiel der Anteil von 99 Prozent aller amerikanischen Familien an der Gesamtheit aller Privatvermögen von 68,7 auf 63,8 Prozent, also um fast 5 Prozent. Dieser rasche Rückgang um annähernd ein Prozent pro Jahr hat viele Ursachen, spiegelt aber in hohem Maß den vielbesprochenen Strukturwandel in der amerikanischen Wirtschaft wider. Eine Ursache ist die «Globalisierung der Produktion», die offenbar dazu führt, daß durch Importe mehr Arbeitsplätze vernichtet, als durch Exporte geschaffen werden. Während die breite Arbeiterschaft verarmt, bereichern sich einige Importeure und Finanziers an den erhöhten Einfuhren. Eine andere Ursache ist das Verschwinden der Unternehmen alten Stils, die den Arbeitern hohe Tariflöhne, den Angestellten dauerhafte Arbeitsplätze und den Führungskräften größtenteils ein ruhiges Leben bei angemessenem Gehalt sicherten. Diese Stetigkeit wurde mit langsamem Wachstum und bescheidenen Dividenden für die Aktionäre erkauft.

Managementschulen hatten schon seit Jahrzehnten gegen «selbstgenügsame» Aktiengesellschaften gewettert, die sich nicht die Gewinnmaximierung zum Ziel setzten, wie es doch in jedem Lehrbuch nachzulesen war. In den achtziger Jahren hatte ihr Predigen endlich Erfolg. Die Unternehmen alten Stils wurden von feindlichen Übernahmeangeboten der «Raider» bedroht oder tatsächlich von ihnen aufgekauft. In der Folge sorgten alerte Spitzenmanager dafür, daß das ganze Unternehmen «verschlankt» und die mittlere Führungsebene von sogenanntem «toten Holz» befreit wurde. Die neue Leitung installierte sich oft nach Leveraged Buyouts, die mit hochverzinsten «Junk Bonds» finanziert wurden. Um diese Anleihen abzulösen, wurden zum einen Vermögenswerte des Unternehmens rasch verkauft, zum anderen große Teile der Stammbelegschaft abgebaut, um Kosten zu sparen.

Bei diesem Prozeß gerieten Millionen von Familien in Bedrängnis. Väter, die als leitende Angestellte Managementpositionen bekleidet hatten, standen plötzlich auf der Straße oder mußten mit untergeordneten Stellungen vorliebnehmen. Wieder andere schlugen sich als Handelsvertreter auf Provisionsbasis oder als freiberufliche «Unternehmensberater» durch.[18] An solchen Menschen, die ihr Selbstwertgefühl verloren hatten, die oft auch gesundheitlich angeschlagen waren und deren Familien in tiefe Krisen stürzten, spiegelt sich das ganze Ausmaß dieser sehr amerikanischen Tragödie wider. Wer nicht aus eigener Erfahrung weiß, was es bedeutet, aus einer gesicherten Stellung plötzlich vertrieben zu werden, wird über diese Schicksale vielleicht hinwegsehen und statt dessen auf die Breitenwirkung desselben Strukturwandels abheben: sinkende Stundenlöhne und Stagnation bei den Einkommen in den unteren Schichten.

In gewisser Hinsicht ist die anhaltende Tendenz in der Vermögensverteilung zugunsten des einen Prozents der Superreichen ebenfalls auf den Strukturwandel zurückzuführen, den die amerikanische Wirtschaft erlebt. In den achtziger Jahren zogen die Gehälter und Einkünfte von Spitzenmanagern rasch an, ebenso rasch kamen die Architekten dieses Strukturwandels zu gewaltigem Reichtum. Einige Namen wurden ein Begriff: T. Boone Pickens, Ron Perelman und Carl Icahn unter den «Raidern», Henry Kravis und George Roberts, die Herrscher von Kohlberg Krativ Roberts Inc. (KKR) und Herren über Duracell, Safeway und – nach dem größten Leveraged Buyout aller Zeiten (25 Milliarden Dollar) – über RJR Nabisco. Vor allem aber Michael R. Milken, der Mann, der 500 Millionen im Jahr verdiente. Heute bekommt er allerdings etwas weniger in den Werkstätten der Haftanstalt, wo er seine Freiheitsstrafe verbüßt. Milken war es, der die Junk Bonds als Finanzierungsinstrument für Übernahmen erfand und seinem Arbeitgeber, der einst respektablen Investmentbank Drexel Burnham Lambert, erst zu unerhörter Macht und dann zum Bankrott verhalf. Milken war nicht allein, auch nicht in Drexels Filiale in Beverly Hills. Sein Kompagnon Peter Ackermann verdiente 165 Millionen Dollar allein im Jahr 1988 – und wurde nicht einmal unter Anklage gestellt.[19] Milken und Ackermann waren nur zwei unter Dutzenden, denn jede Wall-Street-Firma versuchte Drexel nachzueifern, und mehrere hatten ihre eigenen Finanzjongleure, die sich auf Junk Bonds und Übernahmen spezialisiert hatten. Doch wie schon bei J. P. Morgan fiel das Vermögen der Architekten des Wandels, so groß es im Einzelfall auch sein mochte, gesamtwirtschaftlich nicht sonderlich ins Gewicht, da es nur wenige waren.

Das gilt jedoch nicht für die sehr viel zahlreicheren Nutznießer des Strukturwandels. Zwar sind sie immer noch eine Minderheit, verglichen mit den Millionen Opfern, doch ihre Zahl geht in die Tausende. Investmentbanker von der Wall Street sollten sich ihre Gehälter eigentlich damit verdienen, daß sie Geld sinnvoll und produktiv anlegen, doch heutzutage leben sie von den Provisionen für Transaktionen. Im Zuge des Strukturwandels häuften sich die Transaktionen, Aktiengesellschaften wurden gegründet und wieder aufgekauft, Anleihen ausgegeben, Schuldverschreibungen verkauft, Aktien an der Börse angeboten und in Übernahmen wieder aufgekauft, und jedesmal war eine Provision fällig. Denn wie Müller immer Mehl an den Händen haben, bleibt an den Geldhändlern immer Geld in der einen oder anderen Form haften. Auch als 1991 das Übernahmefieber merklich zurückgegangen war, verdienten die rund 1200 Geschäftsführer der Wall-Street-Firmen durchschnittlich 1,1 Millionen Dollar im Jahr.[20] Da sie ihre Geschäfte im legalistischen Amerika abwickeln, haben natürlich auch Anwaltskanzleien ihren Anteil an jeder Transaktion, setzen Verträge auf, die von der anderen Seite sogleich angefochten werden usw. Die Teilhaber der größten Anwaltsfirmen verdienen nicht weniger als Investmentbanker, manche sogar mehr.

Schließlich sind da auch noch die Unternehmer. Auch sie können Nutznießer sein, sofern sie sich nicht dadurch von ihren Finanzmanövern ablenken lassen, daß sie sich dem prosaischen Geschäft des Entwickelns, Produzierens und Vertreibens von Gütern und Dienstleistungen widmen. Zu der Zeit, als Milken noch Leveraged Buyouts mit Junk Bonds von Drexel finanzierte, machte er sich zum Milliardär und Hunderte andere zu Multimillionären. Und seine Konkurrenten von der Wall Street machten es nicht anders. Nehmen wir an, Mister Smith kauft alle emittierten Aktien der Northland Corporation für 250 Millionen Dollar. Aus der eigenen Tasche zahlt er 45,50 Dollar (Telefongebühren), dazu kamen 350 Millionen Dollar von Pensionskassen und Bausparkassen, die dafür neu emittierte «Smith-Nordland» Junk Bonds erwerben, die höhere Zinsen (15 bis 18 Prozent) versprechen als die sicheren, aber langweiligen Rentenpapiere.

Zu diesem Zeitpunkt ist die neue Smith-Northland Corporation mit hohen Zinsen für ihre 350-Millionen-Schuld belastet – 350 Millionen und nicht 250 Millionen Dollar, denn Mister Smith mußte 100 Millionen Dollar an die mit der Emission der Junk Bonds betraute Investmentbank zahlen, teils für Provisionen, teils für den Kauf von Junk Bonds aus früheren Risikogeschäften. Zwar brauchte Mister Smith diese Schuldverschreibungen eigentlich gar nicht, denn die Mittel, die er aufbringen mußte, um sie zu erwerben, vergrößerten nur noch die Schulden, die bereits auf der Smith-Northland Corporation lasteten. Doch das gehört zum Geschäft: Mister Smith muß seine Dankbarkeit für den finanziellen Segen zeigen, den er von den Investmentbankern empfangen hat. Daher übernimmt er aus der Hand des Emittenten übriggebliebene Junk Bonds (sogenannte «Hunde»), die so spekulativ waren, daß selbst Hasardeure die Finger davon ließen. Und dabei gab es viele Spekulanten, wie z. B. die Direktoren diverser Bausparkassen und Pensionsfonds, die Ende der achtziger Jahre die Ersparnisse von Millionen Amerikanern in «Finanzpapiere» umwandelten und entsprechend gewissenlos mit ihnen verfuhren.

Mister Smith muß sich nun an die Arbeit machen. Nicht daß er Güter und Dienstleistungen der Firma Smith-Northland entwickeln, produzieren und vermarkten sollte, nein, er muß so rasch wie möglich Geld auftreiben, um die drückende Schuldenlast von 350 Millionen Dollar abzubauen. Dabei ist ihm die Steuergesetzgebung auf empörende Weise behilflich: Während die Aktionäre der alten Northland-Aktiengesellschaft ihre Dividende versteuern mußten, kann Smith-Northland die Zinsen, die es für seine Junk Bonds zahlen muß, von der Steuer *absetzen*. Allein dieser Umstand ist eine ständige Einladung, Leveraged Buyouts zu veranstalten, denn der Fiskus bietet allen einen Bonus, die Aktien durch Schuldverschreibungen ersetzen. Aber damit nicht genug: Wenn Smith-Northland die alte Northland Corporation aufkauft, dürfen die Kosten der materiellen Vermögenswerte, die Smith-Northland übernimmt, ebenfalls von der Steuer abgesetzt werden. Aber diese Steuervergünstigungen allein reichen nicht aus. Mister Smith muß so viel veräußern, wie er kann, um die Schuldenlast zu reduzieren. Hier das nicht mehr gebrauchte Lagerhaus in Hackensack, New Jersey, dort die alten Fabrikgebäude, von denen sich der alte Mister Northland aus sentimentalen Gründen nicht trennen wollte, vielleicht aber auch das Forschungslabor, das die Zukunftschancen der Northland Corporation wahrte. In den meisten Fällen werden auch solche Verkäufe nicht ausreichen. Mister Smith muß möglichst viel Gewinn aus Smith-Northland pressen, damit er die Zinsen für die Junk Bonds bezahlen *und* die Schuld tilgen kann. Am Ende geht Mister Smith als Millionär aus dem Geschäft hervor. In den achtziger Jahren gingen viele wie Mister Smith mit viel Getöse zu Werke. Auch heute tun es ihm viele gleich, nur machen sie es geräuschloser.

Nicht alle Nutznießer des Strukturwandels verdanken ihr Vermögen den Architekten. Manche werden wegen der liberalen Wirtschaftspolitik reich, die hohe Handelsbilanzdefizite zum Ergebnis hat. Wenn Autos oder andere Produkte, die Hunderttausende tariflich entlohnte Arbeiter unter Führung von Zehntausenden Vorarbeitern und Managern herstellen, plötzlich nicht mehr im Land gefertigt, sondern importiert werden, müssen alle Genannten Lohn- und Gehaltseinbußen hinnehmen oder verlieren gar ihren Arbeitsplatz. Einige hundert Importeure und Zwischenhändler können aber dabei sehr einträgliche Geschäfte machen.

Unter den neuen Superreichen gibt es mehr Spitzenmanager als Architekten oder Nutznießer. Auch in den «selbstgenügsamen» Unternehmen alten Stils wurden Manager schon gut bezahlt. Da aber gewerkschaftlich organisierte Arbeiter, Büroangestellte sowie Angehörige des unteren und mittleren Managements ebenfalls gute Löhne und Gehälter bekamen und ihre Stellungen behielten, konnten die Spitzenmanager nicht überbezahlt werden. Damit hatte es ein Ende, als die neuen «verschlankten» Unternehmen auch einen neuen Managertyp hervorbrachten. Nun genügte es nicht mehr, ein guter, verläßlicher Chef zu sein. Vom Generaldirektor und der Riege der Spitzenmanager wurde nun anderes erwartet. Sie hatten den Nachweis zu erbringen, daß sie in der Lage waren, rabiate Kosteneinsparungen durchzusetzen. Dafür mußten sie Angestellte und weniger mächtige Kollegen in den Führungsetagen an die Luft setzen und gewerkschaftliche Forderungen abschmettern oder den Gewerkschaftseinfluß ganz eliminieren.

Nun sind nicht alle Spitzenmanager so rabiat oder besonders erfindungsreich, wenn es um Einsparungen geht, doch viele haben immerhin entdeckt, wie sie ihr Gehalt kräftig aufbessern und in den Genuß üppiger Zusatzleistungen kommen können. Schon seit langem war es üblich, den Verwaltungsrat eines Unternehmens auf Betriebskosten mit Einladungen zu Golfturnieren, Gratisurlaub in firmeneigenen Villen in schicken Badeorten und kostspieligen Geschenken nach opulenten Dinnern bei Laune zu halten. Mittlerweile geht die Entwicklung aber immer mehr dahin, daß die Direktoren, die eigentlich die Interessen der Aktionäre vertreten sollen, ihren Daseinszweck darin sehen, Abfindungen zu kassieren.

Ein Beispiel hierfür ist RJR Nabisco. In der Zeit zwischen 1987 und 1988, als die Kosten durch und für das Spitzenmanagement so exorbitant zunahmen, daß sie nicht mehr zu überblicken waren, erhielt ein Mitglied des Verwaltungsrats, William S. Anderson, 80 000 Dollar allein für den Vorsitz bei den unregelmäßig stattfindenden Sitzungen des internationalen Beratergremiums des Unternehmens. Ein anderes Mitglied, John Medlin, bekam eine noch stattlichere Vergütung. Seine Wachovia Bank erhielt vertraglich das Recht zugesichert, Dienstleistungen für Aktionäre abzuwickeln. Eine Dame aus dem Verwaltungsrat, Juanita Kreps, erhielt 2 Millionen Dollar, um zwei Lehrstühle an der Duke University einzurichten, von denen einer nach ihr benannt wurde. Ein gewisser Bob Schaeberle bekam einen Sechs-Jahres-Vertrag mit 180 000 Dollar jährlich; Andrew G. C. Sage schnitt mit 250 000 Dollar jährlich noch besser ab. Charles E. Hugel übernahm für das Unternehmen lediglich repräsentative Aufgaben, erhielt dafür aber 150000 Dollar jährlich. Alle Verwaltungsratsmitglieder bekamen eine jährliche Vergütung von 50000 Dollar, außerdem standen ihnen die Geschäftsflugzeuge des Unternehmens jederzeit kostenlos zur Verfügung.[21]

Ein solcher Mißbrauch ist in der amerikanischen Geschäftswelt eher die Regel als die Ausnahme. Als das Unternehmen IBM, das lange von seinem legendären Ruf gelebt hatte, in die Krise geriet, mußten seine Aktionäre von 1989 bis 1992 Kursverluste von 15 Prozent verschmerzen. Wer jedoch gemeint hatte, der Verwaltungsrat müsse nun rasch handeln und zumindest einen neuen Generaldirektor anstelle des glücklosen John F. Akers benennen, sah sich getäuscht. Akers blieb bis 1993 auf seinem Posten, und allein zwischen 1989 und 1991 erhielt er für seine zweifelhaften Dienste 7178000 Dollar, während die Aktionäre 15 Prozent Verlust machten.[22] Das verwundert nicht mehr, wenn man erfährt, daß jedes Mitglied des Verwaltungsrats dank Mister Akers jährlich 55000 Dollar für seine Teilnahme an den seltenen Sitzungen erhält. Zehn von ihnen sollen nur unbedeutende Aktienanteile an IBM besitzen, daher traf sie der Wertverlust nicht. Mister Akers hatte sie nicht verkommen lassen.

Die nicht an der Geschäftsführung beteiligten Direktoren, die im Verwaltungsrat einer Publikumsgesellschaft sitzen, sollen die Interessen der Aktionäre vertreten. Aber Aktionäre sind weit weg, erheben selten ihre Stimme und können keine Vergütungen gewähren, während der Generaldirektor immer präsent und oft großzügig ist. Diese Methode mag primitiv sein, aber die Ergebnisse sind beeindruckend. Amerikanische Spitzenmanager verdienen sehr viel mehr als ihre europäischen oder japanischen Kollegen, die Chefs größerer und erfolgreicherer Firmen eingeschlossen.

Anthony O'Reilly, Vorsitzender, Präsident und Generaldirektor von H. J. Heinz, verdiente 1991 75085000 Dollar, das sind rund 300000 Dollar pro Arbeitstag oder 37500 Dollar in der Stunde. Und O'Reilly war nur der bestbezahlte von zehn Generaldirektoren, die als Chefs von Publikumsgesellschaften mehr als 11 Millionen Dollar im Jahr verdienten. So viele erhielten solch üppige Gehälter, daß Robert C. Stempel, der glücklose Vorsitzende und Generaldirektor der krisengeschüttelten General Motors, gar nicht auf die Liste der hundert Großverdiener des Jahres 1991 kam, weil er nur 1 Million Dollar erhielt. In einigen Unternehmen streichen auch viele Spitzenmanager, die keinen Generaldirektorenposten bekleiden, Gehälter in Millionenhöhe ein. Die Spitze bildete 1991 die Vizepräsidentin von U.S. Surgical Turi Josefsen, die zur bestbezahlten Managerin überhaupt wurde.[23] Bei einer Erhebung unter 8000 Spitzenmanagern, darunter viele aus Mittelstandsbetrieben, kam 1991 immer noch ein Durchschnittsverdienst von 664000 Dollar heraus.[24]

Ein neuer, 1992 aufgestellter Rekord unter Spitzenverdienern ist zugleich ein Beispiel für den Zerfall der moralischen Werte in der amerikanischen Geschäftswelt. Roberto C. Goizueta, der Vorsitzende und Generaldirektor von Coca-Cola, erhielt am 15. April 1992 das Bezugsrecht für Aktien im Wert von 80 Millionen Dollar (neben seinem Gehalt und sonstigen Vergütungen in Millionenhöhe). Interessant daran ist, wer ihm dieses Bezugsrecht zuerkannte. Herbert A. Allen ist einer der Verwaltungsratsmitglieder von Coca-Cola, d. h. er ist ein Vertreter der Aktionäre. Herbert A. Allen ist auch Vorsitzender des sogenannten «compensation committee», eines Gremiums, das festlegt, wieviel Goizueta und andere Spitzenmanager für ihre Dienste erhalten sollen. Aber Herbert A. Allen ist auch ein Investmentbanker, der unter dem Firmennamen Allen & Co. Geschäfte tätigt. So kam es, daß Coca-Cola, d. h. Goizueta, kürzlich fast 24 Millionen Dollar Provision an Allen & Co. gezahlt hat.[25]

Unter diesen Umständen wird es zur ständigen Versuchung, sich auf Kosten anderer zu bedienen. Auch ernste wirtschaftliche Folgen bleiben nicht aus, auf die japanische Manager oft genug hinweisen. Wenn die Geschäftsleitung Unsummen verdient, müßten gewöhnliche Angestellte ja dumm sein, würden sie wirklich hart für ihre Gehälter arbeiten, die verglichen mit den Spitzeneinkünften geradezu lächerlich erscheinen. Deshalb gehen in Japan auch die erfolgreichsten Unternehmen nicht über ein Verhältnis von

20 : 1 zwischen der niedrigsten Lohnstufe und den Spitzengehältern hinaus, wobei die (oft sehr großzügigen) Zusatzleistungen freilich nicht berücksichtigt sind. Legt man einen solchen Maßstab zugrunde, hätte O'Reilly vom Heinz-Konzern vielleicht 400000 Dollar und noch einmal soviel an zusätzlichen Vergütungen erhalten, und nicht die Unsumme von 75 Millionen.

Seit vielen Jahren nun schon kopieren US-Unternehmen japanische Methoden, ob im Management, in der Fertigung oder beim Marketing. Doch aus irgendeinem Grund zieren sich amerikanische Firmenchefs, die Zurückhaltung der Japaner oder Europäer bei der Vergütung ihrer Spitzenkräfte zu übernehmen. Im Gegenteil: Ohnehin schon bestehende soziale Ungleichheiten werden noch verstärkt, die Kluft zwischen gewöhnlichen Mitarbeitern und Angehörigen der Geschäftsleitung wird immer größer. Im Jahr 1980 erhielten die Spitzenmanager jener Unternehmen, die auf der *Business Week*-Liste der größten US-Firmen standen, durchschnittlich 624996 Dollar im Jahr und somit zweiundvierzigmal mehr als der jährliche Durchschnittslohn eines gewöhnlichen Fabrikarbeiters. Schon dieses Mißverhältnis wäre in den meisten Ländern der Ersten Welt politisch und gesellschaftlich nicht akzeptabel gewesen. Doch elf Jahre später verdienten die Spitzenmanager durchschnittlich 2466292 Dollar, *104mal* mehr als der durchschnittliche Fabrikarbeiter.[26] Gewiß, solche krassen Unterschiede finden sich auch anderswo in der Welt, aber nur in Ländern wie den Philippinen.

Schlimmer noch. In den letzten Jahren haben viele Unternehmen Hunderte von Mitarbeitern entlassen, um «Kosten zu sparen», gleichzeitig aber an eine Handvoll von Spitzenmanagern mehr Geld verteilt, als sie durch die Entlassungen an Lohnkosten einsparten. Unter diesen Umständen wäre es von den verbliebenen Belegschaftsangehörigen einfach zuviel verlangt, so etwas wie Loyalität gegenüber der Firma zu zeigen, müssen sie sich doch wie Schafe unter Wölfen vorkommen. Wie können Manager, die Tausende Dollar in der Stunde verdienen, mit Gewerkschaftlern über einige Cents pro Stunde feilschen? Sie tun es sehr wohl, manche fordern sogar Lohnsenkungen von 10 auf 7,50 Dollar in der Stunde, während sie selbst umgerechnet 3750 Dollar in der Stunde verdienen – oder wie in O'Reillys Fall 37500 Dollar. So steht es um Angebot und Nachfrage auf dem Arbeitsmarkt der heruntergekommenen US-Wirtschaft, in der Kapital knapp und Arbeitskräfte entsprechend billig sind.

Wenn Spitzenmanager exorbitante Vergütungen kassieren, kommt das die Aktionäre und die gesamte US-Wirtschaft indirekt teuer zu stehen, weil die Arbeitsmoral der Beschäftigten darunter leidet. Geld kann am Arbeitsplatz auf tausenderlei Art gespart werden, aber ebenso zahlreich sind die Möglichkeiten, es zu vergeuden – alles ist eine Frage der Sorgfalt bzw. der Nachlässigkeit. Die Empfänger heruntergehandelter Löhne dürften sich kaum in der Tugend der Sparsamkeit üben und auch noch mit der kleinsten Schraube oder der letzten Büroklammer sorgfältig umgehen, wenn sie erfahren, daß sich ihre Bosse wieder einmal eine zusätzliche Million gegönnt haben. Motivierte Mitarbeiter können durch Verbesserungsvorschläge den Arbeitsprozeß in vielfacher Weise effizienter gestalten, wie das Beispiel Japan lehrt. Aber sollen sich Arbeiter, die bei der letzten Tarifverhandlung 2,50 Dollar pro Stunde eingebüßt haben, den Kopf darüber zerbrechen, wie sie den Spitzenmanagern zu einem weiteren Bonus verhelfen können?

Andererseits, so wird behauptet, profitieren die Aktionäre durchaus von den hohen Einkünften der Spitzenmanager. Letztere verdanken ihre Einkünfte nämlich weniger ihren Gehältern als vielmehr ihren Aktienbezugsrechten. Da solche Bezugsrechte aber nur dann profitabel sind, wenn die Aktien anziehen, steigen mit den Einkünften der Manager auch die Kursgewinne der Aktionäre. So sieht es die Theorie vor, in der Praxis stellt es sich ganz anders dar.

Zwischen 1989 und 1991 verdiente Lee A. Iacocca, der weltberühmte Vorsitzende des Chrysler-Verwaltungsrats, insgesamt 11 965 000 Dollar, während die Aktionäre 43 Cent von jedem Dollar, den sie angelegt hatten, verloren. Vielleicht hat Iacocca seine Vergütung ja auch für Chryslers spektakulärsten Erfolg im Jahr 1991 bekommen: die Entdeckung von 85 Millionen Kubikmetern Erdgas und 100 000 Tonnen Erdöl unter dem Werksgelände von

Sterling Heights in Michigan.[27] Iacocca war auch keineswegs der Unverschämteste. J. S. Reed, Verwaltungsratschef und Generaldirektor der Citicorp, der größten Bank der Vereinigten Staaten, erhielt zwischen 1989 und 1991 4854000 Dollar (dem Präsidenten der Bank wurden im gleichen Zeitraum 3183000 Dollar gegönnt), obwohl die Citicorps-Aktien 44 Prozent ihres Wertes einbüßten. K. H. Olsen, der Präsident von Digital (er bekam 2927000 Dollar), und G. Grindstein, der Vorsitzende und Generaldirektor von Burlington Northern (er erhielt 4462000 Dollar), standen ihm nicht nach, denn sie bescherten ihren Aktionären die gleichen verheerenden Verluste.

Daß Spitzenmanager üppige Vergütungen einstreichen, obwohl die Geschäfte ihrer Unternehmen eher schlecht gehen, lohnt eine nähere Untersuchung. Offenbar gehen krasse Einkommensunterschiede, wie sie für Dritte-Welt-Länder typisch sind, auch mit mangelnder Redlichkeit einher. Die Firma Westinghouse Electric hatte 1991 kein gutes Jahr, die Verluste beliefen sich auf rund 1 Milliarde Dollar. Unter diesen Umständen konnte ihr Vorsitzender und Generaldirektor Paul E. Lego keinen Bonus verlangen. Und wie es schien, wurde er auch wirklich bestraft, denn sein Gehalt wurde von 1,5 Millionen auf schäbige 667000 Dollar gekürzt. Gleichzeitig aber erhielt Lego Bezugsrechte auf 700000 Aktien. Ein prächtiges Geschenk, das aber auf den ersten Blick wertlos schien, denn der Optionspreis, mit dem er seine Bezugsrechte auf die Aktien ausüben konnte, lag im Durchschnitt bei 22,28 Dollar, während die Aktien an der Börse viel billiger gehandelt wurden. So hatten die Aktionäre wenigstens die Genugtuung, daß Lego mit seinem kümmerlichen Gehalt und seinen wertlosen Bezugsrechten ihr Leidensgenosse geworden sei. Sollten sie je so empfunden haben, so irrten sie sich gewaltig. Aus der Vollmacht über das Bezugsrecht ging aus irgendeinem Grund nicht hervor, daß Lego die Option auf 700000 Aktien in zwei Tranchen zu je 350000 erhalten hatte. Der angegebene Preis von 22,28 Dollar verhehlte den niedrigeren Preis von 16 Dollar, der für eine der beiden Tranchen galt.[28] Lego machte nur von dem Bezugsrecht für die 16-Dollar-Aktien Gebrauch. Die Folge: In den Jahren 1989 bis

1991 betrug seine Gesamtvergütung 5 323 000 Dollar, während Aktionäre 17 Prozent ihrer Anlagen verloren.

Dabei ist die Rechtfertigung für hohe Gehälter, zusätzliche Leistungen, großzügige Aktienbezugsrechte und alle anderen Anreize ganz offensichtlich und nachweislich falsch. Laut Theorie sollen alle diese Vergütungen in Millionenhöhe die Männer und Frauen in den Chefetagen zu heroischen Leistungen anspornen, die sich dann auch in steigenden Aktien niederschlagen sollen. Doch in Wirklichkeit steigen und fallen Aktien meistens gemäß den wirtschaftlichen und finanziellen Konjunkturzyklen. Wenn also die Aktien an der Börse steigen und die reichbeschenkten Manager von ihrem Bezugsrecht Gebrauch machen oder ihre «beschränkten» Aktien verkaufen, dann erhalten sie Millionen, ohne notwendigerweise irgend etwas getan zu haben, was dieses Zubrot zu ihrem ohnehin schon üppigen Gehalt rechtfertigt. Als 1991 mitten in der Rezession die Börse eine Hausse erlebte, kletterte die Arbeitslosenrate zwar über die Sieben-Prozent-Marke, aber die Durchschnittseinkommen der Spitzenmanager von 363 großen Publikumsgesellschaften stiegen um 26 Prozent gegenüber dem Vorjahr (während alle Beschäftigten in der Privatwirtschaft nur 2,6 Prozent mehr Lohn und Gehalt, d. h. noch unter dem Inflationsausgleich, erhielten).[29]

Doch den schlagenden Beweis, daß besondere Anreize für Spitzenmanager schlicht unnötig sind, liefert das Ausland. Kein japanisches Unternehmen und nur wenige europäische Unternehmen gewähren Vorzugsaktien, obwohl ihr Leistungsvermögen genausogut, wenn nicht noch besser ist. Stattliche Gehälter, großzügige Nebenleistungen, vor allem aber Ansehen, Macht und die Genugtuung, große Konzerne zu leiten, sind Ansporn genug für Spitzenmanager. Nur in den Vereinigten Staaten ist man anderer Meinung.

Gelegentlich wird immer noch behauptet, amerikanische Manager verdienten deshalb mehr, weil US-Firmen eben größer seien. Das ist ein Irrtum. Du Pont, das führende US-Chemieunternehmen, hat geringere Umsätze als die deutsche BASF und drei weitere ausländische Firmen; der in jeder Hinsicht dynamische

Kraftwerkbauer General Electric ist von Hitachi überflügelt worden; auch bei Öl und Gas ist ein Energieriese wie Exxon doch kleiner als Royal Dutch Shell; in der Pharmaindustrie bleibt das größte US-Unternehmen Johnson & Johnson hinter der Schweizer Ciba-Geigy zurück; bei den Reifenherstellern rangiert der führende US-Konzern Goodyear hinter dem japanischen Konkurrenten Bridgestone und der französischen Firma Michelin; in der Textilindustrie gehört die türkische Firma Haci Omer Sabanci zu den fünf ausländischen Unternehmen, die größer sind als der US-Spitzenreiter Levi Strauss; bei Industrie- und Landmaschinen wird die größte US-Firma Tenneco's J. I. Case Division von Mitsubishi Heavy Industries und zwei weiteren Konkurrenten übertroffen; bei Nichteisenmetallen ist Alcoa hinter die deutsche Preussag und drei andere ausländische Konzerne zurückgefallen; schließlich gehört weder der größte amerikanische Stahlerzeuger noch die größte amerikanische Bank zu den ersten zwölf ihrer Branchen. Nach einer internationalen Erhebung sind nur in den Bereichen Luftfahrt (Boeing), Computer (IBM), Automobile (General Motors), Nahrungsmittel (Philip Morris) und forstwirtschaftliche Produkte (International Paper) die führenden US-Unternehmen auch weltweit die größten.[30]

Hinzu kommt, daß in den Vereinigten Staaten nicht nur Manager großer Konzerne überbezahlt werden. In einer Aufstellung aus dem Jahr 1991 wurden die Jahresgehälter von Spitzenmanagern bei Industriefirmen mit wenigstens 250 Millionen Dollar Jahresumsatz in den sieben wichtigsten Industrienationen miteinander verglichen.[31] Amerikanische Generaldirektoren standen mit durchschnittlich 633000 Dollar an der Spitze, dann folgten in erheblichem Abstand ihre deutschen (377000 Dollar), schweizerischen (365000), französischen (338000), italienischen (336000), britischen und japanischen (jeweils 308000) Kollegen. Der Einwand, daß Zusatzvergütungen anderswo höher ausfallen, verfängt kaum, und selbst wenn er in manchen Fällen zutreffen sollte, so wird dieser Unterschied doch mehr als wettgemacht durch die höhere Kaufkraft des Dollar in den Vereinigten Staaten, verglichen mit seinem Gegenwert in Schweizer Franken, Mark oder Yen.

Tatsächlich ist es soweit gekommen, daß für Spitzenmanager nicht einmal Entlassung, vorzeitiges Ausscheiden oder Konkurs einen Grund darstellen, auf eine üppige Vergütung zu verzichten. Thomas Plaskett war Generaldirektor von Pan Am, als diese einst große Fluggesellschaft 1991 wegen Verstoßes gegen das Konkursgesetz angeklagt wurde. Nach der Anklage entschied Pan Am, d. h. Plaskett, im Rahmen eines 14-Millionen-Dollar-Pakets dem Generaldirektor, also sich selbst, eine Abfindung von 1,5 Millionen Dollar zu gewähren (in Europa erhalten alle Mitarbeiter eine Abfindung). Gläubiger erhoben Einspruch, und nach monatelangem Tauziehen mußte sich Mister Plaskett mit einer Million Dollar zufriedengeben.[32] Mittlerweile ist es zur Regel geworden, daß man entlassenen Generaldirektoren den Abgang mit einem Betrag bis zu zwei Jahresgehältern plus Bonus versüßt – nach einem Plan, den die Betroffenen zuvor selbst ausgehandelt haben. Nebenbei bemerkt wird hier klar, daß in der amerikanischen Geschäftswelt ein «Bonus» gar kein Bonus mehr ist, also eine Sondervergütung für außerordentliche Erfolge, sondern lediglich ein zweites Gehalt, dessen Hauptzweck darin besteht, dem normalen Gehalt den Anstrich der Bescheidenheit zu geben. Wenn das die Normalität ist, dann zeichnen sich die sogenannten «Goldenen Fallschirme» durch noch mehr Großzügigkeit aus. Nach diesen Regelungen erhalten Manager, die nach der Veräußerung der Firma ihren Job verlieren, Zahlungen in Höhe von drei Jahresgehältern plus Bonus.

Goldene Fallschirme für Spitzenmanager waren ursprünglich ein Mittel, auf das man nur in seltenen und außergewöhnlichen Situationen zurückgriff. Als in den achtziger Jahren das Übernahmefieber grassierte, wurden solche Pläne im voraus ausgearbeitet, um Raider von feindlichen Übernahmeangeboten abzuhalten (daher bezeichnete man sie auch als «Giftpillen»). Manchmal hatten sich die Manager auch zum Selbstschutz mit einem solchen «Fallschirm» versehen, wenn sie das Unternehmen nicht retten – oder auch nur effizient leiten – konnten. Laut einer bei 975 Unternehmen durchgeführten Untersuchung hatten 1987 mehr als 35 Prozent solche Regelungen für das Management getroffen, und 1990 waren es bereits über 45 Prozent.[33]

Daß die Großmut in unserer ach so schlechten Welt noch nicht ausgestorben ist, beweisen die vielen großzügig bemessenen Goldenen Fallschirme. Allein 1991 hatten sich die fünf Spitzenmanager von Baxter International mit insgesamt 56,8 Millionen Dollar im Guinness-Buch der Abfindungen verewigt – eine beeindruckende Summe für ein Unternehmen, das nicht gerade Weltklasse ist. Auch andere Unternehmen waren nicht knauserig: Promus Inc. zahlte 41,4 Millionen, Waste Management 17,3 Millionen, Browning-Ferris 13,9 Millionen und Chubb immerhin noch 8,5 Millionen Dollar. Erstaunlicherweise ließen sich auch Bausparkassen und Banken, die nach dem Einbruch in der Finanzbranche zwischen 1989 und 1991 weggefegt wurden, in dieser Hinsicht nicht lumpen, obwohl sie das Geld, das ihnen von Sparern und Obligationären anvertraut worden war, bis auf den letzten Cent verloren hatten. Daß sie noch mehr die Staatskasse geschädigt hatten, die ihre Verpflichtungen gegenüber den Spareinlegern übernehmen mußte, sei nur nebenbei erwähnt. Als Charles Zwick im Januar 1990 von seinem Posten als Vorsitzender und Direktor der angeschlagenen Southeast Banking Corporation entfernt wurde, hatte er sich vorher noch ausbedingen können, daß ihm eine Abfindung, zahlbar in dreißig Monatsbeträgen à 41667 Dollar, zugestanden wurde. Erst mußten alle Banken der Southeast bankrott gehen, ehe die monatlichen Zahlungen an Zwick eingestellt wurden. Daraufhin verklagte Zwick selbstredend seine ehemalige Firma, die er selbst in den Konkurs geführt hatte.

Ein solch verantwortungsloses Verhalten ist nur dank der grenzenlosen Selbstgerechtigkeit der amerikanischen Geschäftswelt möglich. Tatsächlich haben wir es hier mit einer Form der Korruption zu tun, die bezeichnend ist für die Spaltung der amerikanischen Gesellschaft in erfolgreiche Manipulateure auf der einen Seite und die große Schar der Manipulierten auf der anderen, ob es nun Aktionäre oder einfache Angestellte sind.

Die Architekten des Strukturwandels, dessen Nutznießer und die Spitzenmanager haben zu Tausenden den Sprung in den erlauchten Kreis derer geschafft, die zu dem einen Prozent der reichsten amerikanischen Familien gehören. Nun gibt es aber insgesamt fast eine Million Familien in dieser Kategorie. Was sind das für Familien, und wer sind ihre Ernährer, wenn dieser Ausdruck hier überhaupt angebracht ist? Viele sind Freiberufler, hochbezahlte Anwälte, Investmentbanker, Spitzensportler und Stars aus der Unterhaltungsbranche, aber auch besonders geldgierige Ärzte gehören dazu. Es sind also viele Angehörige respektabler Berufe darunter, doch so viele nun auch wieder nicht: 1991 lag das Durchschnittseinkommen der 400 000 Ärzte in den Vereinigten Staaten bei 170 000 Dollar, das genügt nicht, um zu den Superreichen zu gehören. Auch die Teilhaber der bedeutendsten Anwaltskanzleien kamen nur auf durchschnittlich 445 000 Dollar.[34] Schließlich sind da noch die begnadeten, extrem hart arbeitenden oder einfach nur vom Glück begünstigten Geschäftsleute, die ein eigenes Unternehmen führen, nicht zu vergessen die Handvoll exzentrischer Selfmademen wie Ross Perot, der verstorbene Sam Walton und Bill Gates von Microsoft.

Alle Genannten haben zwei Dinge gemeinsam. Erstens kann man nicht bestreiten, daß die Architekten des Strukturwandels, die Nutznießer, Spitzenmanager, hochbezahlten Freiberufler und erfolgreichen Unternehmer tatsächlich arbeiten. Zweitens bilden sie nur eine Minderheit unter dem einen Prozent der reichsten Familien, denn heutzutage arbeitet die Mehrheit der amerikanischen Superreichen überhaupt nicht mehr.

Die Rentiers

Zum erstenmal in der Geschichte der Vereinigten Staaten gibt es in der Gesellschaft eine Klasse von Müßiggängern, die von Dividenden, Zinsen für Schuldverschreibungen (sie sind die wichtigsten Gläubiger des verschuldeten Staates) sowie Miet- und Pachteinnahmen leben. Weder üben sie einen Beruf aus noch führen sie aktiv ein Geschäft.[35] Wer diese Rentiers auf den Golfplätzen oder an den Bootsstegen der eingezäunten und gutbewachten privaten Enklaven beobachtet, sei es in Palm Springs, Kalifornien, oder Hilton Head, South Carolina (wo die weitläufigen Wohn-

parks «Plantagen» genannt werden), der könnte die in Designer-
kleidung gewandeten Damen und Herren für Geschäftsleute oder
betuchte Freiberufler im Urlaub halten. Doch ihre Ferien haben
kein Ende, und ihre Interessen liegen anderswo.

Erstens sind Rentiers besonders unwillige Steuerzahler, da sie
viele staatliche Einrichtungen und Leistungen gar nicht brauchen,
darunter auch solche, die für die arbeitenden Reichen und Superreichen unverzichtbar sind. Letztere mögen zwar für sich und ihre
Familien Privatschulen, Privatkliniken und private Sicherheitsdienste vorziehen, aber als Arbeitgeber brauchen sie das öffentliche Schulsystem für ihre Mitarbeiter, mehr noch das öffentliche
Gesundheitswesen, die Polizei und die Infrastruktur ganz allgemein, angefangen bei den Straßen, auf denen sie täglich zu ihren
Fabriken und Büros fahren. Weiterhin sind sie bei ihren Geschäften in vielfacher Hinsicht auf die Dienste des Staates angewiesen,
ob diese nun in Auskünften des geologischen Vermessungsamts
oder in Wirtschaftsverhandlungen mit anderen Staaten bestehen.
Viele arbeitende Reiche profitieren auch unmittelbar von der
Großzügigkeit der öffentlichen Hand in Form von Regierungsauf-
trägen oder regelrechten Subventionen.

Nichts von alledem trifft auf Rentiers zu. In den privaten Enklaven, in denen sie bevorzugt wohnen und leben, haben sie sich
Ersatz für nahezu alle staatlichen Dienste und Versorgungseinrichtungen geschaffen. Private Verkehrswege, Schulen und Kliniken
werden ebenso unterhalten wie private Polizeikräfte, die dafür
sorgen, daß kein Unbefugter in ihre gepflegten Parks mit den ma-
kellosen Rasenflächen eindringt. Noch 1992, nach dem Einbruch
in der gesamten Immobilienbranche, wurden in der Sea Pines
Plantation auf der Insel Hilton Head für eine der dort üblichen
Villen – fünf Schlafzimmer, fünf Bäder und Swimmingpool mit
Blick aufs Meer – 3 Millionen Dollar gezahlt, wenn auch einige
Angebote um 2 Millionen herum lagen. Staatliche Dienstleistungen brauchen dort nur die Nachkommen der Sklaven, die einst
die Baumwolle auf den Feldern pflückten. Ihre Kindeskinder leben
heute in Baracken oder Wohnmobilen entlang den zu Dämmen
aufgeschütteten Straßen.

Rentiers profitieren auch nicht von staatlichen Versorgungseinrichtungen, Aufträgen oder Subventionen und wenn, dann nur im
allgemeinsten Sinne – zu allgemein, um ihr politisches Verhalten
zu beeinflussen. Gewiß, nichts hindert den einzelnen Rentier daran, sich als Wohltäter, glühender Patriot oder leidenschaftlicher
Verfechter der Regierungspolitik zu betätigen. Aber als Gruppe
treten die Rentiers nicht als Philanthropen, Patrioten oder was
auch immer in Erscheinung, vielmehr kämpfen sie unermüdlich
für eine niedrigere Besteuerung von Einkünften aus Vermögen und
Kapitalgewinnen. Sie tun dies auch auf Kosten der öffentlichen
Einrichtungen, die von den arbeitenden Reichen gebraucht und
daher unterstützt werden.

Da vieles, was der Staat auf allen Ebenen unternimmt, fragwürdig und teilweise geradezu widersinnig ist, kann sich der Einfluß
der Rentiers auf die US-Wirtschaftspolitik voll entfalten.

Anders als die arbeitende Bevölkerung, vom millionenschweren
Unternehmer bis hinab zum Gelegenheitsarbeiter, haben Rentiers
grundsätzlich kein Interesse am Wirtschaftswachstum, denn jedes
Wachstum birgt die Gefahr der Inflation in sich. Ihre ständige
Sorge gilt der Eindämmung inflationärer Tendenzen, denn der
Geldverfall nagt am Wert ihrer Renten. Daher kümmert sie auch
der Kapitalmangel wenig, unter dem die gesamte US-Wirtschaft
leidet. Im Gegenteil, je weniger Kapital vorhanden ist, desto höher
steigen die Zinsen und desto größer sind ihre Einkünfte. Da sie
genug Geld geerbt oder Vermögen gebildet haben, beunruhigt sie
auch die geringe Sparquote nicht, die für den Kapitalmangel verantwortlich ist, der den aktiven Geschäftsleuten solchen Kummer
bereitet. Ebensowenig interessiert sie die Misere des Schulsystems
und die daraus resultierenden Bildungsdefizite amerikanischer
Arbeitskräfte. Sie beschäftigen keine Facharbeiter, Geistliche,
Techniker, Ingenieure oder Wissenschaftler, sondern nur Haus-
haltshilfen, Gärtner und Reinigungspersonal für ihre Swimmingpools – und je ungebildeter (und daher anspruchsloser) diese sind,
desto besser.

So sehen nicht die Interessen einer kaufmännisch oder beruflich
aktiven Elite in einer modernen Industriegesellschaft aus. Eher

würde man sie der müßiggängerischen Oberschicht eines Dritte-Welt-Landes zuschreiben, die sich in einem Leben in Luxus einge-richtet hat und keinen Anstoß daran nimmt, daß ihre Villen am Ende von ungeteerten Straßen liegen, an deren Rändern ein Volk von Analphabeten in schäbigen Hütten dahinvegetiert. Doch In-flationsbekämpfung und Steuersenkungen gehörten in den letzten Jahren zu den beherrschenden politischen Themen in den Verei-nigten Staaten. Das ist nicht verwunderlich, denn Rentiers, wie die Reichen überhaupt, können offensichtlich nichts leichter als politische Kampagnen finanzieren. Außerdem haben sie genügend freie Zeit, um politische Veranstaltungen zu organisieren und sich sogar als freiwillige Wahlhelfer zu engagieren.

Ihr Einfluß blieb nicht unbemerkt. Gewiß, wenn die Republi-kaner noch Geschäftswelt und Industrie vertreten würden, dann wäre ihr oberstes Ziel Wirtschaftswachstum und nicht Inflations-bekämpfung oder Steuersenkung, obwohl auch Unternehmer bis zu einem gewissen Grad eine Stabilitätspolitik befürworten, da sie die Kreditkosten für ihre Firmen senkt. Wenn also die Republika-ner nicht mehr die Unternehmer vertreten, dann muß auch gesagt werden, daß die Demokraten nicht mehr als Sprachrohr der Ar-beiterschaft im Gegensatz zu den Angestellten und Staatsbedien-steten gelten können. Vielmehr haben sie sich zum Anwalt aller möglichen Minderheiten gemacht und für Anliegen wie den Um-weltschutz gefochten, was an sich sehr respektabel ist, aber nicht primär im Interesse der Arbeiterschaft liegt.

Warum sollte die Konzentration des Reichtums auf einige we-nige in den Vereinigten Staaten nicht die gleichen politischen Fol-gen haben wie in Gesellschaften der Dritten Welt, in denen ein ebensolches Phänomen zu beobachten ist? Natürlich sind die Me-thoden, wie Reichtum in politische Macht umgemünzt wird, um noch mehr Reichtum anzuhäufen, in den Vereinigten Staaten um einiges komplizierter. Nur wenige reiche US-Amerikaner würden darauf verfallen, ihre Töchter und Söhne zur Heirat mit den Kin-dern, Vettern und Kusinen der Herrschenden zu zwingen, damit auf diese Weise die Familieninteressen gewahrt bleiben (ein Ver-fahren, das in so verschiedenen Ländern wie Mexiko und Korea gang und gäbe ist). Nur wenige würden Pistoleros anheuern, um die mißliebige Konkurrenz aus dem Weg räumen zu lassen, und dann ihren ganzen politischen Einfluß geltend machen, um einer Strafverfolgung zu entgehen (was in Brasilien nicht ungewöhnlich ist). Schließlich dürften auch nur wenige regelmäßig Bestechungsgelder zahlen, um sich bestimmte Vorteile zu verschaffen, die allen anderen Bürgern verwehrt sind. Allerdings gibt es auch Fälle, die nicht weit von Bestechung entfernt sind, wenn z. B. Lokalpolitiker Flächen oder ganze Gebiete zu Bauland erklären und dafür von den Grundbesitzern im Wahlkampf finanziell unterstützt werden. Dennoch bleibt Amerika, wie eine gängige Redensart lautet, «ein Land, das vom Gesetz und nicht von Personen regiert wird».

Leider Gottes gibt es aber sehr viele Gesetze, und ständig kommen neue hinzu, die unter Mitwirkung zahlreicher Lobbys geschmiedet werden. In Lagos oder Mexico City gibt es gewiefte Manipulatoren, die sich weder durch ihre Herkunft noch ihre charakterlichen Eigenschaften empfehlen, die aber die magische Fähigkeit besitzen, den Entscheidungen der Regierung eine ganz bestimmte, nämlich die von ihnen gewünschte Richtung zu geben. In Washington gibt es solche Hexer nicht, dafür ist die Hauptstadt das bevorzugte Terrain für Public-Relations-Agenturen, die sich nicht um das öffentliche Wohl scheren, und für Anwaltskanzleien, die keine allgemein bekannte Form des Rechts pflegen, dafür aber ehemalige Abgeordnete und Senatoren zu ihren Mitarbeitern zählen. Beiden geht es in erster Linie um Einflußnahme auf die gesetzgeberische Arbeit des US-Kongresses, in geringerem Maße auch auf Entscheidungen der Exekutive. Beide haben auch Vertreter in den Hauptstädten der Bundesstaaten und sogar in Regional- und Stadtverwaltungen. In jedem Fall bieten Lobbyisten aller Couleur ihre Unterstützung im Wahlkampf an. Sie bauen einen politischen Anhang auf (indem sie auf Wohltätigkeitsveranstaltungen für den Kandidaten werben und Spenden für ihn sammeln), und sie gewähren persönliche Vorteile, die von einem Angel- und Golfurlaub über die üblichen Dinner bis zu gelegentlichen Geschenken gehen. Dafür erwarten sie, daß man ihren Kunden, die das alles zahlen, auch ihre Spesen, gewisse Gefälligkeiten erweist.

In der politischen Theorie wird die Arbeit der Lobbyisten als durchaus sinnvoller Beitrag zum Gesetzgebungsprozeß angesehen, da sie die vielfältigen Interessen der sehr uneinheitlichen amerikanischen Gesellschaft zur Geltung bringt. Wenn regionale Telefongesellschaften mit der EDV-Industrie darum konkurrieren, wer das Recht erhält, Computerdienstleistungen über das eigene Leitungsnetz anzubieten, dann stimmen Theorie und Praxis überein, denn das Geld, das jede Seite als Lobbymaßnahme investiert, hebt sich auf. Was bleibt, ist ein Mehr an Information, das in Form von Positionspapieren, Memoranden und Briefings auf die Mitarbeiterstäbe der Volksvertreter niedergeht. Wenn es aber um Steuergesetzgebung geht, dann kommt der ganze Lobbyismus sehr wahrscheinlich nur einer einzigen Interessengruppe zugute, während der normale Steuerzahler ohne Unterstützung bleibt. So steht z. B. im Steuergesetzgebungsausschuß des Repräsentantenhauses gerade eine Gesetzesvorlage zur Beratung an, die unter dem Kürzel H. R. 3035 verhandelt wird. Umfangreich und kompliziert wie viele Gesetzesvorlagen, würde H. R. 3035 einige technische Veränderungen in der Steuergesetzgebung bringen.

Wie viele normale US-Bürger, deren Steuern im Quellenabzugsverfahren einbehalten werden, kennen die steuertechnischen Einzelheiten, um die es bei H. R. 3035 geht? Wohl die wenigsten, und doch sollten es alle wissen, denn wenn die Vorlage Gesetzeskraft erhält, wird sie die normalen Steuerzahler dazu nötigen, «Buyouts» in der Wirtschaft mit mehreren Milliarden Dollar zu fördern. Wie schon ausgeführt, werden Leveraged Buyouts (bei denen Firmen mit geliehenem Geld gekauft werden) schon jetzt unfreiwillig vom Steuerzahler subventioniert, weil die Zinszahlungen, die bei der unvermeidlich hohen Schuldenlast fällig werden, von der Steuer abgesetzt werden können. Außerdem werden alle Buyouts dadurch begünstigt, daß materielle Anlagen abschreibungsfähig sind und dieser Wertverlust ebenfalls steuerlich absetzbar ist. Nehmen wir an, die Haifisch AG kauft die Hering AG für 100 Millionen Dollar auf. Gegenwärtig kann die Haifisch AG beim Fiskus den Wertverlust geltend machen, der die Fabrikhallen, Bürogebäude, die Betriebsausstattung und den Fuhrpark der

Hering AG betrifft, in unserem Beispiel vielleicht 50 Millionen Dollar. Aber die Haifisch AG hat 100 Millionen für die Hering AG bezahlt, denn letztere ist schließlich mehr als eine Ansammlung von Schreibtischen und Maschinen, Bürogebäuden und Fabrikhallen, nämlich ein funktionierender Betrieb, der vor allem deshalb gewinnbringend oder doch potentiell gewinnbringend arbeitet, weil «nicht materielle» Aktiva wie qualifizierte Mitarbeiter, spezifische Technologien, Patente, ein charakteristisches Design und eine Position am Markt vorhanden sind.

Ziel und Zweck der Gesetzesvorlage ist es, auch «nichtmaterielle» Aktiva für ein Jahr abschreiben zu können. Damit würde die Summe der abzugsfähigen Kosten, die im Gefolge von Leveraged Buyouts anfallen, nochmals erhöht, und die Körperschaftssteuer fiele für den Käufer geringer aus. Der Reiz der Vorlage liegt darin, daß solche Aktiva vielfältig definiert werden können. Der gute Ruf eines Unternehmens ist ein solcher Aktivposten, aber es gibt noch viele andere: ein ausgebautes Vertriebsnetz, eine einheitliche Organisation, leicht erkennbare Markenartikel usw. – insgesamt rund 150 Begriffe, darunter auch sehr phantasievolle wie «gewerkschaftsfrei».

Sollte H. R. 3035 Gesetzeskraft erlangen, sind die Gewinner Investmentbanker, die sich auf Leveraged Buyouts spezialisiert haben, Anwaltskanzleien, die mit ihnen zusammenarbeiten, und Unternehmen, die bereits Buyouts hinter sich haben und nun nachträglich noch Steuerabzüge geltend machen können (Citicorps, Honeywell, Gillette, Philip Morris usw.). Womit wieder einmal die Interessen der Superreichen (Aktionäre eingeschlossen) obsiegt hätten. Die Verlierer wären die übrigen 99 Prozent der Amerikaner, die für bereits abgeschlossene Übernahmen Steuerrückzahlungen in Höhe von 8,5 Milliarden Dollar zu berappen hätten und künftig 3,6 Milliarden jährlich für weitere Buyouts mit all ihren fragwürdigen Konsequenzen.

Eine fieberhaft arbeitende Lobby und breite Unterstützung im politischen Lager erhöhen die Chancen, daß H. R. 3035 geltendes Gesetz wird. Ob es tatsächlich soweit kommt oder nicht, ist nicht entscheidend, denn viele andere, mindestens ebenso fragwürdige wie profitable Regelungen für die Privilegierten sind bereits Gesetz. Das Verfahren ist nicht so effektvoll, wie wenn gedungene Banditen die Häuser mißliebiger Konkurrenten niederbrennen. Und es ist ungleich langwieriger, als rasch einmal wohlgefüllte Umschläge in die richtigen Taschen zu stecken, und gewiß nicht so romantisch wie Hochzeiten, auch wenn sie vorher arrangiert wurden. Dafür müssen sich aber Geldmagnaten aus der Dritten Welt gemeinhin mit erheblich weniger als 8,5 Milliarden Dollar für bereits abgewickelte Geschäfte und weiteren 3,6 Milliarden, die künftig Jahr für Jahr fällig werden, begnügen.

Als Henry Ford 1914 verkündete, er werde die Löhne seiner Fließbandarbeiter auf sagenhafte 5 Dollar pro Tag verdoppeln, sprach
das *Wall Street Journal,* das auch in diesem Fall irrte, von einem
«Wirtschaftsverbrechen». Die Neuigkeit verbreitete sich wie ein
Lauffeuer über Amerika und die ganze Welt. Zuerst wollte man
es nicht glauben, doch bald erzählte man sich in sizilianischen
Dörfern, polnischen Städten und selbst in abgelegenen Siedlungen
in den Wäldern Schwedens und Steppen Rußlands, daß ein Ford-
arbeiter nicht nur in der Lage sei, für die Unterkunft und den
Lebensunterhalt seiner Familie aufzukommen, sondern sich sogar
ein Auto kaufen könne, jenen äußersten Luxus, der bisher nur den
Reichen vorbehalten war. Wer in Europa einen eigenen Wagen
fahren wollte, mußte wirklich reich sein, reicher jedenfalls als der
lokale Grundbesitzer und mindestens so reich wie ein wohlhaben-
der Kaufmann.

Auf dem Balkan drohte wieder einmal ein Krieg, in Sizilien
wurde gehungert, und Rußland wurde von blutigen Aufständen
erschüttert. Doch was jährlich mehr als eine Million europäische
Immigranten zu dem Wagnis bewog, auf überfüllten Schiffen die
Reise in ein neues, unbekanntes Land mit einer fremden Sprache
anzutreten, war die einfache Arithmetik des amerikanischen Le-
bens. Henry Fords Arbeiter, die zehn Stunden pro Tag und sechs
Tage die Woche arbeiteten, brauchten nur zwölf Wochen, um die
360 Dollar für das Modell T von Ford zusammenzusparen. Aber
auch ein durchschnittlicher Fabrikarbeiter verdiente 1914 in Amerika schon 10,92 Dollar die Woche und konnte sich von nur 33
Wochenlöhnen ein Modell T kaufen.[1] Damit die Rechnung auf-

ging, bedurfte es nur ein paar kräftiger Söhne, die noch zu Hause wohnten und ihre Löhne in die Familienkasse einzahlten. Viele neue Einwanderer, die tatsächlich so verfuhren, konnten sich schon bald, umringt von ihren stolzen Angehörigen, am Steuer ihres neuen Wagens fotografieren lassen und so ihre skeptischen Verwandten im alten Europa von dem erstaunlichen amerikanischen Wunder überzeugen.

Die Einwanderungsrate ist auch heute wieder sehr hoch. Sie liegt, wie vor 1914, bei einer Million Menschen jährlich. Doch inzwischen stammen die Neuankömmlinge überwiegend aus Mexiko und dem übrigen Lateinamerika, aus China, Indien und den anderen asiatischen Ländern; nur noch jeder zehnte kommt aus Europa.[2] Auf dem Balkan herrscht heute abermals Krieg, und auch Rußland zerfällt gerade wieder, während der Postkommunismus in ganz Osteuropa eine schmerzvolle Übergangsphase durchlebt. Doch die amerikanischen Löhne sind für die Europäer längst nicht mehr attraktiv. In Frankreich und Italien können Arbeiter mehr verdienen, und in Deutschland und Schweden sogar wesentlich mehr – außerdem haben sie mindestens doppelt soviel Urlaub. Japan wird gelegentlich immer noch als ein Niedriglohnland bezeichnet, doch selbst dort sind die Löhne inzwischen höher. Kapitalmangel macht aus der menschlichen Arbeitskraft eine billige Produktivkraft, daher werden in Amerika Arbeitskräfte seit Jahren immer billiger. Sieht man einmal von der Wirtschaftskrise in den dreißiger Jahren ab, war ihr Wert jahrzehntelang kontinuierlich gestiegen, doch real steigen die Löhne und Gehälter der Arbeitnehmer in nichtleitenden Positionen bereits seit den siebziger Jahren nicht mehr.

Dieser Einbruch in der Einkommensentwicklung läßt sich nicht wegreden, auch nicht durch das neuerliche Gefasel des *Wall Street Journal* von einem unvermeidlichen Produktionsrückgang, der, neuesten Statistiken zufolge, übrigens 17,7 Prozent aller Beschäftigten Amerikas betraf.[3] Das sind insgesamt 20 Millionen Menschen, vom Arbeiter bis zum leitenden Angestellten[4], von denen, grob gerechnet, weitere 20 Millionen Arbeitnehmer abhängen. Das Schicksal von 40 Millionen Amerikanern ist bereits eine sehr ernst zu nehmende Angelegenheit, doch sind es bei weitem nicht nur die Industriearbeiter, die an Boden verlieren. In allen Bereichen der Wirtschaft, vom Bausektor bis zum Einzelhandel, ist ein Abwärtstrend bei den Stundenlöhnen zu verzeichnen, von dem auch die Gehälter der einfachen Angestellten betroffen sind. Das gilt sogar für die Beschäftigten im Bank-, Versicherungs- und Finanzwesen, obwohl diese Branchen nach landläufiger Auffassung in einer «postindustriellen» Gesellschaft eigentlich florieren müßten. Einen deutlicheren Beweis dafür, daß das gesamte wirtschaftliche Fundament der amerikanischen Gesellschaft mehr und mehr zerbröckelt, kann es kaum geben.

Anfangs wurde dieser Rückgang noch von der Inflation verschleiert, doch mit Beginn der achtziger Jahre schreckte man auch vor offenen Lohnsenkungen nicht mehr zurück. Zuvor hatten die Wirtschaftsexperten stets erklärt, daß die Inflation die Realeinkommen zwar unbemerkt schmälern könne, eine offene Senkung der Löhne und Gehälter bei den Arbeitnehmern jedoch mit Sicherheit auf heftigen Widerstand stoßen würde. Doch schon Anfang der achtziger Jahre sollte sich ihre Theorie als falsch erweisen. Da Kapital knapp und teuer war, herrschte ein Überangebot an Arbeitskräften. Eingestellt wurden nur diejenigen, die bereit waren, für relativ niedrige Löhne zu arbeiten. Da Arbeitslosigkeit ihre einzige Alternative war, sahen sich die Gewerkschaften gezwungen, Zugeständnisse zu machen und zu akzeptieren, daß bei Neueinstellungen ein niedrigerer Lohn vereinbart wurde. Obwohl auch die Angestellten von Massenentlassungen nicht verschont blieben, verhielten sie sich ihren Arbeitgebern gegenüber weiterhin loyal und betrachteten es als ihre Pflicht, gegen Arbeiterstreiks offene Lohnsenkungen durchzudrücken.

Wie so etwas funktioniert, führte im April 1992 das in Peoria im Bundesstaat Illinois ansässige Unternehmen Caterpillar vor, der Hersteller jener großen, gelben Raupenfahrzeuge, die man überall in den Vereinigten Staaten auf Baustellen und Autobahnen die Erde abtragen sieht. Die Geschäftsleitung von Caterpillar erklärte, ihr Hauptkonkurrent, die japanische Firma Komatsu, habe geringere Lohnkosten, und weigerte sich mit diesem Argument, die

Arbeitsverträge und Tarife zu akzeptieren, die kurz zuvor die United Auto Workers mit der ebenfalls Raupenfahrzeuge und landwirtschaftliche Maschinen produzierenden Firma Deere & Co. ausgehandelt hatte. Deere & Co. war es mit Unterstützung der Gewerkschaft gelungen, die Produktivität des Unternehmens deutlich zu erhöhen. In früheren Zeiten hätte Caterpillar solche Vereinbarungen ganz selbstverständlich übernommen.

Dieses Lohnsystem, nach dem die mit einem führenden Unternehmen ausgehandelten Tarife automatisch von allen anderen Firmen der Branche übernommen werden, nennt sich «Pattern-Bargaining» und hatte in den Vereinigten Staaten eine lange Tradition. Einst trug es entscheidend zum industriellen Aufschwung bei: Da das Lohnniveau einer ganzen Branche jeweils vom effizientesten Unternehmen bestimmt wurde, waren alle Konkurrenten gezwungen, gleichermaßen rentabel zu arbeiten, da sie sonst vom Markt verdrängt worden wären. Dabei verloren zwar einige Arbeiter ihre Jobs, doch das störte die amerikanischen Gewerkschaften nicht allzusehr: Die Betroffenen würden bald eine neue Anstellung finden – bei anderen, leistungsfähigeren Unternehmen, die es sich leisten konnten, mehr zu bezahlen. Letztere benötigten mehr Arbeitskräfte, sobald sie sich die Marktanteile der durch die Lohnforderungen der Gewerkschaften aus dem Geschäft gedrängten, weniger leistungsfähigen Konkurrenten gesichert hatten.

In der Nachkriegszeit, als in Deutschland und Japan die Industrie am Boden lag, und auch die ganzen fünfziger Jahre hindurch bis in die sechziger Jahre hinein, als die US-Industrie ausländische Konkurrenz noch kaum zu fürchten brauchte, war es vor allem das «Pattern-Bargaining»-System, das die Firmen zu produktivitätssteigernden Investitionen zwang und Mißmanagement verhinderte. Es hielt die Vitalität der gesamten US-Industrie aufrecht, indem es schlecht geführte und kapitalschwache Unternehmen vom Markt drängte – so wie Wölfe das Genmaterial der arktischen Karibus verbessern, indem sie schwächere Tiere reißen und deren Vermehrung verhindern. Die meisten europäischen Gewerkschaften bekämpften dagegen in erster Linie die Arbeitslosigkeit und neigten aus diesem Grund dazu, sich bei Lohnforderungen eher zu mäßigen, um selbst den schwächsten Firmen das Überleben zu ermöglichen. Europäische Volkswirtschaftler bewunderten die Taktik der amerikanischen Gewerkschaften sehr, insbesondere ihre Bereitschaft, die Arbeitsplätze einiger Mitglieder aufs Spiel zu setzen, um dafür den anderen zu höheren Löhnen zu verhelfen. Darin, so glaubten sie, bestand das Geheimnis der Leistungsfähigkeit der amerikanischen Industrie.

Doch selbst der rüde Darwinismus des «Pattern-Bargaining» hatte bei weitem nicht so verheerende Konsequenzen wie die Konkurrenz ausländischer Firmen auf dem heimischen und internationalen Markt. Denn wenn General Motors Marktanteile an ausländische Automobilhersteller verliert, dann können sich die amerikanischen Arbeiter, die dadurch arbeitslos werden, nicht einfach bei dem leistungsfähigeren Unternehmen um eine neue Stelle bewerben. Erstens liegt es rund 20000 Kilometer entfernt, zweitens denkt es gar nicht daran, «Gastarbeiter» einzustellen. Ja, die Arbeitslosen sind nicht einmal in den Montagefabriken solcher Unternehmen in den Vereinigten Staaten gefragt, denn die werden eigens im Süden und in ländlichen Gebieten angesiedelt, weil man junge Arbeitskräfte wünscht, die nicht gewerkschaftlich organisiert sind. Auf dieses Problem angesprochen, hatte Donald V. Fites, der Generaldirektor von Caterpillar, 1991 in einem Interview eine sehr einfache Antwort parat: Wenn die amerikanischen Arbeiter ihre Jobs behalten wollten, müßten sie sich mit niedrigeren Löhnen abfinden – und die würden künftig noch weiter sinken:

Der Einkommensunterschied zwischen einem durchschnittlichen Amerikaner und einem Mexikaner wird immer geringer ... Als Mensch halte ich das für eine positive Entwicklung. Ich finde es nicht realistisch, daß 250 Millionen Amerikaner einen so großen Teil des weltweiten Bruttosozialprodukts kontrollieren.[5]

So also sehen nach Donald V. Fites die Folgen der vielgerühmten Globalisierung der Industrie für den amerikanischen Arbeiter aus. Philosophisch betrachtet hat sein Standpunkt nichts Ungewöhnliches. Läßt man die Frage der Leistungsanreize, die viele neue Probleme aufwirft, einmal beiseite, dann hat die Idee, daß jeder Mensch den gleichen Anteil am weltweiten Bruttosozialprodukt haben sollte, durchaus etwas für sich. Kaum noch zu rechtfertigen ist allerdings, daß ein einzelner Amerikaner einfach beschließt, 13000 seiner Landsleute (so viele Beschäftigte hat Caterpillar in Peoria, Illinois) sollten künftig weniger vom Kuchen abbekommen, während er selbst weiterhin einen völlig unangemessenen Anteil beansprucht. Von 1989 bis 1991 erhielt Mr. Fites für seine Bemühungen um die Firma 2014000 Dollar[6] – zugegebenermaßen nicht ganz so viel wie mancher andere Spitzenmanager, aber immerhin eine Summe, die dem BSP-Anteil von 426 Durchschnittsmexikanern oder 5594 Nepalesen entsprach.[7]

Wie wir noch sehen werden, ist jene unheilvolle Entwicklung, die Mr. Fites begrüßt, ohne freilich ihre Konsequenzen mittragen zu wollen, eigentlich nicht auf die ausländische Konkurrenz an sich zurückzuführen, sondern vielmehr auf den Fehler, auf niedrige Lohnkosten zu setzen, statt durch verstärkte Investitionen und bessere Ausbildung der Arbeitskräfte wettbewerbsfähig zu bleiben. Hätte man in Amerika mehr gespart und das Geld in Industrieunternehmen wie Caterpillar investiert, um den Arbeitern bessere Maschinen zur Verfügung zu stellen, und hätte man ferner die schulische und betriebliche Ausbildung kontinuierlich verbessert, um den Qualifikationsvorsprung der amerikanischen Arbeiter zu sichern, dann hätte die «Globalisierung» der Industrie voranschreiten können, ohne die amerikanischen Löhne in den Keller zu treiben.

Genau nach diesem Prinzip hat nämlich die japanische Industrie ihren Wettbewerbsvorteil gewahrt und ist dennoch in der Lage, immer höhere Löhne zu zahlen. Tatsächlich reagieren moderne Volkswirtschaften in aller Welt mit dieser Strategie auf die Niedriglohnkonkurrenz. Und nebenbei bemerkt: Würde der Generaldirektor von Mitsubishi Heavy Industries erklären, japanische Arbeiter müßten eine Lohnsenkung auf koreanisches Niveau als unvermeidlich in Kauf nehmen, dann müßte er bald seinen Hut nehmen, und zwar nicht wegen Taktlosigkeit, sondern weil er offensichtlich nicht begriffen hat, daß teure Arbeitskräfte rentabler sein können als billige, wenn man sie entsprechend ausrüstet und gut ausbildet.

Nach den Äußerungen des Caterpillar-Chefs war es vorherzusehen, daß das Unternehmen es ablehnen würde, die nach dem «Pattern-Bargaining»-System mit Deere & Co. getroffenen Tarifvereinbarungen zu übernehmen. Statt dessen bot es eine Lohnerhöhung um 13 Prozent an, verteilt auf drei Jahre – eine Erhöhung, die voraussichtlich nicht einmal die Inflationsrate ausgleichen und daher den Langzeittrend sinkender Realeinkommen weiter fortsetzen würde (der Stundenlohn eines typischen Caterpillar-Arbeiters, der mit neunzehn in die Firma eintrat und inzwischen achtunddreißig ist, hat sich seit seiner Einstellung um 57 Prozent von sieben auf elf Dollar erhöht, während die Lebenshaltungskosten im gleichen Zeitraum um 203 Prozent gestiegen sind).[8] Das Resultat war ein monatelanger Streik, der allerdings abrupt abgebrochen wurde, als Donald V. Fites am 6. April 1992 damit drohte, alle 13 000 Streikenden zu entlassen und durch neue Arbeitskräfte zu ersetzen, wenn sie nicht unverzüglich die Arbeit wiederaufnähmen und einen staatlichen Vermittler die Tarifverhandlungen weiterführen ließen.

Da wegen der allgemeinen Rezession die Aussichten gering waren, in Peoria oder anderswo vergleichbare Jobs zu finden, sahen sich die Arbeiter von Caterpillar vor die bittere Wahl gestellt, entweder ihre Gewerkschaft zu verraten oder das Wohl ihrer Familien aufs Spiel zu setzen. In einigen Fällen ging der Riß sogar durch die Familien: Während der Sohn die Arbeit wiederaufnehmen wollte, weil er Raten abzuzahlen hatte, konnte es sich der Vater eher leisten weiter zu streiken. Acht Tage lang lieferten sich die Streikposten an den Werkstoren heftige Auseinandersetzungen mit ungefähr 1000 Arbeitern, die an ihre Arbeitsplätze zurückkehren wollten. Dann kapitulierte die Gewerkschaft schließlich. Dieser Ausgang trug wenig zur Förderung jenes Teamgeistes bei, den alle modernen firmenpolitischen Initiativen anstreben, um Qualität und Produktivität zu steigern, darunter auch das auf sechs Jahre angelegte Konzept von Caterpillar zur Bildung von «Hochleistungsteams». Doch Fites kümmerte das nicht: «Wir wollen lediglich einen Vertrag, der es uns ermöglicht, weltweit wettbewerbsfähig zu bleiben.»[9] Mit anderen Worten, statt mehr Kapital in bessere Produktionsanlagen zu investieren und die Arbeiter besser auszubilden, um so den Ausstoß pro Arbeitskraft zu erhöhen, will die Caterpillar durch eine Senkung der Reallöhne konkurrenzfähig bleiben. Damit nähert man sich den Verhältnissen in der Dritten Welt, wo Kapitalmangel die menschliche Arbeit zur billigsten Produktivkraft macht.

Die in Wooster im Bundesstaat Ohio ansässige Firma Rubbermaid schlug einen ähnlichen Weg ein, legte dabei allerdings nicht die offene Skrupellosigkeit von Caterpillar an den Tag. Zwischen 1981 und 1991 hatte das Unternehmen seinen Umsatz von rund 300 Millionen Dollar auf 1,6 Milliarden Dollar gesteigert, im gleichen Zeitraum stiegen die Gewinne von 20 Millionen auf über 160 Millionen Dollar. Diese Zahlen sind offensichtlich das Ergebnis eines ständigen Produktivitätszuwachses und schlagen sich auch in den höheren Dividenden nieder, die das Unternehmen an seine Aktionäre ausschüttet. Doch statt die Löhne ebenfalls anzuheben, gelang es Rubbermaid, bei den Tarifverhandlungen sogar eine Lohnsenkung durchzusetzen, ohne daß deswegen gestreikt worden wäre. Nachdem das Unternehmen die Zahl der Beschäftigten in Wooster stetig reduziert hatte, indem es Teile der Produktion an andere Standorte verlegte, wo billigere Arbeitskräfte zur Verfügung standen, schlug es 1987 vor, den Stellenabbau zu stoppen, dafür aber die Löhne einzufrieren, ferner der verbliebenen Belegschaft keine Überstunden mehr zu bezahlen und den Stundenlohn für neue hinzukommende Mitarbeiter bei 7,71 bis 11 Dollar festzusetzen, während alle vor 1987 eingestellten Arbeiter noch mit 10 bis 14 Dollar pro Stunde angefangen hatten. Da die Gewerkschaft der Rubber Workers keine weiteren Arbeitsplätze aufs Spiel setzen wollte, nahm sie die Bedingungen von Rubbermaid an.

Ein Beschwerdebrief, den ein ehemaliger Leiter ihrer Ortsgruppe Nr. 302 an den *Daily Record* in Wooster richtete, wurde von einem Leser der Zeitung folgendermaßen kommentiert: «Wissen Sie eigentlich, wie viele junge Männer sich einen Finger abhacken würden, um einen Job für 7,71 Dollar die Stunde zu bekommen? Reden

Sie doch mal mit denen, die mit 4,50 Dollar anfangen und nach vier oder fünf Jahren ganze 5,85 Dollar bekommen.»[10] Offensichtlich führt der Kapitalmangel in der US-Wirtschaft zu einem relativen Überangebot an Arbeitskräften, die infolgedessen billig zu haben sind. Stünde mehr Kapital zur Verfügung, dann wäre das Gegenteil der Fall. Der frühere Rubbermaid-Chef Stanley C. Gault drückte es folgendermaßen aus: «Die durch Produktivitätssteigerung erzielten Mehreinnahmen für höhere Löhne auszugeben ist theoretisch wünschenswert, in der Praxis jedoch nicht machbar.»[11] Mit anderen Worten, wenn die Produktivität nicht genügend steigt, um die Produktionskosten zu senken, und alle anderen Faktoren gleichbleiben, dann kann sich der Arbeitgeber keine Lohnerhöhungen leisten. Und selbst wenn die Produktivität deutlich zunimmt, muß er keine höheren Löhne zahlen, wenn er die neuen Arbeitskräfte, die er dann braucht, problemlos auch zu niedrigeren Löhnen anwerben kann. In einer Volkswirtschaft, in der zwar allgemeiner Kapitalmangel herrscht, gemessen an Bevölkerungszuwachs und Einwanderungsziffer jedoch ein relatives Überangebot an Arbeitskräften besteht, führen selbst eindrucksvolle Produktivitätssteigerungen nicht notwendigerweise zu Lohnerhöhungen. Nach allen gängigen Wirtschaftstheorien profitieren die Arbeitgeber davon, daß sie an der Rentabilitätsgrenze einstellen, da die Produktivitätssteigerung alle Lohnerhöhungen mehr als wettmacht, allerdings funktioniert das nur dann, wenn auch alles andere stimmt, wenn also unter anderem genügend Kapital zur Verfügung steht und außerdem Märkte vorhanden sind, die die zusätzlich produzierten Waren abnehmen können. Doch in Amerika hat die Entwicklung in jüngerer Zeit einen anderen Verlauf genommen.

Produktivitätsmythen

«Produktivität» ist in Amerika inzwischen zu einem heißdiskutierten Thema geworden, und das zu Recht. Doch die Produktivität der Beschäftigten (die gewöhnlich damit gemeint ist) läßt sich nur schwer exakt berechnen. Möglich ist das eigentlich nur in Industriebetrieben, die problemlos auflisten können, wieviel Tonnen oder Gallonen pro Stunde produziert werden. Die für die gesamte US-Wirtschaft erstellten Produktivitätsstatistiken beziehen in der Regel jedoch auch viele Dienstleistungen mit ein, deren «Output» überhaupt nicht zu messen ist, und sind daher sehr unzuverlässig, selbst nach dem allgemein niedrigen Standard amerikanischer Wirtschaftsstatistiken. Manchmal sind die veröffentlichten Zahlen schlichtweg bedeutungslos. Außerdem werden nicht wenige ernstgemeinte Artikel zu diesem Thema offensichtlich von Leuten geschrieben, die Produktivität als solche (Ausstoß je Stunde etc.) mit den Produktivitätszuwachsraten verwechseln, die von viel größerem Interesse sind. Es wird allgemein angenommen, daß die Produktivität aller in der US-Wirtschaft Beschäftigten, alle Dienstleistungsbereiche eingeschlossen, im Vergleich zu den wichtigsten Konkurrenten der Vereinigten Staaten – insbesondere Japan – nur sehr langsam gestiegen ist. Wenn dem so ist, so ist es die logische Konsequenz aus den zu geringen Investitionen in die schulische und betriebliche Ausbildung sowie in Produktionsanlagen, Maschinen und infrastrukturelle Maßnahmen wie den öffentlichen Straßenbau, die zur Verbesserung der Standortbedingungen beitragen.

Interessant ist allerdings, daß sich die Produktivität in der Fertigungsindustrie, wo sie am besten zu berechnen ist, recht beachtlich erhöht hat. Zwischen 1980 und 1988 stieg sie um 41,6 Prozent, was in etwa den in Japan erzielten 41 Prozent entspricht (wobei Berechnungsfehler sicherlich höher anzusetzen sind als diese minimale Differenz). In Frankreich und Deutschland lagen die Zuwachsraten wesentlich niedriger (21,3 bzw. 13 Prozent).[12] Allerdings war die Produktivität in der amerikanischen Fertigungsindustrie von jeher sehr hoch, so daß selbst dieser beachtliche Zuwachs langfristig nicht ausreicht, um diesen Vorteil beispielsweise gegenüber Japan zu behaupten: 1975 lag die Produktivität in den Vereinigten Staaten um 92 Prozent über dem japanischen Durchschnitt; 1988 war dieser Vorsprung, trotz des beachtlichen Anstiegs ab 1980, bereits auf 64 Prozent geschrumpft.[13]

In Amerika war die Arbeitsproduktivität also stets wesentlich höher als in der japanischen Wirtschaft insgesamt. Dies galt besonders für Wirtschaftsgüter wie Kleidung (294 Prozent), nichtelektrische Geräte (ebenfalls 294 Prozent), veredelte Nahrungsmittel (286 Prozent), Lederwaren (238 Prozent), Holz (192 Prozent), Textilien (175 Prozent), Zellstoff und Papier (152 Prozent), Kraftfahrzeuge (137 Prozent) sowie für die Erzeugnisse des Druckund Verlagswesens (127 Prozent). Geringer war die Produktivität nur in der chemischen Industrie (78 Prozent), in der Eisen- und Stahlindustrie (88 Prozent) sowie in der Elektrogerätebranche (88 Prozent).[14] Da den amerikanischen Arbeitnehmern zudem die Gewinne, die sich aus der gestiegenen Produktivität ergaben, im allgemeinen vorenthalten wurden, sanken insgesamt auch die Lohnkosten. Die letzten diesbezüglichen Statistiken stammen von 1990. Danach betrugen sie in diesem Jahr nur noch 93,4 Prozent im Vergleich zu 1985, in Großbritannien dagegen 108,9 Prozent, in Deutschland 105,7 Prozent, in Frankreich 102 Prozent (Vergleichswert 1987) und in Japan 97,1 Prozent.[15]

Auf den ersten Blick legen diese Zahlen den Schluß nahe, daß Amerika äußerst wettbewerbsfähig ist und daß seine Exportindustrien einen großen Bedarf an Arbeitskräften haben. Und was Europa angeht, so trifft das sicherlich auch zu, denn es hat so viele Waren aus den Vereinigten Staaten importiert, daß sich die Handelsbilanzdefizite von einst längst in Überschüsse verwandelt haben. Doch was ist mit Japan, das sich als Spitzenexporteur von Autos, Konsumelektronik und vielen anderen Gütern einen festen Platz auf dem US-Markt erobert hat? Man sollte meinen, daß der bemerkenswerte Produktivitätsvorsprung der amerikanischen Arbeitnehmer und der daraus resultierende Gesamtkostenvorteil den Vereinigten Staaten zumindest im Low-Tech-Bereich, in dem weniger Kapital benötigt wird, eine Steigerung des Exportvolumens ermöglicht, das die durch Japan-Importe verursachten Arbeitsplatzverluste wettmachen kann.

Doch leider wurde eine solche Entwicklung unterbunden. Während die amerikanische Elite an den Freihandel glaubt, selbst an einen einseitigen, zieht es die japanische Elite vor, die Einkommen und Arbeitsplätze ihrer Bürger zu schützen, indem sie den «Globalisierungsprozeß» kontrolliert, anstatt zuzulassen, daß er das Schicksal ihrer Gesellschaft bestimmt. Daher überrascht es nicht, daß die japanischen Importbarrieren gerade in den Branchen, in denen der Produktivitätsvorsprung der Amerikaner am größten ist, besonders wirkungsvoll sind.[16] Und Japan steht damit nicht allein: Die anderen führenden Exportländer Asiens, allen voran Korea, eifern dem großen Vorbild Japan auch in dieser Hinsicht nach.

Durch den Import von Gütern aus Industriezweigen, in denen die Produktivität in Amerika vergleichsweise niedrig ist (zum Beispiel in der Eisen- und Stahlindustrie oder der Elektrogerätebranche) oder zumindest nicht hoch genug, um die Investitionsnachteile wettzumachen (Kraftfahrzeuge), verlieren also viele amerikanische Arbeiter ihre Arbeitsplätze. Doch zum Ausgleich stehen ihnen keine Jobs in Exportbranchen zur Verfügung, in denen produktiver gearbeitet wird. Und wie bereits dargelegt hat ihre Produktivitätssteigerung in den Jahren 1980 bis 1988 in der amerikanischen Fertigungsindustrie die Lohnkosten gedrückt, ihnen selbst aber keine höheren Löhne beschert.

Nur in Großbritannien, dem Land der kuriosen Raritätenläden und der kämpferischen Gewerkschaften, stieg die Produktivität der Beschäftigten zwischen 1980 und 1988 wesentlich stärker an als in den Vereinigten Staaten: um 55 Prozent gegenüber 41 Prozent in Amerika. Das mutet im ersten Moment seltsam an, doch auch dafür gibt es eine Erklärung: Unter der Regierung Margaret Thatchers wurden diverse, von jeher personell übersetzte Staatsunternehmen und öffentliche Versorgungsbetriebe privatisiert und anschließend personell ausgedünnt. Viele weitere Firmen mußten wegen Bankrotts schließen. Und nicht zuletzt konnte man sich in vielen Fällen gegen die Gewerkschaften durchsetzen. So baute man die Überbeschäftigung in den Betrieben, bislang abgesichert durch die schon legendäre, restriktive Gewerkschaftspolitik, durch Massenentlassungen ab (die zu Arbeitslosenquoten von über 10 Prozent führten). War die Produktivität der englischen Arbeitnehmerschaft vorher noch recht niedrig gewesen, so schnellte sie jetzt sprunghaft in die Höhe.

Mit solchen Methoden läßt sich die Produktivität in jeder beliebigen Volkswirtschaft zu jeder Zeit sehr schnell erhöhen. Würden beispielsweise eines schönen Tages alle amerikanischen Arbeitgeber beschließen, zehn Prozent ihrer Beschäftigten einfach auf die Straße zu setzen, so würde sich die Produktivität schlagartig erhöhen, denn der Warenausstoß würde sicherlich um weniger als zehn Prozent zurückgehen. Und dann könnte man die Prozedur wiederholen. Aber natürlich ist das kein Weg, das Wirtschaftswachstum eines Unternehmens oder eines Landes zu sichern.

Löhne und Gehälter in einer unterkapitalisierten Wirtschaft

Gegen jedes Beispiel läßt sich ein anderes ins Feld führen, doch in diesem Fall belegen die amtlichen Statistiken, daß Caterpillar und Rubbermaid nicht nur typische, sondern fast schon großzügige Unternehmen sind. Außerdem weisen die in diesem Zusammenhang genannten Zahlen nicht die Mängel einer ländervergleichenden Statistik auf. Im Jahr 1970 betrug der Stundenlohn eines Arbeitnehmers in nichtleitender Position in Industrie, Handel und allen Dienstleistungsbereichen (mit Ausnahme der Landwirtschaft und des öffentlichen Dienstes) durchschnittlich 3,23 Dollar. 1980 lag er mit 6,66 Dollar bereits mehr als doppelt so hoch, und bis 1990 kletterte er auf 10,02 Dollar. Innerhalb von zwanzig Jahren hat er sich also mehr als verdreifacht. Die amerikanischen Arbeitnehmer scheinen daher keinen Grund zur Klage zu haben. Doch die Zahlen täuschen, denn sie lassen die Inflation unberücksichtigt. Legt man diesen Stundenlöhnen nämlich den Dollarwert von 1982 zugrunde – wodurch all die Lohnerhöhungen wegfallen, die wegen der steigenden Preise eigentlich gar keine waren –, dann ergibt sich ein völlig anderes Bild: Danach lag der durchschnittliche Stundenlohn all jener Arbeitnehmer, die weder in der Landwirtschaft noch im öffentlichen Dienst, noch in leitenden Positionen beschäftigt waren, 1970 bei 8,03 Dollar, 1980 bei 7,78 Dollar und 1990 bei 7,53 Dollar. Diese Zahlen erzielt man nicht durch statistisches Jonglieren mit Inflationsraten, wie manche vielleicht einwenden werden. Zum Beispiel erhielt die oben genannte Arbeitnehmergruppe nach der ersten Berechnung im Jahre 1978 einen Durchschnittsstundenlohn von 5,69 Dollar, und zwar zum Dollarwert von 1978. Jeder, der alt genug ist, um sich noch daran zu erinnern, wieviel man damals für seinen Lohn kaufen konnte, weiß aus Erfahrung, daß ein Stundenlohn von 5,69 Dollar 1978 mehr wert war als ein Stundenlohn von 10,02 Dollar im Jahre 1990, denn dazwischen lagen viele Inflationsjahre. In den Jahren 1979 und 1980 kletterte die Inflationsrate auf über 10 Prozent, und wenn sie in der Folgezeit auch sank, so verlor der Dollar doch kontinuierlich an Kaufkraft.[17] Durchschnittswerte verschleiern natürlich so manches. Denken wir nur an den Einkommenszuwachs der Angestellten des öffentlichen Dienstes, an die überdurchschnittlichen Lohnerhöhungen, die unter günstigen Umständen durchgesetzt werden konnten, an den sozialen Abstieg ehemaliger Industriearbeiter mit einem Stundenlohn von 18 Dollar zu Lagerverwaltern, die nur noch 6 Dollar pro Stunde verdienten, oder an den verzweifelten Kampf um Mindestlohnjobs, die früher ein wichtiges Sprungbrett für Angehörige der Unterschicht waren. Alles zusammengenommen ergibt ein sehr buntes Bild, auf dem allerdings die düsteren Farben überwiegen, denn die Zahlen belegen unmißverständlich, daß mehr Rückschritte gemacht wurden als Fortschritte.

Das Fazit ist also, daß die einfachen Arbeiter und Angestellten Amerikas in den letzten zwanzig Jahren – das entspricht einem halben Arbeitsleben – Jahr für Jahr etwas weniger verdienten, während die Realeinkommen in den meisten Ländern Europas deutlich stiegen und sich in den asiatischen Staaten mit rapidem Wirtschaftswachstum, allen voran Japan, mehr als verdoppelten. Nur weil die Inflation diesen Trend verschleierte, ließ sich die Illusion aufrechterhalten, daß Löhne und Gehälter weiter stiegen. In Wirklichkeit waren die Realeinkommen 1990 bereits auf den Stand von 1960 gesunken. Werden Löhne und Gehälter sich auch in Zukunft kontinuierlich verringern – und 1995 vielleicht das Niveau von 1960 und im Jahr 2000 das von 1955 erreichen? Das läßt sich tatsächlich nicht ausschließen.

Ich selbst bin weder ein einfacher Arbeiter oder Angestellter,
noch bin ich in der Landwirtschaft tätig, und auch die meisten
Leser dieses Buches dürften nicht zu dieser Gruppe gehören. Wer
also sind die Unglücklichen, deren Realeinkommen seit 1965 ständig sinkt? Sind sie etwa nur eine kleine oder ganz spezielle Minderheit? Durchaus nicht: Im November 1990, dem letzten Monat,
über den vollständige Statistiken vorliegen, betrug ihre Zahl
74888000, also 81 Prozent aller Arbeitnehmer, die weder in der
Landwirtschaft noch im öffentlichen Dienst arbeiten, oder anders
ausgedrückt: acht von zehn Arbeitern und Angestellten, die als
Nichtselbständige in der amerikanischen Privatindustrie beschäftigt sind – vom Manager, der Hunderte oder sogar Tausende von
Dollars in der Stunde verdient, bis zum ungelernten Arbeiter, der
nur einen Mindestlohn bekommt.[18] Wir haben es also keineswegs
mit einer Minderheit zu tun, deren Schicksal das Fundament der
amerikanischen Gesellschaft nicht erschüttern kann. Im Gegenteil,
diese Beschäftigtengruppe *ist* dieses Fundament, denn sie umfaßt
die überwiegende Mehrheit jener Amerikaner, die in Fertigungs-
betrieben, im Bergbau, im Bausektor, im Transportwesen, in öffentlichen Versorgungsbetrieben, im Groß- und Einzelhandel, in
der Finanz-, Immobilien- und Versicherungsbranche sowie in allen
anderen Dienstleistungsbereichen tätig sind.

Weiterhin wird behauptet, die Verringerung der Stundenlöhne
falle nicht ins Gewicht: Der «Lebensstandard der Familie» sei in
den siebziger und achtziger Jahren dennoch gestiegen. Das stimmt,
aber das Wunder hat einen simplen Grund: Die Ehefrauen gingen
arbeiten und verdienten mit. In den Medien wurde die berufstätige
Frau der achtziger Jahre oft als ehrgeizige Managerin präsentiert,
die unbedingt Karriere machen wollte. Da sah man die Rechtsan-
wältin, die vor Gericht ihren Mann stand, gelegentlich auch eine
weibliche Pilotin oder gar eine unverfrorene Sportreporterin, die
sich bis zur Umkleidekabine einer Baseball-Mannschaft durch-
kämpfte. Für sie alle bedeutete Arbeit die Verwirklichung hoch-
gesteckter persönlicher Ziele oder sogar Lebenserfüllung.

Doch den allermeisten Ehefrauen, die damals zu arbeiten begannen, ging es nicht um Selbstverwirklichung, sondern lediglich

um eine Aufbesserung der stagnierenden oder sinkenden Einkommen ihrer Männer. Zwischen 1980 und 1990 stieg die Zahl der männlichen Arbeitnehmer in der amerikanischen Wirtschaft (mit Ausnahme der Landwirtschaft) von 52 Millionen auf 57,5 Millionen, das heißt, nicht einmal um 10 Prozent, während sich die Zahl der weiblichen Beschäftigten im selben Zeitraum um 36 Prozent von 38 Millionen auf 52 Millionen erhöhte.[19] Ein großer Teil dieser zusätzlichen 14 Millionen weiblicher Arbeitskräfte waren Ehefrauen, die ins Berufsleben zurückgekehrt waren. Noch 1970 gingen nur vier von zehn verheirateten Frauen arbeiten, 1990 waren es schon annähernd 60 Prozent. Für einige mag es tatsächlich der Beginn einer interessanten, befriedigenden oder sogar steilen Karriere gewesen sein. Doch die meisten nahmen schlicht jeden Job an, den sie in der Nähe ihrer Wohnung finden konnten – oft schlechtbezahlte und rein manuelle Arbeit, die sie kaum befriedigte.

Die Behauptung, der «Lebensstandard der Familie» habe sich erhöht, stimmt also nicht. Die Frauen nahmen Jobs an, die oft weder ihren Erwartungen noch ihren persönlichen Wünschen entsprachen, und die Kinder mußten sich plötzlich mit der zeitlich begrenzten Zuwendung berufstätiger Eltern zufriedengeben, während sie vorher gewissermaßen rund um die Uhr betreut worden waren. Viel zutreffender ist die schlichte Feststellung, daß die Familien sich durch den Zusatzverdienst der Ehefrauen nun mehr leisten können, obwohl die realen Stundenlöhne nicht gestiegen sind.

Auf jeden Fall wird das große Allheilmittel der siebziger und achtziger Jahre in diesem Jahrzehnt und danach kaum mehr Wirkung zeitigen. Wenn die Realeinkommen der amerikanischen Arbeiter weiter sinken, dann können die negativen Auswirkungen auf den «Lebensstandard der Familie» nicht mehr dadurch ausgeglichen werden, daß noch mehr Familienmitglieder zu arbeiten beginnen – es sei denn, männliche Erwerbstätige, die weder in der Landwirtschaft noch in leitenden Positionen beschäftigt sind, treten in Scharen zum Islam über und nehmen sich zwei Ehefrauen, vielleicht sogar drei oder vier, falls ihr wirtschaftlicher Abstieg kein Ende nehmen will (Feministinnen mögen zu Recht einwenden, daß statt dessen weibliche Erwerbstätige beschließen könnten, sich zwei Ehemänner anzuschaffen, um den Lebensstandard polyandrischer Familien mit drei Berufstätigen zu sichern). Jene Wirtschaftsexperten, die ständig mit dem «Lebensstandard der Familie» argumentieren, werden vielleicht vorschlagen, statt dessen die Kinderarbeit wieder einzuführen. Angesichts der Verhältnisse in vielen amerikanischen Schulen ist nicht einmal sicher, ob diese dickenssche Lösung ein großer Schaden wäre. Doch Ironie ist bei diesem Thema nicht unbedingt angebracht. Nach den Bundesgesetzen dürfen Jugendliche unter achtzehn Jahren nicht als Holzfäller, Bergarbeiter oder Dachdecker beschäftigt werden oder sonstige gefährliche Arbeiten verrichten. Entsprechende Gesetze verbieten es auch, daß Jugendliche unter sechzehn Jahren während der Schulzeit arbeiten oder zu viele Stunden an Wochenenden und nach der Schule. Kinder unter vierzehn Jahren dürfen überhaupt nicht zur Arbeit herangezogen werden, außer auf Farmen. Diese strengen Gesetze waren die Antwort auf wiederholte Skandalmeldungen über zu Tode gekommene oder verstümmelte Kinder und boten den Minderjährigen Anfang dieses Jahrhunderts einen wirkungsvollen Schutz vor Ausbeutung und körperlichen Schäden. Doch in den siebziger Jahren waren sie nur noch von theoretischem Interesse. Zu dieser Zeit hatten Jugendliche unter achtzehn Jahren (die das Gesetz nach wie vor als Kinder definiert) fast nur noch harmlose Jobs in Fast-Food-Filialen oder anderen Teenagertreffs, wo sie ihr Taschengeld aufbesserten, nützliche Lebenserfahrung sammelten und einen Vorgeschmack auf ihre spätere finanzielle Unabhängigkeit erhielten. Doch in letzter Zeit hat sich in dieser Hinsicht einiges geändert. Kinderarbeit im klassischen Sinn ist in Amerika inzwischen wieder zu einem Massenphänomen geworden.

Mehr als vier Millionen Teenager zwischen vierzehn und achtzehn Jahren arbeiten heute auf Baustellen, in Fabriken, in Fast-Food-Filialen, Tankstellen und Läden und natürlich in landwirtschaftlichen Betrieben, wo man an den Anblick arbeitender Kinder eher gewöhnt ist. Es werden zwar keine Gesetze gebrochen, doch sind solche Tätigkeiten, besonders wenn es sich dabei um Vollzeitjobs handelt, im Vergleich zu einem High-School-Abschluß ein relativ unbefriedigender Start ins Leben. Es gibt heute kaum noch Auszubildende im klassischen Sinne – also Jugendliche, die nicht nur Werkzeugkästen schleppen, Fußböden wischen und die einfachsten Handlangertätigkeiten verrichten, sondern dabei auch ein qualifiziertes Handwerk erlernen. Zu diesen vier Millionen legal beschäftigten Jugendlichen kommen nach jüngsten Schätzungen jedoch noch weitere zwei Millionen Minderjährige hinzu, die deswegen illegal arbeiten, weil sie entweder unter vierzehn sind, nicht einmal den Mindestlohn erhalten, länger arbeiten, als der Gesetzgeber erlaubt, unzulässige risikoreiche Tätigkeiten verrichten müssen, bar bezahlt werden, um Steuern zu umgehen, und so weiter.

Kontrollen werden, unter anderem wegen Personalmangels, nur sporadisch durchgeführt und bleiben meist erfolglos. Im Bundesstaat New York, zum Beispiel, haben fünfzehn für die Bekleidungsindustrie zuständige Inspektoren 4000 bis 6000 Ausbeutungsbetriebe zu überwachen, deren Besitzer sehr genau wissen, wie sie Gesetzesverstöße vertuschen können. Daher verrät nur die steigende Zahl von Kindern, die mit Verbrennungen, abgetrennten Gliedmaßen, tiefen Schnittwunden oder tödlichen Stromschlägen in Ambulanzen eingeliefert werden, wie groß das Problem der Kinderarbeit inzwischen ist.[20]

Längst vorbei sind jene Tage, als Teenager, um der abendlichen Langeweile zu entgehen, in der benachbarten McDonald's-Filiale arbeiteten, wo die größte Gefahr darin bestand, sich durch den exzessiven Genuß von Limonade und Hamburgern mit zuviel fettem Fleisch den Magen zu verderben. Abgesehen davon, daß für die aus der Dritten Welt eingewanderten Familien Kinderarbeit ohnehin etwas Alltägliches ist, hat dieser traurige Rückschritt einen ganz einfachen Grund: Mittlerweile sind viele amerikanische Familien mit einem erwachsenen, ganztags arbeitenden Ernährer auf den Zusatzverdienst ihrer Kinder dringend angewiesen.

Niedrige Löhne und Gehälter schaden natürlich auch der Arbeitsmoral. Viele Amerikaner sind trotz Vierzigstundenwoche und fünfzig Arbeitswochen pro Jahr nicht imstande, der Armut zu entrinnen. Einige machen aus diesem Grund Überstunden. Andere sehen darin einen Grund, überhaupt nicht zu arbeiten, vorausgesetzt, sie können sich auch auf andere Weise über Wasser halten, zum Beispiel mit Sozialhilfe oder durch kriminelle Delikte. Da aus naheliegenden Gründen nur Frauen (mit Kindern) über einen längeren Zeitraum hinweg Sozialhilfe erhalten, sind, wie wir noch sehen werden, kriminelle Delikte für erwerbslose Männer oft die letzte verbleibende Einnahmequelle.

Das Schicksal der Niedriglohnarbeiter ist seit den siebziger Jahren für die amerikanische Gesellschaft insgesamt also von immenser Bedeutung, denn es hat unmittelbare Auswirkungen auf die soziale Stabilität und die Kriminalitätsrate.

Die Straße nach Hermosillo

Wie Donald V. Fites, der unsägliche Generaldirektor von Caterpillar, in seinem denkwürdigen Kommentar bereits anklingen ließ, verbirgt sich hinter den Einkommensverlusten der amerikanischen Arbeitnehmer die bittere Wahrheit, daß die US-Industrie ihre internationale Wettbewerbsfähigkeit in zunehmendem Maße durch eine Niedriglohnpolitik zu verbessern trachtet, anstatt auf überlegene Technologien, leistungsfähigere Produktionsanlagen und eine höhere Qualifikation ihrer Arbeitskräfte zu setzen. Auch auf dem heimischen Markt versuchen US-Unternehmen seit langem, durch den verstärkten Einsatz billiger «internationaler» Arbeitskräfte konkurrenzfähig zu bleiben. Sie verlegen die Produktion nach Übersee oder hinter die mexikanische Grenze, und zwar mit einer solchen Selbstverständlichkeit, daß die Firma Caterpillar, die nach wie vor in Peoria produziert, dagegen als ein beispielhaft patriotisches oder schlicht provinzielles Unternehmen erscheint.

Bereits 1987, also lange bevor ein nordamerikanisches Freihandelsabkommen ins Blickfeld rückte, eröffnete Ford im mexikanischen Hermosillo einen neuen Fertigungsbetrieb. Fünf Jahre später stellten dort 2400 Fließbandarbeiter täglich ungefähr 700

Autos her. Wegen der modernen, hochautomatisierten Anlagen spricht man bezeichnenderweise von einem Fertigungsbetrieb «japanischen Stils». Und allen Vorurteilen zum Trotz hat sich inzwischen erwiesen, daß dieses Werk mit seinen mexikanischen Arbeitern nicht nur sehr billig produziert, sondern daß die Wagen aus Hermosillo auch weniger reparaturanfällig sind als die aller anderen amerikanischen Automobilwerke auf der ganzen Welt, die Vereinigten Staaten eingeschlossen. Tatsächlich wurde Hermosillo ein Musterbetrieb ersten Ranges, als aus der Zentrale in Detroit verlautete, daß man den Anschluß an japanische Qualitätsstandards geschafft habe.

In einer Hinsicht ist Hermosillo jedoch alles andere als fortschrittlich, sondern so extrem rückständig, daß man sich an die Verhältnisse von vor 1939 oder gar 1914 erinnert fühlt. Im Jahre 1991 verdiente ein neueingestellter Arbeiter 1,50 Dollar in der Stunde, und selbst ein erfahrener Schweißer brachte es nur auf 1,75 Dollar, plus Lohnnebenleistungen in derselben Höhe (Krankenversicherungsbeiträge, Essenszuschüsse usw). Das entspricht etwa dem Stundenlohn, den ein in der amerikanischen Automobilindustrie beschäftigter Arbeiter 1947 erhielt, allerdings mit dem Unterschied, daß 1,50 Dollar bzw. 1,75 Dollar damals ungefähr so viel wert waren wie heute 8,80 bzw. 10,35 Dollar.[21] Doch für die Mexikaner sind diese Niedriglöhne immer noch sehr attraktiv, so daß Ford in Hermosillo bei Neueinstellungen sehr wählerisch sein kann: In die engere Wahl kommen nur Bewerber, die eine höhere Schule absolviert haben, also eine in Mexiko ohnehin schon privilegierte Bevölkerungsgruppe. Die Zulieferer von Ford orientieren sich eher am mexikanischen Lohnniveau. Ihre Beschäftigten erhalten im Durchschnitt 1,16 Dollar pro Stunde.[22]

Mit Blick auf die US-Wirtschaft entbehrt das Beispiel Hermosillo nicht einer gewissen Ironie. Schließlich war es das Unternehmen Ford, in der Person Henry Fords, das die Fließbandfertigung von Automobilen erfand – wozu nur eine systematische Koppelung üblicher Produktionstechniken nötig war – und darüber hinaus auch noch eine weitere, viel folgenreichere Neuerung einführte: den gutbezahlten Industriearbeiter, der sich das Auto, das er zusammenbaut, auch selbst leisten kann. In Hermosillo wurde dieser Schritt wieder rückgängig gemacht: Bei einem Stundenlohn von nur 1,50 oder 1,75 Dollar bleibt der Erwerb eines in Hermosillo hergestellten Fords für die dortigen Fließbandarbeiter ein unerreichbarer Traum. Waren Henry Fords Arbeiter schon vor 1914 motorisierte Familienväter, so sind diese mexikanischen Arbeiter wieder echte Proletarier, die außer ihren Kindern gar nichts besitzen. Gleichwohl müssen sich US-Betriebe bereits jetzt an dem Werk in Hermosillo messen, denn wenn im Rahmen eines nordamerikanischen Freihandelsabkommens alle Zölle abgeschafft werden, wird es ihnen noch direkter Konkurrenz machen.

Natürlich wird dies auch die Lohnkonkurrenz zwischen den amerikanischen und mexikanischen Arbeitern verschärfen – freilich nur, wenn die Amerikaner ihren mexikanischen Kollegen in puncto Organisation, Stand der Technik, Kapitalausstattung und Qualifikation nicht voraus sind. Was Hermosillo angeht, sind sie es sicherlich nicht. Die Fabrik ist besser ausgerüstet als ein durchschnittliches Ford-Werk in den Vereinigten Staaten. Hinzu kommt, daß auch eine bessere Schul- und Berufsausbildung die Einstellungschancen in diesem Fall kaum verbessern, da ein Fließbandarbeiter nur sehr geringe Vorkenntnisse mitbringen muß.

Daraus ergibt sich eine ebenso simple wie fatale Rechnung: Betriebe, die in puncto Organisation, Technik, Investitionen und Qualifikationsgrad der Beschäftigten ihren direkten Konkurrenten nicht überlegen sind, können auch keine höheren Löhne zahlen, wenn sie weiterhin wettbewerbsfähig bleiben wollen. Die katastrophale Konsequenz für die Arbeiter in den Vereinigten Staaten: Ihre Löhne würden auf den Stand von vor 1914 absinken, es sei denn, ein Arbeitskräftemangel im gemeinsamen Wirtschaftsraum der beiden Länder würde das Lohnniveau wieder steigen lassen. Wie wir noch sehen werden, ist eine solche Entwicklung jedoch äußerst unwahrscheinlich.

Zudem läßt nicht nur Ford in Mexiko Autos zusammenbauen: Im Chrysler-Werk in Toluca rollen Personenwagen für den US-Markt vom Band, und in Mexico City produziert das Unternehmen Kleinlaster für amerikanische und mexikanische Abnehmer; General Motors produziert in Ramos Arizpe Autos für beide Märkte, und in Grenznähe läßt Packard Electric in sechsundzwanzig sogenannten «Maquiladoras» Zubehörteile fertigen. Ford selbst errichtet momentan in Chihuahua eine große Motorenfabrik.[23] «Detroit-Süd» wächst also, doch wenn das nordamerikanische Freihandelsabkommen die Angleichung der US-amerikanischen und der mexikanischen Löhne beschleunigt, dann wird für die amerikanische Automobilindustrie bald keine Notwendigkeit mehr bestehen, Jobs über die Grenze nach Mexiko zu exportieren. Das ist eine Frage von Angebot und Nachfrage, von Kapitalmenge und Arbeitsmarktsituation. Ein Traktorfahrer mit eigenem Traktor erhält in Mexiko für seine Dienste zehnmal soviel wie ein Traktorfahrer, der keinen eigenen Traktor besitzt und neun Zehntel an den Besitzer abtreten muß. Das ist deswegen so, weil Kapital, also das für die Anschaffung von Traktoren benötigte Geld, knapp ist. In den Vereinigten Staaten erhält ein Traktorfahrer dagegen mehr als ein Traktorbesitzer, denn Kapital ist dort im Verhältnis zum Angebot an Arbeitskräften weniger knapp. Wenn der große Arbeitskräfteüberschuß und die mageren finanziellen Ressourcen Mexikos sich nach der Schaffung einer gemeinsamen Wirtschaftszone zum Arbeitskräftereservoir und zur Kapitalmenge der Vereinigten Staaten hinzuaddieren, stehen also im Verhältnis viel mehr freie Arbeitskräfte als Kapitalreserven zur Verfügung. Da Kapital dadurch also noch knapper und folglich noch wertvoller wird als die menschliche Arbeitskraft, profitieren von der neuen Situation vor allem amerikanische Kapitalanleger und Firmeneigner. Ihre Zinsgewinne und Dividenden werden deutlich steigen. Leicht anziehen werden auch die Löhne der mexikanischen Arbeitnehmer, denn im gemeinsamen Wirtschaftsraum stehen im Verhältnis zum vorhandenen (überwiegend amerikanischen) Kapital weniger Arbeitskräfte zur Verfügung – jedenfalls herrscht ein geringerer Überschuß als in der mexikanischen Wirtschaft, die obendrein kapitalschwach ist. Erheblich sinken müssen dann allerdings die Einkommen der amerikanischen Arbeitnehmer, da es in der neuen, gemeinsamen Wirtschaftszone viel mehr Arbeitslose und Unterbeschäftigte geben wird als zuvor auf dem amerikanischen Arbeitsmarkt. Eine glänzende Idee ist der Freihandel mit Mexiko also nur aus der Sicht einer kleinen Gruppe sehr reicher Amerikaner. Sie könnten große Kapitalmengen gewinnbringend anlegen, während die überwiegende Mehrheit, die über keine großen Ersparnisse verfügt, dabei ausgesprochen schlecht wegkäme. Vielleicht sollte man den Befürwortern des Freihandels vorschlagen, statt mit Mexiko lieber mit der Schweiz zu verhandeln. Da es dort wesentlich mehr Kapital als Arbeitskräfte gibt, würde eine gemeinsame Wirtschaftszone den meisten Amerikanern tatsächlich zu einem höheren Einkommen verhelfen. Und sollten dann Scharen von Schweizern in die Vereinigten Staaten einwandern, so würden die zufriedenen US-Bürger das damit verbundene laute Gejodel sicherlich billigend in Kauf nehmen.

Viele US-Amerikaner sind deshalb für das Freihandelsabkommen, weil ihnen die illegalen Einwanderer aus Mexiko Sorge bereiten. Offenbar glauben sie, daß eine Verlegung amerikanischer Arbeitsplätze ins südliche Nachbarland den Zustrom illegaler mexikanischer Einwanderer in die Vereinigten Staaten stoppen oder zumindest deutlich drosseln könnte. Eine vergebliche Hoffnung. Seit 1970 kommen in Mexiko jährlich mehr als zwei Millionen Kinder zur Welt; 1985 waren es sogar bereits 2,6 Millionen.[24] Es sieht ganz danach aus, als hätten die alljährlichen Papstbesuche, bei denen der Oberhirte seinen mexikanischen Schäfchen stets eindringlich ans Herz legt, noch mehr katholische Kinder in die Welt zu setzen und auf Maßnahmen zur Geburtenkontrolle zu verzichten, durchschlagenden Erfolg: Jüngsten Schätzungen zufolge wird die Bevölkerung Mexikos von 87,9 Millionen im Jahr 1990 bis zum Jahr 2000 auf 108,5 Millionen anwachsen. Bereits jetzt gibt es über 12 749 000 arbeitslose und unterbeschäftigte Mexikaner – diese Zahl entspricht nach den neuesten Statistiken der Gesamtzahl der in der amerikanischen Fertigungsindustrie zur Verfügung stehenden Arbeitsplätze in nichtleitenden Funktionen.[25] Und dieses Heer von Arbeitssuchenden wird Jahr für Jahr durch die über zwei Millionen neuen Erdenbürger verstärkt, die der Papst so herzlich willkommen heißt. Das bedeutet: Selbst wenn man alle US-amerikanischen Fertigungsbetriebe nach Mexiko verlegte, würde sich der Zustrom illegaler mexikanischer Einwanderer nicht entscheidend verringern.

Ein Aspekt dieses zumeist totgeschwiegenen Problems verdient besondere Aufmerksamkeit. Von Zeit zu Zeit sendet das US-Fernsehen kurze Reportagen über die erfolglosen Bemühungen der Grenzpatrouillen, illegale mexikanische Einwanderer an der Grenze abzufangen. Neuesten Zählungen zufolge griffen sie bisher 832000 solcher Immigranten auf, doch das änderte nicht viel.[26] Die Beamten liegen in der Regel nur an den meistfrequentierten Übergangsstellen auf der Lauer. Von hundert Mexikanern, die sich dort vor ihren Augen über die Grenze schleichen, verhaften sie dann feierlich ein paar Dutzend und schicken sie wieder zurück. Der Rest setzt sich unbehelligt in die Vereinigten Staaten ab. Zudem geht die Grenzpolizei zu Recht davon aus, daß fast jeder, der erwischt wird, es am nächsten Tag von neuem probiert. Von ernsthaften Bemühungen der US-Regierung, den Zustrom der illegalen Einwanderer zu stoppen, kann also nicht die Rede sein. 1990 waren insgesamt nur 3857 Grenzpolizisten im Einsatz, und einige vermutlich an der kanadischen Grenze, in Alaska oder sonstwo.

Differenziertere Studien führen den vermeintlich unaufhaltsamen Zustrom illegaler mexikanischer Einwanderer in erster Linie auf das extrem hohe Einkommensgefälle zwischen beiden Ländern zurück. Einfachere Gemüter verweisen auf die Länge der Grenze und das an gewissen Grenzabschnitten sehr zerklüftete Gelände. Beide Erklärungen wären eine eingehendere Überprüfung wert, wenn statt der 3857 Beamten, die momentan die Grenzen schützen, 38570 zur Verfügung stünden; noch besser wären natürlich doppelt oder dreimal so viele. Überall auf der Welt lassen Regierungen sogar sehr lange Staatsgrenzen durch Zäune, die teilweise mit modernen Sensoren und Alarmanlagen versehen sind, und eine ausreichende Zahl von Sicherheitskräften schützen (so werden zum Beispiel die Grenzen Italiens von 53000 *Guardie di Finanza* überwacht, die bei ihrer Arbeit von den *Carabinieri* und den für die Paßkontrolle zuständigen Polizisten noch zusätzlich unterstützt werden). Entsprechende Maßnahmen zur konsequenten Absicherung der Grenze zu Mexiko würden die Vereinigten Staaten weit weniger kosten als die Ausbildung und sonstige soziale Betreuung der illegalen Einwanderer. Dann hätten nur noch die wenigen Mexikaner eine Chance, die in der Lage sind, ihre illegale Einreise generalstabsmäßig zu organisieren.

Doch präventive Ohnmachtserklärungen, die durchaus vorhandene Abhilfemöglichkeiten völlig außer acht lassen, sind in den Vereinigten Staaten schon zu einer Art Gewohnheit geworden. Als kriminelle Banden bereits einige Zeit vor den spektakulären Unruhen vom Mai 1992 tagtäglich in gewohnter Brutalität die Bürger von Los Angeles terrorisierten, forderten die Kommunalbehörden lediglich soziologische Gutachten über die Banden an. Wesentlich interessanter und aufschlußreicher ist allerdings eine soziologische Analyse der Behörden selbst: Die 3,5 Millionen Einwohner zählende Stadt verfügte damals über insgesamt 8381 Polizisten (das ist kein Druckfehler, es waren tatsächlich nur achttausenddreihunderteinundachtzig); auf 1000 Einwohner kamen also 2,3 Polizisten. Für eine Stadt wie das friedliche, arbeitsame Nagoya in Japan wäre das vielleicht genug. In Italien hingegen kommen auf 1000 Einwohner im Durchschnitt bereits 4,2 Polizisten, dabei ist dieses Land, das immer wieder von brutalen Verbrechen erschüttert wird, im Vergleich zu Los Angeles geradezu eine Oase der Ruhe. Der ungenügende Schutz der Bevölkerung von Los Angeles ist, genau wie die unzureichende Sicherung der mexikanischen Grenze, Ausdruck einer selbsterzeugten Ohnmacht gegenüber Problemen, die durchaus lösbar wären.

Das Freihandelsabkommen mit Mexiko würde, wie die «Globalisierung» der Industrie insgesamt, die Kluft zwischen Arm und Reich in der amerikanischen Gesellschaft natürlich weiter vertiefen. Große Einkommensunterschiede sind in Amerika keineswegs etwas Neues. Früher förderten sie sogar in gewisser Weise den allgemeinen Wohlstand, denn Armut ist zweifellos das stärkste Motiv, reich werden zu wollen. Doch wenn diejenigen, die auf der untersten Sprosse der sozialen Leiter stehen, ihrem Los nur deswegen nicht entrinnen können, weil man immer mehr gute Jobs eine qualifizierte Ausbildung voraussetzen, dann spornt der Wunsch nach Wohlstand nicht mehr zu besonderen Leistungen an, sondern verwandelt sich in Frustration.

Für viele der rund 25 Millionen Amerikaner, die in «güterproduzierenden» Gewerben aller Art (also nicht nur in der Fertigungsindustrie) beschäftigt sind, vor allem aber für das Heer der 17 Millionen einfachen Fabrikarbeiter,[27] bedeutet das in bedrohliche Nähe gerückte Freihandelsabkommen mit Mexiko lediglich eine Verschärfung ihres ohnehin schon bitteren Loses. Geht man davon aus, daß in Zukunft immer mehr Handelsbarrieren wegfallen, daß der Anteil der Transportkosten an den Gesamtkosten weiterhin kontinuierlich sinkt (Videorecorder im Wert von einer Million Dollar lassen sich natürlich wesentlich kostengünstiger befördern als Roheisen für eine Million Dollar) und daß moderne Produktionstechniken sich weltweit immer mehr durchsetzen, dann können nur ständige technische Innovationen, verstärkte Investitionen und ein steigendes Ausbildungsniveau den Produktivitätsvorsprung der amerikanischen Arbeiter aufrechterhalten.

Doch in vielen Produktionsbereichen sind die individuellen Fortbildungsmöglichkeiten der Beschäftigten ebenso begrenzt wie in einem Montagewerk der Automobilindustrie; in anderen sind, selbst wenn Kapital vorhanden ist, keine weiteren Investitionen möglich, und selbst technische Innovationen können in manchen Fällen schlichtweg irrelevant sein. Die kritische Lage der in diesen Sektoren beschäftigten Arbeiter, deren Löhne entweder stagnieren oder sogar sinken, wird sich auch in Zukunft nicht entspannen, sondern weiter verschärfen.

Wenn Unternehmen aus Deutschland und anderen europäischen Ländern seit einiger Zeit Montagewerke in den Vereinigten Staaten errichten, dann nicht nur in der Absicht, den amerikanischen Markt zu erobern, sondern auch Lohnkosten zu sparen. Dies gilt besonders für die Automobilindustrie: Der amerikanische Arbeiter hat nicht nur eine längere Arbeitswoche und viel weniger Urlaub, sondern nimmt auch bereitwillig in Kauf, daß er 20 Prozent weniger Stundenlohn als sein deutscher Kollege und bei Entlassung praktisch keine Abfindung erhält. Ein Investitionsexperte drückte es 1992 folgendermaßen aus: «Viele deutsche Unternehmen hätten gerne Fertigungsbetriebe in Amerika. Wegen der billigen Arbeitskräfte.»[28] Für die Vereinigten Staaten ist das etwas völlig Neues und ganz und gar nicht der Stoff, aus dem der amerikanische Traum ursprünglich war. Bangladesch liegt möglicherweise immer noch in weiter Ferne, doch die «Mexikanisierung» des amerikanischen Arbeitsmarktes hat längst begonnen.

Gewinner und Verlierer der «Globalisierung»

Natürlich haben der Freihandel im allgemeinen und das nordamerikanische Freihandelsabkommen im besonderen für die Beschäftigten der äußerst innovativen Computerfirma Microsoft in Redmont, Bundesstaat Washington, eine völlig andere Bedeutung, und das gilt auch für alle anderen Amerikaner, die in einer der rund 1500 Software-Firmen im wirtschaftlich gesunden Nordwesten oder in irgendeinem anderen US-Unternehmen arbeiten, das auf dem internationalen Markt nicht deshalb wettbewerbsfähig ist, weil es über billige Arbeitskräfte verfügt, sondern weil es bei der Entwicklung, Produktion oder Vermarktung von Waren und Dienstleistungen technisch, organisatorisch oder unternehmenspolitisch Vorteile hat. Dazu gehören natürlich die großen oder kleinen «High-Tech»-Firmen, die alle nur erdenklichen Güter vom Jumbojet bis zu lebenden Zellen produzieren, aber auch «Low-Tech»-Firmen oder andere, die ganz ohne Technik auskommen (zum Beispiel Werbeberater). All diese Firmen haben eines gemeinsam: Sie verlangen von ihren Angestellten in der Regel eine Fachausbildung, Vorkenntnisse oder sogar ganz individuelle Fähigkeiten – also mehr als nur die Bereitschaft, für einen niedrigen Lohn zu arbeiten.

Wer in diesen Unternehmen unterkommt, braucht die Konkurrenz der Mexikaner ebensowenig zu fürchten wie jemand, der den traditionellen gehobenen Berufen angehört – vom Zahnarzt bis zum Investmentbanker – oder aber dem neuen Heer von Spezialisten und Beratern aller Art, die in allen möglichen Branchen ihr

Geld damit verdienen, daß sie Kunden oder Arbeitgebern ihre Überredungs- oder Rechenkünste zur Verfügung stellen. Diese Berufsgruppen können sich also glücklich schätzen, denn von den Arbeitern in Hermosillo, die nur anderthalb Dollar die Stunde verdienen, droht ihnen keine Gefahr. Ganz im Gegenteil: Je offener der Weltmarkt wird und je mehr Handelsschranken wegfallen, desto besser stehen ihre Chancen, oder die ihrer Firmen, im Ausland neue Märkte oder Kunden zu finden – nicht zuletzt auch in Mexiko. Nach der Liberalisierung der mexikanischen Wirtschaft haben einige amerikanische Investmentbanker innerhalb kurzer Zeit mit Privatisierungsverkäufen ein Vermögen verdient, und etliche Rechtsanwälte und Unternehmensberater, die diversen Firmen dabei behilflich waren, die für die Verlegung amerikanischer Arbeitsplätze nach Mexiko erforderlichen Investitionen zu planen und zu verwirklichen, kassierten fürstliche Honorare. Wieder andere profitierten davon, daß seither mehr Waren nach Mexiko und ins restliche Lateinamerika exportiert werden.

Ob das nordamerikanische Freihandelsabkommen wünschenswert ist, läßt sich nach Meinung der in den Vereinigten Staaten so überaus zahlreichen Wirtschaftstheoretiker ganz einfach errechnen. Das Abkommen werde es Mexiko ermöglichen, mehr Waren in den Norden zu exportieren, gleichzeitig sei jedoch auch ein deutlicher Anstieg der US-Exporte nach Mexiko zu erwarten. Man brauche also nur diese zusätzlichen Warenströme gegeneinander aufzurechnen. Da die Zölle, die Washington auf Importwaren aus Mexiko erhebt, ohnehin schon sehr niedrig seien, werde sich vor allem das Exportvolumen der Vereinigten Staaten erhöhen. Und da US-Firmen bereits die Möglichkeit hätten, ihre Produktion nach Mexiko auszulagern, werde sich durch das Abkommen gar nichts ändern. Allerdings lassen sie dabei einen psychologischen Aspekt völlig außer acht: Das Abkommen würde viele Unternehmen, die bisher noch gezögert haben, in Mexiko zu produzieren, dazu ermutigen, diesen Schritt nun endlich zu tun. Nach den Konsequenzen des Abkommens für den Arbeitsmarkt gefragt, betonen diese Theoretiker: Durch mexikanische Importe und die Produktionsverlagerung einiger US-Firmen nach Mexiko werden nur relativ wertlose Arbeitsplätze verlorengehen, also schlechtbezahlte Jobs, die keine besonderen Fertigkeiten voraussetzen. Da die Vereinigten Staaten jedoch in größerem Umfang High-Tech-Güter nach Mexiko exportieren können, entstehen in modernen Industriezweigen neue Arbeitsplätze, die eine höhere Qualifikation voraussetzen und daher auch viel bessere Verdienstmöglichkeiten bieten. Und selbst wenn in Mexiko unterm Strich mehr Arbeitsplätze geschaffen werden, so bringt das Abkommen beiden Ländern große Vorteile, denn sowohl in den Vereinigten Staaten wie auch in Mexiko wird sich das Gesamteinkommen der Bevölkerung erhöhen.

Soziale Aspekte läßt dieser Vergleich allerdings völlig außer acht, zum Beispiel, daß das Abkommen für Amerikaner ohne qualifizierte Ausbildung ganz andere Konsequenzen hat als für höherqualifizierte Fachkräfte.

Theoretisch läßt sich dieses Ungleichgewicht einfach beseitigen: Beschäftigte, deren Arbeitsplätze durch die Konkurrenz billiger mexikanischer Arbeiter ernsthaft gefährdet sind, bräuchten nur in jene Betriebe abzuwandern, die nun in größerem Umfang nach Mexiko exportieren, und würden dort obendrein mehr verdienen. In Wirklichkeit ist es für viele Arbeitnehmer ohne qualifizierte Ausbildung alles andere als leicht, wenn nicht gar unmöglich, sich einen solchen Arbeitsplatz zu suchen, der unter Umständen am anderen Ende der Vereinigten Staaten liegt. Man kann von einfachen Arbeitern schlicht nicht erwarten, daß sie sich den ständig wechselnden Gezeiten eines komplizierten Wirtschaftssystems jederzeit mühelos anpassen. Sie haben nicht genügend Ersparnisse, um im Falle der Arbeitslosigkeit ihre Familien lange über Wasser zu halten, und deshalb sehen sie sich in einer solchen Situation nicht in Ruhe, sondern überstürzt nach einem neuen Arbeitsplatz um. Doch selbst wenn sie sich bei der Stellensuche Zeit lassen, so fehlen ihnen oft wichtige Informationen. Gerade diejenigen, die von einer veränderten Marktlage oder anderen strukturellen Veränderungen besonders hart betroffen sind, sind oft am wenigsten dazu fähig, die neue Situation zu meistern. Wenn die Inflation ihre Realeinkommen schmälert, geben sie sich mit dem zufrieden, was

sie haben, denn sie wollen nicht arbeitslos werden. Und wenn sie
ihren Arbeitsplatz trotzdem verlieren, möchten sie in der Regel
ihre vertraute Umgebung und ihren Freundeskreis nicht verlassen
und nehmen daher lieber einen schlechter bezahlten Job in der
Nähe an, als sich woanders nach einer neuen Stelle und einer
neuen Wohnung umzusehen.

Die Wirtschaftsfachleute plädieren enthusiastisch für mehr Mo-
bilität und finden es zutiefst bedauerlich, daß viele entlassene Arbeiter nicht bereit sind, sich in einer anderen Gegend oder in einem
anderen Industriezweig nach einem neuen Job umzusehen. Doch
selbst wenn ungelernte, arbeitslos gewordene Arbeiter tatsächlich
ihren Wohnort wechseln, weil sie anderswo eher gebraucht werden, dann verstehen sie meist so wenig von der Welt und von der
Wirtschaft, daß sie Gefahr laufen, etwas später erneut einem
plötzlichen Wirtschaftsumschwung zum Opfer zu fallen. So erging
es etwa den vielen Arbeitern aus der Automobilindustrie von Michigan, die nach 1973 wegen der Flaute auf dem Automarkt und
des gleichzeitigen Ölbooms nach Texas umzogen. Sie wurden von
dem Umschwung auf dem Ölmarkt in den achtziger Jahren, als
die Preise zu fallen begannen, eingeholt und verloren erneut ihre
Arbeitsplätze.

Ihre Häuser in Michigan hatten sie damals billig verkaufen
müssen, da wegen der Flaute auf dem Automarkt die Preise zusammengebrochen waren. In Texas hatten sie dann zu Boomprei-
sen bescheidene Häuser oder Reihenhäuser erworben, die meist
kleiner waren als ihre alten Eigenheime und für die sie wesentlich
höhere Hypotheken aufnehmen mußten. Als dann auch in Texas
die Grundstückspreise plötzlich in den Keller fielen – wo sie bis
heute geblieben sind –, waren die Hypotheken, die auf ihrem Haus
lasteten, auf einmal höher, oft sogar sehr viel höher, als der Wert
des Hauses. Das entsprach durchaus den Gesetzen des Marktes:
Wo die Arbeitslosigkeit groß ist, sind die Grundstückspreise niedrig, und wo es genügend Arbeitsplätze gibt, steigen sie. Durch
einen Umzug verlieren die Arbeiter also einen Großteil des Vermögens, das sie in ihr Haus investiert haben.

Die folgenden Zahlen dürften schließlich auch die gänzlich Unsentimentalen davon überzeugen, daß den amerikanischen Industriearbeitern im Zeitalter der «Globalisierung» ein bitteres Los beschieden ist. Im Jahre 1909 erstellte man die ersten Statistiken über die Löhne und Arbeitszeiten dieser Beschäftigtengruppe. Die Auswertung ergab, daß die Fabrikarbeiter aller Produktionsbereiche damals in einer Sechstagewoche durchschnittlich 51 Stunden arbeiteten. 1929 hatten ihnen die Bemühungen der Gewerkschaften und der allgemeine soziale Fortschritt jedoch bereits eine Arbeitswoche von durchschnittlich nur noch 44,2 Stunden beschert; zudem arbeitete man in vielen Betrieben inzwischen nur noch fünf Tage die Woche. Doch während der Großen Depression wurden viele Arbeiter von einem Tag auf den anderen arbeitslos, und um weitere Entlassungen zu verhindern, führte man in etlichen Betrieben «Kurzarbeit» ein. 1934 war dann ein echter Tiefpunkt erreicht: Im Durchschnitt wurde nur noch 34,6 Stunden die Woche gearbeitet. Erst der Rüstungsboom im Zweiten Weltkrieg brachte wieder Vollbeschäftigung. 1941 überschritt man die 40-Stunden-Grenze, und 1944, als die Maschinen in der Rüstungsindustrie auf Hochtouren liefen, hatte die Arbeitswoche im Durchschnitt sogar 45,2 Stunden (die Zahl der in der Industrie Beschäftigten, darunter auch viele Frauen, hatte bereits 1943 mit über 15 Millionen einen absoluten Rekord erreicht; verglichen mit dem Krisenjahr 1932, als sie mit 5,3 Millionen am tiefsten lag, hatte sie sich also verdreifacht).[29]

Nach dem Zweiten Weltkrieg wurden der Achtstundentag und die Fünftagewoche eingeführt. Und als die europäischen Industriestaaten sich schließlich von den Folgen des Krieges erholt hatten, wurde die Vierzigstundenwoche überall zur festen Einrichtung. Doch in den achtziger Jahren, als für die amerikanischen Arbeitnehmer schlimme Zeiten anbrachen, forderten europäische Gewerkschaften zunehmend die Abschaffung der Vierzigstundenwoche, mit dem Ergebnis, daß in Deutschland und ein paar anderen reichen Ländern Europas die Achtunddreißigstundenwoche allgemein üblich wurde. Ein kleiner Teil der Arbeiter in diesen Ländern arbeitet inzwischen sogar nur noch 35 Stunden, und selbst eine Viertagewoche mit 32 Arbeitsstunden ist in einigen

Firmen, zum Beispiel in manchen Motorenfabriken, längst nichts Neues mehr. Diese Entwicklung ist an den Vereinigten Staaten allerdings spurlos vorübergegangen, denn dort hält man nach wie vor an der Vierzigstundenwoche fest. Nach den neuesten Statistiken arbeiten Fabrikarbeiter aller Produktionsbereiche dort im Schnitt sogar 40,8 Stunden die Woche.[30] Überstunden, in Europa laut Arbeitsvertrag häufig verboten, sind in Amerika immer noch gang und gäbe: Als man sie 1956 zum erstenmal statistisch erfaßte, kam man auf durchschnittlich 2,8 Überstunden pro Woche, 1990 sogar auf 3,9.[31]

Über die Probleme der «Freizeitgesellschaft», in der Presse einst ein beliebtes Thema – «Was fangen wir bloß mit der vielen freien Zeit an, wenn Maschinen unsere Arbeit erledigen?» –, brauchen sich die amerikanischen Industriearbeiter nun wirklich nicht den Kopf zu zerbrechen. Im Durchschnitt haben sie nämlich nur vier Stunden mehr Freizeit als ihre Vorgänger 1929. Zudem gestehen ihnen die Arbeitgeber nur einen kurzen Jahresurlaub von zwei bis drei Wochen zu, während ihre Kollegen in Europa fast doppelt so lange Ferien machen dürfen. Im Gegensatz zu den europäischen Unternehmen sind die amerikanischen einfach nicht bereit, ihre Fabriken vier oder fünf Wochen im Jahr zu schließen. Zudem lehnen sie es ab, die Kosten eines Systems zu tragen, bei dem die Arbeitnehmer der Reihe nach einen Monat lang Urlaub machen können, während im Betrieb alle Maschinen normal weiterlaufen. Nur bei den Überstunden haben die amerikanischen Arbeiter Entscheidungsfreiheit, doch viele wollen viel lieber mehr arbeiten als weniger. Auch darin spiegelt sich die düstere Wirklichkeit sinkender Stundenlöhne wider. Offizielle Statistiken des Bureau of Labor Statistics besagen, daß, auf der Grundlage des Dollarwerts von 1982, die Einkommen der Industriearbeiter 1978 am höchsten waren: Damals lag der durchschnittliche Stundenlohn bei 9,11 Dollar (zwanzig Jahre davor, also 1958, betrug er 7 Dollar). Danach sank er kontinuierlich: 1988 lag er bei 8,44 Dollar, 1989 bei 8,29 und Ende 1990 schließlich nur noch bei 8,05 Dollar.[32]

Eine Studie von 1991, in der die Vereinigten Staaten mit anderen führenden Industrienationen wie Japan, Deutschland, Frankreich, Italien, Großbritannien und Schweden verglichen wurden, veranschaulichte recht drastisch, wie sehr sich die Lage der amerikanischen Arbeiter im Verhältnis zu der ihrer ausländischen Kollegen inzwischen verschlechtert hat.[33] In Schweden und Italien hielt man zwar ebenso an der Vierzigstundenwoche fest, doch in deutschen Industriebetrieben arbeitete man dafür im Durchschnitt nur 37,6 Stunden pro Woche, in britischen 38,8 und in französischen 39 Stunden. Lediglich die Japaner arbeiteten mehr als die Amerikaner, nämlich 41,5 Stunden die Woche. Bezog man bei der Berechnung der durchschnittlichen Gesamtstundenzahl pro Jahr auch alle Arten von Überstunden mit ein, ergab sich für die Vereinigten Staaten eine Summe von 1847 Arbeitsstunden; nur Japan lag mit 2139 Stunden noch darüber, während die Deutschen nur 1499 Stunden, die Schweden 1568, die Franzosen 1619, Italiener 1622 und die Briten 1635 Stunden pro Jahr arbeiteten.

Es gibt jedoch noch viel dramatischere Beweise für den Niedergang der einstmals privilegiertesten Industriearbeiterklasse der Welt. Die Zahl der bezahlten Urlaubstage bringt nicht nur klar zum Ausdruck, wieviel Freizeit ein Arbeitnehmer hat, sondern ist für all die vielen Menschen, die nicht leben, um zu arbeiten, sondern arbeiten, um zu leben, darüber hinaus auch ein wichtiger Maßstab für Lebensqualität. Die amerikanischen Arbeiter sind mit lumpigen 23 Tagen schlechter dran als alle ihre Kollegen. Selbst die Japaner haben mit ihren 25 Urlaubstagen pro Jahr mehr Freizeit als sie; und die Deutschen haben sogar fast doppelt so lange Ferien. Viele nehmen fünf Wochen Urlaub am Stück, fahren mit ihrer Familie im Wohnwagen quer durch Europa und lassen sich dann an spanischen Stränden oder auf einem sonnigen Campingplatz nieder. Auch Briten, Franzosen und Schweden können mit 31, 35 bzw. 38 Tagen pro Jahr einen vollen Monat lang Urlaub machen, und den Italienern geht es mit 40,5 freien Tagen pro Jahr sogar noch besser.

Das ist das bittere Resultat der zunehmenden Automatisierung der US-Industrie, die in den siebziger Jahren einsetzte. Damals hoffte man allgemein, die neuen Industrieroboter würden den Fabrikarbeitern mehr Freizeit bescheren, doch statt dessen bedrohten sie nur deren Arbeitsplätze. Die Gewerkschaften gerieten in eine immer schlechtere Verhandlungsposition, so daß die Arbeitgeber sich einfach weigern konnten, ihren Beschäftigten mehr bezahlte Urlaubstage oder sonstige Vergünstigungen zuzugestehen. Diese Entwicklung spiegelt allerdings auch die generelle politische Schwäche der amerikanischen Gewerkschaften unter den diversen republikanischen Regierungen nach 1968 wider. Lediglich in der Amtszeit Carters von 1977 bis 1981 und nach dem Amtsantritt Clintons im Jahre 1993 stieg ihr Einfluß wieder. In Westdeutschland herrschte damals ein ganz anderes politisches Klima, und die Gewerkschaften waren wesentlich selbstbewußter und kompetenter, daher hatten dieselben technischen Entwicklungen dort völlig andere Auswirkungen. In den siebziger Jahren ergriffen die deutschen Gewerkschaften die Initiative und forderten eine Verkürzung der jährlichen Arbeitszeit. Ihre Begründung: Nur so könne die durch die zunehmende Automatisierung hervorgerufene Arbeitslosigkeit in Grenzen gehalten werden. Inzwischen sind drei Wochen bezahlter Urlaub in Deutschland gesetzlich vorgeschrieben, doch in der Praxis sind es längst mindestens vier Wochen. Ungefähr 30 Prozent aller Arbeiter bekommen fünf Wochen bezahlten Urlaub, und den circa 70 Prozent, deren Arbeitsbedingungen durch Kollektivverträge der Sozialpartner geregelt werden, stehen sogar sechs Wochen zu. Diese unterschiedlichen Urlaubsansprüche wurden in den oben genannten Durchschnittszahlen berücksichtigt.

Doch wenn man ermitteln will, was die menschliche Arbeitskraft in den jeweiligen Ländern wert ist, dann sind natürlich die Löhne das entscheidende Kriterium. Nach einer vergleichenden Studie aus dem Jahre 1990, in der die in der gesamten Fertigungsindustrie gezahlten Durchschnittsstundenlöhne Land für Land aufgelistet wurden, lag der Stundenlohn der amerikanischen Arbeiter mit 10,84 Dollar deutlich unter dem ihrer westdeutschen und schwedischen Kollegen, die 12,42 bzw. 12,37 Dollar die Stunde verdienten. Und selbst im einstigen Niedriglohnland Japan erhielt man als Industriearbeiter 1990 schon einen Stundenlohn von 11,62 Dollar (zugrunde gelegter Wechselkurs: 137,96 Yen für einen Dollar), also ungefähr sieben Prozent mehr als in Amerika.

1970 war das noch anders: Damals ging es den amerikanischen Arbeitern mit einem Durchschnittslohn von 3,35 Dollar die Stunde finanziell wesentlich besser als ihren japanischen Kollegen, die im Durchschnitt nur 336 Yen pro Stunde verdienten; das entsprach nach dem offiziellen Wechselkurs von 1970 (360 Yen für einen Dollar) nur 93 Cent, und selbst wenn man einen etwas realistischeren Wechselkurs von 250 Yen für einen Dollar zugrunde gelegt hätte, wären es trotzdem nicht mehr als 1,30 Dollar pro Stunde gewesen.[34] Höchstwahrscheinlich sind 11,62 Dollar für die meisten Leute in Japan weniger wert als 10,84 Dollar in den Vereinigten Staaten, da die Lebenshaltungskosten in Japan höher sind, doch die allgemeine Tendenz spricht für sich. Da zwischen 1970 und 1990 die Stundenlöhne der amerikanischen Arbeiter effektiv gesunken und die der japanischen drastisch gestiegen sind, hat sich die Situation inzwischen umgekehrt. Erhielten die Beschäftigten der japanischen Fertigungsindustrie 1970 nur etwas mehr als ein Viertel (genauer: 27 Prozent) des Stundenlohns ihrer amerikanischen Kollegen, so verdienten sie 1990 bereits sieben Prozent mehr.

Wichtig sind natürlich auch die Lohnnebenleistungen, insbesondere die Krankenversicherung, die sowohl in Europa wie auch in Japan vom Staat klar und einheitlich geregelt ist und alle Arztkosten abdeckt. Ob und welche Beiträge entrichtet werden, hängt in diesen Ländern also nicht von der Ehrlichkeit oder Zahlungsfähigkeit des jeweiligen Unternehmers ab. Außerdem stehen die Arbeitnehmer nicht ohne Versicherungsschutz da, wenn ihre Firma plötzlich pleite geht. Nach einer Vergleichsstudie von 1991, in der die Lohnnebenleistungen bei der Berechnung der Lohnkosten pro Stunde mitberücksichtigt wurden, lagen die Vereinigten Staaten mit 15,39 Dollar pro Stunde zwar immer noch vor Großbritannien mit 13,70 Dollar, blieben aber sonst hinter allen Ländern zurück. Im industriellen Bereich kam Deutschland auf den Spitzenwert von 24,36 Dollar pro Stunde – und übertraf damit die Vereinigten Staaten um 58 Prozent; es folgten Schweden mit 22,28 Dollar, Italien mit 19,49 Dollar und Frankreich mit 16,09 Dollar.

In Japan kostete ein Industriearbeiter die Unternehmer im Durchschnitt 15 Prozent mehr als in den Vereinigten Staaten – eine Differenz, die für direkt miteinander konkurrierende Unternehmen sehr bedeutsam ist und gleichzeitig indirekt belegt, daß die Durchschnittslöhne in der amerikanischen Industrie inzwischen niedriger sind als in der japanischen.[35]

Die US-Unternehmen sehen in den letztgenannten Zahlen keinen Grund zur Besorgnis, sondern einen Beweis für die internationale Wettbewerbsfähigkeit der Vereinigten Staaten. Doch das Wirtschaftswachstum eines Landes läßt sich nicht dadurch sichern, daß man die Löhne und somit auch die Preise niedrig zu halten versucht. Vielmehr muß durch umfangreiche Investitionen in moderne Produktionsanlagen und Technologien die effiziente Produktion qualitativ hochwertiger Güter ermöglicht werden. Natürlich klagen viele Unternehmer in Deutschland über die hohen Lohnkosten, doch Hans Georg Wehner vom Deutschen Gewerkschaftsbund nimmt ihre Drohungen, die Produktion ins Ausland zu verlegen, auf die leichte Schulter: «Die Industrie jammert schon seit zwanzig Jahren, daß die Lohnkosten bei uns zu hoch seien. Und doch haben wir uns in der Zeit zum Exportweltmeister entwickelt, weil wir mit Spitzentechnologien qualitativ sehr hochwertige Güter produzieren.»[36]

Der Dienstleistungssektor boomt – die Gehälter stagnieren

Die düstere Bilanz im Fertigungsbereich läßt sich auch nicht mit dem Argument herunterspielen, daß die amerikanische Wirtschaft immer weniger Industriearbeiter benötige. Zwar hat sich die Zahl der Beschäftigten in den diversen Dienstleistungsbereichen – von Fluggesellschaften über Trockenreinigungen bis zu Computeranbietern, Kabelfernsehanstalten, Banken und Finanzierungsgesellschaften – gegenüber 1914 oder 1965 drastisch erhöht. Doch so bedeutsam diese Entwickung für die US-Wirtschaft auch ist: Nach den jüngsten Berechnungen waren immerhin noch 24,7 Millionen Amerikaner in «güterproduzierenden Industrien» und nicht im

Dienstleistungssektor beschäftigt. Das sind 26 Prozent aller Berufstätigen, die nicht in der Landwirtschaft oder im öffentlichen Dienst arbeiten. Davon waren 17,3 Millionen einfache Fabrikarbeiter oder sonstige Arbeiter in nichtleitenden Positionen. Noch ist diese Gruppe also keine kleine Minderheit, der in der vieldiskutierten Dienstleistungsgesellschaft keine große Bedeutung mehr zukommt. Außerdem liegen die Durchschnittsgehälter im gesamten privaten Dienstleistungssektor ebenfalls weit unter dem Jahresgehalt eines Investmentbankers, der durchschnittlich 1,1 Millionen Dollar (plus Bonus) verdient.[37]

In den siebziger Jahren beklagten sich hoffnungslos rückständige Gewerkschaftsfunktionäre und sonstige unverbesserliche Romantiker bitter darüber, daß die durch Auslandsimporte (gemeint waren die aus Japan) um ihre hochbezahlten Jobs in der amerikanischen Industrie gebrachten Arbeiter nun gezwungen wären, für Mindestlöhne Buletten zu braten. Die unermüdlichen Apologeten des freien Marktes brachten sie im Stil der Reagan-Ära mit einer Reihe von Artikeln im *Wall Street Journal* zum Schweigen, in denen sie darauf verwiesen, daß vor allem in so lukrativen Branchen wie dem Bank-, Versicherungs- und Finanzwesen sowie in den florierenden Büros der Immobilienmakler neue Arbeitsplätze entstanden seien, die nicht nur mehr Raum für individuelle Kreativität, bessere Verdienstmöglichkeiten und größere Aufstiegschancen böten, sondern auch körperlich weniger anstrengend seien.

Mittlerweile hat sich jedoch herausgestellt, daß das *Wall Steet Journal* damals stark übertrieb und daß die Fürsprecher der Arbeiterschaft sich allzu schnell den Wind aus den Segeln nehmen ließen. Nach letzten Erhebungen arbeiteten mehr als 6,8 Millionen Amerikaner in Banken, Versicherungen, Finanzierungsgesellschaften und Maklerbüros. Wer nun allerdings annimmt, es handele sich dabei um eine sehr privilegierte Beschäftigtengruppe, der irrt gewaltig: 4,9 Millionen waren in nichtleitenden Positionen beschäftigt und verdienten nach den letzten Einkommensstatistiken im Durchschnitt 10,14 Dollar die Stunde.[38] Und die Einkommen der 1,1 Millionen Schreibkräfte, Kassierer und kleinen Bankangestellten, die ebenfalls in dieser Gruppe enthalten sind, lagen mit 8,19 Dollar die Stunde sogar weit unter dem für den gesamten Finanzsektor errechneten Durchschnitt. Dagegen verdienten ihre 48 500 Kollegen, die als Angestellte an der Wertpapier- oder Warenbörse arbeiteten – also im Herzen der Wirtschaft, wo tagtäglich große Kapitalmengen bewegt werden –, tatsächlich wesentlich mehr, nämlich 13,53 Dollar die Stunde. Dennoch lag der für den gesamten Finanzsektor errechnete Durchschnittsstundenlohn, wie bereits erwähnt, bei nur 10,14 Dollar, während ein einfacher Arbeiter in der Fertigungsindustrie immerhin 10,98 Dollar pro Stunde verdiente.[39] In Wirklichkeit kam es natürlich äußerst selten vor, daß ein Industriearbeiter, der in Detroit oder Akron im Bundesstaat Ohio arbeitslos geworden war, sich um eine Stelle bei einer benachbarten Bank bewarb oder sich die roten Hosenträger zulegte, die für jeden, der an der Wall Street sein Glück versuchen will, inzwischen obligatorisch sind. Und wenn, dann hätte er sehr schnell festgestellt, daß man im Geldgewerbe noch schlechter bezahlt wird als in der Industrie, auch wenn diese Jobs körperlich tatsächlich nicht besonders anstrengend sind.

Ein einfacher Angestellter im Dienstleistungssektor verdient in der Regel also wesentlich weniger als ein Fabrikarbeiter. Die 17,7 Millionen «nichtleitenden Angestellten» des gesamten Einzelhandels – vom Verkaufspersonal eines großen Kaufhauses bis zum Zeitungsverkäufer an der Straßenecke – verdienten im November 1990 durchschnittlich 6,88 Dollar pro Stunde. Ihre Realeinkommen sanken noch drastischer als die der Fabrikarbeiter. Wenn man bei der Errechnung ihres durchschnittlichen Stundenlohns den Dollarwert von 1982 zugrunde legt und so die vermeintlichen Lohnerhöhungen eliminiert, die von der Inflation wieder aufgefressen wurden, dann ergibt sich für 1978 ein Spitzenwert von 6,20 Dollar. In der Folgezeit sank dieser Stundenlohn kontinuierlich. 1990 betrug er nur noch 5,04 Dollar.[40] Im Einzelhandel arbeiten natürlich auch sehr viele Teilzeitkräfte: Teenager, die noch zur Schule gehen und nur an Wochenenden und in den Ferien arbeiten, oder verheiratete Frauen, die, weil sie etwas dazuverdienen wollen oder schlicht ein wenig Abwechslung suchen, ebenfalls nur ein paar Stunden in der Woche an der Kasse stehen (im November 1990 kamen die einfachen Angestellten des Einzelhandels im Schnitt auf 28,4 Wochenstunden). Und wie man erwarten kann, drücken die vielen Teilzeitkräfte die Gehälter. Andererseits erhält das Verkaufspersonal häufig Provisionen, von denen die Verfasser solcher Einkommensstatistiken nichts erfahren. Bei den öffentlichen Verkehrs- und Versorgungsbetrieben (dazu gehören die Eisenbahn, der Transit- und Fernverkehr, die örtlichen Buslinien, Kurierdienste, Fluglinien, Flußfährbetriebe, Telefongesellschaften und so weiter) gibt es weder Teilzeitkräfte noch Provisionen; die dort beschäftigten nichtleitenden Angestellten verdienten im November 1990 durchschnittlich 13,07 Dollar die Stunde, also 2,09 Dollar mehr als ihre Kollegen in der Fertigungsindustrie. Doch auch ihre Realeinkommen sind seit den siebziger Jahren deutlich gesunken. Legt man den Dollarwert von 1982 zugrunde, so verdienten sie 1978 mit 11,18 Dollar pro Stunde am meisten, 1990 mit 9,58 Dollar allerdings schon deutlich weniger. Jeder, der sich noch daran erinnert, wie groß die Kaufkraft des Dollars 1978 im Vergleich zu heute war, wird bestätigen, daß man 1978 für 7,75 Dollar mehr bekam als 1990 für 13,07 Dollar. Unsere Rechnung ergibt also keineswegs ein schiefes Bild, denn sie berücksichtigt die hohe Inflationsrate in den zwölf Jahren dazwischen.[41]

Insgesamt 22,6 Millionen Angestellte des Dienstleistungssektors wurden bisher statistisch erfaßt. Von einer unbedeutenden Minderheit kann also auch hier nicht die Rede sein. Neben den oben erwähnten Branchen gibt es allerdings noch ein paar ganz spezielle Bereiche, in denen tatsächlich Spitzengehälter gezahlt werden. So ermittelte die Regierung Ende 1990, daß die 135400 in der amerikanischen Filmindustrie beschäftigten Angestellten (Mitarbeiter in leitenden Positionen und Filmstars nicht mitgerechnet) sagenhafte 18,87 Dollar pro Stunde verdienten.[42] Damit übertrafen sie nicht nur den Stundenlohn von 15,02 Dollar, den ihre sicherlich hochqualifizierten 646100 Kollegen in den Ingenieur- und Architektenbüros durchschnittlich bekamen[43], sondern sogar die 15,29 Dollar der einfachen Angestellten in der Computer- und EDV-

Branche, deren Zahl sich zwischen 1972 und 1990 von 87 700 auf beeindruckende 637 700 erhöht hatte und seither zweifellos noch weiter gestiegen ist.[44] Ebenso bekannt wie die Spitzenlöhne in der privilegierten Filmindustrie sind allerdings die Hungerlöhne in anderen Dienstleistungsbereichen. So erhalten die 1,3 Millionen einfachen Angestellten im Hotelgewerbe im Durchschnitt einen Stundenlohn von 7,14 Dollar, der allerdings durch Trinkgelder etwas aufgebessert wird. Die 436 900 Mitarbeiter der Agenturen der Detektive und in den privaten Wach- und Schließgesellschaften, die Tag und Nacht Privateigentum bewachen oder in gepanzerten Wagen durch die Gegend fahren, erhalten dagegen keinerlei Trinkgelder und verdienen nach den letzten Erhebungen im Durchschnitt trotzdem nur 6,35 Dollar pro Stunde. Der Leinwanddetektiv Philip Marlowe verdiente wesentlich mehr: In Kriminalfilmen aus den vierziger Jahren berechnete er für seine Dienste einen Tagessatz von 125 Dollar plus Spesen.[45] Die Liste der Dienstleistungsbereiche, in denen die Stundenlöhne äußerst niedrig liegen, ist recht lang. Sie reicht von den Feuer-, Seetransport- und Unfallversicherungen mit ihren 0,4 Millionen Angestellten bis zur Vergnügungs- und Freizeitindustrie, in der eine Million Angestellte für einen Durchschnittsstundenlohn von 8,62 Dollar arbeiten, der allerdings auch hier durch Trinkgelder aufgebessert wird.[46] Natürlich gibt es auch Bereiche, in denen besser verdient wird. Die Palette reicht von der Werbebranche bis zu den zoologischen Gärten. Gleichwohl betrug der Durchschnittsstundenlohn aller Angestellten in der Privatwirtschaft (mit Ausnahme der Landwirtschaft) nur 10,17 Dollar, während die Fabrikarbeiter im Durchschnitt immerhin 10,98 Dollar die Stunde verdienten. Daher sind die neuen Arbeitsplätze im vielgerühmten Dienstleistungssektor keine lukrative Alternative für all jene Durchschnittsamerikaner, die von den Politikern beschönigend als «Mittelschicht» bezeichnet werden, obwohl sie in Wirklichkeit nur ein Proletariat mit geringem Nettovermögen und sinkenden Realeinkommen sind.

Der Kampf um die Jobs der Unterschicht

Dieselbe ungünstige Entwicklung, die den Marktwert der amerikanischen Arbeitskräfte so drastisch sinken ließ, hat oft auch deren sozialen Abstieg zur Folge. Inzwischen bewerben sich nicht nur arbeitslos gewordene Fabrikarbeiter, sondern zunehmend auch Männer und Frauen mit High-School-Abschluß, deren Eltern oft gutbezahlte Industriearbeiter waren oder sichere Arbeitsplätze in den etwas lukrativeren Dienstleistungsbereichen hatten, um Jobs, die bisher der städtischen Unterschicht, insbesondere Schwarzen, vorbehalten waren. Viele nehmen inzwischen einfache manuelle Arbeiten an, putzen Büros, arbeiten als Hausmeister, Platzwart, Gabelstaplerfahrer oder in der Gastronomie. In Washington und vielen anderen Städten sah man früher fast nur schwarze Kellnerinnen und Kellner. Heute wird man dagegen nicht selten von High-School-Absolventen bedient, von denen manche sogar ein Junior-College besucht haben.

Oft waren es natürlich auch die Einwanderer aus Lateinamerika und der Karibik, die der amerikanischen Unterschicht ihre angestammten Arbeitsplätze wegnahmen. Änderungen der Einwanderungsgesetze haben dazu beigetragen, daß sich der Anteil solcher Einwanderer an der Gesamtbevölkerung stark erhöht hat. Sie konkurrieren nun mit den Schwarzen aus der amerikanischen Unterschicht um die Mindestlohnjobs. Zwischen 1961 und 1979 kamen ungefähr 48 Prozent aller Einwanderer aus Europa oder anderen Ländern der Ersten Welt. In der darauffolgenden Dekade sank ihr Anteil auf 22,5 Prozent. Und bei der letzten Zählung von 1989 stammten nur noch 17 Prozent aus Europa, Japan, Kanada, Argentinien und Australien.[47] Zudem siedeln sich die Einwanderer aus der Dritten Welt bevorzugt in jenen Großstadtbezirken an, in denen sehr viele Schwarze leben. So trafen allein 1989 im Ballungsraum Los Angeles – Long Beach 262805 Neuankömmlinge aus Lateinamerika und den ärmsten Ländern Asiens ein; 149827 davon kamen aus Mexiko und 32693 aus El Salvador. Von den insgesamt 116598 Einwanderern, die ins Stadtgebiet von New York strömten, stammten allein 15778 aus der Dominikanischen

Republik, und auch der Rest kam größtenteils aus Ländern der Dritten Welt.[48]

Dazu kommen natürlich noch die unzähligen illegalen Einwanderer (von spanischstämmigen US-Politikern euphemistisch «nichtregistrierte Fremde» genannt), deren Heimat ebenfalls meist in Lateinamerika oder in der Karibik liegt. Jüngsten Schätzungen zufolge wandern alljährlich rund 300000 Menschen illegal in die Vereinigten Staaten ein, darunter eine Viertelmillion Mexikaner. In anderen, ebenso seriösen Studien wird ihre Zahl mit mindestens drei Millionen angegeben, manche sprechen sogar von sieben Millionen.[49]

Diejenigen, die ständig den Wohlstand Amerikas preisen, sind natürlich der Überzeugung, daß diese Einwanderer keinem schwarzen Amerikaner den Job wegnähmen, sondern nur Arbeiten verrichten, die gebürtige Amerikaner aller Rassen schlicht ablehnten. Das erscheint mir äußerst zweifelhaft. In dem Washingtoner Vorort, in dem ich zu Hause bin, wurden früher alle anstehenden Renovierungs- und Gartenarbeiten von Schwarzen verrichtet. Heute erledigen diese Aufgaben ausschließlich Latinos. Eine unwissenschaftliche Umfrage unter ihren Arbeitgebern förderte überraschende Ergebnisse zutage: Lateinamerikanische Arbeitskräfte seien ihnen wesentlich lieber, denn die seien nicht nur bescheidener, sondern auch höflicher. Doch es gab noch einen weiteren Grund, und der ist vielleicht gar nicht so erstaunlich, wie es zunächst scheint: Offenbar haben sich die Einwanderer aus El Salvador, einem der ärmsten lateinamerikanischen Länder, in dem die ganzen achtziger Jahre über ein Bürgerkrieg tobte, im Grundschulunterricht gewisse Fertigkeiten angeeignet, die den ärmsten Schwarzen in Washington abgehen: zum Beispiel elementare Rechenkenntnisse. Vielleicht stimmt es, daß die schwarzen Arbeitssuchenden in Los Angeles – Long Beach 1989 auch dann nicht besser dran gewesen wären, wenn ihnen die überwiegend jungen und arbeitswilligen Neuankömmlinge keine Konkurrenz gemacht hätten. Zweifel sind hier jedoch durchaus angebracht.

Die Jobs, die der schwarzen Unterschicht verlorengingen, waren natürlich alle sehr schlecht bezahlt und boten äußerst selten

Aufstiegsmöglichkeiten. Doch mit ihrer Hilfe konnte man sich zumindest auf der untersten Sprosse der sozialen Leiter halten. Vor der Einführung von Wohlfahrtsprogrammen hatten sie der schwarzen Unterschicht das Überleben gesichert. Und mehr noch: Sie haben jenen schwarzen Familien, die bereit waren, für ihre Kinder Opfer zu bringen, einen langsamen sozialen Aufstieg ermöglicht. So mancher Schwarze aus der Mittelschicht, der Erfolg im Beruf hat und in einem angenehmen Vorort wohnt, ist das Kind von Eltern, die keinerlei Schulbildung hatten und in einem Slum lebten, jedoch einer regelmäßigen, wenn auch schlechtbezahlten Arbeit nachgingen. Mit ihrem selbstverdienten Geld konnten sie in Würde leben und ihren Kindern wenigstens ein Minimum an Ausbildung ermöglichen. Und da in der amerikanischen Gesellschaft Arbeit das beste Überlebenstraining ist, konnten einige Angehörige der schwarzen Unterschicht sich nun mit etwas Glück und Beharrlichkeit aus eigener Kraft allmählich hocharbeiten. Das hatte zur Folge, daß heute nur noch 30,7 Prozent der schwarzen Bevölkerung nach der offiziellen Definition «arm» sind; eine andere Statistik, die etwas andere Maßstäbe zugrunde legte, kam auf 28 Prozent.[50] Das bedeutet, daß zwei Drittel aller Schwarzen nicht arm sind. Andererseits werden manche, die unter die Kategorie «arm» fallen, nicht den unterprivilegierten Schichten zugerechnet, weil sie einen ganzjährigen, wenn auch schlechtbezahlten Vollzeitjob haben.

Überlebt hat auch die in manchen Folksongs romantisch verklärte schottisch-irische Unterschicht aus den Appalachen, die am Rande der Gesellschaft, und oft auch etwas außerhalb der Gesetze, ihr Dasein fristete («Wie mein Großvater wurd' auch mein Vater beim Whiskybrennen alt, doch Steuern hat seit [18]92 keiner von uns bezahlt … Wir liegen nur unterm Wacholderbaum, wenn der Mond durch die Zweige bricht, und schauen zu, wie ein Krug nach dem andern sich füllt, im bleichen Mondenlicht …»). Man findet sie unweit der gläsernen Wolkenkratzer von Birmingham in Alabama, der geschäftigen Innenstadt von Knoxville in Tennessee oder der Metropole Atlanta in Georgia, und sogar in West Virginia, nur eine gute Autostunde von Washington entfernt. Sie sorgen noch heute dafür, daß den Beamten vom «Bureau of Alcohol, Tobacco and Firearms» bei der Jagd nach illegalen Schnapsbrennereien die Arbeit ebensowenig ausgeht wie den Beamten vom «Fish and Wildlife Service», die den Wilderern das Handwerk legen wollen (besonders denen, die Jagd auf Bären machen, weil einige reiche Schwachköpfe in Asien den Gallenblasen der Bären große Heilkräfte zuschreiben). Die Gesetzesverstöße dieser Leute sind einerseits ein kulturelles Phänomen, andererseits aber auch eine Einkommensquelle.

In letzter Zeit hat die schwarze, weiße und spanischstämmige Unterschicht noch eine weitere illegale Einkommensquelle entdeckt: den Drogenhandel. Nach einer vom FBI erstellten Teilstatistik wurden 1990 503315 Weiße und 349965 Schwarze verhaftet, weil sie gegen das Betäubungsmittelgesetz verstoßen, also Drogen besessen oder verkauft hatten.[51] In städtischen Ballungsräumen, in denen der Bevölkerungsanteil der Schwarzen besonders hoch ist, handeln natürlich vor allem Schwarze mit Drogen. Die bisher beste Studie über den Drogenhandel in einer bestimmten Stadt, nämlich in Washington, gibt Aufschluß über die riesigen Dimensionen und die große wirtschaftliche Bedeutung des Drogengeschäfts. Ihre Verfasser schätzten die Zahl der Dealer, die in Washington bzw. im Bundesdistrikt Columbia 1987 regelmäßig Drogen verkauften, auf über 11000. Rechnet man die rund 13000 Gelegenheitsdealer hinzu, so ergibt das fast vier Prozent der Gesamtbevölkerung des Distrikts. Natürlich verkauften diese Dealer auch an Kunden, die aus der weiteren Umgebung der Metropole kamen. Außerdem ist die Zahl 24000 schon allein deshalb zu tief gegriffen, weil man den Verfassern der Studie den Zugang zu den Akten der jugendlichen Dealer (unter achtzehn) verweigerte.[52] Die Nettoeinkünfte der 24000 Dealer wurden auf 300 Millionen Dollar geschätzt – eine stattliche Summe, wenn man bedenkt, daß das legale Einkommen aller im Bezirk Columbia lebenden männlichen Schwarzen zwischen achtzehn und neununddreißig Jahren sich auf 1,2 Milliarden Dollar beläuft. Trotz des hohen Risikos, von gewalttätigen Konkurrenten verletzt oder gar ermordet zu werden, und der nicht ganz so großen Gefahr strafrechtlicher Sanktionen, ist der Drogenhandel also eine sehr lukrative Alternative zu einer legalen Karriere. Und für alle jugendlichen schwarzen Aussteiger in Washington, die kaum Chancen auf einen Arbeitsplatz haben oder, wenn sie doch einen finden, meist nur den Mindestlohn (oder noch weniger) erhalten, ist der Drogenhandel das einzige Gewerbe, das überhaupt in Frage kommt. Wenn sie also ins Drogengeschäft einsteigen, treffen sie damit eine rationale Entscheidung, die auf sachlich richtigen Informationen beruht.[53]

Durch den sozialen Abstieg der Arbeiterklasse und die Flut illegaler Einwanderer, die notfalls auch unter dem Mindestlohn arbeiten, haben sich die Chancen der schwarzen Unterschicht auf dem Arbeitsmarkt dramatisch verschlechtert. Allmählich verliert sie sogar ihre von jeher kleine und gefährdete Elite von Lohn- und Gehaltsempfängern, deren wirtschaftliche und politische Interessen (unter anderem die Aufrechterhaltung der öffentlichen Ordnung) sich zumindest teilweise mit denen der übrigen Gesellschaft decken. Zudem werden vom Drogenhandel vor allem besonders aufgeweckte Jugendliche angezogen und kriminalisiert, die dann trotz vorhandener Begabung keine weiterführende Schule besuchen. So wie die Dinge liegen überrascht die fast überall herrschende, geradezu unheimliche Ruhe eigentlich weit mehr als die Unruhen von Los Angeles im Jahre 1992.

Kapitel 8
Vom Rechtsstaat zum Legalismus

Wirft man einen Blick auf die jüngere amerikanische Geschichte oder das heutige Japan und Europa, dann wird besonders deutlich, wie sehr sich die Verhältnisse in den Vereinigten Staaten verschlechtert haben. Doch auch ohne diesen Vergleich lassen sich die zunehmende Verarmung breiter Schichten, der erschreckende Einbruch der Kriminalität ins tägliche Leben und der allgemeine Verlust an Lebensqualität längst nicht mehr leugnen. Ebenso offensichtlich sind auch einige unmittelbare Ursachen dieser Entwicklung, insbesondere der Mangel an Investitionskapital und die Unzulänglichkeit des öffentlichen Bildungssystems, die beide zu Lasten der wirtschaftlichen Leistungsfähigkeit gehen. Doch es gibt auch andere Ursachen, darunter die schlichte Unfähigkeit der Vereinigten Staaten, den Zustrom illegaler mexikanischer Einwanderer zu stoppen, etwa durch den Einsatz gewöhnlicher Grenzschützer, wie er überall auf der Welt üblich ist. Doch diese Erklärungen bedürfen ihrerseits einer Erklärung: Wenn die Mißstände so leicht zu beseitigen sind, warum wurden dann nicht schon längst entsprechende Maßnahmen ergriffen? Warum klappt vieles nicht mehr so gut wie früher – zum Beispiel der Unterricht an den öffentlichen Schulen? Die Suche nach den tieferen Ursachen würde sehr weit führen. Vielleicht könnte man einfach sagen, daß der amerikanische Individualismus nur so lange funktionierte, wie zugleich genug der kalvinistischen Selbstdisziplin aufgebracht wurde.

Ist es wirklich reiner Zufall, daß es in allen individualistischen «angelsächsischen» Ländern – in Australien, Großbritannien, Kanada, Neuseeland und in den Vereinigten Staaten – mit der Wirtschaft seit einiger Zeit im internationalen Vergleich stetig bergab geht? Australien war einst ein außergewöhnlich wohlhabendes Land, das mehr Einwanderer aus Europa anzog, als es aufzunehmen bereit war. Heute, wo das Bruttosozialprodukt pro Kopf dort eher niedriger ist als in der europäischen Gemeinschaft[1], wollen zwar immer noch viele Menschen einwandern, doch kommen die meisten jetzt aus Bangladesch, Indien und Pakistan. Großbritannien war einst in vielerlei Hinsicht das führende Land Europas. Heute ist das Bruttosozialprodukt pro Kopf dort zwar immer noch größer als in Spanien, aber bereits kleiner als in Italien.[2] Kanada war als Einwanderungsland bei den Europäern früher sogar noch beliebter als die Vereinigten Staaten, denn auch dort herrschte amerikanischer Wohlstand, doch es gab keine Gangster oder Slums, wie man sie aus Hollywood-Filmen kannte. Eine Begebenheit aus der Hölle selbst – dem Konzentrationslager Auschwitz – belegt auf makabre Weise, daß Kanada tatsächlich das Traumland der Europäer war: Das Lagerhaus, in dem man die Habseligkeiten der neu eingetroffenen Häftlinge nach Wertsachen durchsuchte, wurde von den hungernden KZ-Insassen «Kanada» genannt, denn es war der einzige Ort im ganzen Lager, wo man, in den beschlagnahmten Taschen und Rucksäcken, einen Kanten Brot, Marmelade oder sogar eine Dose Fleisch finden konnte. Kanada ist auch heute noch ein wohlhabendes Land, doch in den reichsten europäischen Ländern und in Japan ist das Bruttosozialprodukt pro Kopf inzwischen größer. Noch dramatischer sank das Bruttosozialprodukt in Neuseeland: Im Jahr 1970 war es dort noch höher als in Japan und nur wenig niedriger als in der Europäischen Gemeinschaft insgesamt; doch nach den letzten Statistiken ist es inzwischen auf die Hälfte des japanischen und auf zwei Drittel des europäischen Wertes abgesunken.[3]

Außer der Sprache haben diese ansonsten recht unterschiedlichen Länder noch etwas gemeinsam: eine Kultur, in der das Individuum, seine Rechte und seine freie Entfaltung wichtiger sind als die Gruppe oder kollektive Ziele und Interessen. Solange dieser Individualismus gepaart war mit einem starken kalvinistischen Pflichtgefühl gegenüber der Familie und der Gemeinschaft, mit innerweltlicher Askese und einem typisch kalvinistischen Drang, durch Sparen Reichtum anzuhäufen, wurde ein erstaunlich dynamisches Gleichgewicht gewahrt. Auf dieser Grundlage entstanden die erfolgreichsten Gemeinschaften in der Geschichte der Menschheit: Sie verbanden ein ungewöhnlich hohes Maß an persönlicher Freiheit mit sozialer und politischer Stabilität und verknüpften den Wohlstand des einzelnen mit einem stark ausgeprägten Verantwortungsgefühl gegenüber der Gemeinschaft und der Nation.

Dieses Gleichgewicht ist nun zutiefst gestört. Vielleicht waren es gerade der Wohlstand und die Sicherheit, die jedes weitere Streben und jede weitere Selbstbeschränkung überflüssig erscheinen ließen. Tatsache ist jedenfalls, daß in der amerikanischen Kultur mit all ihren Gesetzen und Normen inzwischen ein ungezügelter Individualismus, der kein Gleichgewicht mehr kennt, die Oberhand gewonnen hat. Sein Ziel ist die uneingeschränkte Selbstverwirklichung des einzelnen ohne Rücksicht auf die Gemeinschaft, ja sogar auf Kosten der eigenen Familie. Immer mehr Kinder stehen plötzlich ohne Vater oder Mutter da, weil ihre Eltern sich scheiden lassen, und zwar nicht, um einem gewalttätigen oder verhaßten Ehepartner zu entrinnen, sondern weil sie auf der Suche nach mehr persönlichem Glück oder «nach sich selbst» sind. Nach jüngsten Statistiken aus dem Jahre 1987 waren 23,5 Prozent aller Frauen und Männer, die sich damals trauen ließen, zuvor schon einmal verheiratet gewesen. Eine Ehe hielt durchschnittlich sieben Jahre, und die Zahl der Scheidungswaisen durchbrach in diesem Jahr die Millionengrenze.[4]

Aus der gleichen Grundeinstellung heraus besteht man inzwischen auch kompromißlos auf seine ganz persönlichen Rechte und bekommt sie oft auch dann zugesprochen, wenn sie den Interessen der Gemeinschaft zuwiderlaufen. Oft entstehen Gerichtskosten in Millionenhöhe, weil bis zur letzten Instanz verbissen um möglichst viel Schmerzensgeld gekämpft wird. Und große Institutionen, die vielen Menschen nützen, werden von Einzelpersonen, denen sie ein geringfügiges Unrecht zugefügt haben, verklagt und in den finanziellen Ruin getrieben. Solche Beispiele zeigen, daß der typisch angelsächsische Kult um das Gesetz inzwischen zu einer

Prozeßsucht ausgeartet ist, die aus jeder noch so alltäglichen Begebenheit gleich einen Fall für den Staatsanwalt macht.

Einst war dieses Rechtssystem, das die Rechte des einzelnen unter gleichzeitiger Wahrung der Interessen der Gemeinschaft bestmöglich zu schützen trachtete, Amerikas ganzer Stolz. Es war die größte und beständigste Errungenschaft in der Geschichte der zivilisierten Kulturen, auch wenn es keine materiellen Denkmäler hinterließ, die die Nachwelt hätte bewundern können. Doch seit der kalvinistische Einfluß immer mehr schwindet, ist das ruhmreiche amerikanische Rechtssystem aus dem Gleichgewicht geraten. Die amerikanischen Gerichtssäle haben sich in Arenen der Selbstgerechtigkeit verwandelt, in denen auch die fragwürdigsten Rechte bedenkenlos eingeklagt werden können. Zusätzlich gefördert wird diese Pervertierung des Wiedergutmachungsprinzips durch den räuberischen Überlebenskampf eines riesigen Heeres von Juristen und Rechtsanwälten, dessen explosionsartige Zunahme in keinem Verhältnis zum Wirtschaftswachstum steht. So wie selbst gutgefütterte Ratten zu Kannibalen werden, wenn man zu viele in einen zu kleinen Käfig sperrt, so dient der Rechtsstaat vielen amerikanischen Anwälten heute nur noch als Vorwand für die Wahrnehmung ihrer ganz persönlichen beruflichen Interessen.

Sich polemisch oder spöttisch über diesen Berufsstand auszulassen ist in Amerika schon seit Jahrhunderten ein beliebtes Gesellschaftsspiel. Daher werden selbst die schlagkräftigsten Beweise für die zunehmende Pervertierung des amerikanischen Rechtssystems auch heute noch allzu leichtfertig vom Tisch gefegt. Kaum wird das Thema öffentlich angesprochen, reißen Juristen aus den Parlamenten, Richter oder sonstige Rechtsexperten das Wort an sich. Zusammen mit ihren Lobbys – und der Verband der amerikanischen Prozeßanwälte stellt die vielleicht stärkste Lobby in ganz Amerika dar – setzen sie alle Hebel in Bewegung, um jede vorgeschlagene Gesetzesreform zu verhindern, und verteidigen in professioneller Manier das amerikanische Rechtssystem: Es sei nach wie vor völlig in Ordnung; alle auftretenden Probleme gründeten in der menschlichen Natur, und die lasse sich nun einmal nicht reformieren.

Beide Argumente sind falsch, und doch gibt es kein unparteiisches Gremium, vor dem man sie widerlegen könnte, denn der US-Kongreß wird ebenso von Juristen beherrscht wie die gesetzgebenden Versammlungen der Bundesstaaten. Amerika ist das einzige Land der Welt, in dem die Juristen den zahlenmäßig, finanziell und politisch bedeutendsten Berufsstand bilden. Es wäre ausgesprochen naiv, von ihnen zu erwarten, daß sie Reformen zustimmen, die ihren eigenen Interessen zuwiderlaufen, solange sie nicht auf ernsthaften politischen Widerstand stoßen. Doch davon kann bisher nicht die Rede sein. Das Land, das ursprünglich «nicht von Menschen, sondern von Gesetzen» regiert werden sollte, ist inzwischen also der Willkür seiner Juristen und Rechtsanwälte ausgeliefert. Und einige Amerikaner übersehen, daß dieser Umstand dem Land seit den sechziger Jahren immense Kosten verursacht und so seine Wettbewerbsfähigkeit auf dem Weltmarkt erheblich schwächt.

Obwohl es in den Vereinigten Staaten schon heute sehr viele Juristen gibt (1985 waren es 655191, inzwischen sind es 700000),[5] wird sich ihre Zahl bis zum Jahr 2000 voraussichtlich auf 860000 erhöhen, da die juristischen Fakultäten immer mehr Nachwuchs produzieren: 1970 verließen 14916 Jurastudenten die damals noch 145 juristischen Fakultäten als Bachelor oder Doktor der Rechtswissenschaften; 1987 gab es bereits 180 solcher Fakultäten, und die Zahl ihrer Absolventen war um über das Doppelte auf 36172 gestiegen (im gleichen Zeitraum stieg die Zahl derer, die in den technischen Wissenschaften ihren Magister machten, nur von 16443 auf 22693).[6]

Im Jahr 1960 lebten in den Vereinigten Staaten insgesamt 180,7 Millionen Menschen; 285933 davon waren Juristen. Das ergab ein Verhältnis von 632 : 1. Nach jüngsten Schätzungen ist das Verhältnis in Amerika inzwischen bei 325:1, in Japan hingegen bei 8264:1. Aber natürlich verweisen Angehörige dieses Berufsstandes in den USA immer wieder darauf, daß im fernen exotischen Japan mit seinem lächerlich simplen Zivilgesetzbuch alles ganz anders sei; außerdem würden dort zahlreiche Fälle gar nicht von Volljuristen, sondern nur von billigeren «Rechtsgehilfen» bearbeitet.

Tatsächlich sind Juristen in diesem Teil der Welt sehr rar: In ganz Japan werden pro Jahr nicht mehr als circa 700 Anwälte neu zugelassen. Doch was ist mit Großbritannien? Die englische Rechtsordnung kann wohl schwerlich als bizarr oder exotisch abgetan werden, da sie der amerikanischen einst als Grundlage diente und ihr daher in jeder Hinsicht immer noch sehr ähnlich ist. Trotzdem kommt auf 973 Briten nur ein Anwalt. Auch das Argument, das relativ arme Großbritannien benötige kein so differenziertes Rechtssystem wie das wohlhabende Amerika, wird hinfällig, wenn man zum Vergleich das reichere Deutschland heranzieht, denn dort sind es sogar 1010 Einwohner, auf die ein Jurist kommt.[7]

Wie können sich die vielen amerikanischen Juristen und Rechtsanwälte finanziell über Wasser halten? Mit allen nur erdenklichen Tätigkeiten, lautet die Antwort, doch viele sind für die amerikanische Gesellschaft insgesamt durchaus entbehrlich. Wenn es in einem Land zu viele Bäcker gibt, wird dennoch nicht zuviel gebacken, denn die Nachfrage diktiert, wieviel Brot und Kuchen verkauft werden kann. Doch das Gesetz ist nebenbei auch noch ein Machtinstrument, und gewöhnlich bedienen sich die Juristen seiner, um der Gesellschaft ihre Dienste aufzudrängen. Und dabei greift dieses Riesenheer der Juristen in vielerlei Hinsicht störend in das Wirtschaftsleben des Landes ein.

Juristen im öffentlichen Dienst

Neuesten Statistiken zufolge waren 53035 Juristen aus dieser Gruppe als normale Verwaltungsbeamte bei staatlichen, bundesstaatlichen oder kommunalen Behörden beschäftigt; nur ganze 21677 arbeiteten als Volljuristen an einem Gericht.[8] Wenn auf sämtlichen Verwaltungsebenen so viele Beamtenstellen mit Rechtsanwälten besetzt sind, dann macht sich in den Amtsstuben leicht ein störender Legalismus breit, das heißt, man tüftelt mit juristischer Spitzfindigkeit an Gesetzen herum, die ursprünglich durchaus sinnvoll waren, und verliert dabei deren eigentlichen

Zweck aus den Augen. Auf diese Weise lassen sich selbst klarste Gesetzesvorschriften in einen undurchdringlichen Paragraphendschungel verwandeln.

In allen modernen Staaten werden alle möglichen privaten Aktivitäten und Fragen von «öffentlichem Interesse» (was immer man darunter auch verstehen mag) gesetzlich geregelt. So gibt es zum Beispiel diverse Sicherheitsvorschriften, Bestimmungen zum Schutz der Gesundheit oder der Umwelt und so weiter. Und genau genommen sind einige amerikanische Gesetze – man denke nur an den Arbeitsschutz, Schadstoffgrenzwerte oder an die Richtlinien für die Landnutzung – gar nicht so streng. Zum Beispiel ist in der Europäischen Gemeinschaft die Tierhaltung viel stärker reglementiert. Die vom amerikanischen Landwirtschaftsministerium erlaubten Hormonspritzen zur Gewichtssteigerung von Zuchtrindern sind dort unter Strafe gestellt. (Außerdem haben die Niederlande und Schweden sehr strenge Tierschutzgesetze, die es verbieten, Zuchthähnchen und Legehennen lebenslang in Käfige zu sperren oder Zuchtrinder in engen Verschlägen zu halten, damit sie mehr Fleisch ansetzen.) In der Schweiz wird der Schadstoffausstoß von Industriebetrieben viel genauer kontrolliert als in den Vereinigten Staaten. Und noch größere Auswirkungen auf die Wirtschaft haben die weitreichenden Vorschriften zur Energieeinsparung in Japan.

Doch selbst dann, wenn die gesetzlichen Bestimmungen in Amerika nicht strenger oder sogar großzügiger sind als in Europa oder Japan, ist ihre Einhaltung für alle Beteiligten oft mit wesentlich höheren Kosten verbunden. Das sind die erstaunlichen Auswüchse des Legalismus, der in den Vereinigten Staaten immer mehr um sich greift. Oft ist es wesentlich teurer und aufwendiger, schriftlich den Nachweis zu führen, daß man nicht gegen Vorschriften verstößt, als in der Praxis die Vorschriften tatsächlich einzuhalten. Mit anderen Worten, die Kosten für das Ausfüllen unzähliger Formulare und das Sammeln und Vorlegen aller verlangten Daten können höher, oft sogar wesentlich höher, sein als die Lohn- und Materialkosten, die beispielsweise für die konkrete Durchführung einer Maßnahme zum optimalen Schutz von Umwelt oder Gesundheit veranschlagt werden müssen. Und dies ist nur ein Beispiel dafür, wie die im öffentlichen Dienst beschäftigten Juristen die Verwaltungsvorgänge so verkomplizieren, daß viele Antragsteller die Dienste eines Rechtsanwalts in Anspruch nehmen müssen, um alle erforderlichen Formalitäten korrekt abwickeln zu können. Auf diese clevere Weise beschaffen sich Juristen und Anwälte gegenseitig Arbeit. Durchaus typisch ist auch, daß die Regierung Bush, als sie zwischen 1991 und 1992 beschloß, viele allzu strenge Vorschriften abzuschaffen oder zu entschärfen, lediglich «substantielle» Änderungen vorschlug, wie zum Beispiel, daß es künftig erlaubt sein sollte, mehr Bäume zu fällen oder bisher geschützte Feuchtgebiete zu bebauen und so weiter. Der Direktor des Council of Competitiveness, der im Auftrag des Weißen Hauses den Feldzug gegen hinderliche Gesetzesauflagen führte, wäre sicher nie auf die Idee gekommen, daß legalistische Formalitäten das größere Problem darstellen könnten, denn er war ebenfalls Jurist. Viele Firmen kommen mit den erforderlichen Anträgen, Bescheinigungen und formellen Begründungen überhaupt nicht zurecht und müssen den Papierkrieg daher von kostspieligen Spezialisten erledigen lassen.

Alle diese Vorschriften, ob sie nun von der Regierung in Washington, einem Bundesstaat oder einer Stadt erlassen werden, setzen voraus, daß alle Firmen Großunternehmen seien. Im Namen eines Gleichheitsprinzips, das rein theoretisch ist, müssen Dachdecker, Tapezierer, Handwerker, Ladenbesitzer und sonstige Kleinunternehmer ebenso hochkomplizierte Formalitäten erfüllen wie General Motors. Nur mit einem Bleistift ausgerüstet, muß sich jemand, der Firmeninhaber, Manager und Vorarbeiter in einem ist, mit denselben Formularen und demselben Schriftverkehr herumschlagen wie ein Großunternehmen von Weltrang, das über eine eigene Rechtsabteilung und ein Heer von Schreibkräften verfügt und darüber hinaus noch mit diversen Anwaltskanzleien zusammenarbeitet.

Hinzu kommt, daß die von den Behörden ausgeklügelten Vorschriften oft nicht nur völlig überzogen und pedantisch, sondern darüber hinaus auch absurd praxisfern sind. So hat ein Dachdekker beim Reparieren eines undichten Dachs, es regnet ins Haus, folgendes zu beachten:

Zunächst muß er das Dach auf Asbest überprüfen, denn selbst wenn es sich um ein Asphaltdach handelt, kann im Isoliermaterial oder in den Blenden Asbest enthalten sein. Oft muß er aus dem Dach eine Probe herausschneiden (wodurch unter Umständen eine weitere undichte Stelle entsteht) und an ein staatlich anerkanntes Labor schicken, wo sie gebührenpflichtig untersucht wird. In einigen Bundesstaaten darf eine solche Probe sogar nur von einer amtlich dazu bevollmächtigten «Schadstoffbekämpfungsfirma» entnommen werden. Auf jeden Fall darf der Dachdecker erst mit der Arbeit beginnen, wenn das Ergebnis der Laboruntersuchung vorliegt.

Falls das Dach tatsächlich Asbest enthält, muß das nächstliegende Büro der staatlichen Umweltbehörde EPA verständigt werden, und zwar *zehn Tage* vor Arbeitsaufnahme (unterdessen regnet es weiter durch die beiden Löcher ins Haus); außerdem muß mindestens einer der Dachdecker schriftlich nachweisen können, daß er die für solche Fälle von der EPA vorgeschriebene Spezialausbildung absolviert hat. Sofort nach Arbeitsbeginn müssen dann die vom Amt für Sicherheit und Gesundheit am Arbeitsplatz (OSHA) vorgeschriebenen «Luftüberwachungsmaßnahmen» durchgeführt werden. Gemäß den Vorschriften der Umweltbehörde ist bei der Arbeit zudem darauf zu achten, daß das asbesthaltige Material «ausreichend befeuchtet» wird, damit das Wasser «gründlich eindringen» kann – obwohl man, wie jeder weiß, gerade für Dächer besonders wasserdichte Materialien verwendet. Weiterhin schreibt die Umweltbehörde vor, daß bei «sichtbaren Emissionen» die Arbeit unverzüglich einzustellen sei, selbst dann, wenn die Schadstoffe nachweislich keine Asbestfasern enthalten. Der Staub, der beim Zerschneiden des Materials entsteht, muß abgesaugt und in Beuteln abgefüllt werden, die dann zur Entsorgung in einer entsprechenden Deponie abzuliefern sind. Und schließlich ist der Dachdeckermeister auch noch dafür verantwortlich, daß auf der

Baustelle nicht geraucht wird, ja, er muß sogar mit einer Geldstrafe rechnen, wenn einer seiner Angestellten sich trotzdem eine Zigarette ansteckt.

Solche Vorschriften hätten nur dann einen Sinn, wenn asbesthaltige Materialien für die im Freien arbeitenden Dachdecker tatsächlich eine signifikante Gesundheitsgefährdung darstellten, doch in Hunderten entsprechender Tests konnte in keinem einzigen Fall nachgewiesen werden, daß ein Dachdecker bei der Arbeit einer gefährlichen Dosis Asbest ausgesetzt gewesen wäre. Doch mit dem Asbest fängt die Geschichte erst an – während das Dach weiterhin undicht ist:

Vorausgesetzt, in dem Dach konnte tatsächlich keine Spur von Asbest entdeckt werden, so kann die Arbeit nun endlich aufgenommen werden, d. h. noch nicht ganz, denn zuvor muß der Dachdeckermeister seinen Angestellten zuerst noch den Umgang mit allen anderen «gefährlichen Materialien» erklären, zum Beispiel mit dem Benzin, mit dem die Pumpen der Asphaltkocher betrieben werden. Die OSHA-Inspektoren überprüfen nicht selbst, ob und wie die Angestellten eingewiesen wurden. Noch schauen sie dem Dachdeckermeister bei seiner Aufklärungsarbeit zu oder fragen ihn selbst, was er seinen Leuten beigebracht hat. Sie verlassen sich ausschließlich auf die Aussagen seiner Angestellten. Doch selbst wenn es sich um erfahrene Dachdecker handelt, die mit allen verwendeten Materialien und Behältern längst vertraut sind, müssen die vorgeschriebenen «Informationsblätter über den richtigen Umgang mit gefährlichen Materialien» stets auf die Baustelle mitgenommen und sämtliche Behälter immer «korrekt» beschriftet werden.

Wenn der Dachdeckermeister beabsichtigt, den Asphalt in heißem Zustand zur Baustelle transportieren zu lassen, weil er mit seinen Leuten dort nicht zwei oder drei Stunden lang untätig herumsitzen will, bis das Material endlich die richtige Temperatur hat, dann muß er noch ein paar weitere Bestimmungen beachten:

- Der Kessel muß einen Aufkleber tragen, auf dem in Groß-
  buchstaben das Wort HEISS steht;
- bevor der Lastwagen mit dem heißen Kessel das Gelände des
  Dachdeckerbetriebs verläßt, müssen entsprechende Fracht-
  papiere ausgefüllt werden;
- da der Lastwagen bei einem Unfall umkippen könnte, müssen entsprechende Vorkehrungen getroffen werden, um auf
  einen solchen Notfall jederzeit vorbereitet zu sein;
- nicht nur der Kessel muß beschriftet sein, auch der Lkw muß
  mit einer Plakette versehen werden, die darauf hinweist, daß
  er gefährliche Materialien geladen hat;
- außerdem muß der Dachdeckermeister sich vergewissern,
  daß der von ihm beauftragte Lastwagenfahrer sich einem
  Drogentest unterzogen hat, die Prüfung für Berufsfahrer ab-
  gelegt hat und entsprechend ausgebildet wurde;
- der Dachdecker muß ferner darauf achten, daß sein Fahrer
  das Fahrtenbuch korrekt führt;
- beträgt die Entfernung zwischen dem Dachdeckerbetrieb und
  der Baustelle mehr als 40 Kilometer, dann muß der Dachdekker dafür Sorge tragen, daß der Fahrer unterwegs einmal
  anhält und nachsieht, ob die Ladung verrutscht ist;
- weiterhin ist der Dachdecker dafür verantwortlich, daß der
  Fahrer seinen Sicherheitsgurt anlegt, sonst muß er – wie bei
  allen Verstößen gegen eine der genannten Auflagen – mit
  einer Geldstrafe rechnen.[9]

Es versteht sich von selbst, daß diese erst 1989 erlassenen Vorschriften die Kosten für die Reparatur des Hausdaches drastisch
erhöht haben. Außerdem haben sie die kleineren Dachdeckerbe-
triebe vom Markt verdrängt. Ihre Besitzer fühlten sich von den
komplizierten Formalitäten und Sicherheitsvorschriften völlig ein-
geschüchtert und befürchteten zudem, durch Geldstrafen und er-
zwungene Arbeitsunterbrechungen irgendwann in den Bankrott
getrieben zu werden.
    Es liegen bis dato noch keine Zahlen darüber vor, ob seit In-
krafttreten der neuen Bestimmungen die Zahl der Unfälle im

Dachdeckergewerbe tatsächlich zurückgegangen ist. Wahrscheinlich nicht, denn bisher wurde es den beiden Behörden EPA und OSHA noch nicht gestattet, ihre segensreiche Arbeit zu Ende zu führen, also sämtliche Dachdeckerarbeiten gänzlich zu verbieten, um so auch noch die durchaus bestehende Gefahr auszuschalten, daß einmal jemand vom Dach fällt. Dafür waren die Bemühungen der beiden Behörden in anderer Hinsicht von Erfolg gekrönt: Als mein Dachdecker mir unter tausend Entschuldigungen seinen Kostenvoranschlag für eine geringfügige Reparatur an meinem Hausdach vorlegte – der diesmal wesentlich höher lag als bei seinem letzten Besuch –, hörte ich mir sein Klagelied über die Behörden gar nicht erst lange an, sondern faßte kurzerhand den mutigen Entschluß, mich selbst in schwindelerregende Höhen zu wagen und mein Dach eigenhändig zu reparieren. So konnte die Umweltbehörde die Dachdecker zwar nicht von der Asbestseuche befreien, weil es diese schlicht nie gegeben hat, doch fand sie immerhin ein wirksames Mittel gegen die Höhenangst vieler Hausbesitzer.

Beispiele für juristische Pedanterie und legalistischen Terror gibt es zuhauf. So wurde zum Beispiel ein bedauernswerter Werkstattbesitzer ununterbrochen mit gerichtlichen Verfügungen und Bußgeldbescheiden traktiert, weil er in seiner Belegschaft nicht die vorgeschriebene Minderheitenquote erreichte: Ihm fehlte genau ein halber Angestellter. Tausende von Unternehmern mit kleineren und größeren Betrieben, die mit den neuerdings verlangten Formalitäten (die größtenteils durchaus verzichtbar sind) überhaupt nicht zurechtkamen, beendeten den Papierkrieg dadurch, daß sie ihre Betriebe einfach dichtmachten. In jedem Industriegebiet sieht man heute stillgelegte Fabriken, Werkstätten und Verarbeitungsbetriebe. Auch gibt es in den ganzen Vereinigten Staaten so gut wie keine Gießereien mehr; sie wurden größtenteils nach Mexiko oder in sonstige Länder verlegt, wo man strenge gesetzliche Auflagen entweder gar nicht kennt oder einfach nicht beachtet. Einige dieser Betriebe hätten schon viel früher geschlossen werden sollen. In anderen Fällen waren die Unternehmer schlicht nicht bereit, durchaus zumutbare Summen in Umweltschutzmaßnahmen zu investieren, obwohl ihre Betriebe in der Tat Dreckschleudern waren.

Doch etliche Firmen gaben nur deswegen auf, weil sie sich den aufwendigen Papierkrieg, der mehr Kosten verursachte als die erforderlichen Schutzmaßnahmen, einfach nicht leisten konnten.

Natürlich braucht die amerikanische Gesellschaft Gesetze, die die Umwelt schützen, für mehr Sicherheit am Arbeitsplatz sorgen oder unterprivilegierten Minderheiten Chancengleichheit auf dem Arbeitsmarkt einräumen. Und der extreme Legalismus, der sich in den Behörden breitmacht, bescherte den Amerikanern tatsächlich ein paar durchaus notwendige Verordnungen (die in einigen Fällen allerdings immer noch hinter dem Standard anderer moderner Industrieländer zurückbleiben). In erster Linie aber verkomplizierte er die Verwaltungsabläufe und Genehmigungsverfahren in einem solchen Maße, daß viele Betriebe vor der Flut von Bescheinigungen, Begründungen, Absichtserklärungen, Anträgen und Gutachten über den Nutzen der geplanten Umweltschutzmaßnahmen schlicht kapitulieren. Daher brauchen die vielen Juristen und Anwälte ebensowenig zu befürchten, daß ihnen die Arbeit ausgeht, wie die neue Zunft der Umweltfachleute, die im Auftrag der Firmen die vorgeschriebenen Berichte über den Sinn und Zweck geplanter Maßnahmen erstellen und sich ihre Dienste teuer bezahlen lassen. Unterdessen müssen allerdings immer mehr Bäume gefällt werden, weil man für die vielen Formulare schließlich Unmassen von Papier benötigt. Vielleicht ist es an der Zeit, die EPA und alle anderen Behörden dazu aufzufordern, ihrerseits Berichte über die Auswirkungen ihrer Aktivitäten auf den Waldbestand vorzulegen.

Rechtsanwälte und Rechtsverdreher

Da die amerikanische Wirtschaft im Augenblick nur mäßige Zuwachsraten verzeichnet, die Zahl der Rechtsanwälte aber kräftig steigt, haben letztere verschiedene Methoden entwickelt, um bestehende lukrative Betätigungsfelder zu erhalten oder neue zu schaffen. Wie bereits dargelegt, widersetzt sich ihre Lobby mit beachtlichem Erfolg jedem Versuch, die momentane Prozeßflut einzudämmen oder die Abwicklung rechtlicher Formalitäten zu vereinfachen und damit zu verbilligen. Als Einzelpersonen bleibt ihnen nur die Möglichkeit der Spezialisierung. So können sie jede noch so kleine Formalität, mit deren Erledigung sie ein Mandant beauftragt, verkomplizieren oder ihre oft zögernden Mandanten dazu ermuntern, Klage zu erheben, indem sie auf der Basis von Erfolgshonoraren arbeiten.

Der Zwang zur Spezialisierung hat dazu geführt, daß examinierte Juristen inzwischen in den unterschiedlichsten Bereichen der amerikanischen Gesellschaft als ganz normale Angestellte arbeiten. Allerdings gilt das nur für eine kleine Minderheit. Nach letzten Statistiken aus dem Jahre 1985 übten von insgesamt 655191 Juristen nur 83843 eine Tätigkeit aus, die kein Jurastudium voraussetzte. 63622 Juristen aus dieser Gruppe arbeiteten für große Firmen, teils als fest angestellte Firmenberater, in der Mehrzahl jedoch als leitende Angestellte, die nur zufällig eine juristische Ausbildung hatten. Einige bekleideten sogar Direktorenposten.

Es wurde schon oft darauf hingewiesen, daß europäische Manager in der Regel eine klassische Ausbildung haben oder, wie die meisten japanischen Führungskräfte, Diplomingenieure sind, während viele große US-Unternehmen von Juristen geleitet werden, die sich zwar im Paragraphendschungel der modernen amerikanischen Wirtschaft zurechtfinden mögen, oft aber zuwenig von hochkomplizierten modernen Technologien oder den komplexen Mechanismen der Weltwirtschaft verstehen. Ein Jurastudium ist nun mal eine recht provinzielle Ausbildung, mit der man im Ausland wenig anfangen kann. Ein Arzt kann auch in einem fremden Land ein auf der Straße liegendes Unfallopfer sachgerecht versorgen (nur in den Vereinigten Staaten muß er hinterher unter Umständen ein Verfahren wegen falscher ärztlicher Behandlung befürchten), und ein Ingenieur wird überall auf der Welt dieselben Naturgesetze bestätigt finden, die man ihm zu Hause beigebracht hat. Doch ein amerikanischer Anwalt ist mit den Gesetzen in einem fremden Land nur selten vertraut.

Die meisten Juristen lassen sich jedoch als Rechtsanwälte nieder, das heißt, sie eröffnen eine eigene Kanzlei (im Jahr 1985 vollzogen 460206 von insgesamt 655191 diesen Schritt). Wie schaffen sie es, zu überleben und oft auch noch Erfolg zu haben? In Washington, in den Metropolen der verschiedenen Bundesstaaten sowie in diversen anderen Groß- oder Kreisstädten verdienen einige Anwälte, die für große Kanzleien arbeiten, ihr Geld nicht mit regulären Anwaltstätigkeiten, sondern mit «Lobbying». Doch diese Lobbyisten treten eigentlich nur in Washington gehäuft auf; landesweit gesehen ist ihre Zahl relativ niedrig. Den meisten niedergelassenen Rechtsanwälten bleibt also nichts anderes übrig, als sich um prozeßrechtliche Verfahren zu kümmern und deren Abwicklung möglichst aufwendig und kompliziert zu gestalten. Es ist hinlänglich bekannt, daß Prozesse die Wirtschaft und die Gesellschaft insgesamt sehr teuer zu stehen kommen, doch die in Amerika mittlerweile zur Gewohnheit gewordene offenkundige Verkomplizierung von Rechtsfragen ist ebenfalls sehr kostspielig.

Verträge sind absolut unverzichtbar, denn ohne sie können keine Geschäfte abgewickelt werden. Selbst die einfachsten Transaktionen müssen vertraglich geregelt werden. Doch in einem Land, in dem 1989 allein die Bezirksgerichte 61975 Klagen wegen vermeintlicher Vertragsverletzungen zu bearbeiten hatten[10] (und die überwiegende Zahl solcher Klagen wird bei den Gerichten der Bundesstaaten eingereicht), ist das Aufsetzen eines Vertrages alles andere als eine einfache Angelegenheit. Es reicht zum Beispiel nicht aus, wenn ein Autor seinem Verleger die «Weltrechte» an seinem Buch zusichert, denn dann wird dessen Anwalt in mehreren Briefen (die er natürlich alle einzeln in Rechnung stellt) die Ausdehnung dieser Rechte auf «das gesamte Universum» fordern, obwohl im All bisher noch keine lesehungrigen Außerirdischen angetroffen wurden. Es genügt auch nicht, dem Verleger die «Exklusivrechte» an einem Buch einzuräumen, denn sein Anwalt wird bald darauf in einem weiteren Schreiben auf die Formulierung «die alleinigen Exklusivrechte» bestehen. Die Liste der Beispiele ließe sich beliebig fortsetzen. In Großbritannien umfaßt ein normaler Buchvertrag jedenfalls nur zwei oder drei Seiten, in Amerika mindestens zehn.

Handelsverträge lassen sich noch viel besser verkomplizieren als einfache Buchverträge. Zum Erstaunen ausländischer Geschäftsleute konzentrieren sich viele ihrer amerikanischen Kollegen am Verhandlungstisch nicht auf die finanzielle Seite des geplanten Geschäfts, sondern kommen oft auf rechtliche Details des aufzusetzenden Vertragspapiers zu sprechen. Noch mehr Befremden löst in der Regel der Wortlaut eines ganz normalen, in Amerika üblichen Vertrages aus, denn er läßt erkennen, daß der Verfasser beim Aufsetzen bereits an einen möglichen Rechtsstreit dachte und es daher für notwendig erachtete, dessen Modalitäten in aller Ausführlichkeit zu erläutern. Obwohl gerade beim Anknüpfen einer neuen Geschäftsbeziehung gegenseitiges Vertrauen erforderlich ist, erweckt der amerikanische Vertragspartner so den Eindruck, er wolle gleich einen Rechtsstreit vom Zaun brechen. Europäische und japanische Verträge handeln den Rechtsweg, wenn überhaupt, in einer kurzen Zeile ab, denn häufig wird vereinbart, im Streitfall die Handels-Schiedsgerichtsbarkeit in Anspruch zu nehmen. US-Unternehmen sehen nichts Außergewöhnliches darin, sich gegenseitig zu verklagen und ihre Geschäftsbeziehungen trotzdem aufrechtzuerhalten, während in fast allen anderen Ländern ein Rechtsstreit zwischen zwei Geschäftspartnern zumeist das allerletzte Mittel ist und fast ausnahmslos zum Abbruch der Zusammenarbeit führt.

Obwohl Zivilprozesse nur einen relativ kleinen Teil der Arbeit niedergelassener Rechtsanwälte ausmachen, sind sie für viele eine gute, für einige sogar eine höchst lukrative Einnahmequelle. Einerseits drängen die Anwälte ihre Mandanten heutzutage meist dazu, sich mittels kostspieliger juristischer Vorsichtsmaßnahmen gegen jeden noch so unwahrscheinlichen Rechtsstreit abzusichern, andererseits ermuntern sie sie aber auch mit großem Erfolg zum Prozessieren: Im Jahr 1989 zählte man allein bei den amerikanischen Bezirksgerichten 233 529 neue Rechtsfälle und 242 433 schwebende Verfahren. Wie schnell die Degeneration des amerikanischen Rechtssystems voranschreitet, zeigt ein Vergleich mit dem Jahr 1980: Zwar lag die Zahl der neuen Verfahren mit 168 789 auch damals schon recht hoch, aber immerhin 30 Prozent niedriger als 1989. Das Bevölkerungs- und Wirtschaftswachstum des Landes betrug im selben Zeitraum weniger als zehn Prozent. Die Rechtsstreitigkeiten um Verträge, Patentrechte, Vervielfältigungsrechte oder Warenzeichen – also typische Firmenprozesse – nahmen besonders stark zu: von 52835 im Jahr 1980 auf 67952 im Jahr 1989.[11]

Diese Zahlen verraten allerdings nicht, wie viele Zivilprozesse tatsächlich stattfinden, denn nur sehr wenige Fälle gelangen bis vor die Bezirksgerichte. Die Zahl der Fälle, die alljährlich vor den Gerichten der Bundesstaaten verhandelt werden, liegt mittlerweile im zweistelligen Millionenbereich. Auch sie ist enorm gestiegen: von 14,1 Millionen im Jahr 1984 über 15,5 Millionen im Jahr 1986 auf stolze 16,6 Millionen im Jahr 1990.[12]

Neben den Privatpersonen und Institutionen, die aus den unterschiedlichsten Gründen Prozesse anstrengen, bekriegen sich vor Gericht vor allem Unternehmen. So reichte zum Beispiel der texanische Halbleiterhersteller Cyrix im Dezember 1990 eine Antitrustklage gegen den Marktführer Intel ein. Einen Monat später verklagte Intel die Firma Cyrix wegen einer Patentrechtsverletzung, und noch bevor dieser Fall überhaupt zur Anhörung kam, strengte Intel ein weiteres Verfahren gegen den Konkurrenten an. In etwas mehr als einem Jahr waren also drei Verfahren zwischen den beiden Unternehmen anhängig. In der amerikanischen Industrie zieht man mit einer solchen Unbekümmertheit vor Gericht, daß Anfang der achtziger Jahre die Firmen Northrop Corporation und McDonnell-Douglas, die damals gemeinsam das Marine-Jagdflugzeug F/A-18 bauten (was natürlich eine besonders enge Zusammenarbeit voraussetzt), mehrere Prozesse gegeneinander laufen hatten, in denen sie sich gegenseitig der Unlauterkeit und diverser Vergehen bezichtigten.

Während die Spitzenmanager europäischer und japanischer Unternehmen also ihre Zeit damit vergeuden, Forschung und Entwicklung voranzutreiben, die Produktion zu verbessern und das Marketing zu vervollkommnen, ziehen es die Führungskräfte der US-Industrie offenbar vor, mit ihren firmeneigenen Rechtsanwälten und dem obligatorischen externen Rechtsberater abstruse Einzelheiten ihrer neuesten Gerichtsverfahren zu erörtern.

Liegt das daran, daß die Amerikaner besonders streitsüchtig sind? Möglicherweise. Fest steht allerdings, daß diese Prozeßwut durch ganz bestimmte Rechtspraktiken gefördert wird, insbesondere durch die sogenannte «amerikanische Regel», die besagt, daß der Verlierer eines Zivilprozesses die Verfahrenskosten des Gewinners nicht zu bezahlen braucht. Aus fast jedem nur erdenklichen Grund kann also jeder jeden verklagen und, egal ob er nun gewonnen oder verloren hat, den Gerichtssaal mit dem befriedigenden Gefühl verlassen, seinem Ärger endlich Luft gemacht und die Zeit und den Geldbeutel aller Beteiligten ausgiebig strapaziert zu haben. Die sogenannte «englische Regel», die nicht nur in Großbritannien, sondern fast weltweit Anwendung findet, erlegt dagegen dem Verlierer in einem Rechtsstreit um finanzielle Forderungen alle Verfahrenskosten der Gegenpartei auf. Diese Regelung beugt absurden Prozessen und dem Mißbrauch der Gerichte zur gezielten Zermürbung eines unliebsamen Kontrahenten wirkungsvoll vor. Die Einführung der «englischen Regel» in den Vereinigten Staaten würde die Zahl der Prozesse mit Sicherheit drastisch verringern.

Zweifellos sind alle amerikanischen Juristen (also nicht nur die Rechtsanwälte, sondern auch die Richter und diejenigen, die in einem Parlament sitzen) überzeugte Patrioten, denn sie verteidigen die «amerikanische Regel» stets vehement mit dem Argument, die «englische Regel» begünstige die Reichen, die sich das Risiko, einen Prozeß zu verlieren, viel eher leisten könnten. Das stimmt natürlich. Doch vorausgesetzt, es handelt sich nicht um ein Strafverfahren zur Wiederherstellung der sozialen Gerechtigkeit, sondern lediglich um einen Zivilprozeß zur Klärung finanzieller Ansprüche, warum pocht man dann ausgerechnet in diesem Fall auf eine Gleichberechtigung von Arm und Reich? Beim Kauf von Häusern oder Yachten besteht doch auch keine Chancengleichheit. Natürlich wäre die längst überfällige Einführung der weltweit praktizierten «englischen Regel» in den Vereinigten Staaten für die amerikanischen Rechtsanwälte mit katastrophalen Einkommenseinbußen verbunden, doch die amerikanische Gesellschaft würde dadurch von unzähligen Rechtskonflikten befreit.

Eine weitere Besonderheit der amerikanischen Rechtspraxis ist die Pflicht zur Offenlegung prozeßrelevanter Unterlagen, das heißt das uneingeschränkte Recht des Klägers und des Beklagten, bereits vor der Verhandlung die Geschäftsbücher und Akten der gegnerischen Partei nach Beweisen zu durchforsten. Dieser Usus fördert Klagen ins Blaue hinein – in der Hoffnung, bei der Einsichtnahme in die Akten des Gegners auf etwas Brauchbares zu stoßen – und verursacht den Beklagten hohe Kosten. Große Unternehmen werden heutzutage routinemäßig dazu aufgefordert, teilweise jahrzehntealte Akten vorzulegen und die banalsten Geschäfte schriftlich zu belegen. Abgesehen davon, daß dazu Tonnen von Papier bewegt werden müssen, verursacht allein das Heraussuchen und Sichten der gewünschten Unterlagen oft schon so hohe Verwaltungskosten, daß die Beklagten sich mit den Klägern oft auch dann auf einen außergerichtlichen Vergleich einigen, wenn sie voll und ganz davon überzeugt sind, daß sie den Prozeß gewinnen würden.

Einige Anwaltskanzleien haben sich inzwischen auf die Buchführungsmethoden ganz bestimmter Unternehmen spezialisiert, gegen die sie ständig aufs neue zu Felde ziehen. Dabei setzen sie ihre finanziellen Forderungen jeweils knapp unter den Bearbeitungskosten an, die sie bereits kalkuliert haben, weil sie damit rechnen, auch dann Geld herausschlagen zu können, wenn sie nur wenig in der Hand haben, was eine Klage rechtfertigen würde.

Diese Offenlegungspflicht gibt es auch in anderen Ländern, allerdings in sehr eingeschränkter Form: Der Kläger kann nur ganz bestimmte Akten anfordern, deren Nummer, Datum und so weiter er genau angeben muß. Er darf also nicht einfach in das Archiv einer Firma eindringen, nur weil er sie verklagen will. Natürlich wird auch die uneingeschränkte Offenlegungspflicht von den amerikanischen Juristen hartnäckig verteidigt, denn ohne sie würde die Hälfte der Prozeßanwälte nur noch halb soviel verdienen.

Die dritte Besonderheit der amerikanischen Rechtspraxis ist die beinahe einhellige Überzeugung der Richter, daß in einer unvollkommenen Welt zumindest die zivile Rechtsprechung nach Vollkommenheit streben sollte. Und da ein solches Unterfangen nun einmal sehr viel Zeit erfordert, wird Anträgen auf Verschiebung, die den eigentlichen Prozeß endlos hinauszögern, in aller Regel stattgegeben. Die Folge ist, daß bereits sehr hohe Verfahrenskosten auflaufen können, bevor ein Fall überhaupt zur Verhandlung kommt. Ein beliebtes Opfer ist zum Beispiel die Firma Dow Chemical, gegen die jedes Jahr ungefähr 2000 Produzentenhaftungsklagen eingereicht werden (daß aus dem gesamten Ausland jährlich nur 20 Anzeigen gegen diese Firma eingehen, ist sehr aufschlußreich). Wegen der Offenlegungspflicht und der jahrelangen Verzögerungen kostet es Dow im Durchschnitt ungefähr 250000 Dollar, bis die Verhandlung endlich beginnt. So kann selbst eine abgewiesene Klage zu einer finanziellen Niederlage werden: «Selbst wenn Sie gewinnen, verlieren Sie.»[13] Viele Rechtsanwälte reichen eine Klage ein und zögern das Verfahren dann durch Offenlegungsforderungen und ständige Anträge auf Verschiebung so lange hinaus, bis der Beklagte schließlich einer außergerichtlichen Einigung zustimmt, nur um den Fall endlich los zu sein (denn bei jeder gerichtlichen Anhörung fallen Gebühren an).

Aus dem Zusammenwirken dieser drei Faktoren erklärt sich die hohe Bereitschaft amerikanischer Firmen, profitgierige Rechtsanwälte und deren Mandanten selbst dann abzufinden, wenn die Beschuldigungen an den Haaren herbeigezogen sind. Manche Unternehmen kommen dabei noch relativ billig weg: So zahlen die Autoversicherungen Unfallopfern, die nach einem Auffahrunfall über das sogenannte Schleudertrauma klagen, routinemäßig 6000 bis 10 000 Dollar, und zwar auch dann, wenn der «Unfall»-Verursacher am Ende einer vor einer Ampel wartenden Autoschlange mit nur 1,5 km/h auf den Wagen des Klägers aufrollte, so daß keinerlei Sachschaden entstand und sich auch kein Arzt fand, der den Insassen irgendwelche Verletzungen bescheinigt hätte. Firmen, die zu Unrecht beschuldigt werden, Angestellte wegen ihres Geschlechts oder ihrer Hautfarbe diskriminiert zu haben, müssen dagegen schon wesentlich mehr hinblättern. Um nicht in die Schlagzeilen zu geraten, entschädigen sie die Kläger in der Regel mit rund 100000 Dollar. Solche Methoden lassen sich weder mit ethischen noch mit wirtschaftlichen Argumenten rechtfertigen, doch ihr Erfolg regt viele zur Nachahmung an.

Diese dreifache juristische Schützenhilfe erleichtert es den amerikanischen Rechtsanwälten ungemein, ihre Mandanten zum Prozessieren zu überreden. Und selbst wenn ihnen das nicht gelingt, weil ihre Mandanten längst überholte Ängste vor jahrelang sich hinschleppenden Prozessen hegen, den Roman *Bleakhaus* von Charles Dickens gelesen haben oder schlicht die anfallenden Gerichtsgebühren nicht bezahlen können oder wollen, so hindert sie das noch lange nicht daran, trotzdem ein Verfahren einzuleiten. In solchen Fällen werden die Rechtsanwälte gewissermaßen selbst zum Kläger: Sie stellen ihrer abwesenden, desinteressierten oder gar unwilligen Kundschaft keinerlei finanzielle Forderungen, sondern arbeiten ausschließlich auf der Basis von Erfolgshonoraren, das heißt, die Mandanten zahlen nur im Falle eines gewonnenen Prozesses einen Teil der Verfahrenskosten – in der Regel 30 Prozent der Summe, die der Anwalt für sie herausgeschlagen hat. In England und im übrigen Europa gelten solche Erfolgshonorare als sittenwidrig. Im längst nicht so prozeßwütigen Japan ist eine Erfolgsgebühr zwar ebenfalls üblich, doch muß der Mandant dort trotzdem einen Honorarvorschuß leisten, der die wichtigsten Unkosten und einen bescheidenen Teil der Anwaltsvergütung abdeckt.[14]

Die Risikobereitschaft der amerikanischen Anwälte kommt nicht von ungefähr: Selbst die besten können pro Stunde nicht viel mehr als 800 Dollar verlangen und kommen so auf ein Jahreseinkommen von höchstens 1600000 Dollar, von dem dann noch alle möglichen Auslagen abgehen. Wenn sie ihren Beruf also ganz regulär ausüben, haben sie keinerlei Aussichten, irgendwann superreich zu werden. Nur wenn sie mit Erfolgshonoraren arbeiten, können sie mit etwas Glück an einem einzigen Firmenstreit oder Produzentenhaftungsprozeß Millionen verdienen. Achtstellige Erfolgshonorare sind durchaus keine Seltenheit, und in einem bekannten Fall erhielt ein texanischer Anwalt sogar über 500 Millionen Dollar. Solche Heldentaten regen natürlich zur Nachahmung an. Erfolgshonorare wurden früher äußerst selten vereinbart und waren unter seriösen Rechtsanwälten sogar regelrecht verpönt. Heute sind sie allgemein üblich.

Als weitere Besonderheit der amerikanischen Rechtspraxis sei schließlich noch erwähnt, daß selbst Fälle von Produzentenhaftung und Schmerzensgeldforderungen – dazu gehören auch Klagen wegen falscher ärztlicher Behandlung – vor einem Schwurgericht verhandelt werden. Geschworene sind in aller Regel zwar in der Lage, menschliches Verhalten zu beurteilen oder die Glaubwürdigkeit von Zeugen einzuschätzen, doch die sehr komplexen Sachverhalte, die einer Schmerzensgeldforderung oft zugrunde liegen, sind weit schwieriger zu beurteilen. Und mit der Entscheidung, ob ein ärztlicher Kunstfehler vorliegt oder ob eine Produzentenhaftungsklage berechtigt ist, sind sie meist gänzlich überfordert, weil ihnen die nötigen medizinischen oder technischen Kenntnisse fehlen. Aus diesem Grund können englische Richter bereits seit 1883 selbst entscheiden, ob sie bei Schmerzensgeldforderungen eine Jury hinzuziehen wollen oder nicht. In Kanada können sogar beide Prozeßparteien den Antrag stellen, wegen der Komplexität des Falles auf Geschworene zu verzichten, und auf dem europäischen Kontinent werden zivilrechtliche Delikte grundsätzlich nie vor einem Schwurgericht verhandelt.[15]

Bei Strafprozessen sind die Geschworenen ein wichtiger Garant für Gerechtigkeit. Sie vertreten nicht die Staatsgewalt, sondern stehen demjenigen, der allein auf der Anklagebank sitzt und die ganze Macht des Staates auf sich lasten fühlt, gewissermaßen «von Mensch zu Mensch» gegenüber. In der Regel würden sie sich auch ohne die vorherige obligatorische Aufforderung des Richters «im Zweifelsfall für den Angeklagten» entscheiden, und das ist auch gut so. Doch wenn es um aus der Produzentenhaftung abgeleitete Schadenersatzansprüche oder um Schmerzensgeld geht, tut eine solche Jury der Gerechtigkeit meist keinen guten Dienst. Der Angeklagte ist in solchen Fällen kein unglücklicher, einsamer Mensch, sondern eine abstrakte Rechtspersönlichkeit: eine Firma, Institution oder Versicherungsgesellschaft, die als reich und mächtig gilt. Nur der Kläger ist ein Mensch: ein hilfloses Kind, ein durch einen Verkehrsunfall verkrüppelter junger Mann, ein sterbenskranker alter Mann, für dessen Zustand man ein bestimmtes Produkt oder bestimmte Arbeitsbedingungen verantwortlich macht, oder auch eine trauernde Familie. Und die Jury hat nun die einmalige Gelegenheit, eine private Tragödie durch ein Geldgeschenk ein wenig zu mildern, selbst wenn der Unfall selbstverschuldet war oder der Arzt nicht den geringsten Fehler begangen hat und obendrein sympathisch ist (schließlich hat er für solche Fälle ja eine spezielle Versicherung abgeschlossen und muß daher nicht selber zahlen).

Wer würde es schon übers Herz bringen, einem leidgeprüften Menschen ein Geschenk zu verweigern, das zudem völlig gratis zu sein scheint? Gewiß, in Amerika besteht eine solche Jury gewöhnlich aus Menschen, die genau wissen, daß für die Operationskosten oder Versicherungssummen, über die sie in einem solchen Prozeß entscheiden, nicht eine Einzelperson, sondern die Allgemeinheit aufkommen muß. Doch solche abstrakten wirtschaftlichen Erwägungen rücken in den Hintergrund, wenn man hautnah mit menschlichem Leid konfrontiert wird, vor allem, wenn der Fall tatsächlich tragisch ist oder zumindest vom Anwalt so hingestellt wird. Wer wollte schon behaupten, daß das leidenschaftliche Plädoyer eines Verteidigers, der augenscheinlich den Tränen nahe ist, in Wirklichkeit nur seinem Erfolgshonorar gilt?

Produzentenhaftung

Selbstverständlich steht Verbrauchern, die durch ein schlecht konzipiertes oder fehlerhaftes Produkt zu Schaden gekommen sind, eine angemessene Entschädigung zu. Und wenn der Hersteller bewußt fahrlässig gehandelt hat, also die Mängel seines Produkts genau kannte, dann sollte ihm über den Schadenersatz hinaus noch eine Geldbuße auferlegt werden. Im Januar 1963 führte das oberste Gericht Kaliforniens den Rechtsgrundsatz der «strengen Haftung» ein, auf die man sich seither vor Gericht immer häufiger beruft. Danach ist der Hersteller nicht nur für alle Schäden verantwortlich, die sein Produkt direkt verursacht hat, sondern auch für Schäden, die nur sehr entfernt mit seinem Produkt in Verbindung zu bringen sind, und zwar völlig unabhängig davon, ob bewußte Fahrlässigkeit vorliegt oder nicht. Unter strenge Haftung fallen die Gestaltung und Herstellung des Produkts, sein Vertrieb über den Groß- oder Einzelhandel sowie alle zu seiner Herstellung benötigten Zubehörteile. Allerdings läßt der Grundsatz so großzügige Auslegungen zu, daß inzwischen selbst völlig an den Haaren herbeigezogene Schadenersatzansprüche mit Hilfe der Geschworenen vor Gericht durchgesetzt werden können. Hinzu kommt, daß die Entschädigungssummen in Produzentenhaftungsfällen fast durchweg unverhältnismäßig hoch sind. Inzwischen wundert sich niemand mehr über die phantastische Großzügigkeit, die Geschworene in solchen Fällen immer wieder an den Tag legen:

- Ein kalifornisches Gericht sprach dem Football-Spieler aus einer High-School-Mannschaft elf Millionen Dollar zu, weil die Firma Riddell ihre Helme ohne ein Hinweisschild verkauft hatte, auf dem ausdrücklich davor gewarnt wurde, mit den Helmen Gegenspieler zu rammen. Natürlich hatte nicht der Helmhersteller, sondern ein Gegenspieler den Sportler brutal gerammt, doch weil die Jury dem bedauernswerten Opfer eine Spende zukommen lassen wollte, veranschlagte sie die Schuld des Gegenspielers an dem Sportunfall auf nur 7,5 Prozent und bürdete die restlichen 92,5 Prozent dem Hersteller auf.[16]
- Ein Klobrillenhersteller wurde dazu verurteilt, 90000 Dollar an eine Familie zu zahlen, deren zehn Monate altes Baby *in einem unbeaufsichtigten Augenblick* durch die Klobrille in die Toilette gefallen war und so lange mit dem Kopf unter Wasser gelegen hatte, daß seine linke Gehirnhälfte Schaden erlitt. Da das Opfer ein Kleinkind war, hätte man der Familie sicher mehrere Millionen zugesprochen, wenn sich auch nur der kleinste Hinweis auf ein schuldhaftes Verhalten des Klobrillenherstellers, des Krankenhauses oder des behandelnden Arztes hätte finden lassen. Doch so wie der Fall lag, mußte die Jury, um den unaufmerksamen, aber völlig verzweifelten Eltern eine Geldspende zukommen zu lassen, ihr Urteil auf recht fragwürdige Argumente stützen: Der Toilettensitz hätte mit einem Warnschild und mit nicht näher bezeichneten «Sicherheitsvorkehrungen» ausgestattet werden müssen.[17]

– Die Firma Johnson & Johnson wurde dazu verurteilt, den Eltern eines Kleinkinds eine hohe Entschädigung zu zahlen (der genaue Betrag blieb unbekannt). Der Mutter war eine Flasche Babyöl aus der Tasche gefallen. Als sie das Baby aus der Flasche trinken sah, schrie sie es an, woraufhin das Kind das geschluckte Öl erbrach und in die Lunge bekam. Johnson & Johnson wurde vorgeworfen, die Flasche nicht mit einem entsprechenden Warnhinweis versehen zu haben. Die Firma führte zu ihrer Verteidigung an, daß seit vielen Jahren Millionen solcher Flaschen in Umlauf seien, ohne daß jemals etwas passiert sei; doch das wollte die Jury nicht anerkennen.[18]

– Die Firma Caterpillar mußte eine Geldstrafe von 5,8 Millionen Dollar und eine Entschädigung von 5,9 Millionen Dollar zahlen, weil der Fahrer eines von ihr hergestellten Frontladers bei einem Unfall schwer verletzt worden war. Der Frontlader war umgekippt. Zufällig hatte Caterpillar gerade diesen Fahrzeugtyp mit einem Schutzrahmen ausgestattet, der ein Umkippen verhindern sollte. Man war sich einig, daß diese Vorrichtung den Unfall hätte verhindern können, doch leider hatte der Arbeitgeber den Verunglückten angewiesen, sie abzumontieren, damit die Maschine auch in engen Schiffsladeräumen eingesetzt werden konnte. Der Unfall hatte sich allerdings in einer großen Lagerhalle ereignet, wo der Schutzrahmen beim Rangieren nicht weiter gestört hätte. Dennoch schloß sich das Gericht der Entscheidung der Jury aus Südtexas an, das (unnötige) Entfernen der Schutzvorrichtung habe in diesem Fall keine Rolle gespielt. Folglich machte es nicht den Arbeitgeber, der sie abmontieren ließ, sondern die Firma Caterpillar für den Unfall verantwortlich.[19]

Diese «Rechtsverdrehungen» ergeben sich aus einer weiteren Eigentümlichkeit der amerikanischen Rechtspraxis: der «Doktrin des dickeren Geldbeutels». Wenn mehrere Parteien als Beklagte in Frage kommen, dann verlangt man von der reichsten Schadenersatz, selbst wenn sie nicht der Hauptschuldige ist. Im Fall des Frontladers gingen eigentlich 99,9999 Prozent der Schuld auf das Konto des

Arbeitgebers und des Unfallopfers. Dennoch wurde der Arbeitgeber nicht belangt – er war offensichtlich nicht reich genug. Die Firma Caterpillar war für den Unfall zwar bestenfalls zu 0,0001 Prozent mitverantwortlich, aber da sie nun mal da war und den Frontlader gebaut hatte, mußte sie als großes und mutmaßlich sehr reiches Unternehmen nicht nur für den gesamten Schaden aufkommen, sondern obendrein auch nocheine Geldbuße zahlen.

Man braucht kein Moralphilosoph zu sein, um zu erkennen, daß die «Doktrin des dickeren Geldbeutels» gegen den elementaren Grundsatz der Gerechtigkeit verstößt, denn sie gibt dem Begriff der Verantwortung einen falschen Sinn: Aus dem kleinsten Funken Mitverantwortung wird nämlich eine Alleinschuld. Zufälligerweise erfreut sich die «Doktrin des dickeren Geldbeutels» in den amerikanischen Gerichtssälen besonderer Beliebtheit, seit immer mehr Rechtsanwälte dazu übergegangen sind, mit Erfolgshonoraren zu arbeiten. Doch natürlich würde nur ein böswilliger Mensch hier einen Zusammenhang vermuten.

Der Fall mit dem Toilettensitz, also der Fall Kathy L. Kemp u. a. gegen die Universal-Rundle Corporation, der vor dem Bezirksgericht von Clark County in Nevada verhandelt wurde, soll im folgenden noch etwas ausführlicher besprochen werden, weil sich an ihm die Auswüchse solcher Prozesse besonders gut veranschaulichen lassen. Interessant daran ist vor allem, daß zur Begründung der Klage eigentlich nur «Nachteile ganz allgemeiner Art» angeführt werden, für die der Hersteller nicht im entferntesten verantwortlich ist:

VIII: Am oder um den 25. August 1986 entdeckte Jennifer (7 Jahre) ihren Bruder Ryan (10 Monate) mit dem Gesicht unter Wasser in der Toilette der elterlichen Wohnung liegend.

IX: Jennifer rief sofort nach ihrer Mutter Kathy, die mit ihrem Bruder Phillip (2 Jahre) dazukam und Ryan in der Toilette liegen sah.

X: Kathy holte Ryan sofort aus der Toilette und kümmerte sich in angemessener Form um ihn.

XII: Infolge der unterbrochenen Sauerstoffzufuhr erlitt Ryan einen äußerst schweren Gehirnschaden, diverse andere körperliche Schäden und seelische Qualen.

XIII: Ryan muß gegenwärtig rund um die Uhr gepflegt werden. Er kann nur noch seine Extremitäten bewegen, und auch die nur zwei bis drei Zentimeter.

XIV: Obwohl Ryan inzwischen zwei Jahre und neun Monate alt ist, spricht er noch nicht, und wird voraussichtlich auch später nie sprechen können.

XV: Die Art, wie Ryan zu Schaden kam, seine Entdeckung in der Toilette und das Ausmaß seiner Schäden hatten für die Familie Kemp ganz unmittelbare Folgen:

1. Die Ehe zwischen Kathy und Timothy ging in die Brüche.
2. Phillip leidet unter Alpträumen.
3. Phillip blieb in seiner Sprachentwicklung zurück.
4. Kathy, Timothy, Jennifer und Phillip machen sich unentwegt Vorwürfe, obwohl dafür kein rationaler Grund besteht.
5. Bis auf Ryan haben alle Mitglieder der Familie Kemp häufig Weinkrämpfe.
6. Bisherige und künftige Einkommensausfälle sowie entgangene potentielle Einkommen.
7. Bisherige und künftige Krankenhauskosten.
8. Seit dem Unfall haben die Familienmitglieder weniger Zeit füreinander und schenken einander weniger Aufmerksamkeit, Trost oder moralische Unterstützung *[sic]*.
9. Bisherige und künftige schwere seelische Qualen.
10. Bisheriger und künftiger Schmerz und Kummer sowie
11. weitere Nachteile im Sinne des Gesetzes, die in der Verhandlung nachzuweisen sind.

XVII: Vor Ryans Sturz in die Toilette war Kathy und Timothy nicht bekannt, daß ihr Sohn in der Toilette ertrinken konnte. Erster Klagegrund: Körperverletzung ... XXV: Als direkte Folge des *vorsätzlichen* Handelns der Beklagten kam es zu Ryans gefährlichem und schädigendem Kontakt mit dem Wasser im Toilettenbecken ...

Zweiter Klagegrund: Vorsätzliches Verursachen seelischer Qualen ... XXVII: Die seelischen Qualen der Kläger und ihres Mündels sowie alle weiteren, oben genannten Schäden sind unmittelbar auf das extreme und empörende Verhalten der Beklagten zurückzuführen.

Dritter Klagegrund: Strenge Produzentenhaftung ... XXIX: Die Toilette und sämtliche Zubehörteile waren schadhaft und unzumutbar gefährlich [offenbar weil eine entsprechende Warntafel und nicht näher bezeichnete «Sicherheitshinweise» fehlten].

Vierter Klagegrund: Fahrlässigkeit ...

Fünfter Klagegrund: Klage der Eltern und Prozeßvertreter wegen Schädigung eines Kleinkinds ...

Aus obigen Gründen wird beantragt, die Beklagten zu folgenden Zahlungen zu verpflichten:

1. Allgemeine und besondere Schadenersatzleistungen einschließlich einer Geldbuße von mehr als zehn Millionen Dollar;
2. Gerichts- und Anwaltskosten;
3. Zinsen von dem Tag an, an dem das Mündel des Klägers geschädigt wurde [Datum des Unfalls], bis zur gesetzlichen Regelung der Wiedergutmachungsansprüche; sowie
4. weitere Wiedergutmachungsleistungen, die das Gericht für gerechtfertigt erachtet ...

Zufällig stießen die Kläger in diesem Fall auf eine ungewöhnlich strenge Jury, die ihnen nur 90 000 Dollar zusprach. Ein kalifornisches Gericht hätte ihnen möglicherweise die ganzen zehn Millionen plus Zinsen zugestanden – wie in dem Fall mit dem Football-Helm. Doch in jedem anderen Land der Welt hätte man eine solche Klage höchstwahrscheinlich abgewiesen. Und wenn wider Erwarten doch ein Prozeß anberaumt worden wäre, dann hätten ihn die Kläger mit Sicherheit verloren und dem Beklagten sämtliche Unkosten erstatten müssen. Da man in Amerika jedoch die Schaffung solcher Präzedenzfälle zuließ, müssen dort nun alle Hersteller von Küchenmessern, Gabeln, Nägeln, Schrauben und allen nur erdenklichen Produkten ständig mit Produzentenhaftungsklagen rechnen.

Die Befürworter der gegenwärtigen amerikanischen Rechtspraxis stellen die Produzentenhaftungsprozesse durchweg als mutige und ungleiche Kämpfe gegen reiche und mächtige Unternehmen hin. Daher, so argumentieren sie, seien Erfolgshonorare in diesen Fällen durchaus gerechtfertigt, denn ohne sie könnten sich viele Opfer gar keinen Anwalt leisten – und schon gar keinen Spitzenanwalt, der es mit renommierten Kanzleien großer Unternehmen wie Wilmer, Cromwell oder Cravath & Rich in New York, Los Angeles, Washington, Houston, London, Genf und Tokio aufnehmen könne. Diese Kanzleien beschäftigten nicht nur 999 Anwälte, sondern hätten darüber hinaus ausgezeichnete Kontakte zu Fachberatern aller Art wie auch zu ehemaligen Kollegen, die inzwischen Talare trügen.

Doch in Wirklichkeit fallen auch recht kleine Betriebe dem Produzentenhaftungsfeldzug der amerikanischen Rechtsanwälte zum Opfer. Nach Berechnungen der WMMA, der Vereinigung der Hersteller von Holzbearbeitungsmaschinen, aus dem Jahre 1990 hatten ihre 48 Mitglieder im Durchschnitt 56 Angestellte und erzielten einen durchschnittlichen Bruttoumsatz von 6,1 Millionen Dollar. Bei solchen Summen kann man sich Anwaltskanzleien wie Wilmer, Cromwell und Cravath gar nicht leisten, sondern wendet sich lieber an die nächstbeste Ein-Mann-Kanzlei. Dennoch wurden allein im Jahre 1990 95 neue Produzentenhaftungsklagen gegen die 48 Mitglieder dieser Vereinigung eingereicht. Über 65 Fälle wurde im selben Jahr verhandelt, 115 weitere Verfahren waren noch in der Schwebe.[20] Holzbearbeitungsmaschinen haben, im Gegensatz zu vielen anderen Maschinen, bereits eine sehr lange Geschichte. Schon die Römer benutzten mit Wasserkraft angetriebene Maschinen, um gefällte Baumstämme zu behauen, zurechtzuhobeln und in Bretter zu zerlegen, daher lief der Innovationsprozeß in diesem Industriezweig wesentlich langsamer ab als in vielen anderen. Und da Holz Metall kaum verschleißen kann, bleiben solche Maschinen in der Regel sehr lange in Gebrauch.

Doch die gegenwärtige Rechtspraxis macht aus der Tugend der Langlebigkeit einen Nachteil mit verhängnisvollen Folgen, denn wenn es beim Einsatz dieser alten Maschinen – die teilweise schon vor dem Ersten Weltkrieg gebaut wurden, als es noch keine so strengen Sicherheitsvorschriften gab – zu Unfällen kommt, dann werden die Hersteller für alle entstandenen Schäden haftbar gemacht. Zudem entsprechen auch viele neuere Maschinen inzwischen nicht mehr den Vorschriften, weil im Laufe der Jahre so manche Sicherheitsvorrichtung einfach entfernt wurde – von diversen Warnschildchen ganz zu schweigen. Doch vor Gericht zählen solche Argumente wenig, da bei der momentan üblichen Auslegung der Gesetze die Logik des gesunden Menschenverstands völlig auf der Strecke bleibt. In zwei der 1990 gegen die WMMA eingereichten Klagen ging es um Maschinen, die schon 28 Jahre vor dem Unfall hergestellt worden waren (nach Konstruktionsplänen, die noch viel älter waren); in zwei Fällen waren die Maschinen achtzehn, in vier weiteren Fällen neun bis zwölf Jahre alt.

Wenn Hersteller die Haftung für Maschinen übernehmen müssen, die ihre Väter nach Plänen ihrer Großväter gebaut haben, und wenn sie durch diese Maschinen, die tagtäglich benutzt werden, ohne daß sie den geringsten Einfluß darauf haben, in den Bankrott getrieben werden können, so hängt ihr wirtschaftliches Überleben von der Bereitschaft der Versicherungen ab, dieses hohe finanzielle Risiko voll abzudecken. Doch angesichts der inzwischen üblichen wilden Exzesse in amerikanischen Gerichtssälen kann von einem ausreichenden Versicherungsschutz längst nicht mehr die Rede sein. Von den verbliebenen 48 Mitgliedern der WMMA geben 38 pro Jahr durchschnittlich 78804 Dollar für Produzentenhaftungsversicherungen aus. Damit sind jedoch nur Schadenersatzforderungen bis zu einer Höhe von durchschnittlich drei Millionen Dollar abgedeckt (so mancher auf der Basis von Erfolgshonoraren arbeitende Anwalt kassierte wesentlich mehr). Zudem beträgt die Eigenbeteiligung der Versicherten pro Fall im Durchschnitt 108822 Dollar. Die übrigen zehn Mitglieder der WMMA haben es inzwischen aufgegeben, sich überhaupt noch gegen Produzentenhaftungsklagen zu versichern. Sie sind sozusagen «selbstversichert», das heißt, sie leben mit dem ständigen Risiko des Bankrotts. Noch größer ist allerdings die Zahl jener Hersteller von Holzbearbeitungsmaschinen, die nicht mehr auf der Mitgliederliste der WMMA erscheinen, weil sie ganz aus dem Geschäft ausgestiegen sind. Angesichts der ständigen Gefahr, durch eine Produzentenhaftungsklage ruiniert zu werden, zogen sie es vor, ihre Betriebe zu schließen.

Dennoch zeigt die amerikanische Öffentlichkeit wenig Interesse an einer Reform des Schadenersatzrechts, das heißt, an der Abschaffung des Schwurgerichtsverfahrens (also der allzu leicht zu beeindruckenden Jury), der Einführung der «englischen Regel», der Einschränkung der Offenlegungspflicht sowie der Eindämmung von Verschleppungsmanövern. Offenbar halten viele Amerikaner Produzentenhaftungsklagen immer noch für eine unbedeutende Begleiterscheinung des normalen amerikanischen Geschäftslebens und die Verfahrenskosten, den immensen Mehraufwand für die Unternehmen und die spektakulären Geschenke, die viele Geschworene den klageführenden Unfallopfern so gerne zukommen lassen, für durchaus verkraftbare Nebenkosten. Wenn Geschäftsleute darauf hinweisen, daß solche Produzentenhaftungsprozesse ganze Industriezweige ruinieren können, dann wird ihnen unterstellt, die Situation aus eigennützigen Motiven zu dramatisieren. Tatsache ist aber, daß mehreren Branchen ebendieses Schicksal droht, unter anderem der zivilen Flugzeugindustrie.

Im Jahre 1978, als diese Industrie boomte, verkauften Cessna, Beech, Piper und diverse kleinere Flugzeughersteller 17811 Zivilflugzeuge – vom einmotorigen Schulflugzeug bis zum 19sitzigen Geschäftsreisejet. In ihren Montagehallen arbeiteten damals 25000 Menschen. Zudem profitierten von diesem Boom auch zahlreiche Zulieferbetriebe, in denen weitere 60000 Arbeiter und Angestellte damit beschäftigt waren, ihre Großkunden aus der Flugzeugindustrie mit Werkstoffen, Komponenten und Bauteilen zu versorgen.[21] Sowohl Cessna als auch Piper boten damals einmotorige Leichtflugzeuge an, die zwischen 50000 und 60000 Dollar kosteten (die Cessna 150 und die Piper Cub).

Schon damals war die Flugzeugindustrie mit einer Flut von Produzentenhaftungsklagen konfrontiert, da die 1976 vom obersten Gerichtshof Kaliforniens eingeführte Regelung der «strengen Haftung» allmählich Schule zu machen begann. 1976 wurden die

Zivilflugzeughersteller sowie Firmen, die ihnen Flugelektronik, Triebwerke, Propeller und andere Komponenten lieferten, zu Schadenersatzleistungen und Verfahrenskosten von insgesamt 24 Millionen Dollar verurteilt. Für eine Industrie mit einem Gesamtumsatz von weniger als zwei Milliarden Dollar war das auch damals schon sehr viel. Doch danach nahmen die Produzentenhaftungsklagen so rapide zu, daß aus einem Ärgernis eine ernsthafte Krise wurde.

Ab 1985 verweigerten die Rückversicherungsgesellschaften zunehmend die volle Haftung für Schäden, die unter die Produzentenhaftungsversicherung für die zivile Flugzeugindustrie fielen. Ein Versicherungsagent von Lloyd's formulierte es folgendermaßen: «Gegen die Risiken der Luftfahrt versichern wir unsere Kunden jederzeit, aber nicht gegen die Unberechenbarkeit der amerikanischen Justiz.»[22] 1986 mußte sich die Flugzeugindustrie bereits mit 210 Millionen Dollar an Schadenersatzleistungen und Verfahrenskosten beteiligen, dabei war ihr Gesamtumsatz inzwischen auf weniger als 1,5 Milliarden Dollar gesunken. Allein die Firma Beech wurde zwischen dem 1. Januar 1983 und dem 31. Dezember 1986 insgesamt 203mal verklagt. Die Schadenersatzforderungen lagen bei durchschnittlich zehn Millionen Dollar pro Fall. Wie alle anderen Flugzeugunglücke wurden auch diese Fälle vom National Transportation Safety Board genau untersucht. Die hochqualifizierten Beamten dieser staatlichen Einrichtung haben die Aufgabe, Unfallursachen zu ermitteln und geeignete Maßnahmen zur Schadensregulierung vorzuschlagen. Nach Statistiken der Firma Beech schrieben sie in 118 Fällen die Schuld dem Piloten zu, Konstruktions- oder Materialfehler konnten sie in keinem einzigen Fall feststellen (alle weiteren Unfälle waren auf schlechte Wetterverhältnisse, Fehler der Flugsicherung und dergleichen zurückzuführen gewesen). Doch die amerikanischen Gerichte schenkten den Befunden der Behörde keinerlei Beachtung, sondern verließen sich lieber auf Vermutungen der mit der Materie kaum vertrauten Geschworenen, die bei der Urteilsfindung widersprüchliche Aussagen diverser Gutachter beider Prozeßparteien gegeneinander abzuwägen hatten. Für Verfahrenskosten, Schadenersatzleistungen und höhere Versicherungsbeiträge mußte die Firma Beech im Durchschnitt 530000 Dollar aufbringen.[23] 1987 errechneten die Firmen Cessna, Beech und Piper, daß die Produzentenhaftungskosten (Versicherungen eingeschlossen), umgelegt auf jedes neu produzierte Flugzeug, zwischen 70000 und 100000 Dollar lagen, also die Herstellungskosten eines Kleinflugzeugs überstiegen.

Im Jahr 1991 lieferte die zivile Flugzeugindustrie insgesamt nur noch 1021 Flugzeuge aus. Cessna und Beech haben die Produktion von Kleinflugzeugen längst eingestellt (die Schadenersatzansprüche und sonstigen Produkthaftungskosten können bei einem fünf Millionen teuren Firmenjet gleich hoch sein wie bei einem Schulflugzeug für 53000 Dollar), Piper steht vor dem Bankrott, und in der gesamten Flugzeugindustrie arbeiten inzwischen nur noch 10000 Menschen. Die Geschäftsleitung von Cessna hat unlängst erklärt, daß sie im Falle einer Reform des Schadenersatzrechts die Produktion von Kleinflugzeugen «innerhalb von 24 Stunden» wiederaufnehmen würde.

Diese Mißstände haben aus einem bedeutenden Flugzeugexporteur einen Flugzeugimporteur gemacht. Früher wurden 30 Prozent der in Amerika hergestellten Zivilflugzeuge ins Ausland exportiert und gleichzeitig nur wenige ausländische Maschinen eingeführt. Im Jahr 1981 übertrafen die Importe die Exporte bereits um 200 Millionen Dollar, und 1988 war dieses Defizit auf 700 Millionen angewachsen – und zwar einzig und allein deshalb, weil die ausländischen Hersteller sich nicht mit den Tücken der amerikanischen Rechtsprechung herumschlagen müssen. Diese Tücken machen zwar auch den amerikanischen Importeuren zu schaffen, da die Flotte der Importmaschinen jedoch immer noch relativ klein ist, haben sie natürlich längst nicht so viele Schadenersatzprozesse zu befürchten wie die amerikanischen Hersteller: Immerhin kreisen im Luftraum über Amerika nach neuesten Erhebungen 100000 Maschinen von Cessna, 50000 von Piper und 24000 von Beech.[24]

Ironischerweise ist es unter anderem den rigorosen Sicherheitsvorschriften der Bundesbehörde für Luftfahrt zu verdanken, daß gerade die Flugzeugindustrie besonders gefährdet ist. Die insgesamt 210000 in Amerika zugelassenen Zivilflugzeuge sind im Durchschnitt gut 24 Jahre alt. Viele fliegen schon seit dreißig oder vierzig Jahren (ungefähr 25 Prozent sind bereits 32 Jahre und länger im Einsatz). Diese alten Flugzeuge geben natürlich besonders häufig zu Produzentenhaftungsklagen Anlaß, daher müssen die Hersteller für diese längst bezahlten Maschinen jedes Jahr hohe Versicherungsprämien entrichten, wenn sie nicht zwanzig, dreißig oder gar vierzig Jahre lang mit dem Risiko leben wollen, unterversichert oder womöglich gar nicht versichert zu sein. Bezeichnenderweise gelang es der Vereinigung der amerikanischen Prozeßanwälte stets, Gesetzesreformen zu verhindern, die eine zeitliche Begrenzung der Produzentenhaftung vorsahen.

Ein Turbojet für 887400 Dollar ist heute das billigste Flugzeug im Programm der Firma Cessna, die einst für 53000 Dollar das Einstiegsmodell Reims F-150 anbot, in dem viele Piloten ihre erste Flugstunde absolvierten. Zehntausende dieser Kleinflugzeuge sind allerdings nach wie vor im Einsatz, so daß Cessna jedes Jahr 25 Millionen Dollar zurücklegen muß, um gegen eventuelle Produzentenhaftungsklagen gewappnet zu sein. Diesem Risiko ist auch die Firma Piper ausgesetzt, da sie 1991 aber nur einen Gesamtumsatz von 17,6 Millionen Dollar erzielte, war sie nicht in der Lage, für solche Fälle 25 Millionen Dollar abzuzweigen. Kurz vor ihrem Bankrott war sie überhaupt nicht mehr versichert.[25] Nun plant eine kanadische Firma die Übernahme des Unternehmens und seinen anschließenden Wiederaufbau in Kanada, wo die Bußgelder eine bestimmte Höhe nicht überschreiten, die Rechtsanwälte nur äußerst selten mit Erfolgshonoraren arbeiten und die Kläger gegebenenfalls dazu verpflichtet werden können, die Verfahrenskosten der Beklagten zu übernehmen.

Anhand eines Einzelfalls, der keineswegs aus dem Rahmen fällt, sollen im folgenden die nachteiligen Konsequenzen der gegenwärtigen Rechtspraxis für die Flugzeugindustrie verdeutlicht werden. Im Mid-Valley-«Flugpark», einem Privatflugplatz in der Nähe von Los Lunas in New Mexico, prallte im Juli 1983 eine Piper Supercub, die ein Segelflugzeug im Schlepptau hatte, beim Abheben mit einem Lastwagen zusammen. Der Besitzer des Flugplatzes war absichtlich mit dem Lastwagen auf die Rollbahn gefahren, weil er Streit mit dem Segelflugzeug-Schleppdienst hatte. 1984 einigte sich der Pilot, der bei dem Unfall schwer verletzt worden war, außergerichtlich mit dem Flugplatzbesitzer. Doch anschließend verklagte er zusammen mit seiner Ehefrau die Firma Piper auf fünf Millionen Dollar Schadenersatz. Die eigentliche Unfallursache – so die Begründung – seien Konstruktionsmängel des Flugzeugs gewesen, unter anderem die «schlechte Sicht nach vorn» und das Fehlen eines Schultergurts.

Die Jury sprach dem Ehepaar 2,5 Millionen Dollar zu, obwohl der Anwalt der Firma Piper mit sehr stichhaltigen Argumenten aufwarten konnte: 1. Der Pilot hatte den Vordersitz entfernt, um eine große Filmkamera installieren zu können, die aller Wahrscheinlichkeit nach die Sicht nach vorne erheblich einschränkte. 2. Die Firma Piper konnte nachweisen, daß Hunderte ihrer Supercups schon seit vielen Jahren im Einsatz waren, ohne daß es jemals zu Unfällen oder Bedienungsproblemen gekommen war. 3. Eine Sachverständige der staatlichen Luftfahrtbehörde namens Roberta Bruce sagte aus, der Pilot habe beim Abheben «alles falsch gemacht» und eindeutig gegen die von ihrer Behörde erlassenen Sicherheitsvorschriften verstoßen. Doch die Zeugenaussage von Frau Bruce blieb unberücksichtigt, da der Richter E. L. Mechem dem Einwand des von den Klägern bestellten Anwalts stattgab, die Zeugin habe nicht «die entsprechende Qualifikation, um sachdienliche Aussagen zu den Ursachen eines Flugzeugunglücks machen zu können» – im Gegensatz zur Jury vermutlich. Anerkannt wurde dagegen die Zeugenaussage des Arztes, der den 29jährigen Piloten behandelte: Sein Patient sei seit dem Unfall Epileptiker, leide zeitweilig unter Gedächtnisverlust und habe große Schwierigkeiten, die rechte Hand zu bewegen. Nach der Urteilsverkündung erklärte Don Cathcart, der Anwalt des Ehepaares: «Unter den gegebenen Umständen halte ich diese Entscheidung für fair.» Ein im Gerichtssaal anwesender Reporter sagte hinterher, der Anwalt der Firma Piper sei «völlig perplex» gewesen.[26]

Schließlich läßt sich am Beispiel der Flugzeugindustrie auch aufzeigen, wie sich die Flut von Produzentenhaftungsklagen auf die Innovationsfreudigkeit auswirkt. Erstens müssen die Firmenleiter, ganz allgemein gesprochen, so viel Zeit und Energie auf anstehende Gerichtsprozesse verschwenden, daß außerplanmäßige Aktivitäten größtenteils auf der Strecke bleiben – unter anderem im Bereich der Forschung und Entwicklung, denn statt mit Ingenieuren und Konstrukteuren neue Konzepte zu erörtern, müssen sie sich mit Rechtsanwälten auseinandersetzen. Zweitens verursachen diese Produzentenhaftungsprozesse den Firmen, ebenfalls ganz allgemein gesprochen, so hohe Kosten, daß für andere Zwecke wie Forschung und Entwicklung nur wenig Geld übrigbleibt. Erschwerend hinzu kommt noch ein Umstand, der den Innovationsprozeß nicht nur verlangsamt, sondern regelrecht hemmt: Je innovativer das Design, die Technik oder das Konzept eines Produkts, desto mehr Angriffsfläche bietet es potentiellen Klägern. Natürlich ist das Fliegen immer mit gewissen Risiken verbunden. Aus ebendiesem Grund überwacht die Luftfahrtbehörde alle Aktivitäten der Flugzeugindustrie sehr genau und macht ihr präzise Auflagen hinsichtlich Konstruktion, Produktion und Erprobung ihrer Maschinen. Das technische Konzept jedes in Amerika zugelassenen Zivilflugzeugs wurde von staatlicher Stelle offiziell abgesegnet, doch für die amerikanischen Gerichte ist das kein hinreichendes Argument. Natürlich kommen auch heute noch ständig neue Flugzeugtypen auf den Markt, aber immer häufiger im Ausland. Zwischen 1950 und 1960 entwickelten und produzierten die Firmen Beech, Cessna und Piper insgesamt siebzehn neue Modelle, und zwischen 1960 und 1970 waren es sogar schon zweiundzwanzig. Zwischen 1970 und 1980 verkaufte die amerikanische Flugzeugindustrie mehr Maschinen als je zuvor, so daß die Voraussetzungen für Innovationen eigentlich ideal gewesen wären, doch da der Produzentenhaftungsfeldzug inzwischen bereits in vollem Gange war, stellten die drei amerikanischen Hersteller in diesem Zeitraum nur insgesamt vierzehn neue Modelle vor. Und in den achtziger Jahren brachten sie schließlich nur noch sieben neue Modelle auf den Markt.[27]

Die Flugzeugindustrie hat unter dieser äußerst großzügigen und mutwilligen Auslegung des Schadenersatzrechts wohl am meisten zu leiden, doch auch viele andere Industriezweige bekommen die Auswirkungen mehr oder weniger deutlich zu spüren. Wieviel der Produzentenhaftungsfeldzug die amerikanische Wirtschaft insgesamt kostet, läßt sich schlicht nicht sagen, und zwar insbesondere deshalb nicht, weil er die Innovationsfreudigkeit beeinträchtigt oder sogar lähmt und damit genau jene Stärke der amerikanischen Gesellschaft untergräbt, die die positive Seite ihres Mangels an Disziplin und öffentlicher Ordnung ausmacht.[28] Doch die Öffentlichkeit nimmt diese Mißstände schweigend hin und versagt den betroffenen Unternehmen die dringend benötigte Unterstützung. So können die amerikanischen Juristen weiterhin ungehindert in den Parlamenten der Bundesstaaten und im Kongreß alle Reformen des Schadenersatzrechts blockieren.

Aber vielleicht werden doch noch Proteste laut, wenn die Amerikaner erst begreifen, daß die steigende Zahl der Prozesse wegen falscher ärztlicher Behandlung, bei denen man sich ja ebenfalls auf den Grundsatz der «strengen Haftung» beruft, auch den medizinischen Fortschritt gefährdet. Amerika investiert mehr Geld in die medizinische Forschung als irgendein anderes Land der Welt und ist auf dem Gebiet der theoretischen Medizin nach wie vor führend. Seine Versuchsprogramme und Laboratorien sind die besten der Welt. Doch ein Patient, der auf neue Medikamente, Heilverfahren oder chirurgische Methoden angewiesen ist, ist im Ausland oft besser aufgehoben. In einigen Bereichen der Medizin, zum Beispiel in der Urologie, sind in Amerika immer noch Behandlungsmethoden üblich, die ausländische Spezialisten schlicht als überholt bezeichnen würden. In einem französischen, deutschen, israelischen oder japanischen Krankenhaus hat vielleicht nicht jeder Patient einen Farbfernseher oder ein Telefon am Bett. Doch dafür schwebt über den dort beschäftigten Ärzten nicht ständig das Damoklesschwert eines ruinösen Kunstfehlerprozesses, so daß nichts sie davon abhalten kann, ihren Patienten die bestmögliche Behandlung angedeihen zu lassen. Zudem brauchen sie ihnen auch nicht all die unangenehmen, schmerzhaften und teuren, im Grunde aber völlig überflüssigen Tests zuzumuten, mit denen sich ihre amerikanischen Kollegen gegen eventuelle Klagen absichern müssen. Wie in allen anderen Lebensbereichen, so hat das Schwinden der kalvinistischen Ideale auch in der Medizin dazu geführt, daß einzelne auf Kosten der Allgemeinheit völlig haltlose Forderungen durchzusetzen versuchen.

Kapitel 9
Die verlorene Tugend des Sparens

Kalvinistische innerweltliche Askese ist nicht unbedingt die Sorte Ware, die Geschäftsleute messen und wiegen können. Doch ihr allmähliches Verschwinden aus dem gesellschaftlichen Leben der Vereinigten Staaten hat zumindest ein meßbares Resultat: eine ungewöhnlich niedrige Sparquote infolge ungezügelten Konsums. Je höher das Einkommen, desto leichter sollte das Sparen fallen, wenn die sonstigen Bedingungen gleichbleiben. Die Vereinigten Staaten haben das höchste Volkseinkommen pro Kopf, und doch liegt die Sparquote hier niedriger als bei den wirtschaftlichen Konkurrenten. Zwischen 1980 und 1990 machten die privaten Spargelder in Amerika 16,1 Prozent des Bruttoinlandsprodukts aus, verglichen mit 29,9 in Japan, 23,8 in Kanada, 22,6 in Italien, 20,8 in Westdeutschland und 18,8 Prozent in Frankreich. Nur in Großbritannien sparten die Bürger weniger von ihrem im allgemeinen erheblich niedrigeren Einkommen, nämlich 15,4 Prozent.[1]

Wie immer sind solche Zahlen nicht so exakt, wie die Ziffern hinter dem Komma suggerieren. Sie sind das Ergebnis von Additionen, bei denen private Spargelder, nicht ausgeschüttete Unternehmensgewinne plus oder minus Lagerbestandsveränderungen und alle möglichen Abschreibungssätze abzüglich tatsächlichem Abschreibungsbetrag zusammengezählt werden. Aber selbst wenn die Zahlen eine Fehlertoleranz von 2 Prozent nach oben wie nach unten beinhalten, bleiben die nationalen Unterschiede davon unberührt. Die Sprengkraft, die in diesen Zahlen steckt, wird jeder erkennen, der sich einmal mit den rechnerischen Grundlagen eines Rentenplans befaßt hat.

Die unmittelbare Ursache für den mangelnden Sparwillen ist

leicht einzusehen, schaut man sich das Verhalten der einzelnen Bürger an. Amerikaner sparen sehr wenig, weil sie viel konsumieren. Sie kaufen kleine und große Artikel mit gleicher Nonchalance («Kaufen bis zum Umfallen», wie es im Teenagerjargon heißt) und nutzen obendrein teure Dienstleistungen. Nach Erhebungen der Weltbank belief sich der durchschnittliche Privatkonsum der US-Bürger im Jahr 1989 auf 12760 Dollar; in Japan lag er bei 11800 Dollar und in der Europäischen Gemeinschaft bei durchschnittlich 8830 Dollar (nach dem Dollarwert von 1987).[2] US-Bürger konnten im Durchschnitt mehr ausgeben, da sie über deutlich höhere Einkommen nach Steuer verfügten (besonders nach der Steuersenkung 1986), aber es bleibt interessant, das Bruttovolkseinkommen pro Kopf mit dem Privatkonsum pro Kopf zu vergleichen.

Auch die Zahlen, in denen das Volkseinkommen ausgedrückt wird, sind mit Vorsicht zu genießen[3] und gewiß weit entfernt vom tatsächlichen persönlichen Einkommen nach Steuer. Dennoch, als ungefährer Ausdruck vielschichtiger Verhältnisse sind die Zahlen (pro Person und wieder nach dem Dollarwert von 1987) höchst aufschlußreich: Der statistische Durchschnittsamerikaner gab 12760 Dollar aus; gemessen am Volkseinkommen von 19620 Dollar pro Kopf sind das 65 Prozent. Ein Japaner gab 11800 Dollar aus bei einem Volkseinkommen von 21350 Dollar (55 Prozent), ein EG-Bürger 8830 Dollar bei einem Volkseinkommen von 14840 Dollar (59 Prozent).[4]

Die 65 Prozent für Konsum wären noch hinzunehmen, wenn die restlichen 35 Prozent nicht größtenteils vom Staat aufgezehrt würden. Auch der Staat kann sparen, wenn er mehr Steuern einnimmt, als er ausgibt. So sparte zwischen 1980 und 1990 die japanische Regierung 5,6 Prozent des Bruttoinlandsprodukts, die Regierungen Deutschlands und Großbritanniens sparten je 1,9 und Frankreich 1,4 Prozent. Der amerikanische Staat hingegen ging genauso sorglos mit dem Geld um wie seine Bürger, griff bei Finanzierungen auf Kredite zurück und kam auf ein Minus von 2,5 Prozent. (Übertroffen wurden die Vereinigten Staaten nur von Kanada mit −3,5 Prozent und Italien mit −6,4 Prozent.) Mit anderen Worten, zwischen 1980 und 1990 betrug die *Net-*

tosparquote der Vereinigten Staaten, öffentlicher und privater Bereich zusammengenommen, ganze 13,6 Prozent gegenüber 31,9 Prozent in Japan, 22,7 Prozent in Deutschland, 21,7 Prozent in Italien, 20,3 Prozent in Kanada, 20,2 Prozent in Frankreich und 17,3 Prozent in Großbritannien.[5] Auch diese Zahlen sind nur Näherungswerte, aber die Proportionen stimmen, und es nimmt nicht wunder, daß die US-Regierung eine prekäre Situation noch verschlimmert. Die gleiche Sorglosigkeit, mit der Amerikaner keinen Gedanken ans Sparen und an die Sicherung ihrer individuellen Zukunft verschwenden, prägt auch die Politik des Landes. Früher haben Amerikaner Politiker ausgelacht, die ihnen mehr öffentliche Dienstleistungen und zugleich Steuersenkungen versprachen. Doch nun haben sie schon seit Jahren gerade solchen Politikern ihre Stimme gegeben. Eher hätte das Gegenteil Staunen erregt: die vorausschauende Sorge um gesunde Staatsfinanzen in einer Zeit, in der die Bürger unbekümmert mit ihrem Geld umgehen.

Vergleicht man den Pro-Kopf-Konsum der US-Bürger im Jahr 1970 (8650 Dollar) mit dem von 1989 (12760 Dollar, jeweils nach dem Dollarwert von 1987), so stellt man fest, daß der Durchschnittsamerikaner sich eine Konsumsteigerung in Höhe von 47,5 Prozent gegönnt hat, darunter auch zahlreiche Importe vom Spezialstahl bis zu japanischen Computerspielen. Dagegen stieg im gleichen Zeitraum das Bruttovolkseinkommen pro Kopf erheblich weniger, nämlich von 14140 Dollar auf 19620 Dollar, also um 38,7 Prozent.[6] Nun wissen wir auch, weshalb die Ernte des verschwenderischen Bauern, der Teile seines Ackers an Fremde verkaufte, so mager ist: Er hat auch das Saatkorn verzehrt, das er eigentlich hätte ausbringen sollen.

Es ist sehr aufschlußreich, die öffentliche und private Sparquote der Vereinigten Staaten mit der von anderen Ländern zu vergleichen, deren Daten von der Weltbank regelmäßig erhoben werden.[7] Danach lag die US-Sparquote 1989 bei 14,1 Prozent, während sie in Japan 34,9 und in der Europäischen Gemeinschaft 22,7 Prozent betrug. Auch ein Blick auf die Länder, deren Sparquote *geringer* war als die der Vereinigten Staaten, kann lehrreich sein:

- In Europa: nur Griechenland, ein Land mit hoher Inflationsrate, weshalb die meisten Bürger ihr Geld lieber ausgaben,
statt zu warten, bis es gar keinen Wert mehr hatte. Alle anderen europäischen Länder (sogar Malta und Portugal) sparten mehr, die meisten sogar erheblich mehr.
- Im Nahen Osten: nur Ägypten und Jordanien. Ersteres ist
bitterarm, letzteres steckte gerade in einer ungewöhnlich
schweren Krise.
- In Lateinamerika: nur Bolivien, Haiti, Honduras und Pana-
ma, Länder, die selbst nach lateinamerikanischen Maßstäben
sehr arm sind oder in tiefen Krisen stecken oder beides. Dagegen erreichte Venezuela eine Sparquote von 26,6 Prozent,
Brasilien 25,6, Kolumbien 23,8 und Chile 23,7 Prozent.
- In Ostasien und im pazifischen Raum: nur Papua-Neuguinea,
dessen Bevölkerung zu großen Teilen noch aus Jägern und
Sammlern besteht, denen der Begriff des Sparens weitgehend
unbekannt ist (Urwaldschweine können nicht auf Vorrat gehalten werden, und Würmer ißt man am besten frisch) und
die zudem in großer Armut leben. Wie nicht anders zu erwarten, steht Korea mit 37,3 Prozent an der Spitze. Selbst
Fidschi hat mit 15,1 Prozent eine höhere Sparquote als die
Vereinigten Staaten.

Nur in Afrika südlich der Sahara gibt es viele Länder, die eine
noch geringere Sparquote haben als die Vereinigten Staaten. Freilich herrscht dort auch solche Armut, daß die meisten Menschen
ihr gesamtes Einkommen, sofern überhaupt vorhanden, für die
elementaren Lebensbedürfnisse benötigen.

Ein Volk von Schuldnern

Statt zu sparen, borgen Amerikaner lieber. In Indien gehen die
Bauern nach einer schlechten Ernte zum Geldleiher, anders könnten sie ihre Familien in Notzeiten nicht durchbringen. Überall auf
der Welt nehmen viele Hauskäufer Hypotheken auf, und auch die

meisten Autos werden mit einem Ratenkredit gekauft. Aber Amerikaner verschulden sich auch für ein noch schöneres Haus, ein noch schickeres Auto, aus den unsinnigsten Anlässen, selbst für Porzellannippes, den sie gerade in einer Werbesendung gesehen haben. Diese Leichtfertigkeit, mit der sie Schulden auf sich nehmen, ist beispiellos auf der Welt und in der Geschichte. Amerikaner, die mit den europäischen Gepflogenheiten vertraut werden, sind nicht wenig erstaunt, wenn sie entdecken, daß der Grad der Verschuldung ein Kriterium für die Schichtenzugehörigkeit ist. Arbeiter wohnen zur Miete und zahlen das Auto in kleinen Raten ab; Angestellte der unteren Mittelschicht haben zu kämpfen, um die Hypotheken ihrer Eigentumswohnungen oder kleinen Eigenheime zu tilgen. Nur Führungskräfte aus Wirtschaft und Handel sowie Freiberufler, also die gehobene bürgerliche Schicht, sind schuldenfrei, nicht zu vergessen die Angehörigen der Oberschicht, sofern sie nicht als Erben von Grundbesitz sorglos in den Tag hineinleben und in Monte Carlo oder St. Vincent dem Glücksspiel frönen.

Dagegen sind in den Vereinigten Staaten hohe Schulden in allen Einkommensschichten durchaus üblich. Amerikaner haben den Hang, alles sofort zu kaufen und zu konsumieren, was sich in Ratenzahlung abstottern läßt. Es erstaunt, daß eine Nation, die so großen Wert auf politische Freiheit legt, so leichtfertig den Verlust ihrer wirtschaftlichen Freiheit riskiert, denn nichts anderes bedeuten Schulden für Individuen und Familien. Die wenigen Amerikaner, die nicht auf Pump leben und sich nur das leisten, was sie bar bezahlen können, werden vom Gros ihrer Landsleute als wunderliche Zeitgenossen betrachtet. An dieser Haltung zeigt sich nicht nur, in welch geringem Ansehen die Tugend des Sparens steht und welch geringer Wert der persönlichen wirtschaftlichen Unabhängigkeit beigemessen wird, sondern auch die schiere Unfähigkeit vieler, wenn nicht der meisten Amerikaner, die effektiven Zinskosten ihrer Schulden zu berechnen.

Allerdings ist außer einem kulturbedingten Hang zum raschen Konsum und mangelnden Rechenfertigkeiten auch das Steuerrecht zu berücksichtigen, das den Amerikanern erlaubt, alle Aufwendungen für Schuldzinsen vom Einkommen abzuziehen – allein das ist ein wirksamer Anreiz zum Schuldenmachen. Ferner erlaubt das Steuerrecht allen, die ihre zu versteuernden Einkünfte einzeln aufführen, jeweils den Umsatzsteueranteil abzuziehen. Auch heute noch sind Hypothekenzinsen auf selbstgenutzten Wohnraum voll abzugsfähig. In keinem anderen Land werden solche Steuervorteile gewährt, sieht man einmal von Sonderregelungen für Geringverdienende ab. In den Vereinigten Staaten wohnen dagegen auch betuchte Bürger in hypothekenbelasteten Häusern, weil sie sich ein größeres, luxuriöseres oder schöner gelegenes Heim gewünscht haben. Auch daran erkennt man die schwindende Bereitschaft zur innerweltlichen Askese. Amerikaner leben immer mehr auf Pump und verschulden sich rascher, als das Sozialprodukt wächst.

Gesamtwirtschaftlich gesehen führte das zu dramatischen Ergebnissen. Zwischen 1970 und 1989 stiegen die Hypothekenschulden von 358 Milliarden auf 2691 Milliarden Dollar, also um das Siebeneinhalbfache. Das Bruttosozialprodukt wuchs dagegen nur um das Fünffache von 1025 Milliarden auf 5200 Milliarden Dollar.[8] Ebenso stiegen die Konsumentenkredite (Ratenfinanzierungen für Autos usw.) von 131,6 Milliarden im Jahr 1970 auf 778 Milliarden Dollar im Jahr 1989, also um das Sechsfache. Schließlich kamen allein im Jahr 1989 neben 50,8 Milliarden Dollar an Grundstücksbelastungen und anderen Schulden noch einmal 206,7 Milliarden Dollar hinzu, das ist der Gesamtbetrag, den die Amerikaner mit Kreditkarten bezahlten. Verglichen mit den 80,2 Milliarden des Jahres 1980 stieg das Kreditvolumen um das Zweieinhalbfache, während sich im gleichen Zeitraum das Bruttosozialprodukt kaum verdoppelte.[9]

Für die einen sind Kreditkarten und Grundstücksbelastungen die letzte Möglichkeit, noch zu Geld zu kommen, für andere hingegen das ideale Mittel, um Konsumenten zu ihrem Kaufrausch zu verhelfen. Geldleiher, die bevorzugt Grundstücksbelastungen als Sicherheit nehmen, machen Eigenheimbesitzern den Mund nach ihren hochzinsigen Krediten wäßrig, indem sie in ihren Werbebroschüren zeigen, wofür das Geld am besten ausgegeben werden könnte: angefangen von Hausrenovierungen und der Finanzierung eines Hochschulstudiums bis zu Fahrten auf dem Amazonas oder Reisen um den Globus. Eine Washingtoner «Finanzierungsgesellschaft» (so nennen sich heutzutage Geldleiher) entblödete sich nicht, den Namen des Luxusautos zu nennen, das sich potentielle Kunden mit dem geliehenen Geld kaufen könnten. So wird eine eher mit düsteren Gefühlen behaftete Transaktion – oft stellt das schützende Dach über dem Kopf auch das einzige Vermögen einer Familie dar, deren Zukunft also im Fall einer Pfändung aufs Spiel gesetzt würde – in einer Weise dargestellt, als handele es sich um bisher ungenutzte Vermögensreserven, die man nicht brachliegen lassen sollte.

Zählt man Hypotheken, Ratenverträge, Bankdarlehen und sonstige Kredite zusammen, dann stieg die Gesamtverschuldung aller amerikanischen Haushalte – und das sind überwiegend Familien – von 493 Milliarden im Jahr 1970 auf 3561 Milliarden Dollar im Jahr 1989, also um mehr als das Siebenfache, während die gesamte Wirtschaft nur um das Fünffache gewachsen ist (berechnet nach dem gegenwärtigen Dollarwert, der inflationsbedingt stark gesunken ist). Natürlich haben amerikanische Familien und Ein-Personen-Haushalte auch finanzielle Rücklagen (vom Grundbesitz einmal abgesehen). Sie besitzen staatliche Schuldverschreibungen, Firmenaktien, Anteile bei Investmentfonds und Lebensversicherungen und anderes mehr. Diese Vermögenswerte übersteigen die Verbindlichkeiten um einiges und sind inflationsbedingt erstaunlich angewachsen: von 2488 Dollar im Jahr 1970 auf 13 770 Dollar im Jahr 1989. Aber selbst das ist nur ein Zuwachs um 550 Prozent, während die Haushaltsschulden um 740 Prozent stiegen.[10]

So groß die wachsende Verschuldung der Privathaushalte auch sein mag, sie beeindruckt kaum neben dem Schuldenberg des Staates. Im Jahr 1970 betrug die Staatsverschuldung 301 Milliarden Dollar, 1980 war sie um das 2,46fache auf 743 Milliarden angestiegen. Andererseits wuchs das Bruttosozialprodukt – die Summe aller Güter und Dienstleistungen – sogar noch mehr, nämlich um das 2,69fache von 1015 Milliarden auf 2732 Milliarden Dollar. Doch in den darauffolgenden Jahren verlegten sich die Regierungen Reagan und Bush auf «Defizitfinanzierung» in großem Maßstab. Damit verabschiedete sich sogar die Partei, die einst eine Politik der «gesunden Finanzen» und des ausgeglichenen Budgets auf ihr Panier geschrieben hatte, von der alten kalvinistischen Umsicht in Gelddingen. Der Erfolg ließ nicht auf sich warten: Während das Volumen der amerikanischen Wirtschaft gerade um das Doppelte zunahm, ausgedrückt in Inflationsdollars, vergrößerte sich die Staatsverschuldung um mehr als das Vierfache, bis sie 1990 die Drei-Billionen-Grenze überschritt.[11] Doch das ist noch nicht das ganze Ausmaß der Verschuldung der öffentlichen Hand, denn Bundesstaaten, Städte und Countys gaben ebenfalls Schuldverschreibungen zu Finanzierungszwecken aus und liehen sich hier und da Geld, so daß sich ihre gesamte Schuldenlast von 150 Milliarden im Jahr 1970 auf 598 Milliarden Dollar im Jahr 1989 vergrößerte.

Vor allem aber stieg die Verschuldung der Unternehmen, zu der die Leveraged Buyouts in nicht geringem Maße beitrugen. Wenn ein Unternehmenskauf mit Anleihen finanziert wird, zu deren Absicherung die Aktiva des Unternehmens dienen, steigt dessen Verschuldensgrad erheblich. Schulden aber bedeuten einen Verlust an Kontrolle. Im Jahr 1991 trennte sich z. B. McDonnell-Douglas von seinem Geschäftsbereich Zivilluftfahrt, in dem so erfolgreiche Flugzeugtypen wie die DC-9 und die DC-10 gebaut wurden. Von dem neuen, eigenständigen Unternehmen konnten 40 Prozent an einen ausländischen Interessenten verkauft werden, ohne daß das amerikanische Verteidigungsministerium Einwände erheben konnte. Da weit und breit kein amerikanisches Investitionskapital in Sicht war, schien die Taiwan Aerospace Corp. die beste Wahl zu sein (obwohl auch die japanische Mitsui & Co. interessiert war). Für den 40-Prozent-Anteil hoffte McDonnell-Douglas 2 Milliarden Dollar zu erhalten. Davon sollten nur eine halbe Milliarde für Investitionen bereitgestellt werden – erheblich weniger, als für die Entwicklung eines neuen Flugzeugtyps erforderlich ist. Die übrigen 1,5 Milliarden wurden gebraucht, um die drückenden Schulden des Unternehmens zu verringern, die sich damals auf 2,6 Milliarden Dollar beliefen und so hoch verzinst waren, daß sie auf einer Stufe mit den Junk Bonds der tiefverschuldeten Spielkasinos von Atlantic City standen.[12]

Damit befindet sich McDonnell-Douglas in guter Gesellschaft. In den Vereinigten Staaten sind nicht nur die öffentlichen Finanzen in einem heillosen Zustand, verschuldet, wie der Bund, viele Bundesstaaten und die meisten großen Städte sind, sondern auch die Privatwirtschaft, darunter viele Banken und Versicherungen sowie die ins Gerede gekommenen Spar- und Darlehenskassen. Viele von ihnen sind «unterkapitalisiert», wie es euphemistisch heißt, sofern sie nicht bereits Konkurs angemeldet haben – und allein 1992 erwartete 400 weitere Spar- und Darlehenskassen das gleiche Schicksal.[13] Der Wurm steckt auch in vielen Industrieunternehmen und Handelshäusern, die äußerlich einen soliden Eindruck machen. Auch sie leben nur noch von des Bankers Gnaden («unbefristete Refinanzierung»), ebenso wie die Immobilienhaie, die früher wahllos jedes Objekt aufkauften und dafür immer neue Kredite aufnahmen und ebenso rücksichtslos Geld wieder verliehen. Jeden Tag gerät ein weiterer berühmter Name aus der Riege der größten US-Unternehmen in die Zone unterhalb der geschäftlichen Seriosität. Nach solchen Konkursen bleiben Pensionskassen ohne Deckung, zusätzliche Versorgungsleistungen müssen gestrichen werden, Kunden erhalten ihre Bestellungen nicht, und Lieferanten bleiben auf ihrer Ware sitzen, womöglich mit großen unbeglichenen Rechnungen. Da viele von ihnen ebenfalls von Insolvenz bedroht sind, werden sie leicht in den allgemeinen Taumel hineingerissen und lösen ihrerseits noch weitere Zusammenbrüche aus.

Im Jahr 1970 brachten es Unternehmen, die nicht aus der Finanzbranche stammten, also keine Banken, Sparkassen usw. waren, auf eine Schuldenlast von 353 Milliarden Dollar; 1989 war dieser Betrag auf 2096 Milliarden angewachsen und lag wieder einmal weit über dem Wirtschaftswachstum. Natürlich bedienten sich auch Finanzkonzerne auf dem Kreditmarkt – schließlich ist es ihr Geschäft, Geld zu borgen und wieder zu verleihen –, und in einigen Fällen stieg auch ihre Schuldenlast kräftig an, wenn auch kein Konzern den Rekord bei der Hypothekenschuld übertraf, der von 5 Milliarden im Jahr 1970 auf sage und schreibe 876 Milliarden Dollar im Jahr 1989 anwuchs. Dagegen verblaßte selbst die Steigerung der Schuldenlast bei den Spar- und Darlehenskassen von 11 auf 145 Milliarden im Jahr 1989. Diese Kredite wurden oft zur Finanzierung von Bauprojekten aufgenommen, die oft unseriös waren und bisweilen sogar einen Stich ins Bizarre hatten. Eines davon war das Phoenician Resort Hotel, ein Luxushotel in der Nähe von Phoenix, Arizona, dessen Name allein schon den fragwürdigen Geschmack eines Gebrauchtwagenhändlers ahnen läßt. Marmorwände, die den Vergleich mit mogulhaftem Pomp herausforderten, und Swimmingpools, die an die Hängenden Gärten von Babylon erinnern sollten, machen aus dem ganzen Bau in der Tat einen wahr gewordenen Traum von Luxus, wie ihn wohl ein Gebrauchtwagenhändler träumen mag. Dessenungeachtet war die Verwirklichung ausgesprochen kostspielig.

Das Phoenician Resort Hotel wird wohl immer von fragwürdiger Berühmtheit bleiben, denn Charles Keating jun. hatte seine Finger bei dem Projekt im Spiel. Keating war für den Zusammenbruch der Lincoln Savings and Loan verantwortlich, die mit einem Konkursverlust von 2,5 Milliarden Dollar im April 1989 die Krise der gesamten Spar- und Darlehenskassenbranche auf den Höhepunkt trieb. (Nebenbei bemerkt: Alle 1990 begangenen Banküberfälle in den Vereinigten Staaten haben zusammen einen Schaden von 75 Millionen Dollar verursacht; das sind lediglich drei Prozent der Verluste, die die Käufer von Keatings Schuldverschreibungen einschließlich der 23 000 Käufer seiner American Continental Corporation Bonds hinnehmen mußten.) Und obwohl Keating dem ganzen Land ein passendes Symbol für dessen Maßlosigkeit geliefert hatte, erfuhr er keine Dankbarkeit. Nachdem er bereits am 12. Dezember 1991 von einem Staatsgericht in siebzehn Punkten des Wertpapierbetrugs für schuldig befunden worden war, erging von einer bundesstaatlichen Anklagekammer in siebzig weiteren Punkten gegen ihn die Anklage des unerlaubten Geschäftemachens, der Verschwörung, des Bank- und Wertpapierbetrugs, der Veruntreuung von Fondsgeldern und der Verschiebung gestohlenen Eigentums. Bei dieser Anklage mußte er mit einer Haftstrafe von insgesamt 525 Jahren sowie mit dem Verlust von Vermögenswerten in Höhe von 265 Millionen Dollar und einer Geldstrafe von 17 Millionen Dollar rechnen.[14] In der Zwischenzeit sind keine

Anklagen gegen die verantwortlichen Behördenvertreter, die ansässigen Bankiers und Geschäftsleute erhoben worden, die sahen, was sich da vor ihren Augen zusammenbraute, und dennoch nicht Alarm schlugen.

Das rücksichtslose Schuldenmachen, wie hier anhand der rasanten Entwicklung von 1970 bis 1989 dargestellt, taucht die jüngere amerikanische Geschichte in ein ganz neues Licht. Im Rückblick erscheint sie als eine Zeit innerweltlicher Askese im kalvinistischen Sinn. Jedenfalls bis 1970. Das ganze Volumen des «Kreditmarktes», d. h. die Gesamtsumme der Außenstände, betrug damals ganze 1597 Milliarden Dollar; neunzehn Jahre später waren daraus 12393 Milliarden geworden, eine Steigerung um das 7,7fache, während die Wirtschaft im gleichen Zeitraum nur um das Fünffache gewachsen war.[15]

Wie ist ein Schuldenberg von mehr als 12 Billionen Dollar abgetragen worden, in einer Wirtschaft, die nicht gewachsen ist, und die im Umfang, der den Schulden entspräche, auch gar nicht wachsen kann? Die Antwort: Er ist nicht abgetragen worden. Was die Staatsverschuldung betrifft, so wäre es immerhin *möglich,* daß die Vereinigten Staaten eine neokalvinistische Regierung erhalten, die so viel Steuern eintreibt, daß die laufenden Rechnungen beglichen werden – wovon die Regierung unter Clinton weit entfernt ist –, und den alten Schulden wenigstens keine neuen hinzufügt. Dank einer Geldentwertung von jährlich vier Prozent würde die Schuldenlast langsam schmelzen, bis der Schuldendienst nicht mehr erdrückende 25 Prozent des Budgets ausmachte. Allerdings ist es *wahrscheinlicher,* daß die Staatsschulden früher oder später «monetarisiert» werden: Mit einer Phase sehr hoher Inflation kann das Schuldenvolumen beträchtlich verringert werden, verglichen mit den gegenwärtigen Steuereinnahmen. Für Politiker, die den Zorn der Steuerzahler fürchten, ist das die bequemste Lösung. Bis es soweit kommt, werden die ebenso großen *privaten* Schulden weiterhin dafür sorgen, daß Junk Bonds in ihren bloßen Papierwert verwandelt werden, wobei sie nicht einmal den Recyclingwert richtiger Abfälle erreichen. Auch Konkurse werden an der Tagesordnung bleiben.

Der Zusammenbruch des Immobilienmarkts Ende der achtziger und Anfang der neunziger Jahre hat das Vermögen vieler Millionen unbekannter Eigenheimbesitzer vernichtet. Sie wurden zusammen mit einst berühmten, inzwischen nur noch berüchtigten Immobilienhaien in den Bankrott getrieben. Allerdings schaden Firmeninsolvenzen der Volkswirtschaft erheblich mehr, denn in ihrem Gefolge werden Tausende von Arbeitsplätzen vernichtet, Pensionskassen verlieren ihre Einlagen, schlimmer noch, pensionierte Arbeitnehmer erhalten keine Zusatzrente mehr. Nur wenige Amerikaner haben täglich mit Luftfrachtversicherern oder Stahlfirmen zu tun, aber man vergegenwärtige sich nur einmal, was mit den vertrautesten Firmen des Alltagslebens, den Kaufhausketten, geschehen ist:

- Macy's, eine Kette mit 247 Filialen. Nach einem Leveraged Buyout, den das Firmenmanagement selbst initiierte, lasteten 3,5 Milliarden Dollar Schulden in Form von Junk Bonds auf dem Unternehmen. Dazu kamen nochmals 1,1 Milliarden, als die neuen Eigentümer die I. Magnin- und die Bullock-Kaufhausketten erwarben. Am 27. Januar 1992 meldete Macy's Konkurs an.
- Federated Department Stores, 140 Filialen, einschließlich der Bloomingdale-, Abraham & Strauss- und Lazarus-Ketten. Die Schulden entstanden, als 1988 die Campeau Corporation of Canada die Federated für 6,6 Milliarden Dollar kaufte. Federated meldete am 11. Januar 1990 Konkurs an.
- Allied Stores, 82 Filialen, einschließlich der Bon-Marché- und Stern's-Ketten. Auch diese Kaufhauskette wurde von Campeau mit Junk Bonds erworben und wechselte 1986 für 3,4 Milliarden Dollar den Besitzer. Ebenfalls Konkurs am 11. Januar 1990.
- Carter Hawley Hale Stores, 88 Filialen, einschließlich der Emporium- und Broadway-Ketten in Kalifornien. Im Jahr 1987 brachte ein Swapgeschäft mit Beteiligungskapital Schulden in Höhe von 1,3 Milliarden Dollar. Konkurs im Februar 1991.

– Revco D.S., 1141 Drugstores in zehn Bundesstaaten. Schulden von 1,25 Milliarden Dollar nach einem Leveraged Buyout. Konkurs im Juli 1988.
– Ames Department Stores, 371 Discountläden. Verschuldete sich 1988 mit 788 Millionen Dollar. Konkurs im April 1990.
– Hills Department Stores, 154 Filialen in zwölf Bundesstaaten. 637 Millionen Dollar Schulden nach einem Leveraged Buyout im Jahr 1985. Konkurs im Februar 1991.[16]

Einzelhandelsketten sind frivole Artikel, verglichen mit Konzernen ersten Ranges wie General Electric. Dürfte man jedoch die Bücher vieler großer US-Firmen prüfen, so würde man entdecken, daß einige, darunter auch berühmte Namen aus der Industrie, was den Zustand ihrer Finanzen betrifft, eher Ähnlichkeit mit Macy's als mit General Electric haben. Allerdings reicht die Summe aller hier aufgezählten Schulden von Kaufhausketten nicht im entferntesten an die 2096 Milliarden Dollar heran, die amerikanische Konzerne, die nicht der Finanzbranche angehören, an Schulden mit sich schleppen.

Die Investitionsschwäche der US-Wirtschaft

Der mangelnde Sparwille der Amerikaner und der Hang zum Borgen und zum schnellen Konsum sind nicht nur ein Zeichen für den Verlust kalvinistischer Werte wie der innerweltlichen Askese, sie gehören auch zu den Hauptursachen für den überall in der Wirtschaft herrschenden Kapitalmangel. Kapital war aber immer schon die wichtigste Quelle des Fortschritts, ob in alten oder modernen Gesellschaften.

Kapital kann man sich natürlich auch im Ausland borgen. Die Kreditaufnahme schnellte denn auch im Lauf der achtziger Jahre so in die Höhe, daß die Vereinigten Staaten aus dem weltweit wichtigsten Gläubiger zum größten Schuldner wurden. Im Jahr 1982 beliefen sich die amerikanischen Anteile, Rechte und Investitionen, öffentliche wie private, im Ausland auf 136,7 Milliarden

Dollar. Aber Ende 1989 hatte sich die amerikanische Position in *minus* 663,7 Milliarden verkehrt, hält man sich an die eher irreführende historische Verbuchung (in der z. B. eine US-Investition aus dem Jahr 1953 weiterhin zu den Kosten von 1953 verbucht wird)[17], kommt man grob geschätzt auf ein Minus von 280 Milliarden Dollar. Legt man aber eine Verbuchung zum aktuellen Marktpreis zugrunde, ist selbst dieser Betrag immer noch mehr als die Summe aller Schulden der als Kreditnehmer bekannten Staaten Argentinien, Brasilien, Indonesien, Mexiko und Venezuela. Für diese Schwellenländer, die sich rasch entwickeln, sind ausländische Kredite ganz in Ordnung, ja die Tatsache, daß ausländische Investitionen ins Land kommen, ist ein Zeichen des Vertrauens in die Wirtschaft.

Nun ist aber die US-Wirtschaft so groß im Vergleich zur übrigen Weltwirtschaft, daß sie unmöglich soviel Kredit im Ausland aufnehmen kann, um die fehlenden heimischen Spareinlagen auszugleichen. Zwischen 1980 und 1990 machte die gesamte Nettokreditaufnahme weniger als zwei Prozent des durchschnittlichen Bruttoinlandsprodukts aus, gegenüber 13,6 Prozent der heimischen Spareinlagen, so bedenklich niedrig sie auch waren. Doch scheinen manche zu vergessen, daß ausländische Kredite eines Tages zurückgezahlt werden müssen. Jeder Tag kostet Zinsen, und auch ausländische Investitionen werden zurückgezahlt in Form von Gewinnen, die ins Ausland fließen.

Von kleineren Schwierigkeiten abgesehen, läßt sich die Situation recht einfach darstellen. Die Wirtschaft ist auf Forschung und Entwicklung, Ersatz- und Neuinvestitionen und Infrastrukturmaßnahmen angewiesen. Alles dies kann aber nur geschaffen werden, wenn genügend Erspartes, d. h. Kapital vorhanden ist, mit dem die Investitionen getätigt werden können. Das Kapital bestimmt im wesentlichen die Stellung einer Industrienation auf dem Weltmarkt. Das investierte Kapital macht den Unterschied aus zwischen einem japanischen Automobilbauer, der mehrere Fertigungsroboter kontrolliert, und dem indischen Handwerker mit seinen schlichten Werkzeugen, zwischen einem modernen, voll elektronisierten Büro und einem Kontor, in dem nur ein paar antiquierte Schreibmaschinen stehen. In der Weltwirtschaft kann beides gleichzeitig existieren, aber nur die hochkapitalisierten Wirtschaftszweige verfügen über Wachstumspotentiale. Heute können kapitalstarke Unternehmen die Konkurrenz aus dem Wettbewerb werfen. Für die Vereinigten Staaten galt in den letzten Jahren, daß zuviel konsumiert und zuwenig gespart wurde, gleichzeitig war der Strom der Investitionen sogar noch kleiner, weil so viel Geld für Kredite von Privatpersonen und Anleihen von staatlichen Stellen – Regierung, Bundesstaaten, Städte und Kreise verschuldeten sich in gleicher Weise – abgeflossen ist. Ein Teil des geliehenen Geldes ist nicht für den täglichen Konsum, sondern für Investitionen benutzt worden, doch nicht in ausreichendem Maße, wie wir noch sehen werden.

Vor langer Zeit, als noch keine Hochschule das Fach Wirtschaftswissenschaft in seinem Studienplan führte und zweihundert Jahre, bevor «Junk Bonds» und «T-Bill Futures» in Mode kamen, wußten die Amerikaner sehr genau, was es mit dem Kapital auf sich hatte. Als die Pilgerväter nach ihrer Landung auf dem neuen Kontinent den Wald rodeten, Felsbrocken fortschafften und die erste Saat dem Boden anvertrauten, da investierten sie Kapital, das sie zuvor gespart hatten. Noch in Großbritannien hatten sie mehr Säcke Korn und mehr Fässer Pökelfleisch produziert, als für den sofortigen Verzehr bestimmt waren. Diese aufgesparte Nahrung bildete den Vorrat für die Seereise und das Leben in Amerika bis zur ersten Ernte. Auch das Schiff, das sie über den Ozean gebracht hatte, war mit den Ersparnissen der Auswanderer gebaut worden. Ihr «Arbeitskapital» reichte gerade aus, bis sie das erste Korn, die ersten Kürbisse und Süßkartoffeln auf den neuen Feldern ernten konnten. Dazu pflückten sie Preiselbeeren und erlegten Truthähne, die damals noch wild in den Wäldern lebten, und hatten damit das Festessen für den ersten Thanksgiving Day beisammen. Dagegen waren es mit großer Wahrscheinlichkeit der Hunger und seine Folgekrankheiten, die das Schicksal der «Verlorenen Kolonie» von der Insel Roanoke besiegelten. Diese 1587 vor der Küste von North Carolina gegründete englische Kolonie verschwand binnen drei Jahren, weil ihr die Vorräte ausgingen.

Auch den Pilgervätern wäre es ähnlich ergangen, wenn sie nicht so sparsam und bescheiden gelebt hätten – eine Lehre, die auch heute noch ihre Gültigkeit hat: In der gegenwärtigen US-Wirtschaft scheitern viele neue Unternehmungen, weil das Kapital fehlt, um bis zum Erreichen der Gewinnschwelle durchzuhalten.

Kaum weniger wichtig ist das Kapital, das mit der Aussicht investiert wird, neue Produkte oder neue Verfahren zu entwickeln. Die Pilgerväter brauchten anfangs wenig für «Forschung und Entwicklung» anlegen, denn zum einen brachten sie ihre bewährten Ackerbaumethoden aus Europa mit, zum anderen zeigten ihnen die Indianer, wie einheimische Früchte anzubauen waren. Doch mit dem Leben auf dem neuen Kontinent entstanden auch neue Bedürfnisse. Gleichzeitig löste der ungezügelte Tatendrang und Ehrgeiz der Kolonisten bald den Strom amerikanischer Erfindungen aus. Wie verschieden auch Mähdrescher, Eiscreme und Kohlenstoffasern sein mögen, ihre Entwicklung mußte erst einmal bezahlt werden, ehe Herstellung und Vertrieb beginnen konnten. Wenn Kapital für Entwicklungskosten schon früher wichtig war, so ist es heutzutage in vielen Industriezweigen unabdingbar für das schiere Überleben.

Abgesehen von einer immer kleiner werdenden Zahl traditioneller Produkte, die gerade wegen ihres unveränderten Charakters geschätzt werden, sei es Apfelmost oder Magnesiummilch, zwingt die heimische und ausländische Konkurrenz zu raschen Innovationen. Auch wenn das alte Produkt an sich gut genug ist, kann es doch durch das neue ganz vom Markt verdrängt werden. In innovativen Branchen gibt es keinen Stillstand, nur ein Zurückfallen, wenn der Fortschritt nicht schnell genug geht. Daher ist es doppelt gefährlich, sich auf seinen Lorbeeren auszuruhen, denn gerade der Erfolg der Vergangenheit spornt die Konkurrenz an.

In der amerikanischen Industrie weiß jeder um diese Dinge, aber bloßes Wissen genügt nicht. Die Ford Motor Company, der zweitgrößte Industriekonzern der Welt, konnte einen großen Erfolg für sich verbuchen, als sie nach fünfjähriger Entwicklungszeit und Investitionen in Höhe von 3 Milliarden Dollar am 25. Dezember 1985 ihre neuen Mittelklassemodelle Taurus/Sable vorstellte. Mit einer kompromißlos aerodynamischen Karosserie, einer streng funktionalen, deutschem Autodesign nachempfundenen Gestaltung von Armaturenbrett und Bedienungselementen und einer hochmodernen Frontantriebstechnik boten diese Modelle wirklich etwas Neues und hoben sich auch äußerlich deutlich von allen Konkurrenten auf dem Markt ab. Sie errangen mehrere Designpreise und, worauf es schließlich ankommt, auch die Gunst der Käufer. Sie konnten es mit den besten Importmodellen aufnehmen, ja sie setzten den Trend, dem die anderen Automobilhersteller in der ganzen Welt folgen mußten.

Fast jeder Hersteller kann zu beinahe jedem Zeitpunkt die reinen Umsatzzahlen steigern, indem er mit geringer Gewinnspanne sogenannte «Flottenverkäufe» an Mietwagenfirmen, Großunternehmen oder die Regierung forciert. Ebenso kann der Umsatz durch bedeutende Preisnachlässe oder besonders günstige Ratenzahlungsbedingungen gehoben werden, was sich wiederum in geringerem Profit niederschlägt. Wenn aber Käufer in Scharen ein ganz bestimmtes Auto ordern, weil es einzigartige Vorzüge in Design und Technik bietet, können hohe Verkaufszahlen zu normalen Preisen die Finanzlage eines Konzerns, auch wenn er das zweitgrößte Industrieunternehmen der Welt ist, von Grund auf verändern. In dieser glücklichen Lage befand sich Ford nach dem Verkaufsstart von Taurus/Sable. Die neuen Modelle warfen so hohe Gewinne ab, daß Ford 1986 zum erstenmal seit 1926, als noch das Modell T im Verkauf war, gewinnbringender arbeitete als der sehr viel größere Konkurrent General Motors. Auch Fords Anteil auf dem US-Automarkt vergrößerte sich spektakulär von 14 Prozent im Jahr 1985 auf 38 Prozent Ende 1991. Ford war das gelungen, was Werbesprüche ansonsten (fälschlicherweise) nur behaupten, nämlich das Automobil von Grund auf neu zu definieren.

In dieser Situation hatte Ford alle Vorteile auf seiner Seite, wenn es galt, das Terrain gegen die japanischen Importe zu verteidigen. Was war damals zu tun? Nun, einen beträchtlichen Teil der überdurchschnittlichen Gewinne aus den Taurus/Sable-Verkäufen in Projekte stecken und eines der zahlreichen «Zukunftsautos», die als Konzepte existieren, zu einer wirtschaftlich produzierbaren Straßenversion weiterzuentwickeln. Mit solchen neuartigen Modellen war ein noch größerer Marktanteil zu erobern, wenn sie für ihren Preis einen wirklichen technischen Vorsprung boten (an technischen Neuerungen herrscht übrigens kein Mangel, von sogenannten «head-up displays», also in die Frontscheibe eingespiegelten Daten, bis zu Keramikmotoren, die ohne Kühlung auskommen). Auf dem internationalen Automobilmarkt, auf dem sich konventionelle, überwiegend gute Autos aller Klassen und Preislagen drängen, wird ein wegweisendes Design, das zu einem erschwinglichen Preis grundlegende Neuerungen bietet, zum ausschlaggebenden Moment. Damit lassen sich nicht nur hohe Verkaufszahlen und überdurchschnittliche Gewinne erzielen, weil qualitative Vorzüge den Autoverkäufern einen zusätzlichen Trumpf und mehr Freiheit im harten Preiskampf geben. Mehr noch, der Hersteller hat den Vorteil, daß er den anderen voraus ist: Die Konkurrenten müssen erraten, welche Richtung der Vorreiter einschlägt, und sie müssen für einen Irrtum hohen Tribut zollen. So erging es den Herstellern all der kantigen Autos, die das wegweisende Modell Taurus hinter sich gelassen hatte.

Toyota oder Nissan hätten die Gewinne aus einem solchen Verkaufsschlager, wie es die Modelle Taurus/Sable waren, gewiß in neue Investitionen gesteckt, um sich die Früchte der Design-Führerschaft zu sichern. Ebendies taten beide Firmen, als sie die Gewinne aus der Massenproduktion sehr konventioneller Autos in die Entwicklung der neuen Modelle Lexus und Infiniti steckten, mit denen sie BMW und Mercedes das Monopol im Marktsegment der sportlichen Luxuslimousinen erfolgreich streitig machten. Aber Ford hatte anderes im Sinn.

Was Ford mit den Gewinnen aus dem Taurus/Sable-Absatz machte, ist ein Beleg für die Kulturkrankheit, die in der US-Wirtschaft grassiert. Erstens beschloß die Geschäftsleitung, die Kapitalinvestitionen in Fertigungsanlagen und die Entwicklung neuer Modelle auf fünf Prozent des Verkaufserlöses zu beschränken[18], ein Anteil, der weit unter dem von Toyota liegt, um nur ein Beispiel zu nennen. Zweitens wurden Teile des übrigen Gewinns, der

333

nicht in Form von Dividenden oder üppigen Managergehältern ausgezahlt wurde, zur Diversifikation des Unternehmens verwendet. Man kaufte sich Ende der achtziger Jahre in die Finanzdienstleistungsbranche ein, also in einer Boom-Phase, in der hohe Preise für solche Erwerbungen gezahlt werden mußten. Die First Nationwide Financial Corporation, die Ford aus strategischen Gründen 1985 kaufte, war die erste Spar- und Darlehenskasse, die die neuen Freiheiten im Zuge der Deregulierung genutzt und über die Grenzen der Bundesstaaten hinaus andere Spar- und Darlehenskassen erworben hatte. First Nationwide hat Ford rund 1,5 Milliarden Dollar gekostet, und für diesen Preis hat es auch schlechte Hypothekarkredite im Wert von 1,2 Milliarden Dollar erworben. Ende 1991 wurden Teile der Schuldemissionen nur noch als Junk Bonds gehandelt, und nach schweren Verlusten konnte Ford nur noch hoffen, in den kommenden Jahren magere Rendite zwischen 10 und 12 Prozent zu erzielen.[19]

Hinter der Entscheidung, einen Teil des Gesellschaftskapitals einschließlich der Gewinne aus dem Taurus/Sable-Umsatz zur Diversifikation zu verwenden, steht offensichtlich ein Gedanke, der in jeder Business School gelehrt wird: Ford wünschte sich stetige Gewinne im Finanzdienstleistungssektor, um damit die Schwankungen auf dem Automobilmarkt auszugleichen. Eine ganze Branche bewegte bereits mit Erfolg das Geld aus den Gewinnen der Industriekonzerne, daher konnte man bei Ford wohl der magnetischen Anziehungskraft der Finanzwelt und des Sparkassenbooms nicht widerstehen. Diese Manöver fanden statt, ehe der Markt 1987 zusammenbrach und Junk Bonds als Finanzierungsinstrumente in Verruf kamen.

Doch der Drang zur Diversifikation ging offensichtlich noch weiter. Ford wollte sich nicht die Gelegenheit entgehen lassen, auch an der großen Tafel der Rüstungsprojekte, die in den Jahren unter Reagan angerichtet war, tüchtig zuzulangen und investierte große Summen in die Tochtergesellschaft Ford Aerospace. Leider kam Ford zu spät, denn die Rüstungsbranche hatte bereits 1985 ihren Gipfel erreicht. Im Oktober 1990 wurde Ford Aerospace schließlich nach großen Verlusten verkauft.

Nachdem Ford also für branchenfremde Erwerbungen, die sich als schwere Lasten erweisen sollten, bereits viel Geld ausgegeben hatte, tätigte man schließlich eine umfangreiche Investition im Automobilbau. Nicht daß man in die eigene Herstellung oder Entwicklung investiert hätte, nein, man erwarb für 2,6 Milliarden Dollar die britische Marke Jaguar. Ob irgendein Verantwortlicher bei Ford tatsächlich geglaubt hat, daß diese britische Antiquität auf Rädern den mit technischen Raffinessen ausgestatteten Modellen Lexus und Infiniti der Japaner oder den BMW und Mercedes der Deutschen jemals ernsthaft Konkurrenz machen könnte, bleibt im unklaren. Auf jeden Fall erhielt das Unternehmen für seine 2,6 Milliarden Dollar eine hoffnungslos veraltete Fabrik, eine Entwicklungsabteilung, die noch in den dreißiger Jahren lebte, und Ingenieure, die bekanntermaßen bis Ende der achtziger Jahre noch mit den Grunderfordernissen der Autoelektrik zu kämpfen hatten. Möglicherweise haben nichtindustrielle Erwägungen den Ausschlag für die Entscheidung der Ford-Manager gegeben, 2,6 Milliarden Dollar für einen im Niedergang begriffenen Autohersteller auszugeben, der nur noch von seinem snobistischen Ruf lebt. Statt sich mit den Ingenieuren im eigenen Haus zusammenzusetzen und die Forschung und Entwicklung aus eigener Kraft voranzutreiben, wollten die Ford-Manager wohl lieber schnelle Geschäfte in London oder anderswo im Ausland machen. (1986 versuchte Ford, weitere Milliarden für den ruhmreichen, aber rote Zahlen schreibenden italienischen Autohersteller Alfa Romeo auszugeben; ohne Erfolg, denn der italienische Staat verkaufte lieber an Fiat.)

Mit dem Geld, das seit 1985 verschleudert wurde, hätten Fords eigene Ingenieure bis 1988/89 einen radikal neuen Nachfolger für die Taurus/Sable-Modelle entwickeln können, während die übrigen Automobilhersteller immer noch dabei waren, den Rückstand auf das Original aufzuholen. Damals aber, zwischen 1985 und 1991, gab Ford jährlich nur 100 Millionen Dollar für die Weiterentwicklung der Taurus/Sable-Reihe aus. Als die neuen Versionen schließlich 1992 auf den Markt kamen – nach sechs Jahren, für den Handel eine Ewigkeit –, war mit ihnen kein Staat mehr zu machen: Sie hatten wenig mehr als kosmetische Veränderungen zu bieten. Gleichzeitig kündigte Ford seine Absicht an, bis 1995 völlig neue Taurus/Sable-Modelle zu entwickeln. Die Folgen einer solchen Politik waren abzusehen.

Die Verfolger hatten wenig Mühe, den Anschluß zu finden. Honda hatte Zeit genug, seinen kompakten Accord zu einer Limousine weiterzuentwickeln, die nun direkter Konkurrent der Taurus/Sable-Modelle ist. Toyota machte es genauso mit seinem kompakten Camry, und alle anderen Hersteller folgten dem Beispiel der Japaner. Der amerikanische Autokäufer findet heute Kopien der Taurus/Sable-Modelle in den Ausstellungsräumen aller gängigen Marken, ob einheimisch oder ausländisch. Ford hatte auch auf dem Markt der Freizeit- und Nutzfahrzeuge mit seinem Explorer großen Erfolg, der in puncto Design die unbestrittene Nummer eins ist. Aber auch hier verpaßten die Amerikaner die Chance, in den rasch wachsenden Markt für Minivans vorzustoßen. Zwar gelang dieser Vorstoß 1992 mit dem gemeinsam von Ford und Nissan auf den Markt gebrachten Villager, aber Nissan zeichnete für Planung und Entwicklung verantwortlich und legte für sämtliche mechanischen Teile sein Modell Maxima zugrunde.

Dies alles weist darauf hin, daß nicht nur Kapitalmangel, sondern eine regelrechte Voreingenommenheit in der amerikanischen Geschäftswelt der Grund dafür ist, daß Spitzenmanager der US-Industrie die Vorteile der Technologieführerschaft durch Sparsamkeit im Bereich Forschung und Entwicklung wieder verspielen. Gewiß, für Investitionen im Bereich Forschung und Entwicklung braucht es einen langen Atem, daher ist Kapital für solche Zwecke besonders schwer zu finden, zumal in einer Wirtschaft, die auf schnelle Rendite erpicht ist. Aber gerade deshalb ist das Beispiel Ford so lehrreich: Der Konzern hatte dank hoher Gewinne genügend Kapital für seine Produktentwicklung. Er war nicht auf die Finanzjongleure der Wall Street angewiesen, die in den achtziger Jahren mit Junk Bonds und Leveraged Buyouts ihre windigen Geschäfte machten. Zwar steht zu fürchten, daß Aktionäre auf die Barrikaden gehen, wenn das Unternehmen einer kränkelnden Branche sein Kapital in den Betrieb steckt, statt nach profitableren

Anlagemöglichkeiten in anderen Industrien Ausschau zu halten. Doch das war bei Ford nicht der Fall, denn wie schon die Taurus/Sable-Modelle und der fast ebenso erfolgreiche Explorer stattliche Gewinne abgeworfen hatten, so hätte man auch mit anderen innovativen Autos große Erfolge erzielen können.

Ein Land, in dem die Forschung gedeiht?

Viele US-Firmen haben bei der Produktentwicklung noch mehr gesündigt als Ford, allen voran General Motors, der größte Industriekonzern der Welt. Andererseits gibt es ganze Sektoren wie die Computerindustrie, ob nun Hardware oder Software, in denen Firmen dominieren, die ausschließlich von der Arbeit ihrer Forschungs- und Entwicklungsabteilungen abhängen.

Wer freilich den Zustand von Forschung und Entwicklung (im weiteren F & E genannt) im ganzen Land betrachtet, muß feststellen, daß sich der Mangel an Kapital für langfristige Investitionen allenthalben bemerkbar macht. Dieser Kapitalmangel wurde durch die Leveraged Buyouts und Aktienrückkäufe noch verstärkt, in deren Folge sich viele US-Firmen hohe Schulden aufluden, die abbezahlt werden mußten. Um Kosten zu sparen, gingen viele dazu über, die Etats für F & E zu kürzen und ganze Abteilungen zu schließen. «Sie sind allesamt variable (d. h. reduzierbare) Gemeinkosten», hatte ein Wall-Street-Berater 1990 bei einer Tagung des Industrial Research Institute zu Forschungschefs aus der Wirtschaft gesagt. «Um es noch einmal zu wiederholen», erklärte er laut einem Reporter und hob dabei drohend den Finger, «sie sind allesamt variable Gemeinkosten.»[20] So schwingen sich nichtswürdige Manipulatoren zu Herren über die wichtigste Ressource für die Sicherung des Wohlstands in diesem Land auf – und sie stützen sich dabei auf ihre Zahlen.

Im Jahr 1992 sollten sich die gesamten Ausgaben für F & E im staatlichen und privaten Sektor auf ganze 157 Milliarden Dollar belaufen; das sind lediglich 2,6 Prozent des Bruttoinlandsprodukts. Von der Gesamtsumme stellte die Bundesregierung 44 Pro-

zent (69,8 Milliarden) zur Verfügung, in erster Linie für Militärprojekte (41,5 Milliarden), das übrige Geld kam hauptsächlich aus
der Privatwirtschaft (etwa die Hälfte der Gesamtsumme), aber
auch von Universitäten, Stiftungen und den Bundesstaaten. Diese
157 Milliarden bedeuteten gegenüber dem Vorjahr eine Steigerung
um lediglich ein Prozent, aber wenigstens eine Steigerung, denn
1990 und 1991 waren die Investitionen für F & E sogar zurückgegangen. Bis Mitte der achtziger Jahre waren die Ausgaben in
diesem Bereich mit einem guten Schnitt angestiegen: von knapp
über 80 Milliarden im Jahr 1975 auf fast 120 Milliarden Dollar
im Jahr 1984 (nach dem Dollarwert von 1987). Innerhalb von
zehn Jahren nahmen sie also um 50 Prozent zu. Das änderte sich
in den folgenden sieben Jahren: Zwischen 1985 und 1992 stiegen
sie nur noch um acht Prozent (von 120 Milliarden auf 130 Milliarden Dollar).[21]

Überflüssig zu sagen, daß die Amerikaner mittlerweile erheblich
weniger in F & E investieren als die Japaner. Legt man den gegenwärtigen Wechselkurs zugrunde, so gab Japan 854 Dollar pro
Kopf aus, die Vereinigten Staaten hingegen nur 622 Dollar, also
232 Dollar weniger.[22] Diese Tatsache ist insofern bedeutsam, als
in vielen heutigen Industriebranchen das bessere, technisch überlegene Produkt die ganze Konkurrenz vom Markt fegen kann.
Andererseits herrscht gerade im Bereich der Forschung, aber bis
zu einem gewissen Grad auch in der Entwicklung, eine große
Ungewißheit über das Verhältnis der Kosten zu den Erträgen aus
den wirtschaftlich verwertbaren Ergebnissen.

Erstens sind F & E sehr anfällig für Verschwendung und Mißmanagement, einfach weil sich die tägliche Leistung nicht messen
läßt. Auch in den besten Forschungslabors wird viel herumpro-
biert und bisweilen herumgespielt, aber in manchen nehmen solche Spielereien bedenkliche Ausmaße an.

Zweitens ist vor allem die Forschung, mit Einschränkungen
aber auch die Entwicklung, anfällig für Irrtümer, die die ganze
Richtung in Frage stellen. Das bedeutet dann, daß harte Arbeit
und viel Talent verschwendet wurden, weil der eingeschlagene
Weg sich als Holzweg herausstellt. Kein Fertigungsbetrieb darf

über Jahre Güter auf Halde produzieren, aber ein beliebiges Forschungsprojekt kann sich über Jahre hinziehen, ohne daß je ein Ergebnis sichtbar wird. Selbst umfangreiche Programme, die viele Spezialprojekte umfassen, wie etwa das in Japan mit einem Budget von 400 Millionen Dollar ausgestattete Forschungsprogramm zur Entwicklung von Computern der fünften Generation, können am Ende scheitern. Die neu eingerichtete Forschungsinfrastruktur aus kooperierenden Labors hat zwar einige verwertbare Spin-off-Produkte (Nebenprodukte) geliefert, und überdies darf das Training ganzer Kohorten von Wissenschaftlern und Technikern nicht unterschätzt werden, denn viele werden an Projekten von Privatunternehmen mitarbeiten, die sicherlich nicht so ehrgeizig sind, dafür aber besser geleitet werden. Dennoch hat das Programm als Ganzes nicht sein Ziel erreicht, eine «künstliche Intelligenz» als Hard- oder Software zu modellieren und herzustellen.

In der Theorie besteht eine scharfe Trennung zwischen der Forschung einerseits, deren Ziel es sein soll, eine bahnbrechende intellektuelle Leistung zu erbringen, und der Entwicklung andererseits, bei der etwas geplant, konstruiert und erprobt werden soll. Das unterscheidende Merkmal liegt darin, daß Erfolge in der Forschung stets das Ergebnis von Phantasie, Kreativität oder sogar Genie sein müssen, während in der Entwicklung Fortschritte angeblich nur vom Umfang der eingesetzten Mittel abhängig sind. In der Praxis freilich verwischen sich solche Unterschiede oft, denn beide Bereiche benötigen Geld für Labors, Ausstattung und Materialien – und in beiden geht es nicht ohne Phantasie und Kreativität. Aus diesem Grund hat die multikulturelle und individualistische amerikanische Gesellschaft, so undiszipliniert sie ansonsten auch ist und so wenig sie sich auf ihre kalvinistischen Tugenden besinnt, in den Bereichen F & E mehr Trümpfe zu bieten als die japanische oder jede andere auf der Welt.

Die Mitarbeiterstäbe der berühmten amerikanischen Labors und Forschungszentren sind sogar noch bunter zusammengewürfelt als die amerikanische Gesellschaft allgemein, ziehen sie doch leidenschaftliche Forscher, Tüftler oder einfach nur ehrgeizige Wissenschaftler und Techniker aus aller Herren Länder an. In den

National Institutes of Health in Bethesda, Maryland, sind beispielsweise mehr Ausländer beschäftigt als Einheimische. Und in
Spitzeninstituten in anderen Landesteilen ist es nicht viel anders.
Die wechselseitige Befruchtung beider Gruppen und die große
Vielfalt der kulturellen Einstellungen, mit der jeder Forscher an
ein gegebenes Problem herangeht, haben in der jüngeren Vergangenheit viele Entdeckungen auf verschiedenen Wissenschaftsfel-
dern erst möglich gemacht.

Andererseits hatten die Vereinigten Staaten einen großen Nachteil auszugleichen, der durch den unverhältnismäßig hohen Anteil
der Militärforschung entstand. Selbst vor den erhöhten Verteidi-
gungsanstrengungen Anfang der achtziger Jahre wurde rund ein
Drittel aller Ausgaben im Bereich F & E, gleichviel ob staatlich
oder privat, auf militärtechnische Zwecke verwandt. Auf dem Höhepunkt des Rüstungswettlaufs ging die Ausgabensteigerung des
Staatshaushalts ausschließlich auf das Konto der Verteidigung, so
daß deren Anteil noch größer wurde. Ende der achtziger Jahre
arbeitete *ein Drittel* aller Wissenschaftler und Ingenieure in den
Vereinigten Staaten an militärischen Projekten. Im Bereich der
universitären Computer- und Elektronikforschung machte der Anteil sogar *die Hälfte* aus.[23] Im Jahr 1987 flossen 69 Prozent aller
staatlichen Forschungsgelder in Militärprogramme oder verwand-
te Projekte, und für 1992 sollten es immer noch 59 Prozent sein.
Von den gesamten Ausgaben für F & E in Höhe von 157 Milliarden Dollar ist der Militäranteil immer noch hoch, nämlich
mindestens 26 Prozent (neben dem Verteidigungsministerium finanziert auch das Energieministerium Militärprojekte, denn diesem Ministerium obliegt die Entwicklung und Erprobung von
Atomwaffen).

Nun ist militärische F & E nicht nutzlos. Die amerikanische Luftwaffe hat ihre technische Überlegenheit 1991 im Golfkrieg voll
ausspielen können. Und was ungleich mehr wiegt: Die Vereinigten
Staaten konnten dank ständiger Innovation ihrer Waffensysteme
das militärische Übergewicht der ehemaligen Sowjetunion im Kalten Krieg ausgleichen. Ja, man kann sogar behaupten, daß die Strategische Verteidigungsinitiative (SDI) der Reagan-Administration

die sowjetische Militärführung letztlich dazu bewogen hat, die Reformen zu verlangen, die Gorbatschow in Gang gesetzt hat, ohne sie erfolgreich zu Ende führen zu können. In unserer Epoche nach dem Ende des Kalten Krieges wird der internationale Wettbewerb nicht mehr auf dem militärischen, sondern auf dem industriellen Feld ausgetragen, und nun haben die Vereinigten Staaten wenig marktfähige Produkte und Dienstleistungen vorzuweisen.

Es ist immer viel von den Spin-off-Produkten der Militärforschung die Rede gewesen, doch leider ist es zumeist bei Worten geblieben. Dies liegt nur zum Teil an dem für jedermann einsichtigen Grund, daß nur wenige Waffen ins Ausland und keine im Inland verkauft werden können. Wenn es nur um den Absatz von Militärgerät ginge, wäre die Bilanz gar nicht so schlecht, denn die militärische F & E umfaßt auch Computer und Software, Transportflugzeuge und Hubschrauber, Telekommunikationsgeräte, Lastkraftwagen und viele Güter, die sowohl militärischen als auch zivilen Zwecken dienen und unbeschränkt absatzfähig sind. Die eigentlichen Gründe für den geringen wirtschaftlichen Wert der Militärforschung liegen anderswo.

In Wahrheit hatten die meisten Forschungsanstrengungen gar nicht das Ziel, etwas wirklich Neues zu schaffen, vielmehr sollte nur eine verbesserte Version bereits bestehender Waffen bzw. Waffensysteme hergestellt werden, die sich in eine gängige Konfiguration einpassen. In den achtziger Jahren wollte die U. S. Navy von ihren Wissenschaftlern und Entwicklungsingenieuren nie wissen, wie Luftstreitkräfte am besten in einem unbekannten Kriegsszenario des 21. Jahrhunderts eingesetzt werden könnten; sie war nur an immer größeren oder besseren Flugzeugträgern interessiert, wie sie seit dem Zweiten Weltkrieg bekannt sind, mit ein paar zusätzlichen technischen Raffinessen. Ebensowenig trieb die U. S. Air Force ihre große F & E-Abteilung zu radikal neuen Lösungen für den Einsatz der Luftwaffe an. Sie verlangte lediglich neue Jäger, Bomber und Transporter, die von ihren Crews geflogen werden konnten und in die bestehende Kommandostruktur der Staffeln und Geschwader paßten.

Im militärischen Komplex wurde also stets wenig Forschung im eigentlichen Sinn und viel routinemäßige Entwicklung betrieben. Bei solchen Auftragsarbeiten kommen die Talente nicht recht zur Entfaltung. Um ein Beispiel aus der Industrie zu wählen: Die Militärs benahmen sich so, wie wenn die Leitung von Sony das Ziel vorgegeben hätte, die herkömmlichen Singles und LPs weiter zu verbessern, statt die neuen, von einem Laserstrahl abgetasteten CDs zu entwickeln.

Natürlich gab es auch Ausnahmen. Boeing hätte wohl nie den ersten erfolgreichen zivilen Düsenjet, die B-707, so früh und so kostengünstig auf den Markt bringen können, wenn nicht zuvor im gleichen Haus das Tankflugzeug KC-135 und der B-52-Bomber mit Steuergeldern entwickelt worden wären (bedauerlicherweise sind die Bomber der folgenden Generation, der Überschallbomber B-70, der B-1 und der Stealth B-2, in keiner Weise kommerziell interessant). Auch die Anfang der sechziger Jahre begonnenen umfangreichen Forschungen auf dem Gebiet der Luftabwehr dürfen als Anstoß zur amerikanischen Software-Industrie angesehen werden (für das SAGE-System, ein halbautomatisches Warnsystem zur Erkennung feindlicher Flugobjekte), und auch das gesamte SDI-Programm gehört hierher. Da mit diesem Programm keine herkömmlichen Panzer, Jäger oder Zerstörer geringfügig verbessert, sondern grundlegend neue Waffensysteme entwickelt werden sollten, hat SDI schon marktfähige Spin-off-Produkte abgeworfen.

Selbst wenn militärische F & E keine Waffen, sondern technisches Gerät hervorbringt, das ebenso im zivilen Bereich verwendet werden kann wie etwa Bildschirme und Computer, so sind die Anforderungen für den militärischen Einsatz so hoch (Hitze- und Kältebeständigkeit, Robustheit, Abhörsicherheit usw.), daß die Herstellungskosten absurd teuer werden. Obwohl der Kalte Krieg vorüber ist und die Verteidigungsausgaben rapide sinken, ist dieser Mechanismus noch wirksam. Viele Wissenschaftler und Ingenieure, die an Militärprojekten gearbeitet haben und nun zivile Produkte entwickeln sollen, können sich kaum von ihrem alten Arbeitsideal lösen, nur die bestmögliche Lösung gelten zu lassen, ohne Rücksicht auf die Kosten. Eine solche Einstellung schmälert den kommerziellen Wert ihrer Arbeit erheblich.

Schließlich ist das erstaunlichste Merkmal der militärischen F & E noch gar nicht genannt worden: das Schneckentempo, mit dem sie vorankommt. Ursache hierfür ist zum einen die jährliche Fortschreibung des Budgets, zum anderen das Verhalten des Kunden, der nicht brav abwartet, bis das bestellte Gerät wohlverpackt bei ihm ankommt, sondern der zu jeder Gelegenheit in den Entwicklungsprozeß eingreift und neue Wünsche anmeldet, ungeachtet der Verzögerungen, die dadurch entstehen. Daher nehmen Militärprojekte so viel Zeit in Anspruch, daß ihre Spin-off-Produkte für eine kommerzielle Nutzung oft zu spät kommen.

Aus den genannten Gründen und anderen mehr (z. B. Sicherheitsbestimmungen, nach denen Innovationen geheimzuhalten sind) ist der wirtschaftliche Wert der militärischen F & E immer gering gewesen.

Das rückt die Aufwendungen für F & E in den Vereinigten Staaten und Japan in ein interessantes Licht. Bei einem Vergleich auf Wechselkursbasis gaben die Japaner in den fünf Jahren zwischen 1987 und 1991 ingesamt 427 Milliarden Dollar aus, die Amerikaner hingegen 717 Milliarden, also deutlich weniger als das Doppelte. Nun sind das lediglich Kosten, die keine Rückschlüsse auf die tatsächlichen Resultate zulassen. Außerdem würde ein Kaufkraftvergleich die Angaben in vielerlei Hinsicht verändern. Zwar wird auch in Japan militärische F & E betrieben, aber unter dem Strich bleibt für die Vereinigten Staaten bei Abzug eines Drittels für den militärischen Komplex nur ein Vorsprung von 11 Prozent vor Japan, und das, obgleich die US-Wirtschaft erheblich größer ist als die japanische.

Unternehmen in privater Hand zeichnen für 70 Prozent aller F & E verantwortlich, wobei Eigenfinanzierungen und staatliche Hilfen zusammengezählt sind. Natürlich sind bei der Entwicklung von marktfähigen Gütern und Dienstleistungen die firmeneigenen Projekte am produktivsten. Allgemein betrachtet entgeht auch die firmenintern betriebene F & E nicht der Kapitalknappheit in der Wirtschaft und der weitverbreiteten Ungeduld, die nur auf die Vierteljahresdividende schielt. Die gleiche Lebenseinstellung, die Amerikaner dazu veranlaßt, lieber hier und jetzt zu konsumieren, statt für die Zukunft zu sparen, verhindert ein größeres Engagement für F & E, das seiner Natur nach einen langen Atem verlangt. Während die Ausgaben der Privatwirtschaft für F & E zwischen 1975 und 1985 beinahe um das Doppelte stiegen, verlangsamte sich das Wachstum in der Folgezeit ganz erheblich. Im Jahr 1990 war es kaum höher als 1985, und in jüngster Vergangenheit gehen die Ausgaben sogar noch weiter zurück. Nach einer Erhebung aus dem Jahr 1992, in der die 217 US-Unternehmen mit den größten Forschungsetats aufgelistet werden, lagen die Ausgaben in diesem Bereich 1991 nur um 3,5 Prozent über dem Niveau von 1990, d. h. noch unter der Inflationsrate von 4 Prozent.[24] Die Liste der forschungsintensiven Industriebranchen birgt keine Überraschungen.[25] Im Jahr 1989 gab die chemische Industrie 4,3 Prozent ihres Nettoumsatzes für F & E aus (oder 4,4 Prozent, wenn die spärlichen staatlichen Forschungsgelder für diese Branche hinzugerechnet werden), während die Nahrungsmittel- und Tabakindustrie nur 0,5 und die Textilindustrie 0,4 Prozent aufwendeten. Zur Spitzengruppe gehören die Pharmariesen mit 9,3 Prozent; das ist fast ein Dollar von jeweils zehn Dollar Umsatz, die staatlichen Subventionen nicht mitgerechnet. Mehr investierte nur noch die Computer- und Elektronikindustrie mit 13,4 Prozent. Andererseits gab die wichtige, aber stark an Kapitalmangel leidende Werkzeugmaschinenindustrie nur 3 Prozent aus. Zu den anderen Branchen über der 5-Prozent-Rate gehörten die Hersteller von Telekommunikationsgeräten (5,4 Prozent), von elektronischen Komponenten (einschließlich der zum großen Teil nur aus Forschung und Entwicklung bestehenden Chipfabrikanten wie Intel, die es insgesamt auf erstaunlich niedrige 8,3 Prozent brachten) und von wissenschaftlichen und anderen Spezialinstrumenten (7,2 Prozent).

Wie hoch in der Automobilindustrie der Anteil der Forschungsausgaben gemessen am Umsatz tatsächlich ist, geht ebenfalls aus dieser Erhebung hervor, nämlich lediglich 3,8 Prozent. Da diese Branche immer noch den größten Teil der US-Industrie ausmacht, hat das Auswirkungen auf die gesamte Volkswirtschaft. Die Kraftfahrzeugproduktion (einschließlich Nutzfahrzeuge) hatte 1978 mit

12,8 Millionen Fahrzeugen ihren Gipfel erreicht; danach bewegte sie sich in der Größenordnung von 11 Millionen, wobei sie 1990 auf 9,9 Millionen absackte (den Ausstoß der japanischen Montagewerke in den Vereinigten Staaten mitgerechnet).

In den Jahren, in denen die weltweite Produktion (einschließlich der Sowjetunion) um rund 2 Millionen Fahrzeuge zunahm, ging die US-Produktion um die gleiche Menge zurück. Hätte die amerikanische Autoindustrie, also die Unternehmensleitungen von General Motors, Ford und Chrysler, für F & E nicht 3,8 Prozent, sondern 5 Prozent ausgegeben (wie etwa Toyota) und sich auf wirkliche Neuentwicklungen konzentriert und nicht bloß kosmetische Modellpflege betrieben, dann hätten die Vereinigten Staaten 1990 gut und gerne eine Stückzahl von 14 Millionen erreichen können. Eine Million Fahrzeuge hätten auch exportiert oder zumindest in Form hochwertiger Komponenten in amerikanische Montagewerke in Europa oder Japan geschickt werden können. Das hätte schon genügt, um die Lage und Zukunftsaussichten der industriellen Basis der gesamten US-Wirtschaft grundlegend zu ändern.

Doch vielleicht sollte man nicht zu streng mit den Managern von General Motors, Ford und Chrysler sein, mittelmäßig, wie die meisten sind (die Hälfte der Spitzenmanager von General Motors wurden im konzerneigenen Managementinstitut ausgebildet – daher sehen sie ungern Absolventen von Harvard, Yale oder der Johns Hopkins University in ihrer Mitte). Warum sollen sie Kritik für versäumte Zukunftsinvestitionen einstecken, wenn die Nation als Ganzes zuwenig Geld in unmittelbar anstehende Aufgaben investiert, sei es in die öffentliche Infrastruktur, von Fernstraßen über Mülldeponien, von Privatunternehmen über neue Fabrikanlagen bis hin zu Telekommunikationseinrichtungen.

Investieren oder nicht investieren?

Wie sich das moderne Amerika aus einem unzivilisierten Kontinent entwickelt hat, ist eine Geschichte, die auf vielerlei Art erzählt werden kann. Doch vom Bau der ersten Scheune bis zur

Installation des neuesten Computers ist dies auch eine Geschichte der Anlageinvestitionen – Ersparnisse werden von Kreditinstituten als Kredite weitergegeben und produktiv angelegt in Fabriken und der dazugehörigen Betriebsausstattung, in Fertigungsstraßen, in landwirtschaftlichen Maschinen und verbesserten Düngemethoden, in Einrichtungen aller Art, die Handel und Verwaltung erleichtern, im Wohnungsbau und Infrastrukturmaßnahmen im weitesten Sinne. Der gegenwärtige traurige Zustand der US-Wirtschaft mag viele Gründe haben, aber fehlende Anlageinvestitionen sind gewiß der wichtigste.

Was öffentliche Bauaufträge betrifft, also Fernstraßen, Flughäfen, Bahnstreckenbau, Trinkwasserversorgung, Abwasserbeseitigung und Mülldeponien, so stiegen die Ausgaben der Bundesregierung, der Bundesstaaten, Countys und Kommunen von 96,5 Milliarden im Jahr 1980 auf 107,9 Milliarden im Jahr 1987 (nach dem Dollarwert von 1982), also um 11,4 Milliarden oder weniger als 12 Prozent.[26] Diese 107,9 Milliarden Dollar waren keine Nettoinvestitionen zum Bau neuer Einrichtungen, sondern die Gesamtsumme, die für Infrastrukturmaßnahmen aufgewendet wurde – Maßnahmen, die in vielen Fällen natürlich nur dem Unterhalt bestehender Einrichtungen dienten. Da die Bevölkerung aber gewachsen ist und der allgemeine Verkehr zugenommen hat, bedeutet dies, daß die Belastung der bestehenden Infrastruktur stärker zugenommen hat als die Mittel, die für ihre Verbesserung eingesetzt wurden. Daher sind viele öffentliche Einrichtungen in den Vereinigten Staaten, von der Kanalisation bis zu den Fernstraßen, in mangelhaftem Zustand. So stiegen die Ausgaben des Bundes, der Einzelstaaten und der Kommunen für den Straßenbau im oben genannten Zeitraum von acht Jahren von 41,6 Milliarden auf 48,2 Milliarden Dollar (nach festem Dollarkurs), also um 15,8 Prozent. Doch die Verkehrsbelastung nahm auf Fernstraßen um 48,5 Prozent, auf allen anderen, mit Bundesmitteln gebauten Straßen um 32,6 und auf Stadtautobahnen um 60,4 Prozent zu. Was diese Zahlen im Alltag bedeuten, weiß jeder, der sich zu Stoßzeiten in New York, Los Angeles, Chicago oder vielen kleineren Städten durch den Verkehr quälen muß.[27]

Einerseits *erhöhen* Verkehrsstaus das Bruttosozialprodukt. Wenn im Stop-and-go-Verkehr mehr Benzin verbraucht wird, wenn bei Auffahrunfällen Blechschäden entstehen und Motoren überhitzt werden, nicht zu vergessen die entnervten Autofahrer, die mit Herzanfällen ins Krankenhaus eingeliefert werden müssen, dann verursacht das zusätzliche Kosten, die den Wert des Bruttosozialprodukts als der Summe aller Güter und Dienstleistungen erhöhen. Allerdings wird niemand behaupten, daß damit die Lebensqualität der Bürger, die sich oft zweimal am Tag durch verstopfte Straßen quälen müssen, verbessert wird. Andererseits mindern Verkehrsstaus, wie auch alle anderen Auswirkungen von Infrastrukturmängeln, den nützlichen Teil des Bruttosozialprodukts, d. h. die Menge und Qualität der eigentlichen Güter und Dienstleistungen. Wie viele Arbeitsstunden allein in Staus verlorengehen, ist kaum zu berechnen. Schon seit einigen Jahren machen sich manche Gremien ernste Sorgen über mangelnde Investitionen, deren Folgen am Beispiel überlasteter Flughäfen und baufälliger Brücken nicht mehr zu übersehen sind.[28] Die Wednesday Group, eine Gruppe von Republikanern im Repräsentantenhaus, gab 1990 eine Studie heraus, in der die Infrastrukturinvestitionen der Jahre 1985 und 1986 mit den Sollwerten verglichen wurden, die nach Meinung verschiedener Behörden und Verbände notwendig gewesen wären (nach dem Dollarwert des Jahres 1982)[29]:

Fernstraßen und Brücken: tatsächliches Investitionsvolumen 23,4 Milliarden Dollar. Gutachten des Parlamentarischen Haushaltsbüros: 27,2 Milliarden Dollar (d. h. 3,8 Milliarden mehr); Gutachten des Gemeinsamen Parlamentarischen Wirtschaftsausschusses: 40 Milliarden (16,6 Milliarden mehr); Gutachten des Nationalen Rats für Infrastrukturverbesserungen: 46,8 Milliarden (23,4 Milliarden mehr); Vereinigung der Unternehmer im öffentlichen Bauwesen: 62,8 Milliarden (39,4 Milliarden mehr).
Bahnstreckenbau, Flughäfen, Häfen, Schleusen, Wasserstraßen: Investitionsvolumen 8 Milliarden Dollar. Parlamentarisches

Haushaltsbüro: 11,1 Milliarden Dollar (3,1 Milliarden mehr); Gemeinsamer Parlamentarischer Wirtschaftsausschuß: 9,9 Milliarden Dollar (1,9 Milliarden mehr); Nationaler Rat für Infrastrukturverbesserungen: 16 Milliarden Dollar (8 Milliarden Dollar mehr); Vereinigung der Unternehmer im öffentlichen Bauwesen: 17,5 Milliarden Dollar (9,5 Milliarden mehr).

Trinkwasserversorgung und Abwasserbeseitigung: Investitionsvolumen 10,2 Milliarden Dollar. Parlamentarisches Haushaltsbüro: 14,3 Milliarden Dollar (4,1 Milliarden mehr); Gemeinsamer Parlamentarischer Wirtschaftsausschuß: 14,4 Milliarden Dollar (4,2 Milliarden mehr); Nationaler Rat für Infrastrukturverbesserungen: 20,4 Milliarden Dollar (10,2 Milliarden mehr); Vereinigung der Unternehmer im öffentlichen Bauwesen: 32,3 Milliarden Dollar (22,1 Milliarden mehr).

Nun mag eine gewisse Skepsis bei den Schätzungen der Vereinigung der Unternehmer im öffentlichen Bauwesen angebracht sein, denn dieser Verband hat ein handfestes Interesse daran, wieviel Geld für Bau und Instandhaltung von Brücken und Fernstraßen ausgegeben wird. Argwöhnische Geister werden sich auch über die Zahlen des Nationalen Rats zur Verbesserung der Infrastruktur wundern, liegen sie doch – welch merkwürdiger Zufall – stets um das Doppelte über dem tatsächlichen Investitionsvolumen. Gegen den Gemeinsamen Parlamentarischen Wirtschaftsausschuß könnte eingewandt werden, daß seine Mitglieder naturgemäß dazu neigen, die Regierung zu politisch berechneten Geldzuwendungen an örtliche Verwaltungsstellen zu veranlassen, die ihnen dann als Verdienst angerechnet werden. Doch das Parlamentarische Haushaltsbüro ist von ganz anderem Kaliber. Es genießt in Washington einen sehr guten Ruf und hat nur ausgewiesene Fachleute in seinen Reihen. Vor allem sind seine Zahlen das Ergebnis von Kosten-Nutzen-Analysen, die aufdecken sollen, mit welchen zusätzlichen Investitionen welcher meßbare Nutzen erreicht werden kann. Das ist etwas anderes, als abstrakte Zielgrößen vorzugeben, die mit soundsoviel Geld erreicht werden können. Daher sollte man sich den Fehlbetrag von insgesamt 11 Milliarden Dollar, den das Haushaltsbüro allein bei den Investitionen für den Zeitraum eines Jahres festgestellt hat, immer dann ins Gedächtnis rufen, wenn man wieder einmal von einer verrosteten Kanalschleuse hört, die den Dienst versagte, oder, was häufiger, ja täglich vorkommt, wenn man in überfüllten U-Bahnen oder Flughäfen warten muß oder auf einer Stadtautobahn, deren Verkehrsaufkommen zwischen 1980 und 1988 um 60,4 Prozent gestiegen ist und immer noch steigt, im Stau steckt.

Die öffentliche Infrastruktur ist in zweifacher Hinsicht wichtig, zum einen für die wirkliche Lebensqualität der US-Bürger (im Gegensatz zu Nippsachen, auf die verzichtet werden kann, auch wenn sie im Fernsehen für nur 9,99 Dollar angeboten werden), zum anderen weil sie einen wesentlichen Bestandteil der Standortqualitäten der Vereinigten Staaten bildet. Was aber innerhalb dieser bereitgestellten Infrastruktur produziert wird, hängt ganz entscheidend von den Investitionen der Privatunternehmen in Handel und Gewerbe ab. Von vielen Seiten ist behauptet worden: Wenn in den Vereinigten Staaten das Investitionskapital fehle, dann sei das so, wie wenn die ganze Wirtschaft an Vitaminmangel leide. Und diese Behauptung kann belegt werden. Natürlich ist Mangel ein relativer Begriff, denn für ein Land wie Bangladesch wären die investierten Summen geradezu üppig, doch für 248 Millionen US-Bürger, die ihren Lebensstandard wahren wollen, sind sie völlig ungenügend. Gewiß, im Vergleich zu den Menschen in Bangladesch leben die Amerikaner im Wohlstand, doch viele fallen deutlich hinter den Lebensstandard der führenden Erste-Welt-Staaten zurück.

Für eine erste Annäherung bietet sich ein Vergleich der privaten inländischen Investitionen mit dem Bruttosozialprodukt (BSP) an. Im Jahr 1980 betrug das BSP 2,7 Billionen Dollar, während die privaten Nettoinvestitionen nur 133,1 Milliarden erreichten, also keine 5 Prozent. Diese zugegebenermaßen wenig aussagekräftige Zahl ist das Ergebnis von Additionen, die so unterschiedliche Dinge wie Eigenheimbau und Lageraufstockungen berücksichtigen, und ebenso heiklen Subtraktionen, darunter die Wertminderung von Betriebsausstattung, die Unternehmen aus steuerlichen Gründen als Abschreibung geltend machen und die kaum zu niedrig angesetzt werden kann.[30] Da diese Verzerrungen aber in einem größeren Zeitraum immer gleichbleiben, lohnt sich dennoch ein Vergleich der Zahlen von 1985, als das BSP auf 4 Billionen angestiegen war (wobei die Inflation zu berücksichtigen ist) und die privaten Investitionen bei 205,9 Milliarden lagen (immer noch unter 5 Prozent), mit den Werten von 1989, als der Anteil auf 216,8 Milliarden oder spärliche 4,1 Prozent absank, bei einem BSP von 5,2 Billionen Dollar.

Bei einem weniger pauschalen Vergleich, der nähere Auskunft über die tatsächlichen Anlageinvestitionen in Fabriken, Maschinen und Büros gibt, werden die Summen für den Bereich privater Wohnungsbau, Vorratsbestände und Abschreibungen herausgenommen. Dann ergibt sich folgendes Bild: 1980 beliefen sich solche inländischen Investitionen auf 322,8 Milliarden Dollar oder 11,8 Prozent des BSP; 1985 waren es weniger als 11 und 1989 weniger als 9,8 Prozent.

Schließlich kann man auch nur die Investitionen von US-Unternehmen aller Branchen in Anlagen und Betriebsausstattungen untersuchen. Nach dem Dollarwert von 1982 ergibt sich hier ein Anstieg von 327 Milliarden im Jahr 1970 (322,6 Milliarden im Rezessionsjahr 1980) auf 467,8 Milliarden Dollar im Jahr 1989. Die Fertigungsbranche kam nur auf weniger als die Hälfte der Gesamtsumme: 1970 waren es 124,5 Milliarden (1980 gerade 133 Milliarden) und 1989 gut 182 Milliarden Dollar, das sind 38 Prozent des gesamten Investitionsvolumens.[31] In diesem Zeitraum ließen die öffentlichen Versorger (Elektrizität, Gas usw.) in puncto Investitionen jede einzelne Fertigungsbranche weit hinter sich. Insgesamt kamen sie auf 45,5 Milliarden im Jahr 1970, auf 43,7 Milliarden im Rezessionsjahr 1980 und auf 43,6 Milliarden Dollar im Jahr 1989. Man beachte, daß 1970 noch Atomkraftwerke gebaut wurden, die vorweg finanziert werden mußten.

Es überrascht nicht, daß die im Verhältnis zu ihrer Größe investitionsfreudigste Branche der Maschinenbau war. Für die Wirtschaftsstatistik fallen hierunter sowohl elektrische Maschinen (auch Computer) als auch nichtelektrische Maschinen (einschließlich der Werkzeugmaschinen). Die gesamten Investitionsausgaben stiegen in dieser Branche von 22,2 Milliarden Dollar im Jahr 1970 auf 24,3 Milliarden im Jahr 1980 und auf 36,8 Milliarden im Jahr 1989 (nach dem Dollarwert von 1982). Dagegen investierte die Automobilindustrie (d. h. General Motors, Ford und Chrysler ohne ihre branchenfernen Tochtergesellschaften) beschämend wenig: 1970 waren es 10,75 Milliarden Dollar, 1980 10,5 Milliarden, 1989 schließlich 11,7 Milliarden, was schon eine beachtliche Steigerung zu den 10,2 Milliarden Dollar des Vorjahres war.

In den Jahren 1990 und 1991 hatte es zunächst den Anschein, als investiere das produzierende Gewerbe wieder stärker. Doch nachdem einige statistische Irrtümer beseitigt worden waren[32], ging aus den amtlichen Zahlen des US-Handelsministeriums hervor, daß sich die reale Zunahme der Investitionen im produzierenden Gewerbe in den letzten Jahren erheblich verlangsamt hat, von jährlich 3,9 Prozent zwischen 1973 und 1979 auf nur noch 2 Prozent zwischen 1979 und 1989. Soviel zu den Vorteilen der «verschlankten» Unternehmen und all den anderen neuen Prinzipien, die während des Strukturwandels in den achtziger Jahren propagiert wurden.

Hätten die Hauptkonkurrenten der Vereinigten Staaten noch weniger investiert, so gäbe der schwindende Anteil des BSP, der nicht verkonsumiert wird und für Investitionen bereitsteht, keinen Anlaß zur Besorgnis. Weniger heißt zwar, daß immer noch etwas vorhanden ist, aber im heutigen Wettbewerb auf dem Weltmarkt kann weniger auch null bedeuten, dann nämlich, wenn Produkte, die mit veralteter Technik hergestellt werden, ganz vom Markt verdrängt werden.

Ein Vergleich der Bruttoinlandsinvestitionen (im öffentlichen wie im privaten Sektor) der Vereinigten Staaten mit denen ihrer Hauptkonkurrenten kann aus vielerlei Gründen nur ein ungefähres Bild ergeben, da auch hierbei keine Abschreibungen berücksichtigt werden. Dennoch zeigt ein solcher Vergleich, woran die US-Wirtschaft krankt. Schon 1970 lagen die japanischen Investitionen pro Kopf gerechnet bei 3770 Dollar, verglichen mit 2460 Dollar in der Europäischen Gemeinschaft und nur 1900 Dollar in den Vereinigten Staaten (nach dem Dollarwert von 1987). Im Jahr 1989 waren die Beträge auf jeweils 7000, 3190 und 3000 Dollar gestiegen.[33] Der Durchschnittswert für die Europäische Gemeinschaft war deshalb so niedrig, weil gleich drei neue Mitgliedsstaaten, nämlich Griechenland, Spanien und Portugal – allesamt arme Länder – in die Gemeinschaft integriert werden mußten. Allerdings gibt es keine Entschuldigung für die enorme Kluft zwischen Japan und den Vereinigten Staaten, vor allem nicht, wenn es um private Anlageinvestitionen geht (in der gesamten Wirtschaft, nicht nur im produzierenden Gewerbe).[34]

Bei einem Vergleich auf strikter Wechselkursbasis belief sich die Summe aller japanischen Investitionen auf 661 Milliarden Dollar, während die Vereinigten Staaten nur auf 550 Milliarden kamen, obwohl die US-Wirtschaft immer noch 60 Prozent größer als die japanische ist. Werden die Investitionen pro Kopf umgerechnet – das in vieler Hinsicht entscheidende Maß –, dann fällt die Kluft noch dramatischer aus: 5320 gegenüber 2177 Dollar. Wenn diese Differenz die Realität widerspiegelt, so kann das nur bedeuten, daß die Amerikaner, verglichen mit den Japanern, immer mehr verarmen. Manche Kritiker halten diese Zahlen für irreführend, weil der Vergleich auf reiner Wechselkursbasis erfolgt. Wenn das japanische Investitionsvolumen auf der Basis der Kaufkraft des Dollar berechnet wird, dann investierten die Vereinigten Staaten mit 550 Milliarden mehr als Japan mit 464 Milliarden Dollar. Wiederum pro Kopf umgerechnet, stellt sich jedoch heraus, daß auch bei dieser Vergleichsbasis die Kluft zwischen den Japanern mit 3735 Dollar und den Amerikanern mit 2177 Dollar nicht zu überbrücken ist.

Das würde bedeuten, daß die Verarmung langsamer vonstatten ginge, aber das ist nur ein schwacher Trost, denn es ist durchaus nicht klar, ob das Kaufkraftkriterium wirklich das zutreffende ist. Gewiß, Konsumgüter sind in Japan sehr viel teurer, nicht aber Investitionsgüter, die oft sogar billiger sind. Daher sollte die Tatsache, daß Japan in den Jahren 1988 bis 1991 die Vereinigten Staaten bei Investitionen um 440 Milliarden Dollar übertroffen hat, ohne Abstriche und in ihrer ganzen Tragweite gesehen werden.

Woher stammen aber die 3,5 Billionen Dollar, die japanische Unternehmen zwischen 1986 und 1991 in Anlagen und in die Produktentwicklung investiert haben? Nun, ein Teil wurde einfach während des Börsenbooms abgeschöpft, mit dem es 1992 ein Ende hatte. In der Überzeugung, daß die Aktienpreise nur steigen konnten, beschafften sich japanische Unternehmen Milliarden, indem sie Wandelschuldverschreibungen mit nur einprozentigem Zins ausgaben. Diese Gläubigerpapiere gewährten das Recht, Aktien zu vorher festgesetzten Preisen zu kaufen, von denen man annahm, daß sie bald erreicht und überschritten würden. Mittlerweile steht aber fest, daß diese Zielpreise für die kommenden Jahre in weite Ferne rücken, daher können die Unternehmen kaum noch damit rechnen, mit diesen Schuldverschreibungen ein Geschäft zu machen. Statt dessen müssen sie nun Geld zu einem Zinssatz von 7 bis 8 Prozent aufnehmen, um sie bei Fälligkeit einzulösen. Toyota und andere gehen bereits diesen Weg und finanzieren weitere Investitionen, aber insgesamt darf wohl mit einiger Gewißheit behauptet werden, daß die japanischen Unternehmen ihre Investitionen nicht weiter erhöhen und womöglich gar zurückschrauben.

Aber auch so werden die neuen japanischen Produkte und Fertigungsanlagen, die aus den bereits getätigten Investitionen in Höhe von 3,5 Billionen Dollar resultieren, der US-Industrie gehörig zu schaffen machen. Noch die ganzen neunziger Jahre über müssen die Amerikaner mit den Japanern einen harten Konkurrenzkampf auf den Weltmärkten führen – auch auf dem amerikanischen Binnenmarkt. Noch bei der Niederschrift dieses Buches deutete sich eine Folge der Rezession in Japan an: Der Absatz von US-Waren geht zurück, und das amerikanische Defizit im Handel mit Japan nimmt wieder zu.

Hätten die Amerikaner schon in früheren Generationen so wenig investiert, dann liefen die Vereinigten Staaten jetzt nicht Gefahr, in Dritte-Welt-Verhältnisse abzugleiten, denn sie wären bereits ein Dritte-Welt-Land mit allen bekannten Merkmalen im privaten wie im öffentlichen Sektor, in der Produktion wie bei den öffentlichen Versorgungseinrichtungen. Im gegenwärtigen Zustand können die komplexen Auswirkungen der Investitionsschwäche die wirtschaftliche Grundlage der amerikanischen Gesellschaft untergraben. Eine sichtbare Folge dieser fortschreitenden Erosion ist der Rückgang der Reallöhne vieler Amerikaner, auch und gerade unter den Angestellten.

Einen Ausweg aus der Krise kann nur ein tiefgehender kultureller Wandel bringen, der die innerweltliche Askese der kalvinistischen Tradition durch neue Werte ersetzt. Anders als Großbritannien oder Neuseeland haben die Vereinigten Staaten schon bewiesen, daß sie zu einer kulturellen Neuorientierung fähig sind, wenn es die Umstände erfordern. Das mag nicht zuletzt an der Bereitschaft der Amerikaner liegen, von den Neuankömmlingen, die ihre Küsten erreichen, zu lernen. Viele wähnen schon, daß es diesmal die konfuzianischen Tugenden der Chinesen, Japaner und Koreaner sein werden, die den Motor des amerikanischen Fortschritts wieder auf Touren bringen.

Kapitel 10
Was ist zu tun?

Die enorme Vielfalt, die in den Vereinigten Staaten herrscht, läßt keine Vereinfachung zu. Folglich gibt es auch keine einfachen Lösungen für die Probleme des Landes. Kein Vater von zwei Teenagern kann glauben, daß 248 Millionen Amerikaner allen möglichen detaillierten Anweisungen gehorsam folgen werden. Und auch der einsam arbeitende Autor, der in Versuchung gerät, Ratschläge zu erteilen, muß sich den obersten Grundsatz der Medizin in Erinnerung rufen, niemandem Schaden zuzufügen.

Das erste Erfordernis ist eine differenzierte Wahrnehmung. Wir haben uns bisher auf Statistiken gestützt, um nicht bloßen Eindrücken ausgeliefert zu sein, die selten als repräsentativ gelten können. Werfen wir nun einfach einmal einen Blick auf die sommerliche Straßenszene vor dem Haus, in dem diese Zeilen geschrieben werden. Wir befinden uns in Washington, der Hauptstadt des Landes und möglicherweise der ganzen Welt. Die Connecticut Avenue und die K-Street NW, die hier eine der wichtigsten Kreuzungen in der Innenstadt bilden, sind von «postmodernen» Bürogebäuden und Luxushotels gesäumt. Die Szene, die sich hier an einem beliebigen Werktag bietet, wirkt ausgesprochen symbolisch: Eine weiße, blonde Mutter mit Baby sitzt auf dem Gehweg und bettelt, als hätte sie es in Kalkutta gelernt; Angestellte, die zum Mittagstisch eilen, drängen sich an den Verkaufsständen lizenzierter Händler vorbei, die mit billigen Kleidern und afrikanischer «Touristenkunst» handeln – nicht anders als in Istanbul, bevor dort das Straßenleben neu geregelt wurde; mehrere, teilweise sehr farbenfroh gekleidete Schnorrer betteln Passanten an, manchmal sogar recht aufdringlich; ebenfalls zu beobachten ist eine Gruppe Stadtstreicher, die eigentlich im Eingang der Metro-Station Farragut North leben. Dort verrichten sie manchmal vor den Augen der Passanten ihre Notdurft, sofern sie nicht irgendein bedauernswerter Streifenpolizist davon abhält. Die Polizisten dürfen von Gesetzes wegen die «Öffentlichkeit» (d. h. auch die Stadtstreicher) nicht daran hindern, öffentliche Einrichtungen zu benutzen.

An diesem Punkt sollten wir einmal nachzählen, welche anderen Personen in diesem breiten, boulevardähnlichen Abschnitt der K-Street zu beobachten sind. Wie erwähnt, sehen wir die bettelnde Mutter mit Kind, zehn oder fünfzehn Straßenhändler, fünf bis sieben Schnorrer und knapp zehn Stadtstreicher. Wir sehen aber auch ungefähr dreihundert recht gut gekleidete Büroangestellte beiderlei Geschlechts, die in ihrer Mittagspause spazierengehen, mindestens zwanzig amerikanische und ausländische Touristen, mehrere eilige Passanten, die offenbar Rechtsanwälte sind (sie tragen schwere Aktenkoffer), sowie zwei Personen, die Geschäftsleute sein könnten und soeben aus einem Wagen steigen. Mit anderen Worten: Es ist wichtig, die Straßenszene differenziert wahrzunehmen, denn die Zahl der Notleidenden und der Beklagenswerten ist eigentlich recht klein. Wir dürfen aber auch die statistischen Daten über die Einkommensentwicklung nicht vergessen, wenn wir die Zeichen des Wohlstandes betrachten: Der Zuwachs beim durchschnittlichen Stundenverdienst der nicht im öffentlichen Dienst beschäftigten Büroangestellten in Washington ist seit 1978 stets hinter den hohen Inflationsraten zurückgeblieben. Ihr Realeinkommen in Dollar liegt heute nicht höher als Ende der sechziger Jahre, und ähnliches gilt für die Löhne und Gehälter der Arbeiter und Angestellten im ganzen Land. In Washington gibt es außerdem eine rege Nachfrage nach Teilzeitjobs zu einem Stundenlohn von fünf Dollar. Diese Jobs sind nicht zuletzt bei frischgebackenen Akademikern begehrt, die nach dem Studium keine bessere Stelle finden können.

Folgt man der Connecticut Avenue und biegt nach 15 Gehminuten nach rechts ab, so gelangt man nach zwei Blocks in den Stadtteil Adams Morgan. In den Touristenbroschüren wird Adams

Morgan wegen seiner «ethnischen Vielfalt» gerühmt. Besonders angepriesen werden die exotischen äthiopischen und nepalesischen Restaurants. Sobald jedoch die Nacht anbricht, wird Adams Morgan zu einem geschäftigen Drogenmarkt, auf dem ein Teil der rund 25 000 Vollzeit- und Teilzeit-Drogenhändler Washingtons seinem Gewerbe nachgeht. Kunden aus der Mittelschicht würden sich niemals in die dunklen und menschenleeren Straßen der Innenstadt wagen, wo die eigentlichen Zentren des Washingtoner Drogenhandels liegen und keine Nacht ohne Schießereien vergeht. Solche Kunden können hier in Adams Morgan ihr Kokain zwar zum vollen Preis, aber völlig gefahrlos von höflichen Dealern erwerben, die direkt neben den hellerleuchteten Restaurants warten. Etwas weiter beginnt ein slumähnliches Viertel mit dem höchst unpassenden Namen Mount Pleasant. In jüngster Zeit kam es dort verschiedentlich zu kleineren, von illegalen Einwanderern aus Mittelamerika angezettelten Krawallen, bei denen Schaufensterscheiben eingeworfen wurden und schwarze Jugendliche die Gelegenheit nutzten, Läden zu plündern. Die Washingtoner Polizei verfolgt eine Strategie der «bewußten Zurückhaltung». Einen Block entfernt, beobachtet sie die Vorgänge, schreitet aber nicht ein, wenn Schaufenster eingeworfen und die Geschäfte geplündert werden. Verhaftungen werden tunlichst vermieden – um nicht unnötig zu provozieren, wie der Polizeichef erklärte. Der Gedanke, die «nicht registrierten Ausländer» (wie sie euphemistisch umschrieben werden) aufzuspüren und der Ausländerbehörde, dem Immigration and Naturalization Service, zur Abschiebung auszuliefern, wird nicht einmal in Erwägung gezogen. In der Kommunalpolitik der Hauptstadt, die im übrigen von Schwarzen beherrscht wird, verfügen eben auch spanischstämmige Politiker über einen gewissen politischen Einfluß.

Gehen wir von der Abzweigung nach Adams Morgan weitere zehn Minuten die Connecticut Avenue entlang, bis wir die Brücke über die tiefe Schlucht des Rock Creek erreichen. Hinter dieser Brücke beginnt der solide Nordwesten der Stadt, in dem gutsituierte Weiße leben. Ungefähr zwei Meilen weiter liegt das noch reichere Chevy Chase mit seinen grüngesäumten Straßen und

Hauseingängen im Kolonialstil. Die Connecticut Avenue führt weit über die Gemarkungsgrenzen des District of Columbia hinaus und durchschneidet auch die sich meilenweit hinziehenden Vororte, die bereits im Bundesstaat Maryland liegen. Wie überall in Vororten fehlt es auch hier nicht an prachtvollen Häusern (die Gegend am Potomac ist für ihre extravaganten Villen auf der ganzen Welt bekannt), und ein dem gegenüber etwas bescheidenerer Wohlstand ist weit verbreitet. Aber die statistischen Daten lassen sich auch in dieser Gegend nicht verleugnen. Die Menschen, die im Nordwesten Washingtons, in Chevy Chase, in den Vorortsbezirken Marylands und in ähnlichen Orten überall in Amerika leben – ob sie nun etwas reicher oder ärmer sind –, gehören einer Einkommensgruppe an, die im Vergleich zu ähnlich situierten Gruppen in den anderen führenden Industrienationen der Welt Jahr für Jahr weiter zurückfällt.

Diese in die Breite gehende Wahrnehmung liegt den folgenden Vorschlägen zugrunde. Denn die Vereinigten Staaten leiden heute nicht unter der Armut derjenigen, die bereits arm sind, sondern unter der Verarmung der Nichtarmen.

Das öffentliche Bildungswesen

Das amerikanische Problem, das selbst unverbesserliche Optimisten zur Verzweiflung treibt, ist die notorische Unzulänglichkeit des öffentlichen Bildungswesens, sowohl in den Grund- wie auch in den Sekundarschulen. Nichts ist wichtiger für die Zukunft des Landes, und doch entzieht sich dieser Bereich mehr als jeder andere Lösungsversuchen auf landesweiter Ebene. Die Reden, feierlichen Versprechen und sogar Gesetzesinitiativen des Präsidenten, des Kongresses oder der Gouverneure und Parlamente jedes Bundesstaates zeigen bei den 15376 unabhängigen, selbstverwalteten Schulbezirken der Vereinigten Staaten nur geringe Wirkung.[1] Die schulische Erziehung von ungefähr 41 Millionen Kindern in über 82000 Grund- und Sekundarschulen wird weder vom Präsidenten noch vom Kongreß und nicht einmal von Behörden der Bundesstaaten überwacht, sondern von den gewählten Mitgliedern der örtlichen Schulausschüsse und Karrierebürokraten.[2] Jeder Ansatz, der einer «nationalen Bildungspolitik» nahekommt, ist daher *verfassungsrechtlich* unzulässig. Statt dessen steuern die Lokalpolitiker und Bürokraten jedes Schulbezirks im Rahmen der vagen bundesstaatlichen Vorgaben einen eigenen Kurs zwischen widersprüchlichen Bildungstheorien und schnellebigen Modeerscheinungen. Auch ist zu berücksichtigen, daß der politische Umgang mit den verschiedenen Rassen einen immer stärkeren Keil zwischen die ethnischen Gruppen treibt, daß Abgänger bestimmter Schulen bei der Vergabe von Stellen bevorzugt werden und daß natürlich auch die Gewerkschaftspolitik eine Rolle spielt.

Ehrgeizige Politiker, die nach einem höheren Amt streben, lassen sich häufig zunächst in den örtlichen Schulausschuß wählen. Dies allein wirkt sich schon nachteilig aus. Jeder Politiker muß seine Wählerschaft umwerben – aber natürlich dürfen Kinder noch nicht wählen und ihre Eltern werden möglicherweise von Nichteltern überstimmt, die häufig stärker an einer sparsamen Wirtschaftspolitik oder an ethnischen Problemen interessiert sind als an Bildungsfragen. In den Innenstädten und ärmeren ländlichen Gebieten wirkt sich auch die Tatsache negativ aus, daß Schulbezirke Arbeitsplätze zu vergeben haben. Wohl nur wenige der nicht als Lehrer tätigen Beschäftigten – vom Hausmeister über das Verwaltungspersonal bis hin zu den Betreuern ethnischer Minderheiten – wären der Meinung, daß man mit besserer Bezahlung bessere Lehrer anlocken sollte, damit die Schüler eine bessere Ausbildung erhielten. Aber je zahlreicher das «nicht unterrichtende Personal» ist, desto eher können damit die Wahlgeschenke vergolten werden, die im Wahlkampf gemacht wurden. Im armen West Virginia, wo ein Mangel an Arbeitsplätzen herrscht, schafften es die Schulbezirke, so viele Busfahrer, Hausmeister und Verwaltungsangestellte einzustellen, daß nur 48,2 Prozent ihrer Finanzmittel für den eigentlichen «Unterricht» ausgegeben wurden, d. h. (hoffentlich) für die Wissensvermittlung. Die übrigen 51,8 Prozent, die für andere Zwecke ausgegeben wurden, beinhalten *nicht* die Kosten für Bau- und Umbaumaßnahmen usw.[3] Diese Fakten zeigen die verborgenen Kosten der vielgepriesenen lokalen «Unabhängigkeit» im amerikanischen Bildungssystem auf – und diese Kosten sind hoch, sowohl mit Blick auf verschwendete oder falsch eingesetzte Finanzmittel als auch mit Blick auf politisch fragwürdige Maßstäbe bei der Einstellung von Lehrern, beim Lehrplan und sogar bei der Notengebung.

Es muß nicht eigens darauf hingewiesen werden, daß die Qualität des Unterrichts zwischen den verschiedenen Schulbezirken beträchtlich schwankt. Natürlich läßt sich der Unterricht nicht allein daran messen, wieviel Geld ausgegeben wurde – ein wirklich engagierter Lehrer kann für seine Schule mehr bewirken, als durch eine Aufstockung des Etats zu erreichen wäre. Aber natürlich spielt auch das Geld eine große Rolle, zumindest in dem Maße, wie es tatsächlich für den Unterricht ausgegeben wird. Hier liegt der offensichtlichste Grund für die großen Niveauunterschiede zwischen verschiedenen Schulbezirken: Die Summen, die jährlich pro Schüler ausgegeben werden, weichen stark voneinander ab. Allerdings liegen diese Unterschiede nicht bei 10 oder 20 Prozent wie etwa zwischen Frankreich und Deutschland, sondern bei 100 oder 200 Prozent wie zwischen Frankreich und Argentinien. So betrugen nach der jüngsten Erhebung die durchschnittlichen Ausgaben pro Schüler und Jahr in Mississippi sowohl im Grundschulals auch im Sekundarbereich 3096 Dollar und in Präsident Clintons Heimatstaat Arkansas 3486 Dollar. Im Gegensatz dazu gaben neun Staaten über 6000 Dollar aus, fünf davon sogar über 7000 Dollar.[4]

Ein weniger offensichtlicher Grund für die großen Unterschiede zwischen den Beträgen, die für den eigentlichen Unterricht ausgegeben werden, ist darin zu sehen, daß manche Schulbezirke im Vergleich zu den übrigen einen größeren Teil ihrer Gelder verschwenden oder wissentlich fehlinvestieren. In manchen Bezirken ist offene Korruption bei der Ausschreibung und Vergabe von Bau-, Wartungs- und Ausstattungsaufträgen an der Tagesordnung. In anderen herrscht eine diskretere Art von Korruption: Häufig fließen großzügige Honorare an «Berater», die zwar nur unlesbare Berichte und nutzlose Analysen erstellen, dafür aber über gute

Beziehungen und gewisse Möglichkeiten verfügen, sich ihren Wohltätern erkenntlich zu zeigen.

In manchen Schulbezirken ist die Einstellung von Freunden und politischen Parteigängern nicht ungewöhnlich, auch wenn sie keine unterrichtende Tätigkeit ausüben. In vielen anderen wird die Einstellung von Angehörigen bevorzugter ethnischer Minderheiten als Lehrer, Rektoren und Hausmeister zu einer politischen Entscheidung hochstilisiert, wobei man sich auf die (keineswegs bewiesene) Theorie stützt, daß Schüler besser lernen, wenn ihnen «Rollenvorbilder» der eigenen ethnischen Gruppe angeboten werden. Dabei bleibt unklar, inwiefern auch Verwaltungsangestellte als «Rollenvorbilder» dienen können.[5] Offenbar ist bereits in Vergessenheit geraten, daß in früheren Zeiten, als die großstädtischen Schulbezirke bei der schulischen Bildung der neuen Einwanderer oder der Kinder der Armen noch ausgezeichnete Arbeit leisteten, nicht etwa neue Immigranten oder Arme als Lehrer fungierten, sondern solide «angelsächsische» Pädagogen aus der Mittelschicht, die in Sprache und Benehmen wahrhaftig noch ein nützliches Vorbild für ihre Schüler sein konnten. Bei den heutigen Einstellungspraktiken ist es eher ein Zufall, wenn die aus ethnischen Gründen bevorzugten Lehramtsbewerber zugleich auch die besten Lehrer sind, obschon man sagen muß, daß dieses Problem nur zum Teil für die große Diskrepanz zwischen den eingesetzten Finanzmitteln und der damit bewirkten Erziehung verantwortlich ist. Bezeichnend ist allerdings, daß der hochgradig politisierte Schulausschuß von Washington mit 8904 Dollar mehr Geld pro Schüler ausgibt als jeder Bundesstaat, seine Schüler in Vergleichstests jedoch am schlechtesten abschneiden.

Wenn zwischen benachbarten Schulbezirken extreme Qualitätsunterschiede bestehen, entwickelt sich eine Art illegaler Einwanderung. Manchmal werden solche Fälle aufgedeckt und die Betroffenen «abgeschoben». Allein im Jahr 1992 verwies der Sewanhaka Central High School District, Nassau County, 227 Schüler von den Schulen des Bezirks. Privatdetektive und Sicherheitspersonal hatten sie in zivilen Fahrzeugen auf dem Heimweg beschattet und festgestellt, daß sie nicht in Sewanhaka wohnten, sondern eigens für den Schulbesuch täglich aus New York City «einwanderten».[6]

Vor nicht allzu langer Zeit wurde New York City auf der ganzen Welt um sein Schulsystem beneidet, denn es war in der Lage, Massen von armen Einwanderern in die Gesellschaft zu integrieren, und beschäftigte viele engagierte Lehrer, die außergewöhnliche Talente unterrichteten. Heute ist das New Yorker Schulsystem berühmt dafür, daß es die Standards für Unterricht und Notengebung untergraben und die Lehrpläne politisch deformiert hat. Für Hausmeister-Dienste werden extravagante Summen ausgegeben, offene Korruption ist weit verbreitet, und an den Schulen herrscht Apathie. Drohgebärden, die Jugendliche aus Filmen übernehmen, sind so häufig, daß sie gar nicht mehr bestraft werden, und Gewalttätigkeiten sind so verbreitet, daß Lehrer und weniger gewalttätige Schüler in der Schule in ständiger Angst leben.

Natürlich haben alle, die auch nur halbwegs wohlhabend sind, dem öffentlichen Schulwesen von New York den Rücken gekehrt. Aber nicht alle Jugendlichen, deren Eltern die Gebühren für eine Privatschule nicht aufbringen können, ertragen ihre Gefangenschaft in den heruntergekommenen und gefährlichen High Schools. Sie sind in so großer Zahl geflohen, daß die nahegelegenen Schulbezirke von New Jersey und Long Island Privatdetektive damit beauftragen, sie ausfindig zu machen und abzuschieben. In manchen Vorort-Schulbezirken wird für Hinweise, die zur Enttarnung der «Einwanderer» aus New York führen, eine Belohnung von 100 Dollar ausgesetzt (auch für Mitschüler?). Ihr Vergehen besteht darin, daß sie sich auf Kosten der örtlichen Steuerzahler eine anständige Schulausbildung verschaffen wollen.[7]

In diesem Chaos gibt es eine einzige Konstante, und die gilt für das ganze Land: Vergleicht man die durchschnittliche Leistung amerikanischer Schulkinder jeden Alters mit der Leistung gleichaltriger westeuropäischer oder ostasiatischer Schüler, so rangieren die Vereinigten Staaten immer nahe dem Ende der Skala – in jedem Fach, das sich international vergleichen läßt, von der Mathematik über die Naturwissenschaften bis hin zur Geographie.[8] Darüber sind die Amerikaner heute bestens informiert, dank einer langen

Reihe absolut überflüssiger Berichte zum Thema «Die gefährdete Nation», die von Sonderkommissionen des Präsidenten und staatlichen Ausschüssen veröffentlicht wurden, in denen viele prominente Mitglieder saßen.

Trotz der Unzufriedenheit der Öffentlichkeit und der Verärgerung der Eltern stellen die 15 376 unabhängigen Schulbezirke weiteres «Hilfspersonal» ein. Wenn sich die gegenwärtigen Trends unverändert fortsetzen, wird seine Zahl bald die der Lehrer übersteigen. Nach der jüngsten Erhebung waren im öffentlichen Schulsystem der Vereinigten Staaten insgesamt 2,3 Millionen Lehrer beschäftigt, *doch dabei betrug die Zahl aller Beschäftigten nahezu 4,4 Millionen,* einschließlich des Personals der Bezirks- und Schulverwaltungen, des übrigen Büropersonals, der Hausmeister usw.[9]

In europäischen und japanischen Schulen werden Mitteilungen am Schwarzen Brett ausgehängt. In amerikanischen Schulen ist ein Teil des Verwaltungspersonals eigens dafür zuständig, Mitteilungen über unbedeutende Angelegenheiten zu verfassen, zu vervielfältigen und zu verteilen. Die Schließfächer der Schüler quellen über von diesen Papieren, die Jahr für Jahr sehr viel Geld kosten. In Europa oder Japan schicken die Lehrer Schreiben an die Eltern, wobei sie sich selbstverständlich auf die wichtigsten Punkte beschränken, von denen die Eltern Kenntnis erhalten müssen. Amerikanische Schulen verschicken so viele Briefe, daß sie nur noch von den gewissenhaftesten Eltern gelesen werden. Auch das kostet sehr viel Geld. Europäische und japanische Schulen unterrichten nach einheitlichen Lehrplänen, die von den zentralen Bildungsbehörden für jede Stufe und jedes Fach herausgegeben wurden. Demgegenüber sind in nahezu jedem amerikanischen Schulbezirk Ganztagskräfte mit der «Ausarbeitung von Lehrplänen» befaßt – eine Aufgabe, die sich in den meisten Fällen ständig wiederholt, die aber eine günstige Gelegenheit bietet, kostspielige externe Berater zu verpflichten. In japanischen Schulen werden die Klassenzimmer, Korridore, Toiletten und der Schulhof von den Schülern selbst unter Aufsicht der Lehrer gereinigt. (Diese Arbeit wird nicht nur als pädagogisch sinnvoll, sondern auch als kostensparend angesehen.) Gewöhnlich wird nur ein einzelner Hausmeister angestellt, der sich um die sanitären Einrichtungen, die Heizung usw. kümmert. In amerikanischen Schulen werden sämtliche Reinigungs- und Wartungsarbeiten von Vollzeitbeschäftigten und externen Auftragsfirmen durchgeführt. Auch das ist sehr kostspielig. Schließlich werden europäische und japanische Schulen von Lehrern geleitet, von denen einer zum Rektor bestellt wird, dem manchmal auch eine Sekretärin zur Verfügung steht. Amerikanische Schulen werden hingegen von einer ganzen Hierarchie von Verwaltungspersonal geleitet, darunter viele ehemalige Lehrer, die froh darüber sind, daß sie nicht mehr unterrichten müssen – denn Unterrichten ist heutzutage eine frustrierende Beschäftigung. Insgesamt werden nur knapp über 60 Cents von jedem im öffentlichen Schulwesen eingesetzten Dollar für das ausgegeben, was die Schulbezirke als «Unterricht» bezeichnen.[10]

Die ständige Forderung besorgter Bürger, mehr Geld für «schulische Bildung und Erziehung» aufzuwenden, geht am eigentlichen Problem vorbei. Eine deutliche Anhebung der Ausgaben um beispielsweise 25 Prozent ist schlechterdings unvorstellbar. Dennoch könnten sogar noch mehr Mittel für den Unterricht frei werden, wenn die zahlreichen Nebenausgaben von zweifelhaftem Nutzen gekürzt würden.

Schulbezirke in Großstädten sind bekannt dafür, daß sie am meisten Geld verschwenden, doch auf die Qualität des Unterrichts hat das nur geringen Einfluß. Verschwendung und Korruption sind zwar unerhört, in diesem Zusammenhang aber fast nebensächlich. Gewiß, durch größere Ehrlichkeit und Effizienz könnte man zwar bestimmte Summen einsparen. Von pädagogischem Wert wären solche Einsparungen aber nur dann, wenn sie zur Verbesserung des Unterrichts eingesetzt würden – und dazu besteht kaum eine Chance. Denn die Gewerkschaften sind gegen eine Erhöhung der Anforderungen in der Lehrerausbildung und gegen verschärfte Prüfungen für Lehrer. Die Bildungsräte sind dagegen, daß bei der Einstellung des Lehrpersonals nur die Qualifikation entscheidend sein soll. Darüber hinaus wirkt sich das Klima der Gewalt höchst negativ auf den Unterricht aus. Auf jeden Fall hält es viele begabte Lehrer von den städtischen Schulen fern. Angst ist ein Gefühl, für das sich viele zutiefst schämen. Vor allem Erwachsene gestehen nicht gern ein, daß sie sich vor Konfrontationen mit Jugendlichen oder gar mit Kindern fürchten. Und doch geben einer landesweiten Umfrage zufolge 11 Prozent der Lehrer an städtischen Schulen bereitwillig zu, daß sie die Ordnung in ihren Klassen nicht mehr aufrechterhalten konnten, weil sie die «Rache der Schüler» fürchteten. 14 Prozent der Befragten klagten über «fehlendes oder unzureichend ausgebildetes Sicherheitspersonal».[11]

Diese Zahlen sind ungeheuerlich, wenn man bedenkt, daß wahrscheinlich viele Lehrer weder die Ursache noch die Wirkung eingestehen wollten, nämlich ihre Unfähigkeit, die Ordnung im Klassenzimmer aufrechtzuerhalten. In allen möglichen Quellen finden wir Berichte über eingeschüchterte Lehrer und verängstigte Kinder, auch weitab von den gefährdeten Bezirken in den Großstädten. Doch Geschichten von Schießereien, Messerstechereien und Vergewaltigungen an den schlimmsten Schulen verstellen den Blick auf ein viel verbreiteteres Übel, das noch bedrückender wirkt, weil es schon alltäglich geworden ist. Selbst in Schulen, in denen es im Verlauf eines Schuljahres nicht zu solchen Auswüchsen kommt, können die Kinder nicht konzentriert lernen, weil sie von gewaltbereiten Jugendlichen beiderlei Geschlechts terrorisiert werden, die niemand zu disziplinieren versucht, aus welchem Grund auch immer: Hemmungen im Umgang mit ethnischen Minderheiten, Anordnungen der Schulbehörden, Gerichtsbeschlüsse oder einfach nur Furcht. Die Kinder fürchten sich vor dem Gang zur Toilette, weil dort Mitschüler herumlungern, die rauchen und den Unterricht schwänzen. Lieber erdulden sie die zutiefst entwürdigenden Folgen. Sie haben auch Angst, über die Korridore zu gehen, wo ältere Jungen und Mädchen ihnen Prügel androhen, ohne eine Strafe befürchten zu müssen. Ja, sie können sich nicht einmal auf die Pause im Schulhof freuen, denn dort draußen müssen die Lehrer nicht einmal mehr so tun, als sähen sie nicht, was vor sich geht. Seit Einführung des «Busing»-Systems (der Busbeförderung von Schulkindern in andere Schulbezirke zur Förderung der Rassenintegration) herrschen solche Zustände auch an der

Westland Junior High School. Diese Schule, die von Villen und Residenzen ausländischer Botschafter umgeben ist, liegt in einem der reichsten Washingtoner Vororte und gehört zu Montgomery County. Dieser Verwaltungsbezirk hat von allen Countys der Vereinigten Staaten eines der höchsten Pro-Kopf-Einkommen.

Dem «Busing»-System liegt eine einfache, aber durchaus rationale Überlegung zugrunde: Die meisten Kinder, die mit Bussen in andere Schulbezirke gebracht werden, stammen aus unterprivilegierten Schichten und haben Lernschwierigkeiten. Sie hindern die reicheren Kinder aus dem Nachbarbezirk gezielt am Lernen, indem sie ihre physische Überlegenheit ausspielen, ihre auf der Straße erlernten Schlägerqualitäten und ihre größere Bereitschaft, die milden Strafen hinzunehmen, die man noch zu verhängen wagt. All dies könnte gewissermaßen auch als eine Form des sozialen Ausgleichs angesehen werden – wenn es keine Privatschulen gäbe. Weil es sie aber gibt, hat das «Busing»-System lediglich zu einer Vermehrung der privaten Bildungsstätten beigetragen, wodurch sich natürlich die soziale Kluft noch weiter vertieft (wenn auch nicht unbedingt die Kluft zwischen den Rassen: bemittelte schwarze Eltern sind nicht weniger bemüht, ihre Kinder in Privatschulen zu schicken). An den innerstädtischen Schulen ist die Situation noch viel schlimmer. Dort werden begabte Kinder nicht nur durch die ständige und manchmal sogar mörderische Gewalt in ihrem Umfeld vom Lernen abgehalten. Vielmehr «versagen» manche von ihnen sogar absichtlich, um Bedrohungen zu entgehen und sich nicht vorwerfen lassen zu müssen, sie verhielten sich «wie Weiße».

Bei strenger Disziplin könnte das «Busing»-System selbstverständlich auch an der Westland Junior High School in Montgomery County Erfolg haben. Dies gilt auch für vergleichbare Schulen im ganzen Land, denn es könnte den weniger Privilegierten die Chance eröffnen, in den Genuß einer guten Schulerziehung in einem angenehmen Umfeld zu gelangen. Bei strenger Disziplin könnten talentierte Schüler sogar in den innerstädtischen Schulen erfolgreich lernen. Aber das sind Wunschträume. An den öffentlichen Schulen in Amerika herrscht keine Disziplin mehr, geschweige denn eine strenge. Die Schulbehörden verhängen keine disziplinarischen Maßnahmen, und die Gerichte erklärten jede wirkungsvolle Strafe für gesetzeswidrig und lassen Klagen gegen Schulverweise und Suspendierungen zu. Vor diesem Hintergrund überrascht es nicht, daß sehr viele High-School-Schüler ihren Abschluß erwerben, ohne vernünftig schreiben, in normaler Geschwindigkeit lesen oder überhaupt rechnen zu können.

Trotz dieser gewaltigen Probleme wird das amerikanische Bildungswesen von ethnischer Politik beherrscht. Selbst Schulen, die nachweislich nicht einmal in der Lage sind, die Grundlagen einer einzigen Kultur zu lehren, werden nun angewiesen, «multikulturelle» oder sogar «afrozentrierte» Bildung zu vermitteln. Die Ergebnisse sind absehbar. Im Unified School District von San Diego beispielsweise soll man bei der Auswahl der Lerninhalte und Lehrkräfte darauf achten, daß ein «kulturell einfühlsamer» Unterricht erteilt werden kann. Die Schüler werden in die folgenden ethnischen Gruppen unterteilt:

IBEROAMERIKANER: Laut Definition des San Diego Unified School District handelt es sich hierbei um «eine Person, die von einem der *Urvölker* Mexikos, Puerto Ricos, Kubas, Zentral- oder Südamerikas, Spaniens oder anderer spanischer Kulturen ungeachtet der Rasse abstammt» (Hervorhebung durch den Autor).

WEISSER: «Eine Person, die von einem der Urvölker Europas, *Nordafrikas* oder des Nahen Ostens abstammt» (Hervorhebung durch den Autor).

AFROAMERIKANER: «Eine Person, die von einer der schwarzen Rassengruppen Afrikas abstammt.»

AMERIKANISCHER INDIANER ODER EINGEBORENER ALASKAS: «Eine Person, die von einem der Urvölker Nordamerikas abstammt und sich mit dieser Abstammung durch Stammeszugehörigkeit oder durch Anerkennung seitens des Stammes kulturell identifiziert.»

PORTUGIESE: «Eine Person, die von einem der Urvölker Portugals abstammt.»

FILIPINO: «Eine Person, die von einem der Urvölker der Philippinen abstammt.»

INDER: «Eine Person, die von einem der Urvölker Indiens abstammt.»

KAMBODSCHANER: «Eine Person, die von einem der Urvölker Kambodschas abstammt.»

CHINESE: «Eine Person, die von einem der Urvölker eines der folgenden Länder abstammt: Volksrepublik China, Taiwan, Hongkong.»

GUAMESE: «Eine Person, die von einem der Urvölker Guams abstammt.»

HAWAIIANER: «Eine Person, die von einem der Urvölker Hawaiis abstammt.»

MIAO: «Eine Person, die von einem der Urvölker Laos' oder Kambodschas abstammt und der Miao-Kultur angehört.»

JAPANER: «Eine Person, die von einem der Urvölker Japans abstammt.»

KOREANER: «Eine Person, die von einem der Urvölker Koreas abstammt.»

LAOTE: «Eine Person, die von einem der Urvölker Laos' abstammt und nicht den Miao angehört.»

ANDERER ASIATE: «Eine Person, die von einem der Urvölker eines der folgenden Länder oder eines anderen, nicht aufgeführten Landes abstammt: Burma, Malaysia, Thailand, Indonesien, Sri Lanka, *Mien,* Singapur, Bangladesch, Bhutan, Nepal, Pakistan.»

ANDERER INSELBEWOHNER DES PAZIFIK: «Eine Person, die – sofern sie nicht zu den oben angeführten Gruppen zählt – von einem der Urvölker der pazifischen Inseln mit Ausnahme Hawaiis, Guams, Samoas (Amerikanisch-Samoa oder West-Samoa) abstammt. Eingeschlossen sind Polynesien, die Fidschi-Inseln, die Marshall-Inseln, Melanesien, die Palau-Inseln, Tonga, Truk, die Yap-Inseln oder Tahiti.»

SAMOANER: «Eine Person, die von einem der Urvölker Samoas (Amerikanisch-Samoa oder West-Samoa) abstammt.»

VIETNAMESE: «Eine Person, die von einem der Urvölker Vietnams abstammt.»

Aus diesem amtlichen Dokument des San Diego Unified School District lassen sich mehrere weniger wichtige Feststellungen und eine übergreifende Schlußfolgerung ableiten.[12]

Die erste Feststellung lautet, daß die Bürokraten des Schulbezirks oder vielleicht die «Berater für ethnische Angelegenheiten» offenbar versuchten, eine eigene Landkarte der ethnischen Gruppen dieser Welt zu schaffen («Urvölker»), und sich dabei in absurde Widersprüche verwickelten. Schon Hitlers SS mußte feststellen, wie ungeheuer kompliziert es ist, wenn Rassisten versuchen, jeden einzelnen Menschen exakt zu klassifizieren, da doch Wörter wie «Rasse» oder «Kultur» abstrakte Begriffe ohne festgelegte Bedeutung sind. Damals in Deutschland mochte dies noch eher möglich sein: Hatte eine Person zwei jüdische Eltern, so mußte sie getötet werden; hatte sie einen jüdischen Elternteil, wurde sie lediglich verfolgt; war ein Teil ihrer Großeltern Jude, wurde sie vom Staats- und Wehrdienst ausgeschlossen; war ein Teil ihrer Urgroßeltern Jude, so war ihr lediglich der Eintritt in die SS verwehrt. Sobald jedoch die Mörder und Rekrutierungsoffiziere der SS in die Sowjetunion mit ihren Dutzenden von Nationalitäten eindrangen, standen sie vor einem unlösbaren Dilemma. In den baltischen Staaten begegneten sie in den Liven, Kaschuben und Sorben alten slawischen Völkern. Doch diese Menschen konnten nicht als slawische Untermenschen klassifiziert werden, weil sie in Ostpreußen, im Herzen des Germanentums, als echte Deutsche galten. Von den noch zahlreicheren Litauern, Letten und Esten hatten viele eindeutig «nichtarische» Gesichtszüge, doch erwiesen sie sich als begeisterte Verbündete, da sie sowohl antirussisch als auch antijüdisch eingestellt waren. (Sie waren für die SS akzeptabel.) Was aber sollte mit den nicht selten blonden und blauäugigen Tscherkessen im Kaukasus geschehen, die viel zu arisch aussahen, um abgelehnt zu werden? Sie waren Kaukasier, doch weder in ihrer Kleidung noch in ihrer Kultur Europäer und obendrein noch Muslime. (Sie wurden in die SS aufgenommen, doch beklagte sich Hitler darüber.) Was war mit den Taten, die ihrer Religion nach Juden waren, die aber von der einflußreichen Türkei als «Arier» deklariert wurden? (Sie wurden verfolgt, aber nicht ermordet.) Was war mit den Karaimen aus Litauen und von der Krim, den reinsten aller Juden, die nur das hebräische Alte Testament anerkannten, sich aber in jeder anderen Beziehung nichtjüdisch verhielten? (Man ließ sie in Ruhe.) Und schließlich gab es auch noch die Polen, die nach Hitlers Auffassung verabscheuenswürdige Untermenschen waren, die sich nur für Sklavenarbeit eigneten – aber Hunderttausende von ihnen hatten die deutsche Staatsangehörigkeit erhalten und als Nachfahren der Auswanderer (Volksdeutsche) sogar deutsche Rentenzahlungen beansprucht.

Für die Rassisten und Amateurethnologen des Unified School District von San Diego sind diese Dinge keineswegs einfacher zu regeln. Auf jeden Fall nehmen sie ihre Klassifizierungsversuche sehr ernst. Ihr Mitarbeiterausweis enthält in der Tat eine kategorische Formulierung, die in jedem SS-Befehl hätte stehen können (Hervorhebung im Original):

«Kein Angestellter/keine Angestellte darf sich mehr als einer Rasse/ethnischen Gruppe zuordnen. Für die Zuordnung gelten nur die vorstehend aufgeführten Kategorien.»

Doch solche zwingend vorgeschriebenen Zuordnungen sind absurd. Ein negrider Algerier, Ägypter oder Tunesier, dessen Haut möglicherweise dunkler ist als die der meisten amerikanischen Schwarzen, wird gezwungen, sich der nichtprivilegierten Gruppe der Weißen zuzuordnen. Ein weißer Portugiese hingegen ist Portugiese und nicht einfach nur ein Weißer. San Diego verfügt über eine lange Seefahrts- und Fischfang-Tradition; hier leben infolge der inneren Migration aus den Seefahrts- und Fischereiorten Neuenglands viele Portugiesen. Die zahlreichen Menschen, die portugiesische Abstammung beanspruchen, haben offenbar genügend Einfluß auf die ethnische Politik des Schulbezirks von San Diego, um der Zuordnung zu jenen Ausgestoßenen zu entgehen, die keine Vorrechte bei der Einstellung von Lehrern genießen und für die es keine besonderen Lehrprogramme gibt: der Gruppe der verachteten Weißen. Daß Menschen portugiesischer Herkunft getrennt von all jenen aufgeführt werden, die von Europäern oder auch von Arabern, Berbern, Kurden, Israelis oder Iranern abstammen (und die alle als «Weiße» gelten), reicht völlig aus, um die unverschämte politische Manipulation bloßzulegen, die den Kategorien-katalog des Schulbezirks von San Diego kennzeichnet. Aber das ist noch nicht alles. Bei den Schwarzen beispielsweise ist das Kriterium eindeutig rassistisch («Eine Person, die von einer der schwarzen *Rassengruppen* Afrikas abstammt»), wobei der Geburtsort, die Kultur oder nachweisbare Vorfahren des Bewerbers unberücksichtigt bleiben. In direktem Widerspruch hierzu wird bei der Kategorie der «Iberoamerikaner» das Kriterium der Rasse ausdrücklich ausgeschlossen («Eine Person, die von einem der Urvölker Mexikos ... Spaniens oder anderer spanischer Kulturen *ungeachtet der Rasse* abstammt»).

Auf diese Weise wird ein Maya aus Guatemala zu einem Iberoamerikaner – auch wenn er keinen einzigen Spanier unter seinen Vorfahren hat und kein oder nur wenig Spanisch spricht (keine Seltenheit in Kalifornien). Er wird damit derselben Kategorie zugeordnet wie ein hellhäutiger Spanier. Spanien herrschte einst über ein Weltreich und zog viele ehrgeizige Offiziere, Diplomaten und Beamte aus ganz Europa an. Vor allem in der spanischen Aristokratie finden sich immer noch Namen wie Pedro Schwartz, Manuela O'Higgins und Diego Pignatelli (ein fürstlicher Name). Kämen diese Personen nach San Diego, so könnten sie all die Bevorzugungen und Begünstigungen einfordern – und würden sie auch erhalten –, die den Iberoamerikanern zustehen. Kämen sie jedoch als Dieter Schwartz, Mary O'Higgins oder Mario Pignatelli aus Hamburg, Dublin oder Neapel – oder, was auf das gleiche hinausläuft, aus New York oder aus San Diego selbst –, so würden sie nur der Kategorie der «Weißen» zugeschlagen. Das ist keineswegs belanglos: In Kalifornien leben nur wenige spanische Aristokraten, aber Hunderttausende von Lateinamerikanern, die den Eliten ihrer Länder entstammen (darunter Zehntausende argentinischer Ärzte, Rechtsanwälte, Architekten usw.). Nach den Regeln des Unified School District von San Diego können auch sie von allen Bevorzugungen profitieren, die den Iberoamerikanern gewährt werden.

Die Weißen – wer immer sie auch sein mögen – sind nicht die einzige Gruppe, die unter dem ignoranten Rassismus des San Diego Unified School District zu leiden hat. Viele Chinesen kamen nach schlimmen Erlebnissen als Flüchtlinge aus Vietnam in die Vereinigten Staaten; nicht wenige der als «Boat-People» bekanntgewordenen Flüchtlinge waren chinesischer Abstammung. Diese Menschen sprechen gewöhnlich nur Vietnamesisch. Dennoch werden sie nicht der sehr privilegierten Kategorie der «Vietnamesen» zugeordnet (denn diese Kategorie ist auf die «Urvölker» Vietnams beschränkt). Vielmehr zwingt man sie in die Kategorie der «Chinesen», von denen in Kalifornien so viele leben, daß ihnen keine besonderen Privilegien zugestanden werden. Nur die Gruppe der «Weißen» hat weniger Privilegien als die Chinesen. Tatsächlich werden die außerordentlich hart arbeitenden und sehr begabten Chinesen bei der Zulassung zur Universität von Kalifornien von den Afroamerikanern, Indianern und vielen anderen Gruppen verdrängt, die eindeutig bevorzugt werden. Alle gebürtigen Inder oder deren Abkömmlinge – beispielsweise auch ein Muslim aus Agra mit der Muttersprache Urdu – gehören einer eigenen privilegierten Kategorie («Inder») an. Aber ein Muslim aus Agra mit der Muttersprache Urdu, dessen Eltern so unklug waren, nach der indisch-pakistanischen Teilung 1947 wie Millionen anderer Muslime nach Pakistan zu fliehen, findet sich in der Mischkategorie «Anderer Asiate» wieder. Um bei der Vergabe von Stellen bevorzugt zu werden oder andere Privilegien zu erhalten, muß er mit den immer zahlreicher werdenden Thais und einem Dutzend anderer Nationalitäten konkurrieren, darunter auch die völlig unbekannten «Miens», die ein unterbeschäftigter Bürokrat oder ein cleverer Stellenbewerber möglicherweise nur einfach erfunden hat. Während jedoch die Chinesen aus Vietnam die beschriebene Zurücksetzung hinnehmen müssen, sind die Chinesen aus Singapur mit der Zuordnung zur Kategorie «Anderer Asiate» bessergestellt. Die wahre Aristokratie bilden zwar die «Miao», die «Kambodschaner» und die «Afroamerikaner» (die zwar sehr zahlreich, aber noch immer sehr privilegiert sind), aber die Kategorie «Anderer Asiate» übertrifft dennoch die der «Chinesen». Und warum wird den Thais keine eigene Kategorie zugebilligt, wohl aber den Kambodschanern und den Laoten? Und so weiter.

Diese Unterscheidungen sind zwar absurd, haben aber keineswegs geringfügige Auswirkungen. Für viele Lehramtsanwärter bedeuten sie entweder einen sicheren Job oder Arbeitslosigkeit, und für viele Studenten können sie die Zulassung zu einer guten Universität entscheidend beeinflussen. Im riesigen Flottenstützpunkt der US-Marine von San Diego und in den örtlichen Zulieferfirmen der Rüstungsindustrie wird heute, nach dem Ende des Kalten Krieges, Personal abgebaut. Stellen für Lehrer sind im Raum San Diego deshalb sehr gefragt. Der Schulbezirk könnte bei Einstellungen also sehr genau auswählen. Er wäre sogar in der Lage, einen Kader von Elitelehrern aufbauen, für den nur Personen mit Hochschulabschluß und nachgewiesenen pädagogischen Fähigkeiten in Frage kämen. Aber der Schulbezirk hat die Einstellungskriterien nicht verschärft, denn das würde seiner Minderheitenpolitik zuwiderlaufen. Deshalb werden die Lehramtsanwärter nicht nach Qualifikation ausgewählt; entscheidend ist vielmehr ihre ethnische Zuordnung. Und weil dies so ist, müssen wir uns auch mit den unvermeidlichen Versuchen befassen, eine bestimmte ethnische Zugehörigkeit vorzutäuschen.

Ein Bewerber, der sich als Miao ausgibt, würde wohl kaum eine Stelle erhalten. Denn die Miao bilden eine ausgesprochen privilegierte Gruppe, die in diesem Katalog als Kategorie einzig und allein den Angehörigen einer kleinen Stammesgemeinschaft vorbehalten ist, keinesfalls aber einer Nationalität oder Rasse. Miao wandern erst seit einigen Jahren nach Amerika ein, so daß es nicht plausibel wäre, eine gemischte Abstammung anzuführen. Aber manche Amerikaner, die wie Weiße aussehen, wollen als Indianer anerkannt werden. Nach den Regeln von San Diego ist dazu nur erforderlich, daß sich der Bewerber «mit dieser Abstammung durch Stammeszugehörigkeit oder durch Anerkennung seitens des Stammes kulturell identifiziert». Dies ist nicht so schwierig, wie es auf den ersten Blick scheinen mag: Von einigen Stämmen kann man sich die Stammeszugehörigkeit gegen Bargeld schriftlich bescheinigen lassen. Andere Amerikaner, die ebenfalls wie Weiße aussehen, führen afrikanische Vorfahren an. Das mag zu einem gewissen Teil zutreffen und wurde möglicherweise von Eltern und

Großeltern lange Zeit verschwiegen. Im modernen San Diego jedoch wird diese Abstammung plötzlich wieder zu einem wertvollen Familienerbe. Die Sephardim, Juden, die vor langer Zeit aus Spanien und Portugal einwanderten, beanspruchen einen Status als Iberoamerikaner, auf den sie nach den Regeln von San Diego auch vollen Anspruch haben («... oder anderer spanischer Kulturen, ungeachtet der Rasse ...»). Und unzählige Grenzgänger jeder Hautfarbe behaupten, zur bevorzugten Kategorie der «Hawaiianer» zu zählen.

Da dem Unified School District von San Diego nur eine begrenzte Zahl von Lehrerstellen, Sonderförderungsprogrammen und lukrativen Beraterhonoraren zur Verfügung stehen, sollte er umgehend ein eigenes Amt für ethnisch-rassische Klassifizierung einrichten. Es müßte selbstverständlich befugt werden, physische Untersuchungen durchzuführen; zudem müßte es nicht nur über Meßtabellen für Hautfarbe und biomorphologische Merkmale verfügen, sondern auch über den unschätzbaren Schädelmaß-Index zur Rassenbestimmung, der von den SS-Wissenschaftlern des Straßburger Rassenforschungsinstituts erstellt worden war. Jene Herren hatten wirklich die richtigen Methoden entwickelt, um die Regeln von San Diego umzusetzen. Unglücklicherweise wurde das Institut nach dem Einmarsch der Dritten Armee unter Patton 1944 geplündert und zerstört. Dennoch hat der Schuldistrikt von San Diego Glück, denn die Experten des Instituts wanderten nach Südafrika aus. Die Gesetze des südafrikanischen Apartheid-Regimes erforderten die Einrichtung von Kommissionen für Rassenklassifizierung, die darüber zu befinden hatten, wer Weißer, Schwarzer, «Coloured», Kap-Malaie, Natal-Inder usw. war. Aufenthaltsgenehmigungen, Schulzulassungen, Sitzplätze in Bussen und Eisenbahnen, das Recht, in einem Hotel zu übernachten oder in einem Restaurant zu essen, sogar die Notfallversorgung in den Krankenhäusern und praktisch jede qualifizierte Arbeitsstelle wurden streng nach Rassenzugehörigkeit zugeteilt. Die Kommissionen gingen deshalb sehr gewissenhaft der Frage nach, wer als was gelten sollte, klassifizierten schließlich aber auch viele dunkelhäutige Afrikaaner als «Weiße» und viele sehr hellhäutige, aber kraushaarige Personen als «Coloureds». Ihre Spitzfindigkeit in Rassenfragen war hoch entwickelt. Sie erbrachten sogar den Nachweis, daß chinesische Einwohner Nichtweiße, einreisende japanische Geschäftsleute jedoch Weiße seien, denen der Aufenthalt in Hotels und sogar die Benutzung von Swimmingpools gestattet war. Der Schuldistrikt von San Diego kann von Glück sagen, daß die Rassenexperten nach der Abschaffung der Apartheid in Südafrika nun arbeitslos geworden sind und einer Einladung, in San Diego ihr Gewerbe wiederaufzunehmen, sehr gerne nachkommen würden.

Trotz aller Fortschritte, die der Schuldistrikt insbesondere bei der Erforschung der samoischen oder laotischen Kultur erzielte, beherrschen seine Mitarbeiter die englische Syntax nicht fehlerfrei, von ihrer außerordentlich gequälten Bürokratensprache ganz zu schweigen. Doch dem Dokument mangelt es nicht nur an Stil. Die eigenartigen sprachlichen Verrenkungen spiegeln eine intellektuelle Grundhaltung wider, die zutiefst unehrlich ist. Bei dem Versuch, Menschen in künstliche Kategorien zu zwängen und sie damit gegenüber anderen zu benachteiligen, springen die Verfasser zwischen völlig unterschiedlichen Kriterien (Rasse, Kultur, «Zugehörigkeit») hin und her. So wird ein Jamaikaner, der einem gutbürgerlichen Elternhaus entstammt, einem Algerier gegenüber bevorzugt, der im Elend der Kasbah geboren wurde, und der Sprößling reicher lateinamerikanischer Großgrundbesitzer wird gegenüber dem weißen Abkömmling aus dem Armutsgebiet der Appalachen bevorzugt.

Die Schüler selbst werden durch den Charakter der «multikulturellen» Erziehung geschädigt. Ohne Zweifel kann *jede* Kultur, so exotisch oder primitiv sie auch sein mag, für den Bildungsprozeß hervorragend genutzt werden. Wer Kenntnisse über die Inuit im Norden oder die Massai in Ostafrika besitzt, wird bestätigen, daß man viel von diesen Völkern lernen kann, auch wenn weder das eine noch das andere eigene literarische Texte hervorgebracht hat. Die Klassiker anderer exotischer Kulturen sind bei westlichen Lesern seit Jahrhunderten beliebt. Weshalb also wirkt die «multikulturelle» Erziehung, die heute im öffentlichen Bildungswesen

Amerikas praktiziert wird, dem Erziehungsprozeß so sehr entgegen?

Erstens: Die Schüler werden mit allen möglichen Randfächern abgelenkt – gerade auch in jenen Schulen, die ohnehin nicht mehr in der Lage sind, die Grundlagen im Lesen, Schreiben und Rechnen, in der Gesellschaftskunde und im guten Benehmen zu vermitteln.

Zweitens: Nicht alle Lehrer sind in der amerikanischen und europäischen Geschichte und Kultur gut bewandert. Dennoch werden sie angewiesen, nun auch noch mittelamerikanische, indische, chinesische, japanische und schwarzafrikanische Geschichte und Kultur zu vermitteln. Dieser Lehrstoff geht natürlich weit über ihre Kenntnisse hinaus – und natürlich wird dies auch dem einen oder anderen aufgeweckten Schüler nicht verborgen bleiben, mit dem Ergebnis, daß die Glaubwürdigkeit des gesamten Unterrichts erschüttert wird. So etwas ist in den Klassenzimmern überall im Land an der Tagesordnung. Mein Sohn lernte in der Schule, daß die älteste Religion Japans der Buddhismus sei – offenbar hatte die Lehrerin noch nie etwas vom Schintoismus gehört.

Drittens: Die zusätzlichen Fächer werden so oberflächlich vermittelt, daß kein eigentlicher *Lernprozeß* stattfindet. Sicherlich ist die Kritik berechtigt, daß die traditionelle «eurozentrische» Erziehung zu eng angelegt war und wichtige Bereiche der menschlichen Erfahrung ausklammerte. Aber mehr Stoff bringt weniger Wissen, wenn statt der *Lektüre* eines Werkes von Melville, um nur ein Beispiel zu nennen, ein schneller Streifzug durch klassische exotische Werke geboten wird, deren Titel niemand richtig aussprechen kann, oder wenn die *Erklärung* der Französischen Revolution durch einen sechzigminütigen Ausflug in die gesamte indische Geschichte verdrängt wird. Wissen und Verstehen setzen ein gewisses Maß an Ausführlichkeit und vertiefender Stoffbehandlung voraus. Deshalb ist auch eine diesem Anspruch angemessene «multikulturelle» Ausbildung der Lehrer nicht möglich – wenn sie nicht zufällig mehrsprachig und obendrein Gelehrte von internationalem Format sind.

Viertens: Multikulturelle Erziehung wirkt häufig auch deshalb

376

dem gesamten Erziehungsprozeß entgegen, weil der Lehrstoff durch soziale Ziele verfälscht wird, die ein «gutes Gefühl» vermitteln sollen. Man kann sich nicht vorstellen, was im Schulbezirk von San Diego unter dieser Bezeichnung läuft. Die Schüler erhalten dort einen Unterricht, der für «kulturelle Besonderheiten sensibilisieren» soll, und obwohl sie wahrscheinlich nur einfach Amerikaner sein wollen, werden ihnen «iberoamerikanische», «afroamerikanische», «guamesische» oder sogar «andere asiatische» Identitäten aufgedrängt. Im Unterricht an amerikanischen Schulen werden heute routinemäßig die Grausamkeiten der aztekischen Kultur und der Verfall der Maya-Kultur nur gestreift, die Schrecken der spanischen Eroberung hingegen eingehend geschildert. Das alte Ägypten gilt als wahre Quelle des griechischen Denkens. Primitive Völker werden nicht als machtlos gegenüber ihrer Umwelt dargestellt, sondern als Prototypen von Umweltschützern, die «eins mit der Natur» seien. Generell werden die phänomenalen Fortschritte jeder Zivilisation mit Ausnahme einer einzigen verherrlicht – der europäischen Kultur mit ihrer Rückständigkeit, Grausamkeit und Habgier.

Das Verbrechen einer falschen Erziehung wehrloser Kinder wird dann noch schwerwiegender, wenn der multikulturelle Ansatz als zu weich verworfen und durch «Afrozentrismus» ersetzt wird. Auf Kosten des Steuerzahlers wird heute die rassistische Wunschvorstellung verwirklicht, daß man Neger «auf ihrem angestammten Platz halten» könne, wenn man sie im Status der Unwissenheit beließe – und dazu tragen ausgerechnet die «schwarz-nationalistischen» Bildungsbürokraten, Lehrer und Propagandisten bei. Im Schuljahr 1992 folgten beispielsweise fast alle 109 Elementar- und Sekundarschulen in Atlanta und mehr als 80 Prozent ihrer Lehrer afrozentrischen Lehrplänen. Ähnliches gilt auch für viele andere Schulbezirke in Ballungsräumen.

Am Beispiel des Unterrichtsfaches «Mathematik» läßt sich darstellen, was das bedeutet. Brenda Brown ist Lehrerin an der Dobbs Elementary School in Atlanta. Vermutlich spricht sie kein Suaheli; sie stellt ihrer dritten Klasse die mathematischen Aufgaben auf englisch, verlangt jedoch, daß die Schüler die Lösungen mit Hilfe einer Suaheli-Sprachtafel notieren. Statt $1 + 3 = 4$ schreiben die Kinder: *moja + tatu = ane*. Das ist nicht Mathematik, sondern Grundrechnen, noch dazu auf dem Niveau von Erstkläßlern. Durch die Übersetzung in eine ostafrikanische Sprache wird der Rechenvorgang unnötig kompliziert – in eine Sprache übrigens, die nicht einmal die Sprache der Westafrikaner war, die durch den Sklavenhandel nach Amerika kamen. Die Lehrerin Carolyn Huff unterrichtet eine achte Klasse an der Bunche Middle School in Atlanta. Sie ist wahrscheinlich keine qualifizierte Ägyptologin und dürfte kaum mit Hieroglyphen vertraut sein. Dennoch beruft sie sich auf «Ägypten», um ihren Schülern das Bruchrechnen mit der Zahl 1 als Zähler beizubringen, so daß $5/8$ zu $1/8 + 1/2$ wird. In Algebra wird die unbekannte Variable nicht mit dem «europäischen» *x,* sondern mit *aha* gekennzeichnet, entsprechend dem «ägyptischen Gebrauch in der Zeit um 4500 v. Chr.».[13] Diese Praktiken unterscheiden sich grundlegend von der harmlosen Beschäftigung mit afrikanischen Volksmärchen als Lektüre für Erstkläßler oder der sinnvollen Einbeziehung der Romane von Chinua Achebe in das Fach Englische Literatur an der High School. Gerade jene Kinder werden zutiefst verwirrt, die ohnehin durch Armut, ungeordnete Verhältnisse und Unwissenheit des Elternhauses benachteiligt sind. (Fast die gesamte schwarze Elite von Atlanta, die den neuen Lehrplan wenn schon nicht ausdrücklich verlangte, so doch zumindest billigte, schickt ihre Kinder natürlich auf Privatschulen.)

Das Wort Algebra stammt aus dem Arabischen, und dieser Umstand allein müßte das Fach eigentlich vor dem Vorwurf schützen, es sei zu europäisch. (Verfechter der afrozentrischen Erziehung leiten aus weit geringerem Anlaß größere Forderungen ab.) Aber ein arabischer Ursprung ist bei weitem nicht gut genug, denn nach der vorherrschenden neuen Rassenlehre sind Araber «Weiße». Die Anhänger des Afrozentrismus stellen hingegen die grundlegende Behauptung auf, daß die alten Ägypter die wahren Erfinder all jener Errungenschaften gewesen seien, die europäische Rassisten den alten Griechen zuschrieben. Vor allem aber seien die Ägypter aus rassischer Sicht «Schwarzafrikaner» gewesen, d. h. Negride.

Sokrates, angeblich ein ägyptischer Immigrant, und andere berühmte Personen werden als «Afrikaner» bezeichnet. Als Beweise für solche Behauptungen dienen zweifelhafte Fotografien von Skulpturen oder Medaillen, die aus der Spätantike oder noch jüngerer Zeit stammen. Altertumsforscher und Ägyptologen beschäftigten sich nie mit solch irrelevanten Fragen (mit Ausnahme einiger in Verruf geratener deutscher Wissenschaftler während des Dritten Reiches).

Der gesamten restlichen Welt mag die Gleichung Griechische Antike = Ägypten = Schwarzafrika absurd erscheinen; an vielen öffentlichen amerikanischen Schulen gilt sie aber dennoch heute als offiziell verordnete Wahrheit. Offenbar nimmt man an, daß historische Unwahrheiten als eine Art Gruppentherapie unterrichtet werden müßten, um das kollektive Selbstbild der schwarzen Kinder zu festigen, damit sie bereit sind, überhaupt etwas zu lernen. Schon dies kann man als rassistische Ausflüchte unzulänglich arbeitender Schulen und inkompetenter Lehrer ansehen. Was die Angelegenheit allerdings noch komplizierter macht: Diejenigen, die diese Irrlehren verbreiten, sind selbst so unwissend, daß sie den Unsinn glauben, den sie den Kindern beibringen.

Nicht nur die öffentlichen Schulen in Atlanta betreiben in ethnisch heiklen Themenbereichen eine politisch gewollte Fehlerziehung, sondern auch andere Schulen überall im Land, einschließlich der Privatschulen und sogar mancher Universitäten. Zwar sind auch andere Wissenschaftsbereiche betroffen (von Kulturanthropologie über Genetik und Kriminologie bis hin zu mesoamerikanischer Geschichte), doch inbesondere die «Afrika»-Kurse neigen zur Romantisierung: Alles war Kunst (Benin), Naturwissenschaft (die «Universität» von Timbuktu) und Architektur (Simbabwe), und überall herrschte Frieden und Wohlstand, bis die europäischen Kolonialisten und Sklavenhändler kamen. Aber schließlich endet alles gut, denn mit der Dekolonisierung kam auch der Segen der Unabhängigkeit. Was darauf folgte, das Elend, die Massaker und der anhaltende Niedergang, wird nicht erwähnt. Die Kurse enden mit einer rituellen Verurteilung der südafrikanischen Apartheid. Können Selbstbilder durch Lügen gefestigt werden? Die Antwort könnte ja lauten – aber nur kurzfristig, bis die Täuschung aufgedeckt wird. Dürfen an Schulen und Universitäten bewußt und systematisch Unwahrheiten gelehrt werden? Die Antwort lautet ganz entschieden nein.

Selbstverständlich wäre es absurd, den Schulunterricht auf Fächer mit ökonomischem Nutzen zu beschränken – das wäre ein Rezept für kultivierte Barbarei, die bald reiner Barbarei weichen würde. Opfer einer solchen Erziehung sind jedoch gewöhnlich die Kinder aus armen Verhältnissen. Aus diesem Grunde ist die offensichtliche ökonomische Nutzlosigkeit der sogenannten multikulturellen Erziehung oder des Afrozentrismus ein Problem. Im internationalen Wettbewerb kann man sich nicht mit umfassenden Kenntnissen über die Jagdgesänge der Miao oder mit einer Arithmetik behaupten, die auf die Gleichung *moja + tatu = ane* beschränkt ist. Auch solide afrozentrische Geschichtskenntnisse reichen dafür nicht aus – ein griechischer Kunde könnte sogar verärgert reagieren, wenn ihm erklärt wird, Sokrates sei ein Afrikaner gewesen. Doch genau das bringt man heute den Schulkindern bei, jedenfalls solange in den Ausschüssen der Schulbezirke keine iberoamerikanischen Interessenvertreter sitzen, die behaupten, Sokrates sei Spanier gewesen (schließlich lebten griechische Siedler lange vor Sokrates' Zeit in Spanien ...).

Lösungsansätze

Rufen wir uns die Unzulänglichkeiten des öffentlichen Bildungswesens der Vereinigten Staaten noch einmal in Erinnerung, von der systematischen Überbürokratisierung bis zur offenen Korruption, von der überhandnehmenden Disziplinlosigkeit bis zur Bevorzugung unwissender Lehrer bei Einstellungen. Dies führt uns zwangsläufig zu der allgemeinen und wichtigen Schlußfolgerung, daß die akuten Mängel vieler der 15376 Schulbezirke in den Vereinigten Staaten nur behoben werden können, wenn ihre Zuständigkeiten in zweifacher Hinsicht drastisch beschnitten werden.

Verschiedentlich wurde versucht, die Schulbezirksausschüsse

von bestimmten Zuständigkeiten zu entbinden und diese entsprechenden Gremien in den einzelnen Schulen zu übertragen. Die Ergebnisse waren recht ermutigend, deshalb sollten solche Experimente ausgeweitet werden. Ziel dabei ist, den Einfluß der Eltern zu verstärken – wenn es um die Erziehung der Kinder geht, sind Eltern vertrauenswürdiger als Lokalpolitiker oder Karrierebürokraten. Damit wird das System zwar noch weiter ausdifferenziert und die Ergebnisse werden noch uneinheitlicher, doch sollte dies durch wirkungsvolle, zielgerichtete Eingriffe der Bundesbehörden ausgeglichen werden, so daß das Niveau der Schulbildung landesweit angehoben werden kann.

Verordnungen, Verbote und andere Maßnahmen sind entweder nutzlos oder gesetzeswidrig oder beides zugleich. Nur durch Anreize können die erwünschten Ergebnisse erzielt werden. So sollten bundesstaatliche Zuschüsse oder Anerkennungen nicht für gute Absichten gewährt werden, sondern für *nachweisbare Erfolge*. Die Schulbezirke erhalten bereits Gelder und Zuschüsse aus Washington sowie von den einzelnen Bundesstaaten. Von diesem Verfahren unterscheiden sich jedoch die folgenden Empfehlungen hinsichtlich ihrer auf das ganze Land bezogenen Zielsetzung und ihrer Größenordnung.

Ein erster geeigneter Anreiz bestünde darin, Lehrern Gehaltszulagen aus Bundesmitteln zu zahlen, wenn sie ihre Lehrbefähigung durch einheitliche, nationale, schriftliche Prüfungen erworben haben. Diese Prüfungen sollten spezifisch auf die verschiedenen Schulstufen ausgerichtet sein (z. B. Grundschulen, Junior High Schools, High Schools), aber stets hohe Anforderungen stellen. Lehrer, die diese Prüfung bestanden haben («Federal-Award»-Lehrer; sinngemäß etwa: «Lehrer mit staatlicher Lehrbefugnis»), erhalten dann zwei Gehälter: ein Gehalt von dem Schulbezirk, bei dem sie beschäftigt sind, das andere von der Bundesregierung. Anfangs wird nur eine kleine Lehrerelite entstehen, die das Unterrichtsniveau landesweit nur geringfügig anheben kann. Zudem wird sie sehr wahrscheinlich den Widerstand der Gewerkschaften erregen und von den Kollegen abgelehnt werden. Aber die Gehaltszulage und das natürliche Konkurrenzstreben werden bald dazu führen, daß sich die Zahl der Federal-Award-Lehrer erhöht. Zugleich steigt die Kompetenz der Lehrer im gesamten öffentlichen Bildungswesen der Vereinigten Staaten, nicht zuletzt dadurch, daß gutqualifizierte Berufsanfänger angelockt werden. Hier liegt der Schlüssel zu allen anderen Lösungsansätzen. Besserer Unterricht ist ohne bessere Lehrer nicht möglich. Bessere Lehrer können erst gewonnen werden, wenn das gesamte Prestige des Berufs deutlich angehoben wird. Dies wiederum wird nur gelingen, wenn das Unterrichten eine begehrte, gutbezahlte Arbeit darstellt. Bezahlt man jedoch höhere Gehälter, ohne höhere Kompetenz zu fordern, so werden aus schlechtbezahlten, mittelmäßigen Lehrern nur gutbezahlte, mittelmäßige Lehrer. Deshalb ist es unerläßlich, bei der Erteilung der Lehrbefugnisse strenge Maßstäbe anzulegen – schon durch das Bestehen der Prüfungen sollte das Ansehen des Lehrers steigen.

Gewiß, ob ein Bewerber für den Lehrerberuf geeignet ist, läßt sich nicht dadurch klären, daß man in schriftlichen Prüfungen sein Wissen abfragt (allerdings gibt es keine andere Möglichkeit der objektiven Bewertung, wie sie hier erforderlich ist). Ebensowenig geben sie Aufschluß über seine Fähigkeit, die Schüler zu motivieren. Aber zumindest ließe sich sicherstellen, daß die Lehrer über das erforderliche Faktenwissen und unerläßliche didaktische Kenntnisse verfügen. Den meisten Eltern ist heute gar nicht bewußt, welch großer Unwissenheit ihre Kinder im Unterricht ausgesetzt sind. Manche Eltern stehen diesem Problem gleichgültig gegenüber, aber selbst die Minderheit der engagierten Eltern hat in der Praxis kaum eine Möglichkeit, die Kompetenzen der Lehrer zu beurteilen. Durch den hier dargelegten Vorschlag erhielten sie einen Bewertungsmaßstab: Sie bräuchten nur den Anteil der an ihrer Schule beschäftigten Federal-Award-Lehrer zu zählen. Die Ausschüsse und Bürokraten der Schulbezirke würden bald unter Druck geraten, mehr solche «Elitelehrer» für die Schule zu gewinnen. Sie wären gezwungen, die Lehrer nach ihrer Qualifikation einzustellen und ihnen außerdem ein vernünftiges Arbeitsumfeld zu bieten – zum Beispiel durch schärfere Disziplin an den Schulen. Mit anderen Worten: Durch eine Gehaltszulage aus Bundesmitteln würde man nicht nur die Lehrer dazu motivieren, ihre berufliche Qualifikation zu erhöhen, sondern auch schul- und bezirksübergreifende Anreize schaffen, die Qualität des gesamten Bildungswesens zu verbessern.

In fast allen US-Staaten müssen die im öffentlichen Schulwesen tätigen Lehrer eine einheitliche Prüfung («National Teacher Examination», NTE) ablegen oder entsprechende einzelstaatliche Abschlüsse nachweisen, um den Beruf ausüben zu können. Aber was heißt das schon? Die NTE ist eine erbärmlich leichte Prüfung. Manche Schulbezirke, die finanziell besser ausgestattet sind, zahlen bereits Gehaltszulagen an Spitzenlehrer. Allerdings verstärkt dies nur die Unausgewogenheit im öffentlichen Schulwesen Amerikas und nützt den benachteiligten Schulen, Schulbezirken und Staaten in keiner Weise. Nur eine landesweite Initiative zur Förderung der Lehrerschaft kann hier helfen. Denn eine Gehaltszulage aus Bundesmitteln für hochqualifizierte Lehrer würde gerade in den ärmsten Staaten und ärmsten Schulbezirken am meisten bewirken.

Der zweite Anreiz sollte nicht den Lehrern, sondern den Schülern geboten werden. Bundesstaatlich anerkannte Zeugnisse für geprüfte schulische Leistungen würden keinen finanziellen, wohl aber einen Prestigegewinn mit sich bringen und eine Herausforderung für die Schüler darstellen. Gleichzeitig würden auf diese Weise bundesweite Standards für die Schulen festgelegt. In Europa und Japan legen Schulabgänger staatliche Prüfungen (Abitur usw.) ab, die nicht nur hochangesehen, sondern auch Voraussetzung sind für die Zulassung zu einer Universität und für den Zugang zu vielen Berufen, bei denen keine Hochschulausbildung vorausgesetzt wird. Die gesellschaftliche Bedeutung solcher Prüfungen zeigt sich darin, daß in europäischen Staaten mit Wehrpflicht nur Rekruten mit höheren Schulabschlüssen Offiziersanwärter werden können. Diese Prüfungen sind so wichtig, weil sie ein breites Spektrum von Fächern umfassen und aus längeren schriftlichen Arbeiten und mündlichen Prüfungen bestehen, die alle benotet werden. Um Betrug zu verhindern und ein Höchstmaß an Objektivität zu gewährleisten, werden sie von staatlich berufenen Prüfungsausschüssen überwacht und bewertet. Den Ausschüssen gehören ausgewählte Lehrer an, die für diese Arbeit Gehaltszulagen und Reisespesen erhalten. Mancherorts werden sie auch aus anderen Landesteilen berufen, um etwaigen Bestechungen und Begünstigungen vorzubeugen.

Dieses System ist in vielfacher Hinsicht bewundernswert, sollte aber in den Vereinigten Staaten nicht nachgeahmt werden. Ein bundesweit geregelter, höherer Schulabschluß würde weniger begabten Schülern keine Vorteile bringen, von den beträchtlichen Kosten und dem erforderlichen organisatorischen Aufwand einmal ganz abgesehen. Denn die unzulängliche Ausbildung gerade dieser Kinder kommt das Land sehr teuer zu stehen, und nicht nur weil der Bildungsstand in der erwerbstätigen Bevölkerung ganz offenkundig zu gering ist, sondern auch aus sozialen Gründen, die in der Vernetzung von mangelnder und schlechter Bildung, Arbeitslosigkeit, abweichendem Verhalten und Kriminalität sichtbar werden. Und sicherlich würde ein Bildungsanreiz, der nur auf einen Prestigegewinn für die besten Schulabgänger abzielt, wenig dazu beitragen, das gesamte Klima im öffentlichen Bildungswesen für jüngere Schüler zu verbessern.

Bundesstaatlich geregelte Abschlüsse in bestimmten Fächern und auf verschiedenen Schulstufen wären sinnvoller und auch viel kostengünstiger – vor allem, wenn sie auf die wichtigsten und am leichtesten zu bewertenden Grundlagen beschränkt blieben. Naheliegend wären Prüfungen in Arithmetik und Geometrie für die achte Klasse, in Infinitesimalrechnen für die elfte Klasse. Englische Sprache und Literatur könnten in zwei oder drei verschiedenen Schulstufen geprüft werden; in der zwölften Klasse sollten Sprachen geprüft werden, die im Wirtschaftsleben eine wichtige Rolle spielen (z. B. Französisch, Deutsch, Peking-Chinesisch, Russisch), eventuell auch Gemeinschaftskunde/Politik. Selbst eine geringe Zahl von Fächern würde genügen, um für die Schulen Richtlinien zu erlassen und den Eltern und Schulaufsichtsgremien einen klaren Maßstab für die Beurteilung ihrer Wirksamkeit an die Hand zu geben.

Angesichts der Notwendigkeit, die Berufsbildung im Bildungswesen der Vereinigten Staaten neu zu beleben, sollten bundesstaatliche, geregelte Zeugnisse auch für den Nachweis beruflicher Fertigkeiten eingeführt werden, sofern sie sich, gemessen an den Kosten, sinnvoll prüfen lassen. Für viele Bereiche (z. B. Elektroinstallation, Daten- und Textverarbeitung, Lkw-Wartung usw.) gibt es bereits schriftliche und computergestützte Prüfungen, und für viele weitere Bereiche könnten sie entwickelt werden.

Die eigentliche Berufsvorbereitung wurde an den öffentlichen High Schools praktisch eliminiert, wobei man sich auf eine inhaltsleere Gleichheitstheorie berief.[14] Unter Berufsvorbereitung versteht man heute allenfalls altmodische Unterrichtsfächer wie Werken mit Holz, Hauswirtschaftslehre («für Mädchen»), oberflächliche, nichtssagende Einführungen in das Wirtschaftsleben sowie Handels- und Gewerbeschulklassen, in denen keine eigentlichen beruflichen Fertigkeiten vermittelt werden. Anscheinend gilt es als pädagogisch wertvoller, Shakespeare zu lesen und dabei *nichts* zu lernen, als praktische Fertigkeiten von wirtschaftlichem Nutzen vermittelt zu bekommen. Eine ernsthafte Berufsbildung würde weniger begabten Kindern einen eigenen Bereich eröffnen, in dem sie bis zur Schulentlassung ihre Leistungsfähigkeit unter Beweis stellen könnten, und die es ihnen dann ermöglichen würde, qualifizierte Jobs zu finden. Die Zahl der Schulabbrecher würde sinken. Denn es gibt keinen Zweifel daran, daß der wichtigste Grund für den Abbruch des Schulbesuches in der Frustration über Unterrichtsinhalte besteht, die weniger lernbegabte Kinder als nutzlos und erniedrigend empfinden.

Die Theorie, daß akademische Bildung für alle Schüler am besten sei, wird seit langem geprüft und erweist sich auch heute noch als katastrophaler Irrweg. Amerikanische Doktoren und Akademiker können sich zwar weltweit durchaus mit anderen messen. Doch die beruflichen Fähigkeiten und die Arbeitsdisziplin der weniger gebildeten Amerikaner halten einem Vergleich mit entsprechend qualifizierten Erwerbstätigen in den anderen führenden Industrienationen nicht stand. Den Bildungsbürokraten kommt aber die Theorie der gleichen Bildungschancen sehr gelegen, denn mit dem Begriff der «Chancengleichheit» läßt sich sogar das schlechteste Bildungsniveau rechtfertigen.

Eine ernsthafte Berufsbildung können Schulen und Schulbezirke weder finanzieren noch durchführen. Vielmehr müßten geeignete Unternehmen am Ort für ein duales System von schulischer Ausbildung und betrieblicher Lehre gewonnen werden. Dies können große oder kleine Firmen sein: Dienstleistungsunternehmen, Kfz-Werkstätten, Banken, Krankenhäuser, Industriebetriebe, aber auch Hotels (Ausbildungsmöglichkeiten in der Küche, im Service und Management). Obwohl Versuche mit Programmen, die aus einer Kombination von Schule und Lehre bestanden, im allgemeinen erfolgreich verliefen, wurden sie niemals auf breiterer Basis durchgeführt, da man befürchtete, die Schüler würden nur als kostenlose Hilfsarbeiter eingesetzt und ausgebeutet (das wäre noch hingenommen worden), aber nicht ernsthaft ausgebildet. Solche Befürchtungen werden natürlich von den ideologisch voreingenommenen und den bürokratischen Gegnern der beruflichen Bildung geschürt.

Vor diesem Hintergrund könnte bundesstaatlich anerkannten Zeugnissen, die dem Inhaber volkswirtschaftlich wertvolle berufliche Fähigkeiten bescheinigen, zentrale Bedeutung zukommen. Sie würden die Möglichkeit eröffnen, für eine Vielfalt von beruflichen Ausbildungsprogrammen, die aus Schule und Lehre bestehen, allgemeingültige Leistungsanforderungen zu stellen und unverzichtbare Qualitätskontrollen durchzuführen, die Eltern und Schülern Sicherheit geben. Zudem könnten die Schulbezirke, alle anderen beteiligten Bildungsbehörden und die mitwirkenden Arbeitgeber klare Handlungsrichtlinien aus ihnen ableiten. Örtliche Programme für eine solche duale berufliche Ausbildung könnten und sollten mit einem bundesstaatlichen Leistungszertifikat oder verschiedenen Zertifikaten verbunden werden.

Weniger als ein Viertel der High-School-Abgänger durchlaufen die vollen vier Jahre einer anschließenden College-Ausbildung, obwohl mehr als die Hälfte nach der High School in eine weiterführende Schule überwechselt, gewöhnlich in ein Junior College. Wenn das duale System von Schule und beruflicher Ausbildung richtig organisiert würde und die Abschlüsse auf bundesstaatlicher Ebene und in der Folge auch durch die Arbeitgeber anerkannt würden, könnte die berufliche Ausbildung zur vorherrschenden Form der Sekundarerziehung älterer Schüler werden. Ein solches System wäre für einige Schüler attraktiv, die eigentlich an einem College studieren wollten und für die es nur ein Fach neben anderen wäre, aber auch für andere, die nur das Junior College besuchen wollten und für die eine berufliche Ausbildung wichtiger wäre. Schließlich könnte es für die große Mehrheit der Schüler interessant sein, die nach der High School abbrechen oder keine weiterführende Bildungseinrichtung besuchen wollen. Für sie würde dieses Programm, neben einem Mindestmaß an Schulunterricht, den Schwerpunkt der Ausbildung darstellen. Für all diese Gruppen wäre die Disziplin, die am Arbeitsplatz erforderlich ist, eine wertvolle Ergänzung der erlernten, eigentlichen beruflichen Fertigkeiten. Gegenwärtig besteht sowohl hinsichtlich der Disziplin als auch der beruflichen Fertigkeiten ein beklagenswertes Defizit.

Zu oft wird verkannt, daß die Einführung ernsthafter beruflicher Bildung an den High Schools auch dazu beitragen kann, das allgemeine Bildungsniveau anzuheben. Einerseits könnten viele Schüler von überflüssigen Kursen befreit werden, in denen ohnehin nichts gelernt wird, was sich positiv auf die Zahl der Schulabbrecher auswirken könnte. Andererseits würde dies die Schulbehörden in die Lage versetzen – und dazu anregen –, den Unterricht dem höheren Niveau der verbleibenden Schüler anzupassen. Auch aus diesem Grunde könnte die Einführung der beruflichen Bildung für ältere Schüler als vorherrschende Form im Sekundarbereich ein wirksames Mittel gegen die allgemeineren sozialen und ökonomischen Probleme in den Vereinigten Staaten sein.

Das Steuersystem

Die allgemeine Aufwertung des öffentlichen Bildungswesens und die besondere Förderung der Berufsbildung wären Maßnahmen zur Lösung des zentralen Arbeitsmarktproblems der Vereinigten

Staaten: der Mangel an beruflichen Fertigkeiten und Disziplin in der Erwerbsbevölkerung. Zugleich müssen jedoch auch Lösungen für das Kapitalproblem Amerikas gefunden werden, d. h. die Knappheit des ersparten Einkommens, das für Investitionen zur Verfügung steht.

Das für öffentliche und privatwirtschaftliche Investitionen verfügbare Kapital hat in der neuen geo-ökonomischen Ära eine ebenso große Bedeutung wie die Feuerkraft in der geopolitischen Ära. Wie wir dargelegt haben, werden die Vereinigten Staaten heute vor allem durch die Knappheit des im Inland erwirtschafteten und ersparten Kapitals ökonomisch geschwächt.

Aus diesem Grunde verschlechtert sich die Infrastruktur Amerikas – von Flughäfen bis hin zu Autobahntunnels – oder hält zumindest nicht Schritt mit dem Bevölkerungswachstum. Der Kapitalmangel führt auch dazu, daß die Privatwirtschaft nicht in der Lage ist, gutbezahlte Beschäftigungsmöglichkeiten für eine wachsende Zahl erwerbswilliger Amerikaner zu schaffen, die statt dessen mit den Arbeitskräften im Ausland konkurrieren müssen, indem sie ihre Arbeitskraft billig verkaufen. Gewiß, wenn Kapital zur Verfügung steht, wird nicht zwangsläufig mehr investiert. Doch Kapitalmangel führt unweigerlich zu geringerer Investitionstätigkeit. Investitionen zwingen Unternehmen nicht, höhere Löhne zu zahlen. Ist jedoch in einer Volkswirtschaft Kapital reichlicher vorhanden als Arbeitskraft, so steigen die Löhne mit Sicherheit.

Die schlechtbezahlten Arbeitnehmer haben unter der Kapitalknappheit am meisten zu leiden. Es ist deshalb ein grausames Täuschungsmanöver, ihnen den zweifelhaften Nutzen «gerechter» Steuern als Ausgleich anzubieten, wenn genau diese Steuern wiederum die Kapitalknappheit verschärfen. So steht ohne jeden Zweifel fest, daß verbrauchsorientierte Steuern wie Umsatzsteuer, Verbrauchsteuer und Mehrwertsteuer am ungerechtesten sind, weil Arm und Reich dieselben Beträge abführen müssen. Verbrauchsteuern haben noch eine weitere Wirkung: Sie dämpfen die Konsumbereitschaft und fördern die Sparwilligkeit. Natürlich werden die einkommensschwächsten Schichten weiterhin ihr gesamtes Geld ausgeben, wobei sie immer weniger dafür bekommen, aber zugleich immer mehr Steuern bezahlen. Wäre dies die einzige Wirkung der Verbrauchsteuern, so wären sie lediglich regressiv. Doch unter vergleichbaren Bedingungen werden auch die einkommensstärkeren Schichten durch höhere Verbrauchsteuern vom Konsum abgehalten. So können die Ersparnisse, das verfügbare Kapital, die Investitionen und die Löhne nacheinander steigen.

Unter den amerikanischen Wirtschaftswissenschaftlern befinden sich mehrere Nobelpreisträger. Es ist interessant, daß ihnen die Parallelität zwischen der sehr niedrigen amerikanischen Sparquote von 12 Prozent und dem mit 14 Prozent gleichermaßen niedrigen Anteil der Verbrauchsteuern am gesamten (bundesstaatlichen, einzelstaatlichen und lokalen) Steueraufkommen nicht aufgefallen ist. In den meisten europäischen Ländern wie auch in Kanada entfällt mindestens ein Viertel und bis zu einem Drittel der Steuereinnahmen auf die Verbrauchsteuern. Daraus läßt sich folgern, daß niedrige Konsumsteuern mit einer niedrigen Sparquote gleichzusetzen sind, denn es ist dann am schönsten, Geld auszugeben, wenn die Waren unwiderstehlich billig sind. Und weil sich eine niedrige Sparquote (letztlich und tendenziell) mit niedrigen Löhnen gleichsetzen läßt, ist zu folgern, daß – sofern die übrigen Bedingungen unverändert bleiben – die «ungerechtesten» Steuern für die einkommensschwächsten *erwerbstätigen* Amerikaner die besten Steuern darstellen. Die amerikanischen Politiker behaupten ständig das Gegenteil: Die Republikaner unter Reagan und Bush hielten alle Steuern für ein Übel, die Demokraten unter Clinton halten nur stark progressive Einkommensteuern für gerecht. Dies alles ändert nichts an der Wahrheit: Ungerechte Verbrauchsteuern sind für jene am besten, die auf soziale Gerechtigkeit am meisten angewiesen sind – wenn sie zufällig erwerbstätig sind. (Die nichterwerbstätigen Armen würden lediglich mehr Steuern abführen müssen, was natürlich durch höhere Unterstützungsleistungen wieder ausgeglichen werden könnte.)

Die Steuern in den Vereinigten Staaten sind nicht hoch, gemessen an der Steuerbelastung in anderen Ländern. Allerdings sind sie recht eigenartig gestaltet. Zum einen könnte der sehr niedrige Anteil der indirekten, von bundesstaatlichen, einzelstaatlichen und lokalen Behörden eingenommenen Steuern in Höhe von 14 Prozent den Schluß nahelegen, daß eben entsprechend mehr Steuern auf die individuellen Einkommen erhoben werden müßten, was allerdings der Arbeitsmoral nicht förderlich wäre. Aber aus drei verschiedenen Gründen hat man das nicht getan – einem recht guten, einem verhältnismäßig schlechten und einem sehr schlechten.

Erstens: Der gute Grund besteht darin, daß man die bundesstaatlich festgelegten Steuerraten selbst für die höchsten Einkommen aus unselbständiger Arbeit stets niedrig gehalten hat, damit sich Arbeit auch weiterhin lohnt. Die Steuerrate betrug unter Reagan und Bush maximal 33 Prozent und bleibt auch unter Präsident Clinton unterhalb der 40-Prozent-Schwelle. Nur wenn zu dieser bundesstaatlichen Steuerbelastung auch hohe einzelstaatliche und lokale Steuern hinzukommen, kann die Summe der steuerlichen Belastungen dazu führen, daß sich Erwerbstätigkeit nicht mehr lohnt. Aber Einkommensteuern gelten im Land der unbegrenzten Freiheit immer noch als die unangenehmste Zwangsabgabe, so daß man ihrer Erhöhung auf nationaler und regionaler Ebene erheblich mehr Widerstand entgegensetzen würde als einer Erhöhung der Verbrauchsteuern.

Zweitens: Der verhältnismäßig schlechte Grund ist darin zu sehen, daß neben der persönlichen Einkommensteuer auch eine Körperschaftsteuer erhoben werden kann. Die Forderung, «die reichen Unternehmen» müßten gezwungen werden, «ihre Steuern zu zahlen», ist ausgesprochen demagogisch. Denn das hieße doch, daß die Eigentümer und Aktionäre dieser Unternehmen für ihren Kapitaleinsatz weniger Geld zurückerhielten. Das Einkommen der Eigentümer, das mit jedem einzelnen Dollar zur Besteuerung herangezogen wird, würde sinken. Für die Aktionäre würde sich der Nettogewinn aus dem Aktienbesitz verringern, was negative Auswirkungen auf die Investitionstätigkeit in der US-Wirtschaft hätte. Sicherlich dienen Unternehmen auch als eine Art Panzerschrank zur Verwahrung persönlicher Einkommen, die andernfalls versteuert werden müßten. Die Firmeninhaber können also ihre Unternehmen dazu nutzen, Steuerzahlungen aufzuschieben; Lohn-

und Gehaltsempfänger hingegen haben diese Möglichkeit nicht. Das ist sehr ungerecht. Es ist aber auch eine Sparform, die nicht schlechter ist als alle anderen. Es wäre viel gewonnen, wenn sämtliche Körperschaftsteuern abgeschafft würden. Die sich daraus ergebende «Ungerechtigkeit» würde gleich zweifach kompensiert: Zum einen würde damit auch die Steuerbegünstigung für modische Firmenwagen, «geschäftlich genutzte Wohnungen» am Meer, Blumen und Obst, Golflehrgänge, Geschäftsessen und sogar Massagebehandlungen beseitigt. Gäbe es also keine Körperschaftsteuern und demzufolge auch keine körperschaftsteuerbedingten Steuervergünstigungen mehr, würde ein großer Teil dieses zweifelhaften, unnötigen und geradezu grotesken Konsums ein verdientes Ende finden. Zum anderen würde durch die Umwandlung jedes einzelnen Unternehmens in ein kleines Steuerparadies Monte Carlo die Neigung zunehmen, zu sparen und die Ersparnisse in das Unternehmen zu investieren. Dies wäre die genaue Nachahmung des Modellfalls Monte Carlo, das in Geld schwimmt, das vor den hohen französischen Steuern oder der unberechenbar schwankenden Steuerbelastung in Italien in Sicherheit gebracht wurde. Selbstverständlich müßten alle Begünstigungen und materiellen Vorteile sowie sämtliche Einkünfte, die *Einzelpersonen* von den Unternehmen beziehen, steuerlich voll veranlagt werden. Ohne solche Regelungen würden die Unternehmen nicht nur für die rechtlich zulässige Steuervermeidung benutzt, die zur Erhöhung der Ersparnisse beiträgt, sondern auch für die rechtswidrige Steuerumgehung, durch die sich der Verbrauch erhöht. (Ihr Unternehmen kauft für Sie einen Rolls-Royce, einen Vicuña-Mantel oder ein Haus.) Damit diese Angelegenheiten ehrlich und einfach geregelt werden, wäre es möglicherweise angebracht, eine sehr hohe Supersteuer auf den geschätzten Wert *nichtmonetärer* Zuwendungen zu erheben, die von den Unternehmen gewährt werden.

Drittens: Der sehr schlechte Grund, weshalb die persönliche Einkommensteuer gar nicht so sehr erhöht werden muß, besteht darin, daß es neben den Einkommen- und Körperschaftsteuern noch eine dritte Form der Belastung gibt, die gleichzeitig die schlimmste ist: die Sozialversicherungsabgaben. Diese Abgaben sind nichts anderes als eine Art Lohnsummensteuer, die man dadurch verringern kann, daß man die *Zahl* der Beschäftigten reduziert. Und genau das wird getan: Die Sozialversicherungsabgaben tragen zur Erhöhung der Arbeitslosigkeit bei. Erschwerend kommt hinzu, daß sie regressiv erhoben werden (Mr. Gates, Microsoft-Gründer und mehrfacher Milliardär, zahlt keine höheren Abgaben als die meisten seiner Angestellten). Theoretisch sind diese Abgaben natürlich keine Steuern, sondern «Beiträge» zum Sozialversicherungsfonds. Aber in Wirklichkeit gibt es diesen Fonds nicht: Die Beiträge werden nicht in irgendein produktives Unternehmen in Erwartung eines zukünftigen Einkommens investiert, sondern werden dem Finanzministerium als «Kredite» zur Verfügung gestellt, die nur von zukünftigen Steuerzahlern zurückgezahlt werden können. Es entstünde also kein Schaden, wenn endlich offen zugegeben würde, daß Sozialversicherungsleistungen nichts anderes sind als staatliche Almosen, die nicht aus früheren Beiträgen ihrer Empfänger finanziert werden, sondern von den heutigen Steuerzahlern. Nach diesem Eingeständnis wären die regressiven und beschäftigungsschädlichen Auswirkungen der Sozialversicherungsausgaben nicht mehr zu rechtfertigen.

Die Konsumorgie der im Überfluß lebenden postkalvinistischen Amerikaner könnte durch bundesstaatliche Umsatz- oder Mehrwertsteuern für Güter und Dienstleistungen beendet werden. Die Steuern müßten hoch genug sein, um die Abschaffung sowohl der Körperschaftsteuer als auch der Sozialversicherungsabgaben auszugleichen. Sicherlich würden solche Steuern die Kaufkraft der Armen einschränken, möglicherweise so sehr, daß ausgleichende Sozialhilfeleistungen nötig würden. Auf jeden Fall aber würde man durch die Einführung bundesstaatlicher Umsatz- oder Mehrwertsteuern nicht nur die ziemlich schädliche Körperschaftsteuer und die sehr schädlichen Sozialabgaben beseitigen, sondern auch einem zentralen Problem der US-Wirtschaft beikommen: Wo zuviel konsumiert wird, wird zuwenig gespart, und wo zuwenig gespart wird, wird zuwenig investiert. Die Folge: Für Forschung und Entwicklung, für die öffentliche Infrastruktur und für private Produktionsanlagen wird zuwenig Geld ausgegeben.

Die *kurzfristige* Wirkung eines plötzlichen Konsumeinbruchs, der durch die Einführung einer neuen Umsatz- oder Mehrwertsteuer verursacht würde, könnte selbst dann zu einem Rückgang der Investitionen in den Unternehmen führen, wenn mehr Kapital zur Verfügung stünde und die Zinsen gesenkt würden. Aber längerfristig würde sich die Rekapitalisierung der gesamten US-Wirtschaft in einem Anstieg der Produktivität, der Einkommen und des Verbrauchs niederschlagen. Unternehmen, die in der Lage sind, diese Entwicklung vorherzusehen, würden deshalb weiterhin investieren (denn rekapitalisierte Branchen wären auf den Weltmärkten wettbewerbsfähiger). Hält jedoch der gegenwärtige Trend an – zu hoher Konsum, zu niedrige Sparquote, zuwenig Investitionen –, dann werden die Vereinigten Staaten eines Tages das Schicksal der unterkapitalisierten und überschuldeten Länder der Dritten Welt teilen.

Umsatzsteuern sind ein einfaches Instrument, weil der Endverbraucher die Last zu tragen hat. Aber gerade darin liegt eine gewisse Gefahr. Eine 5prozentige Bundesumsatzsteuer auf alle Güter und Dienstleistungen würde vielleicht recht gut funktionieren. Dagegen könnte eine 25prozentige Steuer (die viel wahrscheinlicher ist) eine schnelle Rückkehr zum Tauschhandel jener finsteren Zeiten bewirken, in denen es noch kein Geld gab. Dabei würde der einzelne zwar Steuern sparen, aber der Gemeinschaft würde aufgrund der Ineffizienz des Tauschhandels ein Schaden entstehen (beispielsweise würden Sie 144 Eier auf einmal erhalten, oder man würde Ihnen den Gegenwert für sechs Monate Autowaschen schulden ...). Eine an mehreren Punkten in der Verkaufskette zu erhebende Mehrwertsteuer weist diese erdrückenden Nachteile nicht auf. Die Europäer können heute auf jahrzehntelange Erfahrungen mit der Mehrwertsteuer zurückblicken. Alle Beträge, die für Güter und Dienstleistungen zu entrichten sind, enthalten einen festen Mehrwertsteueranteil. Dieser Anteil soll zumindest theoretisch den «Wert» widerspiegeln, der durch die eingesetzte Arbeit, das investierte Kapital und das Management eines Unternehmens den Gütern oder Dienstleistungen hinzugefügt wird. Auf diese Weise wird ein prozentualer Anteil dieses «Mehrwerts» als Steuer entrichtet. Diese einfach zu berechnnde Mehrwertsteuer könnte sowohl die Sozialversicherungsabgaben der Erwerbstätigen wie auch die in Amerika aufwendig berechnete Körperschaftsteuer ersetzen – und zugleich die Rechtsanwälte überflüssig machen, die ständig gegen die komplizierten Ergebnisse dieser Berechnungen prozessieren. In einem Mehrwertsteuersystem könnte die Arbeit von Buchprüfern und Steuerberatern von einfachen Buchhaltern übernommen werden. Schon dies würde beträchtliche Kosten ersparen.

Amerikaner diskutieren gern darüber, ob die Steuern, die sie zahlen, berechtigt sind. Sie sollten vielleicht auch einmal über die Steuern nachdenken, die nicht berechtigt sind, so etwa über die Verschuldung der öffentlichen Hände. Im Jahre 1992 betrug das Defizit allein im Bundeshaushalt ungefähr 400 Milliarden Dollar. Weil aber die öffentlichen *Investitionen* recht gering ausfielen, bedeutet dies, daß die Amerikaner öffentliche Güter und Dienstleistungen (Ausgaben für Gesundheit, Renten, Verteidigung usw.) im Wert von Hunderten von Milliarden Dollar mehr konsumierten, als mit ihren Steuern bezahlt werden konnten.

Eine zukünftige US-Regierung könnte im Stil eines Dritte-Welt-Staates alle Staatsanleihen, Obligationen und Verbindlichkeiten und damit auch die gesamte, bis dahin aufgelaufene öffentliche Verschuldung für nichtig erklären. Doch bis dahin werden die heutigen «Nichtsteuern», die das Haushaltsdefizit verursachen, mit Zins und Zinseszins auf die zukünftigen Steuerzahler abgewälzt – also auf unsere Kinder und Kindeskinder. Dies wäre nicht weiter schlimm, wenn sie ihrerseits diesen Trick wiederholen könnten, aber das ist nicht möglich: Die öffentliche Verschuldung, die früher sehr gering war, beläuft sich heute auf rund 66 Prozent des Bruttosozialprodukts. Diese Schuld darf sich nicht ständig weiter erhöhen, weil sich auch die Zinszahlungen akkumulieren. Werden aber die Zinszahlungen durch weitere Kreditaufnahmen finanziert, dann werden die Käufer von Staatsanleihen irgendwann das Interesse verlieren. Dies zwingt zu einer Anhebung der Zinssätze, und das wiederum macht eine höhere Kreditaufnahme zur Finanzierung der höheren Zinsen erforderlich, mit dem Ergebnis, daß Staatsanleihen für potentielle Käufer noch uninteressanter werden ...

In einem großen Land werden immer Schulden gemacht, aber das ist kein Grund, die ruinösen Methoden der öffentlichen Finanzpolitik einfach fortzusetzen. Im Rahmen einer Steuerreform, die diesen Namen wirklich verdient, könnte man Schritt für Schritt die Sozialversicherungsabgaben und die Körperschaftsteuer durch eine bundesstaatliche Umsatzsteuer oder, noch besser, durch eine Mehrwertsteuer ersetzen. Dabei könnte man schließlich auch alle Steuervergünstigungen und steuerlichen Anrechnungsmöglichkeiten abschaffen, mit denen dieses oder jenes gefördert werden soll, deren tatsächliche Wirkung aber häufig unbeabsichtigt und alles andere als positiv ist (denken wir nur an die Bürogebäude, die nach Ausschöpfung der Abschreibungsmöglichkeiten leerstanden und zur Insolvenzkrise der Sparkassen beitrugen). Die Vorstellung einer *einfachen* Besteuerung der Einkommen ist angenehm. Wirklich wichtig sind jedoch Steuern, die zur Verringerung des Konsums und zur Steigerung der Sparneigung und der Investitionen führen. Calvin hätte das sofort begriffen.

Industriepolitik

Kapital und Arbeit, auch hinreichend verfügbares Kapital und eine besser qualifizierte Erwerbsbevölkerung, können allein nicht sicherstellen, daß die amerikanische Wirtschaft nicht nur Jobs, sondern viele gutbezahlte Jobs bieten kann. Nicht Stahlwerke oder Montagebänder fehlen, sondern moderne Industrien, die Beschäftigungsmöglichkeiten in Bereichen wie Management, Design, Forschung, Technik und Marketing bieten, ergänzt durch eine gewisse Anzahl von Wartungsarbeitern und viele Roboter in den Fabriken – sofern es überhaupt Fabriken gibt und nicht nur Abteilungen für Software-Entwicklung oder Montageräume für Hardware. In der Tat ist das Software-«Haus» im wörtlichen Sinne ein Wohnhaus und der logische Nachfolger der kleinen Maschinenwerkstatt in der Nebenstraße – das klassische produzierende Gewerbe in moderner Gestalt. Zur Produktion von Gütern gibt es in keiner Volkswirtschaft eine Alternative, sofern sie größer ist als die San Marinos. Um dies festzustellen, ist es heute sicherlich nicht mehr notwendig, die britischen Wirtschaftsprobleme zu analysieren oder sich den Verfall der Niederlande in Erinnerung zu rufen. Die Erfahrungen, die man in den achtziger Jahren in den Vereinigten Staaten gemacht hat, im Jahrzehnt der Entindustrialisierung, dürften genügen.

Kapital und Arbeit, auch hinreichend verfügbares Kapital und eine besser qualifizierte Erwerbsbevölkerung, genügen nicht, um im heutigen geo-ökonomischen Zeitalter ein blühendes Wirtschaftswachstum sicherzustellen. Gerade in den High-Tech-Branchen kann das kommerzielle Schicksal von Produkten oder Technologien davon abhängen, ob staatliche Förderung gewährt oder vorenthalten wird – ein Staatsauftrag zur rechten Zeit, die Genehmigung einer elektromagnetischen Frequenz oder einfach ein Forschungszuschuß. Dies alles ist Industriepolitik, eine Politik, die von Deutschland bis Japan intensiv betrieben wird, die aber in der angelsächsischen Welt lange Zeit ignoriert oder heftig kritisiert wurde, auch wenn es in jüngster Zeit Ansätze für eine Nachahmung gibt.

Die amerikanischen Befürworter der Industriepolitik sind der Meinung, daß der Staat das Wachstum neuer Industriezweige unterstützen kann und soll – vor allem dann, wenn die ausländische Konkurrenz aus den bekannten geo-ökonomischen Gründen von ihren Regierungen gefördert wird. Die Gegner der Industriepolitik betonen, daß jeder staatliche Eingriff in das freie Wirken der «Marktkräfte» bestenfalls Verschwendung sei, schlimmstenfalls sogar kontraproduktiv.

Stark vereinfacht läßt sich das Plädoyer für eine Industriepolitik auf ein einziges Wort reduzieren: Japan, d. h. den unbestreitbaren Erfolg der japanischen Wirtschaftsbürokratie bei der Lenkung und Förderung des industriellen Wachstums in Japan. Wir haben ihre Methoden und Instrumente aufgezeigt: Ein Instrument ist die staatliche Finanzierung von Forschung und Entwicklung, die *pri-*

vaten Unternehmen gewährt wird, um ihnen den Einstieg in bevorzugte neue Industrien mit innovativen Produkten und Produktionstechniken zu erleichtern. Ein weiteres Instrument ist die Bereitstellung langfristiger Kredite zu niedrigem Zins durch staatlich kontrollierte Banken. Branchenneulinge konnten von Anfang an in effizienten Großfabrikationsanlagen produzieren und waren nicht gezwungen, ihre Kapazitäten allein durch die Reinvestition von Gewinnen langsam aufzubauen. Zu den staatlichen Instrumenten gehören ferner Steuervergünstigungen, die auf bestimmte bevorzugte Sektoren beschränkt werden, sowie offizielle und versteckte Einfuhrbeschränkungen, die den einheimischen Produzenten hohe Gewinnspannen sichern und sie in die Lage versetzen, einen Teil der Gewinne zu reinvestieren und ihre Exporte zu subventionieren. (Daher rühren auch die «Dumping»-Vorwürfe gegen japanische Produzenten: Hohe Gewinne auf dem Heimatmarkt ermöglichen es, das gleiche Produkt auf ausländischen Märkten zu niedrigeren, unterhalb der Kosten liegenden Preisen anzubieten und so den Marktanteil zu erhöhen.)

Weitere Maßnahmen zur Unterstützung bestimmter Industrien waren Staatsaufträge, die auch dann erteilt wurden, wenn ausländische Konkurrenzprodukte preislich günstiger und zuverlässiger waren (dieses Instrument war beim Wachstum der japanischen Mainframe-Computerindustrie von entscheidender Bedeutung). Industrieförderung wurde ferner durch gezielte Handelshemmnisse betrieben. So wurden ausländische Unternehmen gezwungen, ihre Technologie der japanischen Konkurrenz auszuliefern, um Zugang zum lukrativen japanischen Markt zu erhalten. (Dieses Instrument wurde besonders häufig beim Aufbau der petrochemischen Industrie in den sechziger Jahren eingesetzt.) Eine weitere Maßnahme waren Unternehmenszusammenschlüsse, die angeblich «freiwillig» erfolgten, in Wahrheit aber hinter den Kulissen organisiert wurden. Auf diese Weise stärkten die Wirtschaftsbürokraten Branchen, die ihrer Auffassung nach zu zersplittert gewesen waren, um gegen die internationale Konkurrenz zu bestehen. Solche Konsolidierungsmaßnahmen sollen jedoch *nicht* zur Monopolbildung führen. Tatsächlich ist es ein Grundprinzip der japanischen Industriepolitik, daß die verschiedenen Unternehmen einer Branche gerade deshalb, weil sie kollektiv geschützt werden, untereinander in scharfem Wettbewerb bleiben müssen. Dadurch soll verhindert werden, daß sie unflexibel und selbstgenügsam werden. Ferner wird bei jeder staatlichen Förderung privater Unternehmen vorausgesetzt, daß die erwirtschafteten Gewinne in weiteres Wachstum investiert und nicht für hohe Managementgehälter oder Dividenden ausgegeben werden.

Japan verdankt seine Entwicklung in hohem Maße einer kreativ betriebenen Industriepolitik. Dies gilt für die ersten Eisenhütten und Webereien, die in den siebziger Jahren des vorigen Jahrhunderts, zu Beginn der Industrialisierung in Japan, staatlich gefördert wurden, für die Computerindustrie, die in den sechziger Jahren unseres Jahrhunderts aus dem Nichts aufgebaut wurde, und für die gegenwärtige Förderung der Software-Branche, der Technologie im Nanobereich und hochmoderner Keramikwerkstoffe. Auch der Krieg wurde nicht im Preußen des 19. Jahrhunderts erfunden, wohl aber die *systematische* Mobilisierung und die Kriegsplanung. So hat auch Japan die staatliche Förderung der Industrie nicht erfunden (sie war vielmehr schon im Frankreich des 18. Jahrhunderts ein alter Hut), wohl aber die *systematische* Förderung neuer Industriezweige – und die gleichermaßen systematische Abwicklung niedergehender Branchen. Amerikanische Befürworter der Industriepolitik sehen keinen Grund, warum die erfolgreiche Methode der Japaner in den Vereinigten Staaten nicht systematisch nachgeahmt werden sollte, wie es bereits in weiten Teilen Asiens und Europas geschieht.

Auch das Plädoyer gegen eine Industriepolitik läßt sich auf ein Wort verkürzen: Staat, d. h. auf die Unfähigkeit der Beamten, bei der Förderung der industriellen Entwicklung mehr zu bewirken als die freien Kräfte des Marktes, und ihre Neigung, durch Verschwendung, Betrug, Mißmanagement und politische Einmischung alles nur noch schlimmer zu machen.

Im allgemeinen, d. h. global betrachtet, ist der Einwand zweifellos stichhaltig. Den Verwaltungen der meisten Länder der Welt kann eine so delikate Aufgabe wie Industriepolitik nicht anvertraut werden. Inkompetenz und offene Korruption gelten fast überall als normal, sogar bei täglichen Routineaufgaben wie der Ausstellung eines amtlichen Dokuments oder der Verwaltung von Schulen, Krankenhäusern, Gefängnissen oder Streitkräften. Nur bei Staatsaufträgen kommen gewöhnlich die teuersten Anbieter zum Zuge (die auch stattliche Schmiergelder in die Preise einkalkulieren können). Daraus folgt, daß praktisch jede Form von Industriepolitik nur zu neuen Methoden der Ausbeutung von Verbrauchern oder der Plünderung öffentlicher Kassen führen würde.

Staatliche Industriefördermittel gehen deshalb häufig an Betrugsfirmen, die für Produktionsstätten und -anlagen zwar überzogene Rechnungen ausstellen, aber keine funktionsfähigen Fabriken einrichten können. (So geschehen bei der italienischen *Cassa del Mezzogiorno,* durch deren finanzielle Förderung überall in Süditalien Fabrikhallen gebaut wurden, die heute leerstehen. Sie wurden von Unternehmen errichtet, die ihre Spitzengewinne erzielten, bevor die Produktion überhaupt begann – beim Kassieren ihrer betrügerischen Rechnungen.) In ähnlicher Weise tragen Importhemmnisse nicht dazu bei, daß die Gewinne steigen, folglich auch das Kapital und mit ihm der Umfang der Investitionen in den Exportbranchen. Häufig fördern sie nur die Entstehung von «Scheinfirmen», die aus einem Monteur mit Schraubenzieher und einer Etikettiermaschine bestehen, oder von unrentablen Fabriken, die nicht exportierbare Waren von schlechter Qualität herstellen. (Dies war bis zur jüngsten Liberalisierung des Handels in den meisten lateinamerikanischen Ländern der Fall, vor allem in Peru, bevor Präsident Fujimori die meisten Importbeschränkungen aufhob.)

Nun ist der Beamtenapparat der Vereinigten Staaten aber weder korrupt noch hochgradig inkompetent. Deshalb führen die Gegner einer amerikanischen Industriepolitik ein anderes Argument ins Feld: die Anfälligkeit der Beamten für den gewöhnlichen politischen Druck, wie er in Amerika täglich ausgeübt wird, zum Beispiel durch die Praxis des «pork-barreling», bei dem Mitglieder des Kongresses Gesetzesanträge durchdrücken, um Bundesaufträge oder sogar Subventionen für Branchen zu sichern, die in ihren

Wahlbezirken stark vertreten sind; oder durch die Praxis des «log-rolling», bei dem sich Kongreßmitglieder gegenseitig unterstützen, wenn es um die Durchsetzung von Gesetzesvorlagen nach der «pork-barreling»-Methode geht, und schließlich durch offene Stimmenwerbung durch den Präsidenten oder Regierungsorgane, wobei Industrien, Regionen oder sogar einzelnen Unternehmen, in denen viele Wähler arbeiten, besondere Versprechungen gegeben werden. Im Präsidentschaftswahlkampf 1992 verstieß Präsident Bush gegen seine eigene Politik, als er den Verkauf von F-16-Kampfflugzeugen von General Dynamics an Taiwan genehmigte. Damit wollte er im texanischen Fort Worth, wo die F-16 montiert wird, Stimmen gewinnen.

Industriepolitisch gesehen haben alle diese Praktiken verhängnisvolle Auswirkungen. Welche Industrien sind am besten in der Lage, auf Kongreß und Regierung Einfluß zu nehmen? Und welche Industrien haben viele Beschäftigte, die bei der nächsten Wahl ihre Stimme abgeben? Naturgemäß sind das keine neuen Industrien, die erst am Anfang ihrer Entwicklung stehen, sondern ältere, bereits etablierte Branchen, die eher über eine glorreiche Vergangenheit denn über eine vielversprechende Zukunft verfügen. Die Gegner der Industriepolitik sind der Auffassung, daß staatliche Investitionsfonds, die eigentlich für neue, zukunftsträchtige Sektoren bestimmt sind, letztlich doch dazu benützt werden, Branchen zu unterstützen, die bereits im Niedergang begriffen sind und auf dem Weltmarkt nicht mehr bestehen können, aber immer noch großen politischen Einfluß ausüben. Ähnlich verhalte es sich mit Importbeschränkungen. Eigentlich seien sie dazu gedacht, die Kapitallage von Industrien zu verbessern, die Spitzenexporteure werden könnten. Doch statt dessen würden sie zum Schutz niedergehender Industriezweige benutzt. Und dasselbe gelte für alle anderen industriepolitischen Maßnahmen wie etwa Staatsaufträge, mit denen die Produktion angekurbelt werden solle. Alles sei politisch darauf abgestellt, die fetten Branchen noch mehr zu mästen, während für die mageren neuen Industrien wenig getan werde. Letzteren fehle es an Geld, Beziehungen oder Stimmen im Parlament, um sich politische Begünstigung zu sichern.

Dies sind schon an sich gewichtige Einwände, aber die Gegner der Industriepolitik geben sich nicht mit rein pragmatischen Argumenten dieser Art zufrieden. Sie sind überzeugt, daß Industriepolitik fehlschlagen muß, selbst wenn sie von Regierungsbeamten betrieben wird, die nicht nur völlig integer, sondern auch unparteiisch und in jeder Hinsicht kompetent sind. Ausgangspunkt ihrer Argumentation ist der Hinweis, daß in Zeiten eines sich beschleunigenden Wandels die Entstehung der wichtigsten neuen Produkte eben nicht vorhersehbar ist. So wurde beispielsweise IBM von der Personalcomputer-Revolution völlig überrascht. General Motors verpaßte bei der plötzlichen Expansion der Marktsegmente für Minivans und Freizeit- und Nutzfahrzeuge den Anschluß. Die amerikanische Elektronikindustrie versprach sich von Videorecordern und Fax-Geräten keine großen Umsätze, man glaubte, daß sie nur für einen kleinen, ganz speziellen Konsumentenkreis interessant seien. Damit gab sie zwei riesige Märkte völlig kampflos auf.

IBM, General Motors und den übrigen Konzernen vorzuwerfen, sie seien selbstzufrieden, unflexibel und kurzsichtig, ist nicht angebracht: Marktprognosen für bestimmte Produkte wären nur möglich, wenn sich auch die technische Entwicklung vorhersagen ließe, und dies wiederum wäre nur möglich, wenn der wissenschaftliche Fortschritt und die Anwendung seiner Ergebnisse in der Praxis prognostiziert werden könnten. Künftige Entdeckungen oder ihre Anwendungen vorherzusagen ist jedoch unmöglich. Daher gibt nicht einmal die gründlichste Analyse gegenwärtig verfügbarer Informationen Aufschluß darüber, wie künftige Produkte aussehen oder wie sich Produktionstechniken weiterentwickeln. Beides stellt sich nur durch Ausprobieren im Markt und durch die verschiedenartigen Bemühungen vieler unterschiedlicher Unternehmen heraus. Die meisten Firmen sind freilich zum Scheitern verurteilt, und nur eine Handvoll erringt triumphale Erfolge wie etwa Xerox, Apple und Microsoft sowie kleinere neugegründete Unternehmen in stärker spezialisierten Bereichen wie der Biotechnologie. Dies erinnert an einen außerordentlich verschwenderischen und grausamen Prozeß in der Natur: die Befruchtung des menschlichen Eis durch ein einziges, erfolgreiches Spermium von Tausenden oder die Herausbildung eines Frosches aus unzähligen Kaulquappen.

Daraus läßt sich folgern, daß auch Regierungsbeamte bei der Auswahl von Gewinnern und Verlierern wahrscheinlich kaum erfolgreicher wären als IBM oder General Motors. Doch genau hier liegt der Ausgangspunkt jeder Industriepolitik. Hätte man in den Vereinigten Staaten in den sechziger Jahren bereits eine handlungsorientierte Bürokratie aufgebaut, um zukunftsträchtige Branchen zu fördern, so wäre nach Auffassung der Gegner einer Industrie-politik eine Menge Geld für Fabriken verschwendet worden, die damals Nylonhemden, mechanische Vervielfältigungsgeräte, Acht-Spur-Tonbandgeräte und Analogrechner herstellten.

So zwingend das theoretische Argument gegen die Industriepolitik erscheinen mag – daß nämlich verläßliche Vorhersagen über die technische Entwicklung unmöglich sind –, so drängt sich doch sofort ein praktisches Gegenargument auf: der offenkundige Erfolg Japans. Wenn die japanischen Bürokraten in der Lage waren, das theoretisch Unmögliche zu vollbringen, dann sollten auch amerikanische Beamte dazu in der Lage sein. Ebensowenig scheint das sprunghafte Wachstum der japanischen Industrie auf einem natürlichen Ausleseprozeß zu beruhen. Die große Flut von Produkten, mit denen die Japaner die Vorherrschaft auf den Weltmärkten errungen haben, stammt fast ausschließlich von einigen wenigen, voll entwickelten und wohlbekannten «Fröschen» (Hitachi, Toshiba, Canon, Matsushita, Sony usw.) und nicht von neuen «Kaulquappen»-Unternehmen.

Die amerikanischen Gegner der Industriepolitik lassen dieses Argument nicht gelten und verweisen darauf, daß die Wirtschafts-samurais vom *Tsusho Sangyosho,* dem Ministerium für Internationalen Handel und Industrie (MITI), in Wirklichkeit immer wieder versagt hätten – außer wenn es darum ging, das Verdienst für die Erfolge der japanischen Privatwirtschaft für sich zu beanspruchen. Der phänomenale wirtschaftliche Erfolg Japans verdanke sich ganz anderen Faktoren: dem Fleiß der Erwerbstätigen, dem gesunden öffentlichen Bildungswesen, der hohen Sparquote, dem

Kapitalüberfluß und der Stärke, die japanische Unternehmen aus der Loyalität ihrer Beschäftigten bezögen. All dies seien nicht Folgen bürokratischen Sachverstands, sondern einer tiefverwurzelten, kulturell bedingten Grundhaltung. Als Beweis führen die Kritiker des Ministeriums die Liste der größten Fehlleistungen an: MITI habe das Wachstum der japanischen Automobilindustrie nicht vorhergesagt oder gefördert; es habe in den sechziger Jahren im Stahlsektor und in den siebziger Jahren in der Aluminiumbranche zuviel investiert, und sein teures Programm zur Entwicklung von Computern der «Fünften Generation» sei ein Fehlschlag gewesen. Schließlich habe es zu gewaltigen Investitionen in die Produktion von Speicherbausteinen ermutigt und so der amerikanischen Industrie (Intel, Motorola) ermöglicht, verlorenes Terrain auf dem vernachlässigten Gebiet der Mikroprozessoren zurückzuerobern, das sich als sehr viel rentabler herausstellte. Zu der Tatsache, daß es in Japan praktisch keine neuen Firmen im «Kaulquappenstadium» gibt, erklären die Verfechter der freien Marktwirtschaft, natürliche Selektion und die Erschließung von Entwicklungspfaden durch Ausprobieren finde dennoch statt – aber eben *innerhalb* der japanischen Unternehmensgruppen. Tatsächlich sind diese Gruppen nichts anderes als Mischkonzerne, die aus vielen verschiedenen Unternehmen bestehen, von denen manche versagen und absterben, während andere erfolgreich arbeiten und wachsen.

Akzeptiert man diese Argumente, so läßt das nur den Schluß zu, daß die Vereinigten Staaten und die übrigen mit Japan konkurrierenden Länder eigentlich froh sein müßten, daß es MITI überhaupt gibt – und natürlich muß man sich dann auch fragen, was Japan alles hätte erreichen können, wenn es MITI nicht gegeben hätte. Merkwürdig nur, daß die japanischen Großkonzerne ihren berüchtigten Einfluß auf die japanische Politik dann niemals dazu genutzt haben, die Abschaffung von MITI zu betreiben.

Es ist in der Tat nicht notwendig, bei der Diskussion über die Vor- und Nachteile von Industriepolitik ausschließlich auf die Erfahrungen der Japaner zu verweisen. Auch in Europa hat man mannigfaltige Erfahrungen bei der Kooperation von Staat und Wirtschaft gesammelt – und ebenso große Erfolge wie Fehlschläge verzeichnet. Und abgesehen davon kann man auch auf Erfahrungen in den Vereinigten Staaten selbst zurückgreifen, denn die Tatsache, daß es kein amerikanisches MITI gab, verhinderte zwar eine *systematische* Industriepolitik, nicht jedoch alle möglichen Formen partieller staatlicher Intervention. Besonders aufschlußreich in dieser Hinsicht war die ausgesprochen «japanisch» wirkende staatliche Förderung der Halbleiter-Technologie. Sie wurde nämlich ausgerechnet von der Regierung Reagan initiiert, die unermüdlich gegen das Übel der Industriepolitik im allgemeinen und die Nutzlosigkeit branchenspezifischer Maßnahmen im besonderen zu Felde zog. Sie bezeichnete die Förderung der Halbleiterindustrie als ausgesprochen töricht, da sie im Prinzip (d. h. nach den wirtschaftstheoretischen Lehrbüchern) nicht förderungswürdiger sei als jede andere Branche («Computerchips, Kartoffelchips ... wo liegt der Unterschied?»), auf jeden Fall aber unbeständiger als die meisten anderen.

Die Reagan-Administration pries lautstark die Überlegenheit des staatlich nicht geförderten, freien Unternehmertums. Gleichzeitig jedoch ergriff sie folgende Maßnahmen: 1. Über die Regierung in Tokio übte sie Druck auf die japanische Wirtschaft aus, mehr in den Vereinigten Staaten hergestellte Halbleiter zu kaufen. Das Ziel, einen 20prozentigen Marktanteil zu erobern, wurde 1993 erreicht, ein Erfolg, zu dem die US-Lieferanten allein niemals in der Lage gewesen wären. Der Marktanteil ist so hoch, daß die sonst üblichen Vorteile japanischer Hersteller auf dem Heimatmarkt wettgemacht werden. 2. Die Reagan-Administration entschärfte die Anwendung der Antikartellgesetze, um den amerikanischen Halbleiterherstellern zu ermöglichen, in gleicher Weise zu kooperieren wie die japanischen Konkurrenzunternehmen, d. h. gegen die *ausländische* Konkurrenz (z. B. durch die gemeinsame Finanzierung von Forschungsprojekten oder durch die gemeinsame Übernahme innovativer, aber finanzschwacher Technologiefirmen, damit sie nicht «in falsche Hände» fallen konnten). 3. Die Reagan-Administration gründete nach japanischem Vorbild gemeinsam mit der Wirtschaft ein Forschungs- und Entwicklungskonsortium namens Sematech. 4. Mit diesen Maßnahmen signalisierte die Administration ihre Absicht, unterstützend tätig zu werden. Und dies wiederum führte zu privaten Investitionen.

Vielleicht werden die Apologeten des freien Unternehmertums eines Tages nachweisen können, daß dies alles reiner Zufall gewesen sei. Doch bevor dieses industriepolitische Experiment begann, war der Marktanteil der Produkte amerikanischer Halbleiterhersteller ständig gesunken. Seither konnten sie ihre Verluste freilich wieder wettmachen. Im Jahre 1981 hatten sie auf den Weltmärkten einen Anteil von 48,9 Prozent, während der Anteil der japanischen Hersteller bei 37,4 Prozent lag. Bis 1986 hatte sich der Weltmarkt mit einem Gesamtumsatz von 30 Milliarden Dollar fast verdoppelt, doch hatte eine klassische Umkehrung stattgefunden: Die US-Produzenten hielten nur noch einen Anteil von 39,2 Prozent, während die japanischen Konkurrenten ihren Anteil auf 47,3 Prozent hatten steigern können. Im Jahr 1992, nach sechs Jahren offiziell nicht eingestandener, gleichwohl heftiger Industriepolitik zugunsten der Branche, hielten die amerikanischen Halbleiterproduzenten einen Weltmarktanteil von 43,8 Prozent, während die japanische Konkurrenz nur auf 43,1 Prozent kam – auf einem Markt, dessen Größe sich inzwischen erneut auf 60 Milliarden Dollar verdoppelt hatte.[15] Obwohl es sich bei den «amerikanischen Produzenten» um Unternehmen handelt, die einen Teil ihrer Chips möglicherweise in Spanien, in Großbritannien oder sogar in Japan herstellen lassen, sichert ihr Marktanteil von 25 Milliarden Dollar viele Arbeitsplätze, die sonst verlorengegangen wären. Zusätzlich verbessert er die Verkaufschancen amerikanischer Zulieferer, Dienstleister und Maschinenbauer, die kaum Chancen gehabt hätten, ihre Produkte an japanische Halbleiterproduzenten zu verkaufen.

Dies war keineswegs der einzige amerikanische Versuch, Industriepolitik im Stil der Japaner zu betreiben. Unter anderen ist hier das U.S. Advanced Battery Consortium zu nennen, das als 100prozentige Nachahmung des japanischen Kooperationsmodells zwischen Staat und Wirtschaft bekanntgeworden ist. Ein neueres Beispiel ist das «Flat-panel»-Konsortium für Computerbildschirme. Dieses Unterfangen ist besonders bemerkenswert: Hier wird die nahezu absolute Dominanz der Japaner mit Hilfe einer konzertierten Aktion herausgefordert, die typisch japanisch ist, obwohl es kein amerikanisches MITI oder irgendeine andere koordinierende Behörde gibt. In einem ersten Schritt wurden japanische Bildschirme mit einem sehr hohen Importzoll von 62,7 Prozent belegt, nachdem die angeblich unabhängige amerikanische International Trade Commission Beweise für Dumpingpraktiken gefunden hatte. In einem zweiten Schritt ergriff die Defense Research Projects Agency (DARPA) des US-Verteidigungsministeriums die Initiative und sponserte ein Entwicklungskonsortium, dem Unternehmen verschiedener Größe angehörten. Dieses Konsortium hatte die Aufgabe, Pilotprojekte im Produktionsbereich zu finanzieren. Bald hatte es sich herumgesprochen, daß die Produktion von «Flat-panel»-Bildschirmen in den Vereinigten Staaten eine segensreiche Sache sei, und sowohl Texas Instruments als auch Motorola reagierten mit größeren Investitionen. (IBM hingegen gab einem Joint-venture mit Toshiba den Vorzug – wobei die Produktion selbstverständlich in Japan erfolgt.) Bemerkenswert ist auch, wie unverhohlen diese Sache durchgeführt wurde. DARPA begann in den frühen achtziger Jahren mit der Finanzierung des Sematech-Konsortiums. Die Sowjetunion war damals der einzige Gegenspieler, und Japan war noch immer nichts anderes als ein enger Verbündeter. Die Initiative diente ausschließlich strategischen Zielen (bei fast allen modernen Waffen werden Mikrochips verwendet), von «geo-ökonomischen» Zielen war nie die Rede. Doch das war damals. Lance Glasser, der zuständige DARPA-Beamte, verzichtete auf solche Vorwände, als er das neue Konsortium präsentierte: «Dies ist der nächste Schritt auf dem langen Weg, der die Vereinigten Staaten wieder zu einer marktbeherrschenden Stellung im Bereich der Flat-panel-Bildschirme führen soll.»[16] Glanzleistungen werden in Amerika wieder möglich.

Angesichts dieser Entwicklung kann man mit Recht sagen, daß die Errichtung eines amerikanischen MITI längst überfällig ist. Wenn die Vereinigten Staaten schon eine Industriepolitik bekommen sollen, warum soll sie dann nebenbei vom Pentagon betrieben werden? Und warum sollte sie auf Produkte von militärischem Nutzen beschränkt sein? Die neuen Industriezweige können nicht wachsen, solange sie nicht durch Schutzzölle vor den Dumpingpraktiken geschützt werden, unter denen sie schon bei ihrer Gründung zu ersticken drohen. Wenn in dieser Hinsicht Übereinstimmung herrscht, warum sollte diese Schutzfunktion dann einer International Trade Commission übertragen werden, deren Urteil recht unbeständig ist? Und wenn die amerikanischen Steuerzahler schon Milliarden von Dollar für Biotechnologie und andere Forschungen zahlen, warum sollte dann der industrielle Wert dieser Arbeit nicht zum Nutzen der US-Wirtschaft und der Steuerzahler abgeschöpft werden?

Wie die Dinge liegen, besitzen die Vereinigten Staaten keine dem MITI entsprechende Institution, wohl aber ein großes Handelsministerium und ein Miniministerium für Exportförderung in Gestalt des Büros des US-Handelsbeauftragten, dazu die International Trade Commission und bestimmte Abteilungen in anderen Ministerien (im Verteidigungs-, im Energie- und im Finanzministerium), die ebenfalls einer amerikanischen Kopie des japanischen MITI angehören würden.

Tatsächlich gibt es gute Gründe, diese unterschiedlichen Behörden *nicht* zusammenzufassen. Das Handelsministerium ist seit langem für seine inkompetenten Beamten berüchtigt (versuchen Sie einmal, telefonisch eine einfache statistische Auskunft zu bekommen). In Washington ist es eine Binsenweisheit, daß jede Zusammenlegung verschiedener Ämter – von verschiedenen Ministerien ganz zu schweigen – unweigerlich zu einem heillosen Durcheinander führt, das dann auch noch übertrieben lange anhält.

Die beste Alternative zu einem Superministerium, das doch nur ein monströser Abklatsch des japanischen MITI wäre, wäre die Gründung eines kleinen Amtes für Industriepolitik, das direkt dem Präsidenten unterstellt sein müßte. Der von Clinton geschaffene Nationale Wirtschaftsrat könnte diese Funktion erfüllen. Dieses Amt müßte relativ klein gehalten werden, damit es mit einem Elitekader von Berufsbeamten besetzt werden könnte (wie die Börsenkommission). Dennoch ließe es sich mit genügend Machtbefugnissen ausstatten, um die Aktivitäten aller anderen relevanten Ministerien zu koordinieren. Natürlich können nicht einmal die deutlichsten Willenserklärungen des Präsidenten ein kleines Amt dazu ermächtigen, mehrere größere Behörden zu kontrollieren. Wenn das neue Amt freilich nicht nur eine brauchbare Satzung, sondern auch die Finanzkontrolle über die relevanten Aktivitäten der anderen betroffenen Ministerien erhielte, so könnte dieses Wunder durchaus vollbracht werden. Bürokratien werden erstaunlich kooperativ, wenn ihre Finanzmittel davon abhängen. Ohne die Macht des Geldsäckels jedoch ist nichts zu erreichen – und es gibt gewiß keinen Anlaß, in Washington noch eine Quasselbude einzurichten.

Möglicherweise profitiert die wissenschaftliche Forschung von den Freiheiten, die ihnen der eklatante Mangel an Koordination läßt. Doch selbst das stimmt nur von einer rein wissenschaftlichen Warte aus. Man denke nur an den mageren wirtschaftlichen Nutzen, den die Steuerzahler aus den gewaltigen Ausgaben des amerikanischen Staates für jede Art von Grundlagenforschung ziehen. Auf jeden Fall hat der gegenwärtige Mangel an industriepolitischer Koordination sehr negative Wirkungen. Die Behörden greifen jeden Tag auf ganz unterschiedliche Weise in das Wirtschaftsleben ein: Sie erlassen Vorschriften, kaufen Produktionsmittel und Dienstleistungen, verteilen Finanzmittel, führen Forschungsvorhaben durch, ergreifen Außenhandelsmaßnahmen. Die Wirtschaftstheorie kann mit einem amerikanischen MITI, wie immer es auch aussehen mag, nichts anfangen. Doch die Praxis benötigt eine solche Behörde schon seit langem. Das überzeugendste Argument für eine systematische und umfassende amerikanische Industriepolitik lautet, daß es in den Vereinigten Staaten bereits eine gibt, auch wenn sie mehr zufällig betrieben wird. Das überzeugendste Argument für die Einrichtung einer Kontrollbehörde lautet, daß mit einer MITI-Kopie, einem kleinen Eliteamt oder auch nur einer Zusammenwürfelung von Ministerialabteilungen auf jeden Fall mehr zu erreichen wäre, als bei dem momentan herrschenden Durcheinander möglich ist.

Zahlreiche andere Maßnahmen wurden vorgeschlagen und

sollten überdacht werden – angefangen bei ernsthaften Versuchen zur Eindämmung der illegalen Einwanderung über die mexikanische Grenze bis hin zur Wiedereinführung von Gesetzen gegen Stadtstreicher, damit die öffentlichen Plätze wieder der gesetzestreuen Mehrheit zugänglich werden. Aber zuerst müssen die Patienten das zweite Gesetz der Medizin befolgen und zugeben, daß sie krank sind und stärkere Heilmittel benötigen als nur flüchtige Hoffnungen, die mit jeder neuen Präsidentschaft aufkeimen.

Wie im Krieg beherrschen auch in der Geo-Ökonomie die Offensivwaffen das Feld. Zu den wichtigsten gehören Leittechnologien, die dank staatlicher Unterstützung mit Steuergeldern entwickelt werden. So wie im Krieg die Artillerie mit ihrer Feuerkraft feindliches Territorium sturmreif macht, das anschließend von der Infanterie besetzt wird, so können F & E den entscheidenden technologischen Vorsprung verschaffen, um die Industrien der Zukunft zu beherrschen. Das neue japanische Forschungsprojekt Real World Computing ist nur eines von vielen ehrgeizigen Projekten, die darauf abzielen, den ersten Rang in der geo-ökonomischen Arena zu erobern. Auch die Europäische Gemeinschaft und die Vereinigten Staaten fördern neben vielen anderen Projekten großangelegte Programme in der Mikroelektronik- und Computerindustrie.

Eine solche Zukunftsinvestition war z. B. das im Jahr 1990 in den Vereinigten Staaten gestartete Programm zur Entwicklung einer effizienteren Stromquelle für Elektroautos als die bisher bekannten Batterien, die nach dem Prinzip des Bleiakkumulators funktionieren und für ihr Gewicht zuwenig Leistung abgeben. Unter dem Namen U. S. Advanced Battery Consortium wurde ein Forschungsprogramm aus der Taufe gehoben, an dessen finanzieller Ausstattung sich das US-Energieministerium mit 130 Millionen Dollar und die drei großen Autohersteller General Motors, Ford und Chrysler mit der gleichen Summe beteiligten. Zweck des Konsortiums war es, F & E-Projekte zu finanzieren, in die der vielgelobte «freie Markt» keine Mittel investierte. Zwei Jahre später stellte das Konsortium eine vielversprechende technologische

Neuheit vor, die ovonische Batterie, die nun von Stanford R. Ovshinsky und seiner Energy Conversion Devices Inc. mit einer Finanzspritze des Konsortiums in Höhe von 18,5 Millionen Dollar weiterentwickelt wird.[1] Daß die drei großen amerikanischen Autohersteller, die doch eigentlich unentwegt in hartem Wettbewerb stehen sollten, plötzlich brüderlich zusammenarbeiten, kann nur eines heißen: Das ist kein rein kommerzielles Unternehmen mehr, sondern eine geo-ökonomische Offensive der Vereinigten Staaten gegen die japanische Automobilindustrie. Ironischerweise wird sie ganz nach japanischem Vorbild von einem Industriekonsortium mit staatlicher Beteiligung vorgetragen.

Die Artillerie der staatlich geförderten F & E entscheidet letztlich über Erfolg oder Mißerfolg, doch auch die Infanterie der Produktion kann Unterstützung nötig haben. Airbus Industrie erhält Betriebssubventionen, und andere ausgesuchte Unternehmen, ja ganze Industriebranchen, werden ähnlich gefördert. Gewöhnlich werden die Empfänger gar nicht mit offenen Zahlungen, seien es Geldkoffer oder, etwas prosaischer, Banküberweisungen, in Verlegenheit gebracht. Mit staatlichen Beschaffungskäufen zu guten Konditionen ist das gleiche Ergebnis sehr viel diskreter zu erzielen. Japan verfügte z. B. über keine nennenswerte Computerindustrie, bis MITI 1960 ein Fünfjahresprogramm zur Schaffung einer nationalen Computerherstellung lancierte.[2] Der erste Schritt bestand darin, hohe Zollschranken zu errichten, die profitable Exporte nach Japan unmöglich machten. Weiterhin wurde die Computerforschung in staatlichen Labors, Universitäten und in der Industrie massiv gefördert. IBM hatte zwar in Japan bereits eine Fabrik errichtet, aber die Produktion galt nicht als «japanisch» genug. Nur Kunden der japanischen Konkurrenz, allen voran Fujitsu, konnten günstige Kredite von der staatlichen Förderungsgesellschaft, der Japan Electronic Computer Corporation, in Anspruch nehmen. Die Maßnahme lief auf eine Betriebssubvention für Fujitsu und die anderen japanischen Computerhersteller hinaus.

Als nächstes stellte MITI den amerikanischen Konkurrenten von IBM, nämlich General Electric, RCA, Xerox und anderen, die

Erlaubnis in Aussicht, ihre Computer auf dem japanischen Markt zu verkaufen, sofern sie bereit waren, Joint-ventures mit japanischen Herstellern einzugehen und auch ihr Know-how mit ihnen zu teilen. Als IBM dann 1964 sein revolutionäres System 360 auf den Markt brachte und schlagartig alle Computer aus der japanisch-amerikanischen Kooperation deklassierte, reagierte MITI mit dem Programm zur Entwicklung von Hochleistungsrechnern. Das Ziel war, alle Mittel der staatlichen und industriellen Labors zusammenzufassen und den Rückstand auf IBM aufzuholen. Bis dieses Ziel erreicht war, unterstützte der Staat die heimische Computerindustrie sehr viel direkter, indem er ihre Maschinen kaufte, obwohl sie technisch überholt und teurer als IBM-Computer waren (auch noch lange danach, im September 1975, als der japanische Computermarkt angeblich für alle Mitbewerber geöffnet war, lag der Anteil der Maschinen aus heimischer Fertigung in staatlichen Ämtern bei 93, in Kommunalverwaltungen bei 88 und in Universitäten bei 90 Prozent).[3] Anfang der siebziger Jahre erlebte die Computerbranche eine weitere Revolution, die erneut alle MITI-Pläne über den Haufen warf. Nachdem IBM sein neues System 370 vorgestellt hatte, räumten General Electric, RCA und Xerox das Feld und kündigten den japanischen Firmen, mit denen sie Technologiepartnerschaften eingegangen waren, die Zusammenarbeit. Selbst Fujitsu, das führende japanische Computerunternehmen, hatte wieder das Nachsehen.

Daraufhin stockten die Japaner die finanzielle Unterstützung für F & E nochmals auf. MITI drängte die sechs Computerhersteller des Landes, sich zu drei größeren Unternehmen zusammenzuschließen und bereitete einen direkten Gegenangriff auf IBM vor. Dazu arrangierte es zunächst eine Partnerschaft zwischen Fujitsu und Hitachi. Das japanische Gespann kaufte seine Technologie bei der neuen amerikanischen Computerfirma Amdahl ein, die gerade von dem ehemaligen IBM-Mitarbeiter gleichen Namens gegründet worden war. Amdahl enthüllte den Japanern die Geheimnisse der Architektur der neuen IBM-Computer für eine nicht genannte Summe, die aber gewiß zu gering war für solche Juwelen der industriellen F & E.[4] So ging es Jahr für Jahr weiter. Die japanische Computerindustrie konnte sich der Förderung durch den Staat sicher sein (zu der auch das Zehnjahresprogramm zur Entwicklung von Computern der fünften Generation gehörte, für das japanische Steuerzahler mindestens 400 Millionen Dollar berappen mußten), so daß Fujitsu immer stärker und IBM immer schwächer wurde. Zwar hatten die von MITI initiierten Forschungsprogramme im allgemeinen wenig Erfolg, und regelmäßig setzten die Amerikaner mit überraschenden Innovationen («Workstations», Parallelrechner, Programme mit «Fuzzy-logic» usw.) neue Maßstäbe in der Branche. Dennoch profitierten Fujitsu und die übrigen japanischen Computerhersteller von der systematischen Bevorzugung bei allen staatlichen Beschaffungskäufen.

Das schwerste Geschütz in der Offensivstrategie ist «Raubfinanzierung». Wenn die Artillerie der F & E die fremden Märkte nicht durch technologische Überlegenheit erobern kann und wenn Betriebssubventionen, in welcher Form auch immer, nicht ausreichen, dann können die Exporte trotz starker Konkurrenz dadurch gesteigert werden, daß der Staat Kredite zu Zinsen unterhalb der Marktpreise gewährt. Die Vereinigten Staaten haben ihre Export-Import-Bank «Exim», die Kreditbürgschaften zur Finanzierung von Exporten gewährt, und vergleichbare Institute gibt es in allen Handelsnationen. Ausländer können daher im allgemeinen damit rechnen, daß sie niedrigere Zinsen für ihre Kreditkäufe zahlen müssen als Einheimische, die mit ihren Steuergeldern die günstigen Konditionen für Ausländer finanzieren. Schon das allein dient der Jagd nach Exporten mit niedrigen Zinsen, doch der Vorwurf der Raubfinanzierung bleibt für bestimmte Fälle vorbehalten: Wenn bei Verkaufsverhandlungen plötzlich Zinssenkungen als entscheidende Waffe eingesetzt werden. Natürlich haben sich die großen Handelsnationen gegenseitig dazu verpflichtet, solche Taktiken nicht anzuwenden. Es kommt aber regelmäßig vor, daß diese Verpflichtung nicht eingehalten wird.

Die Ziele der herkömmlichen Weltpolitik heißen zum einen Sicherung und Erweiterung des eigenen Herrschaftsgebietes und zum anderen diplomatische Einflußnahme auf fremde Regierungen. Dem entspricht im geo-ökonomischen Rahmen aber *nicht* das

Streben nach dem höchsten Lebensstandard für die eigene Bevölkerung, vielmehr sollen begehrenswerte Rollen in der Weltwirtschaft behauptet oder erobert werden. Wer wird die nächste Generation von Düsenjets und Computern entwickeln, wer die neuesten biotechnologischen Produkte und High-Tech-Werkstoffe als erster anwenden, wer innovative Finanzdienstleistungen anbieten? Werden die führenden Planer, Technologen, Manager und Finanziers Amerikaner, Europäer oder Asiaten sein? Die Sieger bekommen hochdotierte und einflußreiche Rollen, während sich die Verlierer mit Montagewerken begnügen müssen, sofern ihre Heimatmärkte aufnahmefähig genug sind oder hohe Einfuhrzölle für Fertigwaren umgangen werden müssen. Wenn Montagewerke die heimische Produktion verdrängen, können, wie bereits dargelegt, für die ansässige Bevölkerung Stellen als ungelernte oder angelernte Arbeiter geschaffen werden, aber das Finanzmanagement und alle höheren Leitungskompetenzen werden ins Herkunftsland verlagert.

Geo-Ökonomie ist der passende Rahmen für alle, die den Ehrgeiz haben, in den modernen, von Kompetenz und Verdienst geprägten Führungsrollen weltweit zu agieren, so wie in früheren Zeiten Krieg und Diplomatie die geeigneten Schauplätze boten, auf denen sich Angehörige der Aristokratie als Offiziere oder Diplomaten ihren Ambitionen und Talenten gemäß entfalten oder doch wenigstens standesgemäße Rollen spielen konnten. Die «Meritokratie» der Technokraten und Manager ist kaum weniger ehrgeizig. Sie gieren nicht nach ordensgeschmückten Uniformen oder protokollarischen Ehren, aber sie wollen die zukünftige Entwicklung der Weltwirtschaft, ja des Weltgeschehens überhaupt, bestimmen und gestalten. Dazu aber müssen sie Systemführer sein, nicht Lizenznehmer, die dem Fortschritt hinterherlaufen. Sie müssen neue Produkte entwickeln, nicht bereits Bekanntes nachbauen lassen, mit einem Wort, sie müssen expansive Industrielle sein, keine bloßen Importeure.

Außer für die Unbedarften, die in alledem nur normale Geschäfte sehen – aber was sind das für Geschäfte, die keine ausgeglichene Bilanz und kein schlichtes Profitstreben zum Ziel haben? –, ist es für jedermann offensichtlich, daß Geo-Ökonomie sich immer mehr ausbreitet und das Weltgeschehen entscheidend prägt. Allerdings sind nicht alle Staaten in gleicher Weise bereit oder dazu imstande, bei diesem neuen Wettstreit mitzumachen. Nicht wenige betreiben schon aktive Industriepolitik und haben entsprechende Bürokratien aufgebaut, andere legen sie sich (nach japanischem Vorbild) zu. Ist die Infrastruktur für raschen technologischen Fortschritt vorhanden, dann können sie bei diesem neuen Spiel gewinnen, auch wenn ihre Wirtschaft insgesamt eher klein ist. Moderne Technologie bietet ständig neue Wege und Märkte für die Industrie, darunter auch solche, die keine Massenproduktion erfordern. Daher können kleine Staaten, die über hervorragende Bildungseinrichtungen verfügen, sehr viel erfolgreicher im geo-ökonomischen Rahmen agieren, als sie es je in der Weltpolitik vermöchten, in der das Moment der Größe immer mitspielt und allein den Ausschlag geben kann.

Leider sind die meisten Dritte-Welt-Staaten, ob groß oder klein, mit schwerfälligen Bürokratien gestraft, die alle geo-ökonomischen Ambitionen zunichte machen. Vielerorts und in Afrika sogar fast ausnahmslos wird staatliche Förderung als Gelegenheit zur schamlosen Bereicherung verstanden, weil jede Reglementierung mit Bestechung umgangen wird (z. B. werden immer noch ganze Baumstämme exportiert, weil korrupte Zollbeamte sie als Bretter deklarieren). Innerhalb der Europäischen Gemeinschaft waren ursprünglich ganz unterschiedliche Haltungen zur Geo-Ökonomie anzutreffen: Während die Franzosen schon immer dem staatlichen Dirigismus zuneigten, fochten die Briten stets für den Freihandel. Als Gruppe scheinen die Europäer aber nun entschieden geo-ökonomische Ziele zu verfolgen.

Die Vereinigten Staaten wiederum praktizieren durchaus eine geo-ökonomische Politik, obwohl sie sich öffentlich gegen deren Prinzipien aussprechen. Amerikanische Spitzenpolitiker werden nicht müde, sich zum «Markt» zu bekennen, betreiben aber gleichzeitig ihren eigenen geo-ökonomischen Interventionismus *und* warnen ausländische Regierungen, sich auf solche Praktiken zu verlegen. Wer amerikanischen Politikern zuhört, muß zu der

Auffassung kommen, sie wüßten nicht, daß der Staat häufig in die beiden größten Exportbranchen des Landes, die Landwirtschaft und die Flugzeugindustrie, lenkend eingreift und auch mit Subventionen nicht geizt. Dennoch bestimmt die Ideologie des Freihandels weiterhin die Denkweise der Amerikaner. Wenn etwas als unrecht und falsch gebrandmarkt ist, aber dennoch praktiziert wird, kann man sich ihm nur verhohlen und gelegentlich hingeben. Da jeder offen geo-ökonomischen Politik ein Riegel vorgeschoben ist und auch keine offene Diskussion stattfindet, gehört das Feld der politischen Beeinflussung den am besten organisierten und finanziell am besten ausgestatteten Lobbys, die sich in die Tagespolitik einschalten, um Vorteile für sich herauszuschlagen.

Gewiß, auch eine Demokratie ohne ideologische Scheuklappen kann nicht verhindern, daß mächtige Lobbys auf die Politik ihrer staatlichen Vertreter einwirken. Gewöhnlich haben sie keine Schwierigkeiten, für ihre partikularen Interessen die passende geo-ökonomische Einkleidung zu finden. So überzeugen sie Politiker von der Notwendigkeit, Handelshemmnisse, seien es Einfuhrquoten oder gestaffelte Zolltarife, einzuführen, durch die ausländische Konkurrenz benachteiligt, aber auch die eigene Bevölkerung um den Vorteil billiger Importe gebracht wird. Alle staatlichen Subventionen, Dienstleistungen und Infrastrukturmaßnahmen können in dieser Weise partikularen Interessen angepaßt werden. Wenn staatliche Mittel als Forschungsgelder in F & E oder als Investitionshilfe in die Produktion fließen, schadet dies nicht nur der ausländischen Konkurrenz, sondern geht auch zu Lasten der Steuerzahler. Selbstverständlich müssen die Bürger *jede* geo-ökonomische Politik bezahlen, entscheidend ist dabei nur, inwiefern die Gewinne, die mit ihrem Geld in der Produktion erzielt werden, auch gerecht verteilt werden. Nützt die geo-ökonomische Maßnahme, die anfangs nur wenigen zugute kommt, am Ende auch der ganzen Wirtschaft und möglichst vielen Bürgern? Oder bereichern sich nur wenige Privilegierte auf Kosten aller anderen?

Für letzteres liefert Peru ein lehrreiches Beispiel. Der frühere Präsident García lancierte in den achtziger Jahren ein Programm zur industriellen Entwicklung des Landes, zu dem wie so oft drastische Einfuhrzölle auf Importwaren gehörten. Anfangs schien diese Politik Erfolg zu haben. Toyota und Nissan errichteten Montagewerke in Peru, da sie fertige Autos nicht mehr profitabel verkaufen konnten. Hinter der hohen Mauer der Einfuhrzölle schossen Fabriken wie Pilze aus dem Boden. Nun mußte alles im Land hergestellt werden, von Bleistiften und Füllern bis zu Sportbekleidung und landwirtschaftlichen Maschinen. Die Industrialisierung Perus schien voranzukommen, noch dazu überraschend schnell. Doch nur wenige Jahre später brach das ganze Experiment zusammen, und das Land und die große Mehrheit der Bevölkerung waren noch ärmer als zuvor. Legt man den Dollarwert von 1987 zugrunde, so war das Pro-Kopf-Einkommen in Peru 1990 mit 940 Dollar niedriger als 1980 (1350 Dollar) oder sogar 1970 (1270 Dollar).[5]

Was war geschehen? Im Land fehlte ein großer, aufnahmefähiger Markt, und sämtliche Pseudo-Industrien konzentrierten sich in der Hand der reichen, untereinander durch Heirat und Klassendenken verbundenen Elite. Unter diesen Umständen konnte sich kein wirklicher Wettbewerb unter den neuen peruanischen Unternehmen entwickeln. Statt mit günstigen Preisen um die Gunst der Käufer zu konkurrieren und die Qualität der Waren ständig zu verbessern, wie es die japanischen Unternehmen auf ihrem durch hohe Zölle abgeschotteten Heimatmarkt getan hatten, richteten sich die peruanischen Unternehmen in ihren lokalen Monopolen ein und verkauften zweitklassige Waren zu den Preisen, die der von Importen entblößte Markt hergab. Aus dem gleichen Grund hatten Händler und Industrielle keine Mühe, Politiker und schlechtbezahlte Beamte mit Schmiergeldern gefügig zu machen.

Importe wurden zollfrei ins Land gebracht und überteuert verkauft. Man baute Pseudo-Industrien auf, in denen Fertigwaren lediglich neu verpackt wurden (nachdem sie zollfrei als «Komponenten» importiert worden waren), und setzte dennoch den Preis beträchtlich herauf. Ein Beispiel hierfür waren Autofabriken, in denen im eigentlichen Sinne nichts hergestellt wurde, vielmehr wurden auseinandergenommene Autos containerweise angeliefert und wieder zusammengebaut. Nur wenige Peruaner erhielten auf diese Weise Anstellungen als ungelernte Arbeiter, und eine schon reiche Minderheit bereicherte sich noch mehr. Der Lebensstandard fiel erheblich, denn die Bevölkerung Perus mußte für die zweifelhafte Errungenschaft heimischer Produkte zahlen, die stets überteuert, oft minderwertig und obendrein nicht einmal peruanisch waren. Als Präsident Fujimori 1990 sein Amt antrat, senkte er als erstes die Einfuhrzölle, um den Pseudo-Industrien den Boden zu entziehen.

So wie kein Krieg ohne gut ausgerüstete Truppen erfolgreich geführt werden kann, so gibt es keine erfolgreiche geo-ökonomische Politik ohne loyale, kompetente Staatsbeamte. Doch selbst in Staaten, die über eine loyale und kompetente Beamtenschaft verfügen, also in erster Linie in den hochentwickelten Industriestaaten, neigen die Staatsdiener dazu, jede geo-ökonomische Politik zu verzerren. Ob bewußt oder nicht, sie werden alles manipulieren, was ihren eigenen Zwecken dient. Durch und durch loyale, wohlmeinende Beamte, die in Ministerien für Handel und Wirtschaft tätig sind, haben gemeinhin nur einen Ehrgeiz, nämlich dem Staat zu dienen und dabei Macht und Anerkennung zu erlangen, indem sie ihre eigenen geo-ökonomischen Strategien zur Verteidigung oder Expansion der heimischen Industrie fördern. Ebenso werden loyale Beamte im Außenministerium ihren Ehrgeiz daransetzen, eine Politik des Zollabbaus und der wirtschaftlichen Zusammenarbeit zu fördern. Allerdings ist in den Staaten, die das heutige Weltgeschehen entscheidend bestimmen und in denen das Militär und die klassische Diplomatie erheblich an Bedeutung verloren haben, das bürokratische Gleichgewicht mittlerweile gestört.

Besonders europäische und japanische, in zunehmendem Maße aber auch amerikanische Staatsbeamte sehen in der Geo-Ökonomie den einzigen Ersatz für die militärischen und diplomatischen Rollen der Vergangenheit. Nur wenn sie sich auf geo-ökonomische Prinzipien berufen können, dürfen sie weitreichendere Befugnisse beanspruchen als Geschäftsleute und gewöhnliche Bürger. Ganz offensichtlich besteht dieses Bedürfnis stärker in Staaten wie

Frankreich und Japan, die beide über stolze staatliche Eliten verfügen. Ihre hochqualifizierten, nach strengen Kriterien ausgewählten und geachteten Staatsdiener sind wenig geneigt, ihre privilegierten Stellungen aufzugeben und einem ungezügelten freien Unternehmertum das Feld zu überlassen.

In den führenden europäischen Staaten spielen auch soziale Haltungen und Ansprüche eine Rolle. Diplomaten des britischen Außenministeriums, die ein Studium in Oxford oder Cambridge absolviert haben, ihre französischen Kollegen, die oft noch ein aristokratisches *de* in ihren Doppelnamen führen, und die kultivierten Herren aus der *Farnesina*, dem italienischen Außenministerium, haben allesamt wenig gemein mit ihren handeltreibenden Landsleuten. Von Handel und Industrie verstehen sie oft wenig und kümmern sich auch nicht darum. Mit normalen Geschäftsleuten haben sie kaum zu tun und wünschen wohl auch keine näheren Kontakte. Wenn sie Wirtschaftswissenschaften studiert haben, dann erinnern sie sich vielleicht noch an die Theorien aus den Lehrbüchern, die freilich weit entfernt sind von den Realitäten des Marktes. Im übrigen beweisen diese Theorien, daß ein ungehemmter Freihandel die besten Ergebnisse verspricht, selbst wenn er einseitig praktiziert wird, so daß diplomatische Interventionen tunlichst zu vermeiden sind. Trotz vieler Versuche von Ministern und Kommissionen, die Aufmerksamkeit ihrer Beamten auf Wirtschaftsfragen zu lenken, tun das letztere nur widerwillig und weigern sich stets, sich als Exportkaufleute mißbrauchen zu lassen. Schließlich haben sie die diplomatische Karriere gewählt, um solch schnödem Tun zu entgehen.

Nun aber haben sich Spitzenbeamte aus Überlebensinstinkt massenweise bekehren lassen. Wer ehrgeizig genug war, eine Karriere in den prestigebeladenen Institutionen des Staates zu machen, möchte sein Leben nicht damit zubringen, niedere diplomatische und militärische Konflikte zu regeln, wie sie auf den Nebenschauplätzen der Weltpolitik auch noch in der geo-ökonomischen Ära fortbestehen werden. Noch bevor dieser Zustand erreicht ist, möchten viele Beamte der Ersten Welt auf den geo-ökonomischen Zug aufspringen. Tun sie es nicht, dann werden zukünftig allein Wirtschaftsinteressen das Geschehen auf der internationalen Bühne bestimmen, und Geschäftsleute und Konzerne werden das Sagen haben. Setzen sich jedoch geo-ökonomische Prinzipien durch, können Staatsbeamte erneut ihre Autorität einfordern, diesmal nicht im Namen militärischer Sicherheit, sondern im Namen «vitaler ökonomischer Interessen», die es mit geo-ökonomischen Verteidigungs- und Angriffsstrategien, mit geo-ökonomischer Diplomatie und geo-ökonomischer Informationsbeschaffung zu wahren und durchzusetzen gilt.[6]

Tatsächlich geschieht auf der zentralen weltpolitischen Bühne weit mehr als das: Wie die Beamten, so sind auch die Staaten als Ganzes gezwungen, in der Geo-Ökonomie einen Ersatz für ihre schwindende sicherheitspolitische Rolle zu suchen, wenn sie ihre Stellung in der Gesellschaft behaupten wollen. Daraus folgt, daß Länder auf dem geo-ökonomischen Weg wahrscheinlich weiter voranschreiten werden, als es das bloße Abwägen von Kosten und Nutzen erfordern würde.

Inwieweit sich in der Beamtenschaft der Drang zu neuen geo-ökonomischen Rollen bemerkbar macht und in welchem Ausmaß Interessengruppen geo-ökonomische Manipulation betreiben, wird von Land zu Land und von Fall zu Fall verschieden sein. Grundsätzlich aber werden Staaten nach geo-ökonomischen Prinzipien handeln, weil dies in der Natur der Sache liegt: Staaten sind territorial definierte Entitäten, die im Wettstreit miteinander auf der Weltbühne agieren. Wenn moderne Staaten auch viele andere Funktionen zu erfüllen haben, wie etwa für die Wohlfahrt ihrer Bürger zu sorgen, Dienstleistungen zu erbringen und eine vielfältige Infrastruktur zu unterhalten, so leitet sich ihr eigentlicher Daseinsgrund immer noch aus der historischen Funktion her, die Sicherheit vor äußeren Feinden (und aufrührerischen Elementen im Innern) zu gewährleisten. In der Vergangenheit waren das bewaffnete Feinde, gegen die vorgegangen werden mußte, heute sind es Konkurrenten auf dem Markt, mit denen in freien Wettbewerb zu treten, aus welchen Gründen auch immer, keine Aussicht auf Erfolg hätte. In jeder Industriebranche machen sich die Gewinner natürlich für den freien Wettbewerb stark. Die Verlierer sollen ihre

Niederlage eingestehen und das Feld räumen. Aber Geo-Ökonomie eröffnet die Möglichkeit, mit staatlicher Unterstützung eine zweite Runde einzuläuten. Es entspricht der Natur des Staates und seiner Beamten, daß sie diese Möglichkeit wahrnehmen, die es ihnen erlaubt, fast wie im Krieg, weiterhin auf der Bühne zu bleiben.

Von den rund 180 unabhängigen Staaten, die es gegenwärtig gibt, haben nicht viele in jüngster Zeit Krieg gegen einen äußeren Feind führen müssen, und doch sind die staatlichen Strukturen fast aller Länder immer noch stark von kriegsähnlichen Zwecken geprägt. Nur wenige Staaten haben ihre Existenz in Kriegen verteidigen müssen, dennoch hat es den Anschein, als ob alle Staaten nur um des Krieges willen existieren – zumindest sind sie so strukturiert, als sei Krieg ihre wichtigste Aufgabe. In wie vielen Staaten steht der Minister für Telekommunikation, für Energie oder für Außenhandel über dem Verteidigungsminister? Gegenwärtig nur in einem, und dieses Land ist bezeichnenderweise Japan. Die für die Verteidigung zuständige Behörde *Boeicho* ist ein *cho* (mit «Amt» zu übersetzen) und somit einem *sho* oder «Ministerium» wie dem *Gaimusho* (Außenministerium) untergeordnet. An der Spitze des *Boeicho* steht ein «Generaldirektor». Er bildet das Gegenstück zum britischen «Staatsminister» in Abgrenzung zum vollen Kabinettsminister, sofern ihm dieser Status nicht in einer persönlichen Eigenschaft zukommt.[7]

Stellt man sich die Staaten der Erde in ihrer geschichtlichen Entwicklung als Eisenbahnzug vor, dann können die letzten Waggons, die ärmsten Ländern mit schwerfälligen und korrupten Staatsbürokratien, *noch* keinen Krieg führen, weil ihre Truppen nicht imstande sind, weit über ihre Grenzen hinaus zu agieren. Oft begnügen sie sich damit, die eigene Bevölkerung zu unterdrücken und auszurauben (einige westafrikanische Armeekorps, die im liberianischen Bürgerkrieg des Jahres 1991 zur Friedenssicherung in das Land entsandt worden waren, verkamen dort zu marodierenden Banden). Aus dem gleichen Grund können solche Staaten auch keine geo-ökonomischen Ziele verfolgen oder überhaupt irgend etwas für ihre Volkswirtschaft tun, das besser wäre, als gar nichts zu tun. Für solche Staaten ist der Freihandel und das freie Unternehmertum tatsächlich die einzige Rettung.

Die Waggons in der Mitte des Zugs, Länder mit teilweise entwickelten Volkswirtschaften und Staatsbürokratien, manche ärmer wie z. B. Indien und Pakistan, manche reicher wie etwa die Türkei oder der Irak, sind allesamt imstande, gegeneinander Krieg zu führen. Tatsächlich sind sie gewöhnlich auch viel zu sehr mit territorialen Konflikten beschäftigt, als daß sie geo-ökonomische Ziele ernsthaft verfolgen könnten. Ihre Regierungen bemühen sich zwar oft um die industrielle Entwicklung des Landes, aber abgesehen von der Rüstungsindustrie haben sie mangels schlüssiger Konzepte wenig Erfolg damit. Die Länder, die nicht in kriegerische Konflikte verwickelt sind, wie z. B. Brasilien, verfolgen geo-ökonomische Ziele zum eigenen Schaden, weil weder ihre Wirtschaft noch ihre Staatsbürokratie den Anforderungen einer solchen Politik gewachsen sind. Im allgemeinen haben sie keineswegs mehr Erfolg als die staatlich nicht geförderten freien Unternehmer, oft erreichen sie sogar weniger.

Die Waggons an der Spitze des Zuges, die Vereinigten Staaten, die europäischen Staaten, Japan und einige andere, verfügen über die Mittel, Krieg zu führen, nur ist die Mehrheit der Gesellschaft in diesen Ländern gegen den Krieg eingestellt. In der Bevölkerung und in der politischen Führungsschicht herrscht Konsens darüber, daß es keinen vernünftigen Grund mehr gibt, Konflikte zwischen Staaten mit Waffengewalt auszutragen. Dennoch bleiben auch diese Staaten für kriegsähnlichen Wettstreit gerüstet und scheinen weiterhin bereit, ihre alten Ziele mit geo-ökonomischen Mitteln zu verfolgen.

Freies Unternehmertum in einer geo-ökonomischen Welt

Selbst Staaten, die sich einer aktiven geo-ökonomischen Politik verschrieben haben, müssen mit großen und kleinen Unternehmen, vom Handwerksbetrieb bis zum multinationalen Konzern, koexistieren. Während Staaten praktisch den gesamten «politischen Raum» auf der Welt in Beschlag nehmen (von den arktischen Gebieten und dem Niemandsland des Terrorismus einmal abgesehen), decken sie nur einen Bruchteil des ökonomischen Raumes ab. Mit dem Niedergang des Kommunismus und der weltweiten Tendenz, staatliche Industrien zu privatisieren, wird dieser Bruchteil sogar noch kleiner.

In Frankreich und Italien gibt es sogar noch staatliche Automobil- und Eiskremfabriken, die mit Privatunternehmen konkurrieren. Ganze Industrien (Stahl, Aluminium) befinden sich noch in staatlicher Hand, und erst in den achtziger Jahren begann die Diskussion um Privatisierungen. In Frankreich haben staatliche Industrien eine jahrhundertelange Tradition, und oft werden sie effizient geführt. In Italien arbeiten nur wenige staatseigene Konzerne rentabel, aber alle bieten Hunderte von Managerposten für die treuen Gefolgsleute und Geldgeber der großen politischen Parteien. Dabei kam in der Vergangenheit keine Partei zu kurz, auch wenn sie nicht der Regierungskoalition angehörte, ja nicht einmal die Kommunistische Partei Italiens, die sich seit 1946 ständig in der Opposition befand (der staatliche Rundfunk RAI wurde eigens in RAI-1, RAI-2 und RAI-3 aufgespalten, damit die Posten und die Mitsprache bei den Medien unter Christdemokraten, Sozialisten und Kommunisten gerecht verteilt werden konnten). In jüngster Zeit werden aber auch in Italien und Frankreich immer mehr Staatsbetriebe privatisiert.

Auf der ganzen Welt, nicht nur in den ehemals kommunistischen Staaten, sondern in Dutzenden anderen von Argentinien bis Sudan, verkaufen Regierungen Staatseigentum, angefangen von Fluggesellschaften bis zu Zinkschmelzhütten. Sie finden dafür Käufer im In- und Ausland oder sie folgen dem tschechischen Beispiel und verteilen Inhaberkupons an ihre Bürger.

Überall ist man zu der Erkenntnis gelangt oder hat sie wiederentdeckt, daß nur das wachsame Auge des Privateigentümers, der Gewinne erwirtschaften und Verluste vermeiden muß, all jene Formen des Mißbrauchs verhindern kann, die sich bei staatlichem Eigentum einstellen. Denn dort werden Posten mit politischen Gefolgsleuten besetzt, die nicht oder nur sporadisch arbeiten, da

423

werden Gelder aus dem Betrieb für Parteizwecke benutzt oder schlicht veruntreut. Ganz allgemein herrscht hier der Schlendrian, weil die Konkurrenz fehlt, und im schlimmsten Fall wird überhaupt nicht gearbeitet (als 1971 in Zaire Privatunternehmen von heute auf morgen verstaatlicht wurden, gingen die Beamten, die mit der Leitung betraut waren, einfach dazu über, die Betriebsausstattung, Rohstoffe, fertigen Waren, Möbel und selbst Fenster und Türen, einschließlich der Rahmen, zu verkaufen).

Der Trend zur Privatisierung hat mittlerweile auch viele Länder erfaßt, in denen es nie zu grobem Mißbrauch gekommen ist. Und selbst Unternehmen, die sehr rentabel wirtschafteten, bleiben von ihm nicht verschont, einfach weil es nun zum Dogma geworden ist, daß Betriebe in privater Hand effizienter arbeiten *müssen*. Es ist jetzt allerneueste Mode, sogar öffentliche Versorgungseinrichtungen – Elektrizität, Telekommunikation, Eisenbahnen, Trinkwasserversorgung und Abwasserbeseitigung – zu privatisieren, obwohl sie als Monopolunternehmen im Bereich der öffentlichen Versorgung eigentlich für eine staatliche Regie prädestiniert sind.

Dem Beobachter bietet sich also auf den ersten Blick das Paradox, daß einerseits geo-ökonomische Prinzipien in immer mehr Staaten an Bedeutung gewinnen und staatliche Eingriffe in die Wirtschaft häufiger werden, andererseits der Staat sich immer häufiger von seinem Eigentum trennt. Doch darin liegt kein Widerspruch: Nicht nur in Japan, dem Musterland der neuen geo-ökonomischen Epoche, auch sonst in der Welt können Staatsbeamte private Unternehmen weitaus besser lenken, als sie staatseigene Betriebe verwalten könnten. Gerade die kreative Spannung zwischen Privatunternehmen, die sich im harten Wettbewerb behaupten müssen, und dynamischen Wirtschaftsbürokraten hat den Erfolg der japanischen Wirtschaft erst ermöglicht.

Wie sehen die verschiedenen Formen der Koexistenz zwischen geo-ökonomisch aktiven Staaten und Privatunternehmern aus? Die Koexistenz kann gänzlich passiv sein, wie etwa in der Beziehung zwischen dem Staat und den zahllosen Kleinbetrieben, Restaurants, Cafés, Schnellreinigungen, Einzelhandelsgeschäften. Keiner will etwas vom anderen, ausgenommen die Steuern, die der Staat verlangt und die von den kleinen Gewerbetreibenden nur ungern gezahlt werden. Ansonsten gibt es kaum Verständigung und überhaupt keine Koordination.

Die Koexistenz kann andererseits sehr aktiv sein, wenn etwa bedeutende Privatunternehmen den Staat um Hilfe angehen und versuchen, Beamte, Politiker und sogar die öffentliche Meinung in ihrem Sinne zu beeinflussen. In der Vergangenheit forderten sie beispielsweise Einfuhrzölle, um dem Verlust von Marktanteilen und drohendem Stellenabbau vorzubeugen. Bisweilen baten sie auch um direkte Hilfe, um den Konkurs abzuwenden, wie etwa das Unternehmen Chrysler, als es die US-Regierung um Kreditbürgschaften bat. Heute können Privatunternehmen unter Berufung auf geo-ökonomische Argumente selbst dann Hilfe einfordern, wenn sie nicht in der Krise stecken, sondern mit staatlichen Forschungsgeldern, Investitionszuschüssen oder Kreditfinanzierungen ihren Marktanteil vergrößern wollen; dies gilt insbesondere für Branchen wie Luftfahrt, Telekommunikation, Datenverarbeitung, Biotechnologie, neue Werkstoffe usw. Umgekehrt können Beamte und Politiker große Privatunternehmen für ihre eigenen geo-ökonomischen Zwecke einspannen oder ein bestimmtes Unternehmen zum «Paradepferd» einer Schlüsselindustrie aufbauen.

Noch häufiger sind die Fälle, in denen Staat und Privatunternehmen wechselseitig um die Gunst des anderen buhlen. Dies gilt zum Beispiel für das Verhältnis der größten internationalen Erdölkonzerne – amerikanischer, britischer, französischer und italienischer Herkunft – zu ihren jeweiligen staatlichen Ministerien und Ämtern. Die Chefs der Erdölkonzerne und hohe Beamte des Außenministeriums, Auslandsvertreter der Konzerne und Diplomaten vor Ort, Länderexperten der Konzerne und Nachrichtendienste der Regierungen arbeiten oft so eng zusammen, daß sie austauschbar werden, und manchmal werden sie tatsächlich ausgetauscht, denn Erdölkonzerne stellen gern ehemalige hohe Beamte ein.

Wenn es in der Vergangenheit zwischen einer Regierung und einem *ausländischen* Konzern zu Reibereien kam, dann in aller Regel zwischen der Regierung eines Entwicklungslandes und einem ausländischen Multi. Viele ausländische Konzerne wurden vertrieben, verstaatlicht oder mit Geldstrafen belegt (um dann wieder zugelassen und entschädigt zu werden). Vorausgegangen waren alle nur erdenklichen Klagen, angefangen vom Vorwurf der Steuerhinterziehung und der Ausbeutung von Bodenschätzen gegen ein lächerliches Entgelt bis zur Mißhandlung einheimischer Arbeiter, dem Verkauf kontaminierter Ware und der Einmischung in die inneren Angelegenheiten des Staates. Oft waren die Klagen zumindest teilweise berechtigt.

Heute kommen indessen die Regierungen der modernsten Industriestaaten immer öfter in Konflikt mit ausländischen Konzernen – die ebenfalls aus hochentwickelten Industrienationen stammen. Staaten, die eine aktive geo-ökonomische Politik verfolgen und ihre eigene Industrie in einem bestimmten Sektor besonders fördern, müssen zwangsläufig mit ausländischen Konzernen aneinandergeraten, die von ihren Rivalen zum «Paradepferd» erkoren wurden, oder einfach mit Privatunternehmen, die das Pech haben, den geo-ökonomischen Zielen eines bestimmten Staates im Weg zu stehen. So muß sich die US-Regierung mit der Airbus Industrie anlegen, weil sie die amerikanische Luftfahrtindustrie schützen will, während IBM sich nun schon seit über dreißig Jahren der Angriffe der japanischen Regierung erwehren muß, weil MITI sich das Ziel gesteckt hat, im Sektor der Mainframe-Computer Japan zum Marktführer zu machen (ironischerweise scheint es dieses Ziel just zu einem Zeitpunkt zu erreichen, da Großcomputer mehr und mehr durch vernetzte kleinere Maschinen ersetzt werden).

Eine Epoche des verschärften geo-ökonomischen Wettstreits wird für Privatunternehmen, sofern sie Spitzentechnologie herstellen, bisher nicht gekannte Risiken mit sich bringen. Firmen, die in der Hoffnung, ein bahnbrechendes neues Produkt zu entwickeln, Millionen aus der eigenen Kasse investieren, können unvermutet vom «nationalen Technologieprogramm» eines anderen Landes überholt werden, das mit Forschungsgeldern aus Steuermitteln rascher ans Ziel kommt und vor ihnen einen Verkaufsschlager auf den Markt bringt. Zwar können staatlich geförderte Forschungs- und Entwicklungsprogramme scheitern, wie das Beispiel des japanischen Projekts zur Entwicklung von Computern der fünften Generation lehrt, bei dem nach zehnjähriger Forschung und Ausgaben in Höhe von 400 Millionen Dollar kein vermarktbares Produkt entstanden ist. Aber selbst diejenigen, die bisher fest von der Überlegenheit einer ausschließlich mit privaten Mitteln finanzierten Forschungs- und Entwicklungsarbeit in Privatunternehmen überzeugt waren, werden nun zögern, ehe sie beispielsweise in die Entwicklung einer besseren Batterie für Elektroautos investieren, denn sie würden auf die Konkurrenz des U. S. Advanced Battery Consortium treffen, ein Forschungskonsortium, das bereits mit 130 Millionen Dollar an öffentlichen Mitteln gefördert worden ist und nochmals 130 Millionen oder auch 1,3 Milliarden erhalten könnte.

Ebenso kann es geschehen, daß Privatunternehmen mit ausländischen Unternehmen konkurrieren müssen, die mit Kampfpreisen den Wettbewerb für sich entscheiden wollen. Die unvermeidlichen Verluste bei Preisen weit unter dem Marktniveau werden dann mit staatlichen Subventionen ausgeglichen. Neben Boeing und McDonnell-Douglas, die sich schon lange in dieser Lage befinden, sind auch viele rein private Firmen im Hochtechnologiesektor betroffen. Ein Beispiel ist die Herstellung von Radaranlagen zur Luftverkehrsüberwachung, wo private US-Firmen wie Raytheon mit staatlich subventionierten Unternehmen wie der deutschen Telefunken konkurrieren müssen, aber darüber hinaus gibt es vergleichbare Fälle in allen möglichen Nischen der Hochtechnologie. Wenn die staatliche Förderung auch noch verdeckt erfolgt, wie es häufig der Fall ist, kann es vorkommen, daß ein Unternehmen sich auf einen Markt vorwagt, ohne seinen verhängnisvollen Wettbewerbsnachteil überhaupt zu ahnen.

Eine Welt rivalisierender Wirtschaftsblöcke?

Die meisten Menschen halten es für ausgemacht, daß nach und nach immer mehr Handelshemmnisse fallen und der Weltmarkt immer offener wird. Die Vorstellung, daß sich aus Handelsfehden zwischen Amerikanern und Europäern, den Vereinigten Staaten und Japan, der Europäischen Gemeinschaft und Japan schließlich rivalisierende Wirtschaftsblöcke herausbilden, die sich mit Zollschranken gegen die Exporte der anderen abschotten, scheint vielen abwegig. Schließlich ist die Europäische Gemeinschaft als Wirtschaftsgemeinschaft sehr viel offener für den Außenhandel, als ihre einzelnen Mitgliedsstaaten es je waren, von landwirtschaftlichen Erzeugnissen einmal abgesehen. Außerdem ist es für Marktneulinge sehr viel leichter, in einem EG-weiten Markt zu verkaufen als in getrennten nationalen Märkten. Das gleiche gilt auch für den gemeinsamen Markt zwischen den Vereinigten Staaten und Kanada und für die mögliche Nordamerikanische Freihandelszone, die auch Mexiko einschließen würde. Auch gibt es keine «Yen-Zone», soviel manche Journalisten auch darüber fabulieren mögen. Wenn die Europäische Gemeinschaft und Nordamerika Wirtschaftsblöcke bilden würden, stünde Japan ganz allein da, denn weder Korea noch Taiwan und schon gar nicht China würden sich eine wirtschaftliche Bevormundung gefallen lassen. In ganz Südostasien wären wohl nur Malaysia und vielleicht Thailand dazu bereit, eine engere Verbindung mit Japan einzugehen. Insofern kann also von Wirtschaftsblöcken, geschweige denn von rivalisierenden Blöcken, nicht die Rede sein.

Vor allem scheint der gegenwärtige halboffene Weltmarkt (von landwirtschaftlichen Erzeugnissen abgesehen) eine Selbstverständlichkeit zu sein. Doch daß er überhaupt entstand, war alles andere als selbstverständlich. Keinesfalls waren es die intellektuellen Vorzüge der Freihandelslehre, die alle Beteiligten schließlich zum Einlenken bewegten. Tatsächlich ist der gegenwärtige Weltmarkt ein von Menschen – und man darf sagen, von Amerikanern – geschaffenes Gebilde, das Ergebnis von über vierzig Jahren amerikanischer Diplomatie, amerikanischem Druck und amerikanischer Bereitschaft, den US-Markt zuerst und am weitesten zu öffnen.

Alles nahm am 1. Januar 1948 seinen Anfang, als das erste GATT-Abkommen in Kraft trat, in dessen Folge viele Handelshemmnisse Schritt für Schritt, manchmal mit Sonderregelungen für jede Warenart, in zähen Verhandlungen abgeschafft wurden.

Mit diesem Abkommen wurde der allgemeine Grundsatz verwirklicht, daß Zollvergünstigungen allen Handelspartnern eines Mitgliedslandes zugute kommen müssen (die sogenannte Meistbegünstigungsklausel). Die Verhandlungen der «Kennedy-Runde» in den Jahren 1964 bis 1967 waren besonders wichtig, denn die bedeutenden Zollsenkungen, mit denen sie schließlich abgeschlossen wurden, prägen noch heute die internationale Wirtschaft.

Die Vereinigten Staaten und die meisten anderen Länder hatten handfeste wirtschaftliche Gründe, weshalb sie die Ausweitung des Handels gemäß den im GATT formulierten Zielen anstrebten. Dennoch war es kein Zufall, daß das erste GATT-Abkommen von den Vereinigten Staaten gerade zu Beginn des Kalten Kriegs (ohne die Beteiligung eines Landes, das unter dem Einfluß der Sowjetunion stand) initiiert wurde und daß die Kennedy-Runde gerade auf dem Höhepunkt des Kalten Kriegs zum Abschluß kam. Das stärkste Motiv für die Liberalisierung des Welthandels – stärker als die wirtschaftlichen Vorteile, die immer gegen Nachteile abgewogen werden mußten – war immer politischer und strategischer Natur. So war das GATT stets als wirtschaftliches Pendant zur westlichen Allianz gegen die Sowjetunion gemeint.

Daraus folgt nun aber, daß bei einem Wegfall der sowjetischen Bedrohung das GATT und die fortschreitende Liberalisierung des Welthandels in Gefahr kommen müssen. Und ebendieser Fall ist eingetreten. Seit dem Zusammenbruch des Sowjetreiches wurden keine klaren Fortschritte mehr erzielt, was früher die Regel war. Die letzten Verhandlungen der «Uruguay-Runde» waren schwierig und zäh. Bei der Niederschrift dieses Buches, nach achtjährigen Gesprächen, war ihr Ausgang immer noch offen.

In der Zwischenzeit sind zahlreiche einseitige Maßnahmen im Handel ergriffen worden, die gegen den Geist des GATT und manchmal direkt gegen seine Regeln verstoßen: In vielen Ländern sind nichttarifäre Zollschranken errichtet worden, während in den Jahren zuvor alle Bemühungen auf ihren Abbau gerichtet waren. Als der amerikanische Kongreß die «Klausel 301» in das Gesetz über internationale Handelsbeziehungen aus dem Jahr 1974 einfügte, war der Gesetzgeber sehr darauf bedacht, daß sie in Wortlaut und Absicht mit den GATT-Regeln übereinstimmte.[8] Nach der Klausel 301 hatte der Präsident die Vollmacht, gegen ausländische Importhemmnisse vorzugehen. Zunächst einmal wurde der Handelsbeauftragte der US-Regierung ermächtigt, verdächtige ausländische Handelspraktiken zu untersuchen, um mögliche Verstöße festzustellen. Bestätigte sich der Verdacht, so mußte er die Verstöße genau benennen. In diesem Fall mußte der Präsident die betreffenden Staaten davon in Kenntnis setzen, daß zu einem bestimmten Zeitpunkt Vergeltungsmaßnahmen ergriffen würden, sofern die Hemmnisse bis dahin nicht beseitigt waren. Weder wurden die Staaten öffentlich angeprangert, noch wurde ihnen öffentlich gedroht – solche Fälle konnten geräuschlos über diplomatische Kanäle geregelt werden. Doch im Jahr 1988 war die Geduld des Kongresses erschöpft. Er verabschiedete die Klausel «Super 301». Danach ist der Handelsbeauftragte nicht mehr nur bevollmächtigt zu handeln, er ist auch dazu angehalten. Seine Behörde muß zur Unterrichtung der Öffentlichkeit jedes Jahr eine Liste mit den unzulässigen Handelshemmnissen publizieren und die verantwortlichen Staaten benennen. Weiterhin müssen, nach Dringlichkeit geordnet, Fristen für die Aufhebung der Hemmnisse gesetzt und widrigenfalls genau festgesetzte Gegenmaßnahmen ergriffen werden. («Special 301» ist das Pendant für das Copyright und andere geistige Eigentumsrechte.) Der Präsident kann also nicht mehr geräuschlos handeln, sondern muß dem betreffenden Staat offen mit wirtschaftlichen Sanktionen drohen, die er nicht nach Belieben wieder zurücknehmen kann. Eben darauf zielte auch die Klausel «Super 301» ab, da im Kongreß die Meinung vorherrschte, die ursprüngliche Klausel 301 sei nicht mit dem nötigen Nachdruck angewandt worden.

Daß sich das Klima im Welthandel verschlechtert, ist nicht verwunderlich. Die internationale Wirtschaft wird zunehmend vom strategischen Kalkül einer Handvoll Staaten bestimmt, die bereits «geo-ökonomisch» und nicht mehr nur ökonomisch denken und handeln. Dieses Kalkül weckt bei den anderen Befürchtungen. In der Vergangenheit verunsicherten die Umtriebe einiger kriegerischer Staaten viele andere Länder und führten schließlich zur Mi-

litarisierung der gesamten Weltpolitik. Heute untergräbt der geo-
ökonomische Wettstreit um die industrielle Technologieführerschaft zwischen Amerikanern, Japanern und Europäern sehr rasch
ihre alte Bündnissolidarität, und die Spannungen unter ihnen bekommen auch die anderen Handelsnationen zu spüren. Letztere
haben die verständliche Befürchtung, in die Schußlinie der Kontrahenten zu geraten. Selbst bei Programmen zur Förderung der
Landwirtschaft und bei Exportsubventionen für Agrarüberschüsse
– Fragen, die nichts mit Hochtechnologie zu tun haben – scheint
keine Annäherung der Standpunkte mehr möglich zu sein.

Der Konflikt zwischen Airbus Industrie einerseits und Boeing
und McDonnell-Douglas andererseits bekommt mehr und mehr
den Charakter eines echten Handelskrieges, in dem Gewinne der
einen Seite Verluste der anderen nach sich ziehen. Das ist ein Beleg
für die Unrichtigkeit der oft zitierten Unterscheidung, wonach
Krieg stets ein «Nullsummenspiel» sei, während bei Handelsbeziehungen immer beide Seiten gewinnen sollten und dies gewöhnlich auch tun. Nun sind die meisten Handelsbeziehungen
tatsächlich keine «Nullsummenspiele», um diesen Begriff zu gebrauchen, aber einige eben doch. Zweifellos unterscheidet sich
Krieg in vieler Hinsicht von Handel[9], aber es gibt eben auch Ge-
meinsamkeiten. Vor allem Aktion-Reaktions-Zyklen, bei denen
auf eine Handelssanktion mit einer Gegensanktion geantwortet
wird, erinnern fatal an die Eskalation von Krisen, die in offenen
Krieg münden können. Wenn ein Handelskonflikt zwischen den
großen Wirtschaftsmächten ausbräche, dann würde der klassische
Mechanismus der Weltpolitik eine Neuauflage in wirtschaftlichem
Kontext finden. Man kann sich leicht vorstellen, wie der EG-Ver-
treter in Ägypten der dortigen Regierung zu verstehen gibt, wie
sehr die ägyptischen Exporte in die Gemeinschaft leiden würden,
wenn das Land den Kauf eines japanischen Kraftwerks beschließe,
«wie in der Presse behauptet wird»; und wie dann sein japanischer
Kollege mit den Vertragsunterlagen anreist und auf Unterzeich-
nung dringt, nicht ohne höflich auf etwaige negative Folgen hinzuweisen, falls es nicht zum Abschluß kommt; und wie schließlich
die Amerikaner die Ägypter davon zu überzeugen versuchen, daß

der beste Ausweg aus diesem Dilemma für sie wäre, den Zuschlag einer amerikanischen Firma zu geben. Wenn sich aber Staaten zu größeren Wirtschaftsblöcken zusammenschließen, wie es die europäischen Staaten längst getan haben und wie es gegenwärtig die Vereinigten Staaten und Kanada tun, möglicherweise unter baldiger Einbeziehung Mexikos, dann wird die Logik des Wettstreits nach außen projiziert und in größerem Maßstab weiterbefolgt. Man schmiedet Bündnisse gegen einen gemeinsamen Gegner, auch wenn es nur «geo-ökonomische» und keine militärstrategischen sind. Und ist noch kein Gegner in Sicht, wird es nicht schwerfallen, einen zu finden.

Eigentlich sollten die Kosten für alle Betroffenen und womöglich für die ganze Weltwirtschaft ein schlagendes Argument gegen Wirtschaftskriege sein. Wäre es aber tatsächlich nur eine Frage von Kosten und Nutzen, dann dürfte eigentlich gar kein Wirtschaftskrieg ausbrechen, denn langfristig und wahrscheinlich sogar kurzfristig kann keine Seite dabei gewinnen. Seit die militärstrategische Konfrontation nicht mehr im Mittelpunkt der Weltpolitik steht, fehlt aber ein Ventil für die feindlichen Ressentiments der Nationen untereinander, und hier können die Handelsbeziehungen einen Ersatz bieten. Wenn dieser Fall eintritt, ist keine Kalkulation mehr möglich. Wenn Nationen ihren feindlichen Gefühlen die Zügel schießenlassen, wird nicht mehr kühl über Kosten und Nutzen nachgedacht, sondern alle verlangen die Bestrafung des Gegners – auch wenn der Strafende sich dabei ins eigene Fleisch schneidet.

Viele Menschen sind immer noch des festen Glaubens, die Volkswirtschaften der wichtigsten Handelsnationen seien zu sehr voneinander abhängig, als daß geo-ökonomische Kriege möglich wären. Heutzutage werden im Automobilbau Karosserie und Fahrwerk in einem Land, der Motor in einem anderen und die Armaturen in einem dritten hergestellt; die chemische Industrie und die Elektronikindustrie sind für die Produktion der fertigen Waren auf den ständigen Austausch zahlloser Zwischenprodukte angewiesen; schließlich machen öffentliche und private Darlehensnehmer gleichermaßen oft von Anleihen im Ausland Gebrauch.

Angesichts dieser Tatsachen könnten feindliche Wirtschaftssanktionen – und nicht weniger die Vergeltungsmaßnahmen, die sie hervorrufen – leicht verheerende Folgen für die Industrieproduktion und die Beschäftigungslage und im weiteren auf die finanzielle Stabilität der Unternehmen und Staaten haben. Doch man täusche sich nicht, die gegenseitige Abhängigkeit, die im Kalten Krieg entstanden ist, als sich in jedem Lager aus dem militärstrategischen Bündnis wie selbstverständlich auch eine wirtschaftliche Zusammenarbeit ergab, garantiert nichts für die Zukunft.

Wohl nur wenige Volkswirtschaften waren so voneinander abhängig wie die französische und die deutsche im August 1914 oder die deutsche und die sowjetische im Juni 1941. In beiden Fällen importierte jede Seite viele wichtige Güter von der anderen, und in beiden Fällen waren bei einem Abbruch der Handelsbeziehungen schwere Störungen zu befürchten, und dennoch zogen beide Seiten ungeachtet dieser und noch viel schlimmerer Verluste in den Krieg. Würden die Menschen in Abwägung ihrer wirtschaftlichen Vorteile handeln, so bestünde die Geschichte nicht aus einer langen Kette von Verbrechen und Torheiten. Daher zeugt es von großem Optimismus zu glauben, ein Wirtschaftskrieg zwischen rivalisierenden Blöcken werde schon allein deshalb nicht ausbrechen, weil alle Beteiligten dabei verlieren würden. Krieg hatte eben diese Folge und brachte obendrein noch Verluste an Menschenleben, und dennoch war er ein häufiges Phänomen und ist es weiterhin.

Daß geo-ökonomische Strategien in unserer gegenwärtigen Welt überhaupt zum Zug kommen, beweist bereits, wie wenig das wirtschaftliche Eigeninteresse noch hemmt. Denn selbstverständlich ist *jede* geo-ökonomische Aktivität kostspieliger als das reine, am Freihandel orientierte Wirtschaften. Dies gilt freilich nur, wenn man streng ökonomische Maßstäbe anlegt, und gerade diese Maßstäbe können unter Umständen in Zweifel gezogen werden: Die Staatsbeamten, Politiker und Industriellen, die geo-ökonomische Pläne verfolgen, streben nicht nach Profit und werden sich auch durch Verluste nicht von ihren Zielen abbringen lassen. Airbus Industrie könnte noch weitere zwanzig Jahre lang Verluste einfahren, ohne daß die Regierungen, die das Konsortium unterstützen, das ganze Unternehmen in Zweifel zögen, denn es hat eine europäische Flugzeugindustrie aufgebaut, und das war das Ziel, und nicht, Gewinne zu erwirtschaften. Auch verfängt der Hinweis nicht, daß Handel und Wirtschaft immer über nationale Grenzen hinausstreben und daher durch geo-ökonomische Versuche, sie wieder in einen nationalen Rahmen zu pressen, nur gehemmt werden. Denn ebendies geschieht ja gegenwärtig, wenn um Regelungen gestritten wird, die den sogenannten «local content» festlegen, also den Anteil, den einheimische Zulieferer oder Arbeitskräfte an der Fertigung von Gütern ausländischer Firmen im eigenen Land haben, wenn Untersuchungen vorgeschrieben werden, die importierte «Komponenten» aufdecken sollen usw.

Wenn Geo-Ökonomie, global gesehen, auch stets ein Verlustgeschäft ist, so heißt das nicht, daß es für ein bestimmtes Land oder einen Wirtschaftsblock nicht mit Gewinn betrieben werden könnte. Auch Krieg war immer ein Verlustgeschäft, und alle Staaten wären besser gefahren, wenn sie sich nicht an ihm beteiligt hätten. Solange aber Krieg und Diplomatie das Weltgeschehen bestimmten, mußten die meisten Staaten dieses Spiel mitspielen, wollten sie der Unterwerfung, Besetzung, Niederlage oder gar Vernichtung entgehen. Wenn ein Industriestaat sich allein an die Prinzipien des Freihandels hält und nur die Interessen seiner Bürger als Konsumenten im Auge hat, während andere Industriestaaten ihre Bürger eher in ihrer Eigenschaft als Produzenten fördern, wird am Ende alles, was für wichtig erachtet wird («High-Tech-Produkte», «strategische Güter» usw.), nur noch von letzteren entwickelt und hergestellt werden, während den anderen bestenfalls noch Fließbandarbeiten bleiben.

Mit der strategischen Solidarität der «Freien Welt», die früher jeden offenen Handelskonflikt verbot, geht es nun zu Ende. Dennoch ist ein geo-ökonomischer Konflikt zwischen Nordamerika, Ostasien und Europa *nicht* unvermeidlich. Gewiß, die Wogen der Gefühle gehen schon einmal hoch, und die Eskalationsspirale von Sanktion und Gegensanktion ist bereits angelegt. Wenn etwa die Handelsbilanz zweier Staaten oder Blöcke große Ungleichgewichte aufweist, wenn die Öffnung von Märkten erzwungen oder ein besonders spektakulärer Aufkauf getätigt wird, wie z. B. der Kauf des New Yorker Rockefeller Centers, dann bleibt es nicht bei einem einmaligen Aufschrei der Empörung. Jeder Akt dieser Art verstärkt die Ressentiments gegenüber dem anderen Staat, der bei solchen Transaktionen gewinnt. Eine nüchterne Abwägung von Kosten und Nutzen kann den Ausbruch ungezügelter geo-ökonomischer Rivalität nicht verhindern.

Aber wir wissen auch, daß dem Wettrüsten Einhalt geboten werden konnte. Feindselige Gefühle zwischen Staaten können abgebaut und überschüssige Energien auf andere Probleme gelenkt werden, etwa auf den Kampf gegen die Umweltzerstörung. Doch dazu wäre eine Art «Super-GATT» erforderlich, in dem man sich auf einen Plan zur «allgemeinen und umfassenden ökonomischen Abrüstung» einigte. Die bisherige schrittweise Liberalisierung des Welthandels, die in jahrzehntelangen Verhandlungen erreicht wurde, ist kein probates Mittel mehr gegen die zunehmenden Handelskonflikte über alte und neue Fragen. Sie hat nicht verhindern können, daß der US-Kongreß die Klausel «Super 301» mit ihren Handelssanktionen verabschiedete oder daß Korea und Taiwan über japanische Konsumgüter pauschale Einfuhrverbote verhängten. Auf jeden Fall sind die konservativer anmutenden Verhandlungen, bei denen man Schritt um Schritt voranschreitet, heute höchst riskant geworden, da sie jederzeit von einem geo-ökonomischen Wettrüsten überholt werden können. Was die Vereinigten Staaten angeht, so hat Fujitsus direkter Angriff auf IBM keine gezielte Gegenmaßnahme ausgelöst, vermutlich weil der Status von IBM mittlerweile doch sehr gelitten hat. Man darf sich allerdings fragen, welche Reaktion ein ähnlicher japanischer Angriff auf Boeing hervorrufen würde.

Gewiß, ein Plan zur allgemeinen und umfassenden ökonomischen Abrüstung wäre ein drastisches Mittel, denn er enthielte ein Verbot *aller* Subventionen, das Ende *aller* staatlich unterstützter Technologie-Entwicklung oder Exportförderung und die Abschaffung *aller* Hemmnisse für den Import von Gütern und Dienstleistungen. In Anbetracht der Schwierigkeiten, die bei den jüngsten

GATT-Verhandlungen über erheblich enger gesteckte Fragen aufgetaucht sind, ist der Erfolg eines solchen Planes aber ganz unwahrscheinlich.

Den Vereinigten Staaten bleibt indes nur die Wahl zwischen erfolgreichen Verhandlungen über umfangreiche geo-ökonomische Abrüstungspläne oder dem Eintritt in den mit vollem Einsatz geführten geo-ökonomischen Wettstreit. Bereits jetzt drohen expansionistische internationale Konzerne, emsige staatliche Bürokratien und Regierungen mit großem wirtschaftlichem Ehrgeiz – wovon weder die behäbige amerikanische Geschäftswelt noch die ökonomischen Lehrbücher etwas wissen – und fordern eine Entscheidung, nach der auch gehandelt werden muß. Wer jetzt nicht wählt, der wird verlieren.

Anmerkungen

Kapitel 1

1. 477381 Familien; Angaben aus dem Jahr 1989. Arthur B. Kennickell (vom Zentralbankrat) und R. Louise Woodbum (von der Finanzverwaltung), «Estimation of Household Net Worth Using Model-Based and Design-Based Weight: Evidence from the 1989 Survey of Consumer Finance.» Unveröffentlichtes Manuskript, April 1992, Tabellen 2, 3.
2. Statistisches Bundesamt, «Workers with Low Earnings, 1964–1990», Reihe P-60; Nummer 178, Washington 1992, S. 3f.
3. Vgl. Kapitel 4.
4. 1090900 im Jahr 1989. Statistisches Bundesamt, *Statistical Abstract of the United States: 1990* (im folgenden kurz *SA*), Washington 1991. Tabelle 7, S. 10.
5. Robert B. Reich, *The Work of Nations: Preparing Ourselves for 21st Century Capitalism*, New York 1991.
6. 1988. Keizai Koho Center (im folgenden kurz *KK*), *Japan 1992: An International Comparison*, Tokio 1991, Tabelle 8-7, S. 70.
7. Büro des US-Handelsbeauftragten, *The 1989 National Trade Estimate Report on Foreign Trade Barriers*, Washington 1990.
8. «Apple? Japan Can't Say No», *Business Week*, 29. Juni 1992, S. 32.
9. Das klassische Beispiel von David Ricardo (1772–1823) hier in einer Paraphrase.
10. Die niederländischen Fokker-Werke, deren Geschichte bis in die Pionierzeit des Flugzeugbaus zurückreicht, stellen nur kleine Passagierflugzeuge her.
11. Einschließlich Zinsen. Gelman Research Associates für das US-Handelsministerium (1990).
12. Stewart Toy und Michael O'Neal, «Zoom! Airbus Comes on Strong», *Business Week*, 22. April 1991, S. 49.
13. Ebenda, S. 50.
14. John Newhouse, *The Sporty Game*, New York 1982, S. 56.

15. J. B. L. Pierce (Leiter der Finanzabteilung), *Forbes*, 25. September 1978.
16. «Eastern Sticks to its Gamble», *Business Week*, 11. Januar 1982, S. 106.
17. Rami G. Khouri, «Jordan Set to Order 12 Airbuses», *Financial Times*, 6. März 1986, S. 46.
18. Howard Banks, «Talking Tough», *Forbes*, 23. Juli 1990, S. 44.
19. Richard O'Lone, «Profits Elusive for Airframe Firms Despite Record Orders», *Aviation Week and Space Technologie*, 28. Mai 1990, S. 48ff.
20. «Family Matters», *Flight International*, Mai 1991.
21. Tatsächlich werden heutzutage Hoheitsgrenzen weiter als je zuvor ausgedehnt. Sogenannte Wirtschaftszonen erstrecken sich bis 200 Meilen ins offene Meer. Steuergrenzen gehen insofern noch darüber hinaus, als jeder Staat versucht, multinationale Konzerne und multinationale Einkünfte zu Lasten aller übrigen Staaten zu besteuern.
22. Das ist die Logik des Konflikts in der Sprache des Handels; «From Geopolitics to Geo-Economics», *The National Interest*, Sommer 1990.

Kapitel 2
1. Vom 9. November 1964 bis zum 7. Juli 1972 im Amt.
2. John K. Emerson, *Arms, Yen, Power: The Japanese Dilemma*, Tokio 1972, S. 375.
3. Charles Johnson, *MITI and the Japanese Miracle: The Growth of Industrial Policy, 1925–1975*, Stanford, Kalifornien, 1982, S. 285.
4. Emerson, *Arms, Yen, Power*, S. 367.
5. *KK, Japan 1992: An International Comparison*, Tabelle 4–9, S. 37.
6. Im Voluntary Restraint Agreement (VRA) verpflichtete sich der Verband der japanischen Automobilhersteller JAMA, von 1981 bis 1984 die Zahl der in die Vereinigten Staaten exportierten Wagen jährlich auf 1,68 Millionen zu beschränken; die Grenze wurde 1985 auf 1,85 und 1986 auf 2,3 Millionen heraufgesetzt. Obwohl Präsident Reagan die Vereinbarung 1985 als überflüssig bezeichnete, wurde sie von JAMA einseitig bis 1991 verlängert. Da die japanischen Montagewerke in den Vereinigten Staaten mehr produzierten, wurde die VRA-Begrenzung nach 1987, als die Exporte tatsächlich abnahmen, irrelevant. Als MITI 1992 den Automobilherstellern «empfahl», die VRA-Grenze auf 1,65 Millionen zu senken, entsprach dies einer tatsächlichen Reduzierung um lediglich fünf Prozent.
7. Edward Lincoln, *Japan's Unequal Trade*, Washington 1990, S. 15.
8. Ebenda, S. 9.

9. Staatsausgaben minus Steuereinnahmen plus Investitionen minus private Spareinlagen ergibt Handelsdefizit (oder inflationsanheizenden Mehrbedarf). Robert Z. Lawrence und Robert Litan, *The Protectionist Prescription: Errors in Diagnosis an Cure*, Brooking Papers on Economy Activity 1, 1987, S. 297f.

10. *KK, Japan 1992: An International Comparison*, Tabellen 4–9, S. 37.

11. Siehe z. B. US-Finanzministerium, US MOSS Negotiating Team, «Report on Telecommunications ... Discussions», Washington, August 1986.

12. Paul Blustein, «At Tokyo Fair, US Booth Sparks Rift on Rice», *Washington Post*, 16. März 1991, S. A1, A14.

13. Karel van Wolferen, *The Enigma of Japanese Power: People and Politics in a Stateless Nation*, New York 1989, wurde viel kritisiert, aber nicht widerlegt.

14. Bekannt als «Regierungspartei», da sie von 1955 bis 1993 ununterbrochen an der Macht war. Die Liberal-Demokratische Partei ist für amerikanische Begriffe keineswegs liberal, allerdings durchaus demokratisch. Sie besteht aus einer lockeren Koalition rivalisierender Fraktionen, die alle eine eigene Führung und eine eigene Parteikasse haben.

15. Die Kontroverse schadete Tsutsui Ryozos Karriere nicht: Im Jahr 1990 wurde er zum Direktor des Technischen Instituts für Forschung und Entwicklung des Verteidigungsamtes ernannt.

16. Genauer gesagt die kleinen Luftfahrtabteilungen der sehr diversifizierten Unternehmen Fuji Heavy Industries, Kawasaki Heavy Industries und Mitsubishi Heavy Industries.

17. Ausschließlich für die japanischen Selbstverteidigungskräfte, da Japan sich selbst ein Rüstungsexportverbot auferlegt hatte.

18. Im Jahr 1950 standen nur 1,46 Millionen Soldaten im aktiven Dienst; das ist die geringste Zahl zwischen 1945 und heute. Der Verteidigungshaushalt wurde im folgenden Fiskaljahr von 14,3 Milliarden auf 45,2 Milliarden Dollar erhöht.

19. Anfangs mußte ein Großteil der Rüstungsproduktion der Verbündeten im Rahmen des Military Assistance Program mit Zuschüssen oder Krediten finanziert oder zumindest unterstützt werden.

20. Im Gegensatz zu der Zeit unmittelbar nach 1945, als man sich mit aller Kraft für die Wiederankurbelung des Welthandels und die Konvertibilität der Währungen einsetzte.

21. In den frühen sechziger Jahren ersuchte die US-Regierung die reicheren europäischen Verbündeten, mehr zu ihrer eigenen Verteidigung

beizutragen. Der Kongreß hatte so lange insistiert, bis sie schließlich eine gerechtere «Lastenverteilung» verlangte, wenn auch ohne besonderen Nachdruck.

22. Siehe die Fallstudien in Lincoln, *Japan's Unequal Trade*, S. 39–60.

23. *Joi*, «Ausländer raus»; Kakuma Takashi, zitiert bei Johnson, *MITI and the Japanese Miracle*, S. 80. Ein hoher MITI-Beamter benutzte gern den Ausdruck *keto* («behaarte Chinesen»), wenn er über Japans Konkurrenten sprach; ebenda, S. 81.

24. *Jane's Defence Weekly*, 3. Juni 1989, S. 1039. In den Vereinigten Staaten lag der Anteil nach dem Koreakrieg stets über zwei Prozent.

25. Caspar W. Weinberger, der damalige US-Verteidigungsminister, wurde bei seinem Japanbesuch am 28. Juni 1987 entsprechend informiert. Caspar W. Weinberger, *Fighting for Peace: Seven Critical Years in the Pentagon*, New York 1990, S. 244.

26. Siehe z. B. James E. Auer, «Japan Spends Well on Defense», *The World and I*, Januar 1989, S. 116–120. Auer war der führende Japan-Experte im Pentagon.

27. *KK, Japan 1990, An International Comparison*, 31. Oktober 1989, Tabelle 4-9, S. 38.

28. Weinberger, *Fighting for Peace*, S. 241.

29. Die Vorstellung einer monolithischen «Japan AG» gehört fraglos zu den großen Mythen unserer Zeit. Nicht nur, daß die japanischen Unternehmen heftig miteinander konkurrieren, auch die japanische Bürokratie wird durch erbitterte Rivalitäten gespalten, die mitunter sogar auf ausländischem Boden ausgetragen werden. Die Flugzeuge, die morgens von New York nach Washington fliegen, sind oft voller MITI-Beamter: Das Gaimusho verbietet die Eröffnung eines MITI-Büros in der Hauptstadt, weil es fürchtet, es könnte seinen eigenen Diplomaten Konkurrenz machen.

30. *The New Republic*, 22. Januar 1990.

31. Kurzform für *Tokyo-no-daigakku*, «die große Schule von Tokio» (= Universität).

32. Seine JETRO-Büros (Japan Export Trade Organization) erlauben MITI-Beamten, überall auf der Welt mit japanischen Diplomaten zu konkurrieren. Auch das noch mächtigere Finanzministerium entsendet in wichtige Staaten eigene Attachés. Damit ist Japan im Ausland durch drei Behörden vertreten, deren Repräsentanten nur wenig miteinander kommunizieren.

33. Yasuhiro Nakasones Regierung blieb außergewöhnlich lange im Amt: vom 27. November 1982 bis November 1989.

34. Weinberger, *Fighting for Peace*, S. 243 f.
35. Clyde H. Farnsworth, «Japan Promises to Trade Tensions», *New York Times*, 4. März 1990, S. 22.
36. Ministerpräsident vom 6. November 1987 bis 3. Juni 1989.
37. Sein Nachfolger, Sousoke Uno, wurde auch in den Skandal verwikkelt und blieb nur zwei Monate im Amt. Am 9. August 1989 löste ihn Toshiki Kaifu ab.
38. Stuart Auerbach, «US-Japan Collaboration on Jet Draws Fire. The Issue: What Role Should Economics Have in Defense Policy?», *Washington Post*, 15. März 1989, S. D1.
39. Carol A. Shifrin, *Aviation Week and Space Technology*, 8. Mai 1989, S. 16.
40. Andrew Rosenthal, «Action on New Jet to Await a Review», *New York Times*, 16. Februar 1990, S. A10.
41. Stuart Auerbach und David Hoffman, «‹Ball Is Entirely in Japan's Court› on FSX Jet Deal, US Says», *Washington Post*, 30. März 1989, S. A24.
42. A. E. Cullison, «Japan Defense Minister Slams US on FSX Deal», *Journal of Commerce*, 3. April 1989.
43. Siehe auch John H. Makin, «For Both Sides, FSX Deal Shouldn't Fly», *Los Angeles Times*, 30. März 1989, S. 7.
44. *The Economist*, 25. Februar 1989.
45. Kakuei Tanaka, früherer Bauunternehmer und Ministerpräsident (vom 7. Juli 1972 bis 9. Dezember 1974). Tanaka mußte damals zurücktreten. Äußerer Anlaß waren die Lockheed-Affäre und ihr gerichtliches Nachspiel, der eigentliche Grund war aber, daß Tanakas außergewöhnlich reiche Fraktion dem Establishment, dem er selbst nie wirklich angehört hatte, zu mächtig geworden war.
46. Seine fünf Vorgänger hatten es alle nur auf die für LDP-Premiers üblichen zwei Jahre gebracht.
47. John D. Morrocco, «Revised FSX Pact Eases Trade, Technology Concerns», *Aviation Week and Space Technology*, 8. Mai 1989.
48. Congressional Record, Senat, 16. Mai 1990, S. 5340.
49. Ebenda, S. 4341.
50. Ebenda, S. 5342.
51. Trotz endloser Versuche, sie zu vermeiden, bleiben «Kosten-plus»-Verträge die Regel. Das «Plus» steht für den vorher festgelegten Gewinn.
52. In letzter Zeit ist es eher so, daß zivile Transportmaschinen für militärische Zwecke umgebaut wurden (z. B. der KC-10 «Extender»), doch das weltweit erfolgreiche Verkehrsflugzeug Boeing 707 hatte

einen militärischen Vorgänger, das Tankflugzeug KC-135. Demgegenüber waren praktisch alle Hubschrauber, die heute angeboten werden, ursprünglich Militärmaschinen.

53. Siehe Tabellen 8-6, 8-7 und 8-8, S. 70f, in *KK, Japan 1991: An International Comparison*, Tokio 1991.

54. Im Jahr 1990 betrugen die Aktiva der Mitsubishi Bank 392,2 Milliarden Dollar, Mitsubishi Trust and Banking kam auf 226,3 Milliarden Dollar. Im selben Jahr bezifferten sich die Aktiva der beiden größten US-Banken, Citicorp und BankAmerica, auf 217 Milliarden bzw. 110,7 Milliarden Dollar. Ebenda, Tabelle 3-17, S. 29.

55. *Jane's Defence Weekly*, 3. Juni 1989, S. 1039.

56. Jacob M. Schlesinger, «US-Japan FSX Venture Bogging Down as Frims Bicker over Technology Rights», *Wall Street Journal*, 5. Oktober 1989; ders., «General Dynamics, Mitsubishi in Flap over Technology», *Wall Street Journal*, 2. November 1989, S. 9.

57. Jacob M. Schlesinger, «FSX Development to Begin Soon as Contractors Finish Basic Parts», *Wall Street Journal*, 21. Februar 1990, S. 70.

58. Zum Beispiel Kiyofuku Chuma von *Asahi* und die Professoren Kenichi Ito (Ayoama-Gakuin-Universität) und Seizaburo Sato (Todai).

59. *New York Times*, 21. Januar 1992, S. D1, D5.

60. *New York Times*, «Japan to Open Its Market to Foreign Paper Products», 6. April 1992.

61. OECD, *Statistics of Foreign Trades 1990*, SITC Kategorien 5, 6, 7, 8, 9, Paris 1991.

62. Alle Daten (Exporte «fob», Importe «cif») aus GATT *International Trade 1989–1990*, Genf, November 1990, Bd. II, Appendix Tabelle A6.

63. Ryuzaburo Kaku (Generaldirektor der Canon Inc.), «Perestroika in Japan», *Washington Quarterly*, Bd. 15, Nr. 3, Sommer 1992, S. 5–14.

Kapitel 3

1. Die Leserinnen und Leser können dies anhand eines eigenen kleinen Experiments überprüfen. Stellen Sie sich selbst die Frage, was Sie bevorzugen würden: Wachstumsraten des Bruttosozialprodukts von beispielsweise 4 Prozent in den Vereinigten Staaten und 10 Prozent in Japan oder von 2 Prozent in jedem der beiden Länder. Professor Bernhard Reich von der Kennedy School of Government, Harvard, legt diese und ähnliche Fragen verschiedenen Gruppen vor. Er berichtet, daß gewöhnlich nur Volkswirtschaftler der höheren US-Wachstumsrate den Vorzug geben und dabei die sehr viel höhere japanische Wachstumsrate in Kauf nehmen.

2. Die bekannteste Darstellung findet sich in der brillanten Untersuchung von Chalmers Johnson, *MITI and the Japanese Miracle: The Growth of Industrial Policy, 1925–1975*, Stanford, Kalif., 1982.
3. Vgl. *Washington Post*, 17. Mai 1991, S. 22.
4. Zahl der Generalstabsoffiziere im Jahre 1871. Vgl. Walter Goerlitz, *History of the German General Staff*, New York 1953, S. 96.
5. Der Begriff Geopolitik wurde von dem schwedischen Staatswissenschaftler Rudolf Kjellen geprägt, von dem britischen Geographen Halford Mackinder bekannt gemacht und von dem deutschen (Nichtnazi) Karl Haushofer weiterentwickelt. Haushofer prägte auch den Begriff *Lebensraum*, den Hitler übernahm.
6. Diese Aufgabe hatte der skandalöse «Kongo-Freistaat» unter König Leopold II. von Belgien bis zur Übernahme des Gebiets durch Belgien im Jahre 1908 wahrgenommen.
7. Brasilien erwarb die Gebiete von Venezuela in den Jahren 1859 und 1905, von Kolumbien 1907, von Ecuador 1904 und von Bolivien 1867 und 1903. Außerdem erwarb das Land Gebiete von Paraguay (1872), Argentinien (1895) und Uruguay (1851).
8. Gladstone ist möglicherweise der berühmteste antiimperialistische Politiker. Zu Lebzeiten galt er als praxisferner Idealist. Aus heutiger Sicht erscheint er jedoch als äußerst fähiger Politiker, der die wahren Kosten und den kurzlebigen Nutzen des Empire klar erkannte.
9. Vgl. beispielsweise Katsuhiro Utada, «Globalism and Symbiosis», *Japan Update*, Nr. 3, Dezember 1991. Utada wird in Japan weithin als (führender) Internationalismus-Experte angesehen, doch ergeht er sich in weitschweifigen Ausführungen über die «Einzigartigkeit des japanischen Denkens».
10. Informationen aus aller Welt bezieht MITI von JETRO, der japanischen Exportförderungsorganisation, die in allen größeren Wirtschaftszentren Büros unterhält.
11. Diese Darstellung beruht auf Johnson, *MITI and the Japanese Miracle*, S. 236.
12. *SA*, Tabelle 885, S. 538.
13. T. R. Reid, «Premier Vows to Make Japan ‹Lifestyle Superpower›», *Washington Post*, 9. November 1991, S. 3.

Kapitel 4

1. Paul Kennedy, *Aufstieg und Fall der großen Mächte. Ökonomischer Wandel und militärischer Konflikt von 1500 bis 2000*, Frankfurt 1991.
2. Weltbank, *World Tables 1991*, Baltimore 1991, Tabelle 1, S. 4–5 (im

folgenden kurz *WT*). Die Schätzung der Gesamtbevölkerung bezieht sich auf das Jahresende. Nach der offiziellen Schätzung umfaßte die Gesamtbevölkerung am 1. April 203302031 Personen. Siehe *SA*, Tabelle 1, S. 7.

3. Vgl. Kapitel 5.

4. *SA*, Tabelle 1450, S. 843. Das Bruttoinlandsprodukt wird definiert als die Summe aller von den Wirtschaftseinheiten innerhalb der Grenzen des Wirtschaftsgebietes produzierten Waren und Dienstleistungen nach Abzug der als Vorleistungen verbrauchten Güter zuzüglich nichtabzugsfähiger Umsatzsteuer und Einfuhrabgaben. Im Bruttoinlandsprodukt sind Erwerbs- und Vermögenseinkommen, die aus dem Ausland empfangen werden, nicht enthalten; im Bruttosozialprodukt ist diese Größe berücksichtigt.

5. *WT*, Tabelle 1, S. 5.

6. *SA*, Tabelle 1450, S. 843.

7. US-Arbeitsministerium, Bureau of Labor Statistics, Office of Productivity and Technology, Juli 1991, «Comparative Real Gross Domestic Product, Real GDP per Capita, and Real GDP per Employed Person, Fourteen Countries 1950–1990», S. 6.

8. Diese Angaben beruhen auf Schätzungen von DRI/McGraw-Hill, zitiert in: Hobart Rowen, «Japan Takes the Lead», *Washington Post*, 14. Mai 1992.

9. *SA*, Tabelle 16, S. 15.

10. Zwischen 1980 und 1990 erhöhte sich der Anteil des einkommensstärksten Fünftels der amerikanischen Haushalte am Gesamteinkommen *nach Steuer* von 40,6 auf 43,2 Prozent. Vgl. «Household Income Statistics Before and After Taxes: 1980 to 1990». Für den Autor vom IRS zusammengestellte Daten, 1992.

11. Daten der OECD und des Deutschen Instituts für Wirtschaft, zitiert in *New York Times*, 26. Mai 1992, S. D3. Vgl. Kapitel 4.

12. Diese Angabe ist eine einfache Schätzung und bezieht sich auf die untere Hälfte der 12,8 Prozent der Bevölkerung, die unter der Armutsgrenze liegen. Angabe für 1989. Vgl. *SA*, Tabelle 745, S. 462.

13. Die genaue Zahl lautet 27,7 Millionen für das Jahr 1989. Siehe *SA*, Tabelle 745, S. 462. «Unter 125 Prozent der Armutsgrenze» abzüglich der Unterschichten.

14. Diese Daten stammen aus Kennickell und Woodburn, «Estimation of Household Net Worth», Tabellen 2 und 3. Das passive Einkommen wurde mit 8 Prozent pro Jahr aus einem Vermögen von 3,1 Milliarden Dollar angesetzt.

Kapitel 5

1. *KK, Japan 1991: An International Comparison,* Tabelle 5-1, S. 46, und Tabelle 4-9, S. 37.
2. Weltbank, *WT,* S. 17.
3. Mündliche Mitteilung an den Verfasser.
4. Bryan Burrough und John Helyar, *Barbarians at the Gate: The Fall of RJR Nabisco,* New York 1992, S. 508.
5. Tatsächlich wird bei einem Leveraged Buyout das Unternehmen mit seinem eigenen Vermögen gekauft: Der Kauf der Anteile durch das Management wird mit kurzfristigen Überbrückungsdarlehen und hochverzinslichen Anleihen finanziert. Diese Anleihen, auch Junk Bonds genannt, sind ausgesprochen risikobehaftete Titel und müssen möglichst rasch wieder zurückgezahlt werden (um die drückende Schuldenlast zu verringern), indem Teile der Aktiva des Unternehmens verkauft werden. Radikale kostensparende Eingriffe, oft in Form von Massenentlassungen, sind die Folge. Leveraged Buyouts sind in Japan unbekannt und in Europa sehr selten.
6. Burrough und Helyar, *Barbarians at the Gate,* S. 99ff.
7. *Business Tokyo,* Juni 1992, S. 20.
8. Zitiert in *Business Week,* 25. Mai 1992.
9. *Business Tokyo,* September 1991, S. 18.
10. Ebenda.
11. Milt Freudenheim, «Sandoz Busy 60 % Stake in SyStemix», *New York Times,* 17. Dezember 1991, S. D1.
12. Stan Hinden, «Orioles Owner Gets a Hit», *Washington Post,* 17. Dezember 1991, S. C1.
13. *Business Tokyo,* Juni 1992, S. 20f, 26–33.
14. 1991. *Aviation Week and Space Technology,* 30. März 1992.
15. Die «Japan Aircraft Development Corporation», die bereits die Boeing 767 in Koproduktion herstellt.
16. Ein Erbe des ehemaligen Verteidigungsministers Caspar W. Weinberger sind die geradezu feindseligen Vertragsprozeduren des Pentagon. Zu ihrer Anwendung hatte Weinberger ganze Bataillone von Buchhaltern und Revisoren aufgeboten, die sich nun gegen die konziliantere Vertragspolitik seiner Nachfolger im Amt stemmen.
17. Jedes Unternehmen stellte Kampfflugzeuge her, die nach dem Überfall auf Pearl Harbor berühmt wurden. Der Zusatz «Heavy» ist ein noch aus den dreißiger Jahren stammender euphemistischer Ausdruck für Rüstungsindustrie. Heutzutage wird die Logik des Konflikts in die Sprache des Handels gekleidet.

18. Neben den Abteilungen für Luftfahrttechnik an Universitäten und Forschungszentren, die alle staatliche Forschungsgelder erhalten, führt die NASA selbst auch umfangreiche Forschungen auf dem Gebiet der Luftfahrt durch, was weniger bekannt ist als ihre Raumfahrtaktivitäten.
19. «A Milestone in High-Definition TV», *New York Times*, 3. Dezember 1991, S. D1 u. D6.
20. Persönliche Mitteilung an den Verfasser, 12. September 1992.
21. Vorläufige Zahlen für 1989. *SA*, Tabelle 1390, S. 794.
22. Oder genau gesagt 373436 Dollar im Jahr 1989. Ebenda, Tabelle 1395, S. 797.
23. Befürchtungen wegen Nordkoreas atomaren Ambitionen sind nach wie vor begründet. Warum sollte die US-Regierung aber nicht auch amerikanische Wirtschaftsinteressen vertreten?
24. Das amerikanische Kapital muß sich dann weniger günstige Anlagen im Inland oder in offeneren Volkswirtschaften suchen.
25. Das ist das Thema von Kenichi Ohmae, *Triad Power: The Coming Shape of Global Competition*, New York 1985.
26. Marktanteile im Jahr 1990. *KK*, 1991, Tabelle 3-7, S. 24.
27. Hierzu folgende Beispiele. 1987: Tateho kauft für 35 Millionen Dollar ACM, Hersteller von Verbindungshalbleitern aus Siliziumkarbid; 1989: Mitsui Mining kauft für 35 Millionen Magnox, Hersteller von Magnetbändern; 1988: Takemoto kauft für 37 Millionen Dollar Goulston, Hersteller von Fibergleitmitteln; 1990: Mitsubishi Rayon kauft für 37,8 Millionen Dollar Newport, Hersteller von Kohlenstoffasern; 1986: NGK kauft für 45 Millionen Dollar Cabot, Hersteller von Beryllium.
28. Tec und Kote von Inland Steel gehören zu 40 bzw. 50 Prozent Nippon Steel; National Steel gehört zu 70 Prozent NKK; Armco Steel gehört zu 50 Prozent Kawasaki Steel; EG und II EG von LTV gehören zu 40 bzw. 50 Prozent Sumitomo Steel; sogar USS-K und Pro-TEC von US Steel gehören zu 50 Prozent Kobe Steel. Es entbehrt nicht einer gewissen Ironie, daß diese US-Stahlunternehmen immer noch «Inland», «National» oder «US» im Namen führen.
29. *Business Week*, 13. April 1992, S. 61. Im *SA* wird die Zahl auf 582000 für 1988 geschätzt; voraussichtlich vergrößert sich die Zahl auf 712000 bis 860000 im Jahr 2000. Tabelle 653, S. 398.
30. Das Problem ist zumindest teilweise entwirrt in den Studien von Christopher Jencks, Hg., *Rethinking Social Policy: Race, Poverty and the Underclass*, Cambridge, Mass. 1991.
31. Zahlen für 1988. *SA*, Tabelle 1440, S. 838.

Kapitel 6

1. Die Gesamtzahl aller Schwarzen unter der Armutsgrenze betrug 1989 9,3 Millionen. Die unterprivilegierte Unterschicht (Haushalte, deren erwachsene Mitglieder kein regelmäßiges Einkommen haben und keiner geregelten Arbeit nachgehen) ist erheblich schmaler. *SA,* Tabelle 745, S. 462.

2. Statistisches Bundesamt, «Workers with low earnings, 1964–1990», Reihe P-60, Nummer 178, Washington, 1992, S. 3f.

3. Ebenda, S. 7.

4. 1989. *SA,* Tabelle 745, S. 462; als Armut gilt ein Einkommen unter 12675 Dollar im Jahr für eine vierköpfige Familie. Und Tabelle 746; als «fast arm» gelten alle, deren Einkommen weniger als 25 Prozent über der Armutsgrenze liegt. Die Gesamtzahl aller US-Bürger unter achtzehn liegt bei 64082000; Tabelle 12, S. 12.

5. Ebenda, Tabelle 18, S. 16.

6. Ebenda, Tabelle 128, S. 86.

7. Ebenda, Tabelle 745, S. 462.

8. Genau sind es 956264; Daten aus *Washington Post,* 29. Mai 1992, S. A18.

9. Aufgerundete Zahlen für 1990. Justizministerium, FBI, *Uniform Crime Reports, 1990,* Washington 1991, S. 8ff.

10. Am 31. Dezember 1989. *Statistical Abstract,* Tabelle 338, S. 195; Gefängnisse: Tabelle 333; Jugendstrafanstalten: Tabelle 332, S. 192.

11. 8965099, darunter 1165284 wegen Trunkenheit am Steuer. Ebenda, S. 178.

12. Zitiert in *The New Republic,* 25. Mai 1992, S. 7.

13. Gegenwärtig 1005300, *SA,* Tabelle 92, S. 67.

14. Die Zahl der Empfänger von AFDC, einem Hilfsprogramm für Familien mit minderjährigen Kindern, die meist in zerrütteten Verhältnissen aufwachsen, betrug 1989 rund 7571000. Ebenda, Tabelle 612, S. 372.

15. Von 186000 im Jahr 1988 auf 276000 (großzügige Schätzung) im Jahr 2000. Ebenda, Tabelle 653, S. 398.

16. Kennickell und Woodbum, «Estimation of Household Net Worth», Tabellen 2, 3.

17. Zitiert in *Washington Post,* 20. Februar 1992, S. A3.

18. Das Durchschnittseinkommen der 11,8 Prozent aller Haushalte, die ihre Einkünfte aus selbständiger nichtbäuerlicher Arbeit beziehen, betrug 1990 20218 Dollar, verglichen mit 37271 Dollar für die 77,4 Prozent der Haushalte, die ihr Einkommen aus nichtselbstän-

diger Arbeit beziehen. Angaben aus *Washington Post,* 29. Mai 1992, S. A18.

19. Obwohl er 80 Millionen Dollar zum Ausgleich der Forderungen aus dem Drexel-Prozeß beigesteuert haben soll, bleiben ihm noch rund 500 Millionen. *Business Week,* 8. Juni 1992, S. 93.
20. Ebenda, S. 86.
21. Burrough und Helyar, *Barbarians at the Gate,* S. 97.
22. *Business Week,* 4. Mai 1992, S. 156.
23. Ebenda, S. 143.
24. *Business Week,* 8. Juni 1992.
25. *Business Week,* 4. Mai 1992, S. 146.
26. Ebenda, S. 143.
27. *New York Times,* 7. Dezember 1991, S. 39.
28. *Business Week,* 4. Mai 1992, S. 147.
29. Angaben des Standard & Poor's Compustat Service and Bureau of Labor Statistics, zitiert in *Washington Post,* 25. April 1992, S. C1, C6.
30. Lawrence G. Franko, «Global Corporate Competition II», *Business Horizons,* November – Dezember 1991, S. 16f.
31. Von Towers Perrin Inc., zitiert in *Washington Post,* 20. Oktober 1991, S. B1, B3.
32. Angaben aus *Wall Street Journal,* 11. November 1992, S. B1, B3.
33. *Executive Compensation Reports* Mitteilungen, zitiert in *Wall Street Journal,* 11. November 1991, S. B1.
34. Zusammenstellung aus *Business Week,* 8. Juni 1992, S. 86.
35. Nach den Erhebungen von Kennickell und Woodbum, «Estimation of Household Net Worth», Tabellen 2 und 3, beläuft sich das Vermögen der Superreichen, die ein Prozent der amerikanischen Familien ausmachen, auf 1,25 Billionen Dollar in Grundbesitz, 1,12 Billionen in Aktien und Rentenpapieren, 221,9 Milliarden in Fonds und 524,6 Milliarden in Geldvermögen auf Bankkonten, also insgesamt auf 3,1 Billionen Dollar. Bei einer Rendite von bescheidenen 8 Prozent lägen ihre Einkünfte als «Rentiers» bei 248 Milliarden Dollar, das sind 49 Prozent der Gesamteinkünfte der Superreichen.

Kapitel 7

1. US-Arbeitsministerium, Bureau of Labor Statistics, *Employment, Hours and Earnings, United States, 1909–1990,* Bulletin 2370, Washington, März 1991, Bd. I, S. 63. (Im folgenden kurz *Employment.*)
2. 1989 waren es 82900 von insgesamt 1090900; *SA,* Tabelle 7, S. 10.
3. Daten aus *Washington Post,* 29. Mai 1992, S. A18.

4. Nach *Employment*, Bd. I, S. 61, waren es bei der letzten Zählung im November 1990 18 827 000.
5. *New York Times*, 19. November 1992, S. 10.
6. *Business Week*, 4. Mai 1992, S. 153.
7. *World Data*, S. 2 und 4; Bruttosozialprodukt pro Kopf mal 2.
8. *New York Times*, 19. November 1992, S. 10.
9. *Business Week*, 27. April 1992, S. 35.
10. *New York Times*, 19. April 1992, S. 18.
11. Ebenda, S. 1.
12. *KK*, 1991, Tabelle 8-7, S. 69.
13. Ebenda, S. 70.
14. Ebenda.
15. Ebenda, Tabelle 8-6, S. 69.
16. Büro des US-Handelsbeauftragten, *The 1989 National Trade Estimate Report on Foreign Trade Barriers*, Washington 1990.
17. *Employment*, Bd. I, S. 3f.
18. Die Gesamtzahl aller nicht in der Landwirtschaft beschäftigten Erwerbstätigen betrug im November 1990 111 099 000; davon arbeiteten insgesamt 92 385 000 in der Privatwirtschaft. *Employment*, Bd. I, S. 1f.
19. Ebenda, S. 1.
20. Gina Kolata, «More Children Are Employed, Often Perilously», *New York Times*, 21. Juni 1992, S. 1 und 22.
21. Nach dem vom Bureau of Labor Statistics erstellten Verbraucherpreisindex für die gesamte Stadtbevölkerung (CPI-U) im Berechnungszeitraum 1947 bis 1990 waren 0,223 Dollar im Jahre 1947 so viel wert wie 1,307 Dollar im Jahre 1990; daher lautet die Rechnung: 1,50 dividiert durch 22 mal 130.
22. *Washington Post*, 18. Mai 1992, S. A1 und A16.
23. *Business Week*, 16. März 1992, S. 101.
24. Instituto Nacional de Estadística, *Agenda Statistica 1990* (Aguascalientes, Mexiko 1991), S. 52.
25. *Employment*, Bd. I, S. 61.
26. Daten von 1989, *SA*, Tabelle 313, S. 185.
27. *Employment*, Bd. I, S. 6.
28. *Business Week*, 25. Mai 1992, S. 42.
29. *Employment*, Bd. I, S. 60f.
30. Ebenda, S. 62.
31. Ebenda, S. 61f.
32. Daten für den Fertigungsbereich; die Stundenlöhne der Industriearbeiter zum Dollarwert von 1982 berechnet; ebenda, S. 63.

33. Nach Daten der OECD und des Deutschen Instituts für Wirtschaft, zitiert in der *New York Times*, 26. Mai 1992, S. D3.
34. *KK*, 1991, Tabelle 8-1, S. 66.
35. Nach Daten der OECD und des Deutschen Instituts für Wirtschaft, zitiert in der *New York Times*, 26. Mai 1992, S. D3.
36. Ebenda.
37. Im November 1990 betrug ihre Zahl 86 362 000; *Employment*, Bd. II, S. 688.
38. Ebenda, S. 816f.
39. Ebenda, Bd. I, S. 63.
40. Ebenda, Bd. II, S. 765f.
41. Ebenda, S. 692.
42. Ebenda, S. 856.
43. Ebenda, S. 870.
44. Ebenda, S. 849f.
45. Ebenda, Hotels: S. 838f.; Detektivbüros: S. 850f.
46. Ebenda, S. 857.
47. *SA*, Tabelle 7, S. 10.
48. *SA*, Tabelle 8, S. 10.
49. Lawrence E. Harrison, «America and Its Immigrants», *The National Interest*, Nr. 28, Sommer 1992, S. 37.
50. Verbraucherpreisindex (CPI-U und CPI-U-XI), *SA*, Tabelle 745, S. 462, sowie Tabelle 756, S. 467.
51. Nach Angaben von 10 110 Polizeirevieren, die für insgesamt 192 939 000 Einwohner zuständig waren; zusammengefaßt in den *Uniform Crime Reports 1990* des dem amerikanischen Justizministerium unterstellten Federal Bureau of Investigation, Washington 1991, S. 192.
52. Peter Reuter et al., *Money from Crime: A Study of the Economics of Drug-Dealing in Washington, DC*, Research and Development Report R-3894-RF, Santa Monica, Kalifornien: Rand 1990, S. 92.
53. Ebenda, S. 85.

Kapitel 8
1. 12 330 Dollar im Vergleich zu 14 220 Dollar im Jahr 1988, *WT*, S. 5 und 97.
2. 12 850 Dollar im Vergleich zu 13 350 Dollar; Italiens nach wie vor sehr große Schattenwirtschaft nicht mitgerechnet. *WI*, S. 333 und 601.
3. Im Jahr 1988 waren es 10 180 Dollar gegenüber 20 960 Dollar und 14 220 Dollar; *WI*, S. 425, 5.

4. *SA*, Tabelle 129, S. 87, und Tabelle 133, S. 88.
5. *SA*, Tabelle 320, S. 188.
6. *SA*, Tabelle 653, S. 398; sowie Tabellen 284 und 285, S. 167f.
7. *SA*, Tabelle 2, S. 7 (Gesamtbevölkerung); Tabelle 319, S. 188 (Juristen); sowie *Business Week*, 13. April 1992, S. 61 (neueste Schätzungen).
8. Im Jahr 1985, *SA*, Tabelle 319, S. 188.
9. Richard Rosenow, «So You Want to Get Your Roof Fixed ...», *Wall Street Journal*, 4. Februar 1992, B, S. 14.
10. *SA*, Tabelle 324, S. 190.
11. Ebenda.
12. *Business Week*, 13. April 1992, S. 61.
13. Ebenda, S. 62.
14. Gary T. Schwartz, «Product Liability and Medical Malpractice in Comparative Context», *The Liability Maze: The Impact of Liability Law on Safety and Innovation* (Hg. Peter W. Huber und Robert E. Litan), Washington 1991, S. 67f.
15. Ebenda, S. 648.
16. Jaramillo gegen Riddell Inc. Oberster Gerichtshof von Kalifornien, San Bernadino County, Prozeßliste Nr. OCV31309; diese Informationen stammen von Victor E. Schwartz, dem Autor von *Schwartz on Torts*.
17. Kemp gegen Beneke, Prozeßliste Nr. A267563, Abt. XV, Prozeßliste U (Clark County, Bezirksgericht von Nevada 1990).
18. Smith gegen Johnson & Johnson Babyprodukte, 59 Wash. App. 287, 797, P.2d 527. 1990.
19. Shears gegen Caterpillar, Bezirksgericht von Texas, Cameron County, Amtsbezirk 138, Nr. 90-02-840yB, 1991.
20. Diese Zahlen sind in einem Rundschreiben der WMMA vom 7. Mai 1992 aufgelistet.
21. Timothy K. Smith, «Upward Mobility», *Wall Street Journal*, 11. Dezember 1991, S. 1ff.; Jean Reid Norman, «Small-Plane Industry Looks for a Lift», *USA Today*, 20. Januar 1992, S. 6B. Weitere Informationen erhielt ich während eines persönlichen Gesprächs, das ich am 5. Juni 1992 mit Herrn Edward Stimpson von der General Aviation Manufacturers Association führte.
22. Robert Martin, «General Aviation Manufacturing: An Industry Under Siege», *The Liability Maze* (Hg. Huber und Litan), S. 484.
23. Ebenda, S. 485f.
24. Ebenda, S. 480.

25. John H. Cushman, «Makers of Small Planes Wait for Brighter Skies», *New York Times*, 18. Januar 1992, S. 37 und 41.

26. Arley Sanchez, «Jury Awards Injured Pilot $2.5 Million», *Albuquerque Journal*, 10. Mai 1986.

27. Martin, «General Aviation Manufacturing», S. 491f.

28. In *The Liability Maze* wird versucht, die Auswirkungen auf diverse Industriezweige zu bestimmen.

Kapitel 9

1. Als ein Prozentsatz des Bruttosozialprodukts bzw. des Bruttoinlandsprodukts. Daten des US-Handelsministeriums, zusammengestellt und aufbereitet von David D. Hale, «Why the 1990's Could Be the Second Great Age of Global Capitalism Since the 19th Century», Oktober 1991, Kemper Financial Services, nicht veröffentlicht.

2. Weltbank, *WT,* Tabelle 3, S. 12.

3. Die Summe aller Arbeitnehmereinkommen, Unternehmereinkünfte, Einnahmen aus Immobilienbesitz, Unternehmensgewinne und Zinserträge abzüglich Zinskosten.

4. Weltbank, *WT,* Tabelle 2, S. 6.

5. Hale, «Why the 1990's.»

6. Weltbank, *WT,* Tabelle 3, S. 12f, und Tabelle 2, S. 8f.

7. Bruttobetrag der inländischen Spareinlagen als Prozentsatz des Bruttoinlandsprodukts. *WT,* Tabelle 14, S. 54–57.

8. Hypothekenschulden: *SA,* Tabelle 822, S. 507; Bruttosozialprodukt: ebenda, Tabelle 701, S. 433.

9. Konsumentenkredite: ebenda, Tabelle 822, S. 510; Kredite auf Grundstücksbelastungen: ebenda, Tabelle 829, S. 509; Kreditkartenvolumen: ebenda, Tabelle 832, S. 510.

10. Haushalte, persönliche Stiftungen und gemeinnützige Organisationen: ebenda, Tabelle 798, S. 407.

11. Bruttoinlandsprodukt: ebenda, Tabelle 701, S. 433; Schulden: Tabelle 800, S. 498.

12. Anthony L. Velocci, «McDonnell Turns to Taiwan to Boost Douglas' Future», *Aviation Week and Space Technologie,* 25. November 1992, S. 30–33. Sowie Paul Proctor, «Taiwan Backs Maximum 40 % Investment in McDonnell-Douglas Transport Div.», ebenda, 4. Mai 1992, S. 25.

13. Schätzung der Federal Deposit Insurance Corporation. *Washington Post,* 8. Dezember 1991, S. 1.

14. *Washington Post,* 13. Dezember 1991, S. D1, D3.

15. Einschließlich 52 Milliarden Dollar Auslandsschulden im Jahr 1970, und 259 Milliarden Dollar 1989. *SA*, Tabelle 800, S. 498.
16. *New York Times*, 28. Januar 1992, S. D1 (Tabelle).
17. *SA*, Tabelle 1388, S. 793.
18. James B. Treece, «New Taurus, New Sable, Old Blueprints», *Business Week*, 9. September 1991, S. 43.
19. «What Could Be Worse than the Car Business? Don't Ask», *Business Week*, 21. Oktober 1991, S. 132.
20. William J. Broad, «Ridden with Debt, US Companies Cut Funds for Research», *New York Times*, 30. Juni 1992.
21. National Science Foundation, *SRS Data Brief* 1992, Nr. 3, 24. April 1992, NSF 93–308.
22. Vortrag von Dr. Kenneth Courtis von der Tokioter Niederlassung der Deutschen Bank vor dem Gemeinsamen Wirtschaftsausschuß des US-Kongresses, gehalten am 8. Mai 1992, S. 22.
23. J. S. Gansler, *Affording Defense*, Cambridge, Mass. 1989, S. 90f., sowie briefliche Mitteilung vom 25. Oktober 1991.
24. National Science Foundation, *SRS Data Brief* 1992, Nr. 2, 20. März 1992, NSF 92–306.
25. Daten von der National Science Foundation, *Research & Development in Industry: 1989*, NSF 92–307, S. 75–78.
26. *SA*, Tabelle 468, S. 281.
27. US-Verkehrsministerium, Abteilung Bundesfernstraßen, FHWA-PL-90-024, S. 7.
28. Paul Chaote und Susan Walters, *America in Ruins*, Durham, N.C. 1983.
29. US-Kongreß, Wednesday Group, *Highway Policy at the Crossroads*, 20. April 1990.
30. Bruttosozialprodukt: *SA*, Tabelle 699, S. 432; Investitionen der Privatwirtschaft: ebenda, Tabelle 898, S. 544.
31. US-Handelsministerium, Abteilung Industrie, Statistisches Bundesamt, Angaben auf Anfrage auf elektronischem Datenträger.
32. *New York Times*, 24. April 1992, S. D1 (Tabelle).
33. Zahlen von 1989. *World Tables 1991*, Tabelle 4, S. 16.
34. Angaben stammen aus dem Vortrag von Kenneth Courtis vor dem Gemeinsamen Wirtschaftsausschuß des US-Kongresses vom 8. Mai 1992 (graphische Darstellung).

Kapitel 10

1. Dies schließt auch Kontrollfunktionen durch die Gewerkschaften ein. Darüber hinaus gibt es 1321 regionale Dienstleistungsagenturen im Bildungsbereich, 183 staatliche Behörden und 102 bundesstaatliche Behörden. Vgl. Bildungsministerium, National Center for Education Statistics, *Digest of Education Statistics 1990*, S. 97.

2. Ebenda, Kinder: S. 11; Schulen: S. 96.

3. Ebenda, Tabelle 153, S. 154. Zahlen für 1986 und 1987.

4. Ebenda, Ausgabe 1991, Tabelle 157, S. 160. Zahlen für 1989 und 1990; es ist jedoch unwahrscheinlich, daß sich an den Daten viel geändert hat.

5. Viele Innenstadtbezirke wählen einen indirekten Weg, der jedoch zum selben Ziel führen soll: Sie setzen einen innerstädtischen Wohnsitznachweis voraus und schließen dadurch Bewerbungen von Vorortbewohnern aus.

6. Jonathan Rabinovitz, «In Suburbs, a Stealthy War Against Infiltrating Students», *New York Times*, 6. November 1992, S. 1.

7. Ebenda.

8. *Digest of Education Statistics*, S. 377; Ausgaben: S. 379.

9. Ebenda, Herbst 1988, Tabelle 77, S. 90. 2 316 428 Lehrer, 4 366 978 Gesamtzahl.

10. Ebenda, Tabelle 153, S. 154. Zahlen für 1986 und 1987.

11. Ebenda. Zahlen für 1986 und 1987. Tabelle 137, S. 135.

12. San Diego Unified School District. Mitarbeiterausweis, Gültigkeitsjahr 1992.

13. Kenneth J. Cooper, «Broadening Horizons: Afro-Centrism Takes Root in Atlanta Schools», *Washington Post*, 27. November 1992, S. 1 und A33.

14. Selbst zwischen 1982 und 1987 ging der Anteil der von allen High-School-Absolventen in berufsvorbereitenden Kursen erworbenen «units» (Leistungsnachweisen) von 18,7 auf 15,8 Prozent zurück. In diesen Angaben sind auch die «nicht berufsspezifischen», allgemein berufsbildenden und berufseinführenden Kurse enthalten, ferner die Kurse in den Fächern Landwirtschaft, Betriebswirtschaft, Marketing, Gesundheit, Hauswirtschaftslehre, Handel und Wirtschaft sowie Technik. Siehe *Digest of Education Statistics*, Tabelle 126, S. 128.

15. Die Eigenproduktion von IBM ist in den Gesamtangaben sowie in den US-Anteilen nicht enthalten. Vgl. VLSI-Forschungsdaten (1992 geschätzt), zitiert in T. R. Reid, «US Again Leads in Computer Chips», *Washington Post*, 20. November 1992, S. A42.

16. «Flat Panels: Can the US Get Back into the Pictures?», *Business Week,* 30. November 1992, S. 36.

Kapitel 11

1. Boyce Rensberger, «New Battery Required for Autos of the Future», *Washington Post,* 25. Mai 1992, S. A3.
2. Kenneth Flamm, *Targeting the Computer: Government Support and International Competition,* Washington 1987.
3. Ebenda, S. 144.
4. Ebenda, S. 131–134.
5. Weltbank, *WT,* Tabelle 2, S. 9.
6. Im Sommer 1990 führten CIA und National Security Agency interne Untersuchungen durch, die Auskunft über eine mögliche Rolle beider Behörden bei der Beschaffung von wirtschaftsrelevanten Informationen geben sollten. Es ist nur zu verständlich, daß Staatsbeamte nach neuen Rechtfertigungen suchen, weshalb ihre Behörden auch in Zukunft reichlich mit Steuermitteln ausgestattet werden müssen. Freilich hat ein Dienst, der sensible Wirtschaftsinformationen (über unternehmensstrategische Entscheidungen, Preisverhandlungen usw.) sammelt, nur dann einen Sinn, wenn auch ein amtlicher Nutzer solcher Informationen vorhanden ist, also eine staatliche Behörde vom Schlag des japanischen MITI.
7. Das Außenministerium genießt höheres Ansehen als MITI und wird rangmäßig nur vom Finanzministerium übertroffen. Allerdings hat sich die japanische Diplomatie stets im Fahrwasser der Vereinigten Staaten gehalten, während Japan in der Wirtschaftspolitik einen ungebrochen nationalen Kurs gefahren ist.
8. Abschnitt 301 des Gesetzes über internationale Handelsbeziehungen (Trade Act of 1974) (niedergelegt im 19 U.S.C. SS 2411–1416) war mit den Artikeln XXII und XXIII des GATT vereinbar.
9. Die Logik des Konflikts ist, salopp gesprochen, eine «Nullsumme», weil der Gewinn der einen Seite *an sich* schon ein Verlust für die andere ist und umgekehrt. So ist es im Krieg, in machtpolitischer Diplomatie und in einem oligopolistischen Wettbewerb, aber nicht in einem allseits offenen («vollkommenen») Markt, wo beide Seiten gleichzeitig gewinnen (oder verlieren) können. Die Logik des Konflikts ist überdies paradox (d. h. von offensichtlichen Widersprüchen und vom Umschlag in das Gegenteil geprägt), weil alle Handlungen angesichts eines Gegners (oder mehrerer) ausgeführt werden, dessen Ziel es ist, alle Bemühungen zunichte zu machen. Daher kann z. B.

455

der schlechteste Anmarschweg für einen Angriff gerade der beste sein, wenn er den Vorteil der Überraschung verschafft (womit der schlechte Weg paradoxerweise gut und der gute schlecht wird). Dynamisch betrachtet können positive Bewegungen plötzlich in ihr Gegenteil umschlagen, wenn z. B. siegreiche Truppen zu weit voranmarschieren und sich aus der Überschätzung ihrer Kräfte die Niederlage selbst bereiten. Ebenso können Waffen, deren Vernichtungspotential zu groß ist, solch umfangreiche Gegenmaßnahmen bei der gegnerischen Seite auslösen, daß sie keine Chance zum Einsatz erhalten. In der Dynamik der Logik des Konflikts ist ein solcher Kulminationspunkt angelegt, über den hinaus jede Handlung in ihr Gegenteil umschlägt. Diese Logik gilt auf jeder strategischen Ebene: Die Militärmacht der Sowjetunion wuchs stetig, bis sie in militärische Ohnmacht umschlug, als eine hinreichend große Zahl von Staaten sich so bedroht fühlten, daß sie einen Abwehrblock gegen Moskau bildeten. In der geradlinigen Logik des Alltagslebens (und des wirtschaftlichen Wettbewerbs) ist es jedoch so, daß das Gute gut und das Schlechte schlecht ist und daß ein einmal errungener Erfolg weitere Erfolge erleichtern kann, ohne daß notwendig ein Punkt erreicht wird, an dem sich alles in sein Gegenteil verkehrt. Für einen systematischen Vergleich siehe auch die Studie des Verfassers: *Strategy: The Logic of War and Peace*, Cambridge, Mass. 1987.

Register